电视节目制作概论

Introduction to Television Program Production

杨晓宏　李兆义　编著

图书在版编目(CIP)数据

电视节目制作概论/杨晓宏，李兆义编著. —北京：北京大学出版社，2015.11
（21世纪新闻与传播学规划教材·广播电视学系列）
ISBN 978-7-301-26339-6

Ⅰ. ①电… Ⅱ. ①杨… ②李… Ⅲ. ①电视节目制作—高等学校—教材 Ⅳ. ①G222.3

中国版本图书馆CIP数据核字(2015)第236885号

书　　名	电视节目制作概论 Dianshi Jiemu Zhizuo Gailun
著作责任者	杨晓宏　李兆义　编著
责任编辑	胡利国
标准书号	ISBN 978-7-301-26339-6
出版发行	北京大学出版社
地　　址	北京市海淀区成府路205号　100871
网　　址	http://www.pup.cn
新浪微博	@北京大学出版社　@未名社科-北大图书
微信公众号	北京大学出版社　北大出版社社科图书
电子邮箱	编辑部 ss@pup.cn　总编室 zpup@pup.cn
电　　话	邮购部 010-62752015　发行部 010-62750672　编辑部 010-62765016
印　刷　者	三河市博文印刷有限公司
经 销 者	新华书店 730毫米×980毫米　16开本　21.75印张　390千字 2015年11月第1版　2023年9月第9次印刷
定　　价	59.00元

未经许可，不得以任何方式复制或抄袭本书之部分或全部内容。
版权所有，侵权必究
举报电话：010-62752024　电子信箱：fd@pup.pku.edu.cn
图书如有印装质量问题，请与出版部联系，电话：010-62756370

前　言

　　电视是20世纪人类最伟大的发明之一,与书籍、报纸、杂志、电影、广播等其他大众传播媒介相比,电视是当今社会最具影响力的大众传播媒介,已成为人们获取信息、知识的主要渠道,得到娱乐、美感的重要手段。近年来,随着电视节目制作技术的飞速发展,新的制作手段、制作方式和节目形态不断出现,作为高等院校的传媒类专业,其教材内容也需要不断更新,加之目前国内与电视节目制作相关专业的种类和数量日渐增多,对同类教材的需求日益多样化。在此背景下,编写一本适合新闻学、广播电视学、教育技术学、数字媒体艺术、广播电视编导、播音与主持艺术等专业教学需要的电视节目制作概论类教材就显得尤为必要。

　　电视节目制作概论是新闻学、广播电视学、教育技术学、数字媒体艺术等专业的专业课程,也是广播电视编导、播音与主持艺术等专业的专业基础课程。从目前出版的同类教材看,大致有三种:一种是针对电视节目制作流程各环节编写的教材,如电视节目策划学教程、电视节目编导教程、电视语言文字写作教程、电视摄像艺术教程、电视节目编辑教程、电视新闻节目制作教程等。对于新闻学、广播电视学、教育技术学、数字媒体艺术等专业来说,没有必要,也没有足够的课时来系统学习上述内容。另一种是以电视节目制作设备工作原理和操作使用为主要内容的教材,这种教材大多是技术说明书的翻版,不适合作专业教材使用。第三种是电视节目制作类教材,从教材名称看,似乎可以供新闻学、广播电视学、教育技术学、数字媒体艺术等专业使用,但其内容大多仍以制作技术为主,缺乏对电视节目创作,特别是各种形态电视节目摄制方法与创作技巧的阐述。笔者在对目前出版的同类教材进行充分调研的基础上,根据多年的教学经验,按如下思路编写了本教材。

　　首先,在内容体系上,本教材以电视节目制作流程为主线,以各种形态的电视节目制作为目标,在全面介绍电视节目基础知识、基本理论与制作方法的基础上,对电视新闻、专题、社教、综艺、广告和谈话六大类基本形态节目的创作特点和编制技巧进行了系统阐述。在编写中,既强调基础性和理论性,也突出实用性和技巧性,特别注重将摄制方法与技巧贯穿其中,使电视节目制作基础知识和电视节目摄制实践融为一体,以提高学习者的专业素养和实际动手能力,体现了理论与实践相结合的编写原则。

其次,在结构体系上,本教材分为上下两篇。上篇"电视节目制作基础",按照电视节目摄制的基本流程,分别介绍了电视节目的分类、制作方式、制作流程、创作人员构成、电视节目策划、电视编导与文案、电视画面造型技巧、声音和编辑等各个环节的主要工作及创作方法和技巧,各部分之间相互渗透,逐渐深化;下篇"电视节目制作实践",选择电视节目基本形态中具有代表性的电视新闻节目、电视专题节目、电视社教节目、电视综艺节目、电视广告节目和电视谈话节目,在界定这几种节目形态概念的基础上,对其节目类型、特点、摄制方法和创作技巧等进行了具体的阐述,各部分既相对独立、自成体系,又有机联系、相互贯通,力求使其更符合教师的教学需求和学习者的认知规律。

再次,注重内容更新,尽可能满足各专业的多样化需求。在编写过程中,充分吸收了电视节目制作领域的最新发展和最新研究成果。同时,也针对新闻学、广播电视学、教育技术学、数字媒体艺术、广播电视编导、播音与主持艺术等专业的培养目标,对教材内容进行了精选,使其既可以作为新闻学、广播电视学、教育技术学、数字媒体艺术等专业的专业课教材使用,也可以作为广播电视编导、播音与主持艺术等专业入门导论性质的专业基础课教材使用。

全书分上下两篇,由12章构成。上篇"电视节目制作基础"由6章构成:第一章电视节目制作概述,主要介绍了电视节目制作的方式、电视节目的分类、电视节目的编制流程、电视节目创作人员的构成及素质要求;第二章电视节目策划技巧,重点介绍了电视节目策划的理念、思路、方法、原则、流程以及电视节目策划方案的撰写;第三章电视编导与文案创作,主要介绍了电视节目的总体设计(包括编导阐述、选材、主题、结构)、电视剧本的写作方法和技巧以及蒙太奇思维;第四章电视画面造型与创作,重点介绍了电视画面造型的手段、造型要素和造型技巧;第五章电视节目配音艺术,主要介绍了电视声音的构成元素和电视配音艺术;第六章电视节目编辑技巧,主要介绍了电视节目编辑的流程、思维方法以及电视画面和声音编辑的方法和技巧。下篇"电视节目制作实践"由6章构成:第七章新闻类电视节目制作,在界定电视新闻节目概念的基础上,对电视新闻节目的形态、节目编排的艺术、拍摄技巧、采访技巧和编辑技巧进行了具体的阐述;第八章电视专题节目制作,在界定电视专题节目概念的基础上,重点介绍了电视专题节目的创作特点、选题报告的写作技巧、拍摄要领和编辑技巧;第九章社教类电视节目制作,在介绍社教类电视节目类型的基础上,对社教类节目的叙事方式和编制技巧予以重点叙述;第十章电视综艺类电视节目制作,在阐述综艺节目类型的基础上,重点分析了综艺节目的视听觉要素、节目创作特点和编制技巧;第十一章电视广告类节目制作,重点介绍了电视广告节目的定位、创意和编制流程;第十二章电视谈话类节目制作,在界定电视谈话节目类型和节目形态的基础上,重点介绍了节目的特点、策划和编制技巧。

全书由西北师范大学杨晓宏教授策划、审定和统稿,并编写了本书第一章,其余章节由宁夏师范学院教师李兆义编写。

本书是作者在多年教学经验的基础上编写而成的,在编写过程中,还参考和引用了许多专家学者、同行公开发表的成果,凡参考和引用部分均在章末附了参考文献,在此向广大作者深致谢意。

希望本教材的出版,能在一定程度上满足新闻学、广播电视学、教育技术学、数字媒体艺术、广播电视编导、播音与主持艺术等专业对电视节目制作概论新教材的期盼,能对广大从事电视节目制作课程教学的教师,以及广大影视爱好者有所帮助。由于时间仓促,加之编者水平有限,本书疏漏和错误之处还望读者不吝赐教。

杨晓宏

2015 年 5 月 10 日

目 录

上篇　电视节目制作基础

第一章　电视节目制作概述 …………………………………………………（3）
　　第一节　电视节目制作及发展趋势 ………………………………………（3）
　　第二节　电视节目的类型 …………………………………………………（6）
　　第三节　电视节目制作流程 ………………………………………………（12）
　　第四节　电视节目创作人员 ………………………………………………（15）
第二章　电视节目策划技巧 …………………………………………………（20）
　　第一节　电视节目策划概述 ………………………………………………（20）
　　第二节　电视节目策划原则 ………………………………………………（30）
　　第三节　电视节目策划流程和策划方案撰写 ……………………………（35）
第三章　电视编导与文案创作 ………………………………………………（47）
　　第一节　电视节目构思 ……………………………………………………（47）
　　第二节　电视文案创作 ……………………………………………………（53）
　　第三节　蒙太奇思维 ………………………………………………………（63）
第四章　电视画面造型与创作 ………………………………………………（73）
　　第一节　电视画面造型概述 ………………………………………………（73）
　　第二节　电视画面造型手段 ………………………………………………（77）
　　第三节　电视画面造型要素 ………………………………………………（82）
　　第四节　电视画面造型技巧 ………………………………………………（94）
　　第五节　电视画面镜头选择 ………………………………………………（106）
第五章　电视节目配音艺术 …………………………………………………（117）
　　第一节　电视声音元素 ……………………………………………………（117）
　　第二节　电视配音艺术 ……………………………………………………（124）

第六章　电视节目编辑技巧 ……………………………………（142）
　　第一节　电视节目编辑概述 ……………………………………（142）
　　第二节　电视节目编辑技巧 ……………………………………（150）

下篇　电视节目制作实践

第七章　新闻类电视节目制作 …………………………………（187）
　　第一节　电视新闻节目概述 ……………………………………（187）
　　第二节　电视新闻节目制作 ……………………………………（199）
第八章　电视专题节目制作 ……………………………………（211）
　　第一节　电视专题节目概述 ……………………………………（211）
　　第二节　电视专题节目创作 ……………………………………（224）
第九章　社教类电视节目制作 …………………………………（253）
　　第一节　社教类电视节目概述 …………………………………（253）
　　第二节　社教类电视节目创作 …………………………………（265）
第十章　电视综艺类节目制作 …………………………………（277）
　　第一节　电视综艺节目概述 ……………………………………（277）
　　第二节　电视综艺节目创作 ……………………………………（284）
第十一章　电视广告类节目制作 ………………………………（294）
　　第一节　电视广告节目概述 ……………………………………（294）
　　第二节　电视广告节目创作 ……………………………………（304）
第十二章　电视谈话类节目制作 ………………………………（315）
　　第一节　电视谈话类节目概述 …………………………………（315）
　　第二节　电视谈话类节目制作 …………………………………（325）

上 篇
电视节目制作基础

第一章
电视节目制作概述

【学习目标】

学习完本章,应该能做到:
- 掌握电视节目制作的手段。
- 掌握电视节目制作的方式。
- 了解电视节目制作的发展趋势。
- 知道电视节目的类型。
- 掌握电视节目的制作流程。
- 熟悉电视节目创作人员的组成及素质要求。

电视是20世纪人类最伟大的发明之一,与书籍、报纸、杂志、电影、广播等其他大众传播媒介相比,电视是当今社会最具影响力的大众传播媒介。电视以其丰富翔实的内容,绚丽多姿、饱满动人的声画语言,已经成为人们政治、经济、文化生活的重要组成部分。

第一节 电视节目制作及发展趋势

电视从构想到现实,从机械电视到电子电视,从黑白电视到彩色电视,从广播电视到有线电视,再到卫星电视,从模拟电视到数字电视,从标清电视到高清电视……电视事业的发展不仅日新月异,而且方兴未艾。在新技术革命浪潮的推动下,电视技术、电视节目制作、电视传播都充满了活力。

一、电视节目制作手段

电视节目制作是节目艺术和电视技术二者的天然结合,电视技术的发展经历了黑白、彩色和数字三个阶段。随着数字技术、多媒体计算机技术、网络技术、虚拟技术、卫星技术被广泛应用到电视节目制作领域,电视节目的制作手段日益多样化。

1. 实况直播

实况直播是指在摄取图像和声音的同时就进行播出。它的特点是制作和播出这两个过程同步进行,可以在演播室内进行,也可以在室外现场实现。实况直播可以使用多台摄像机和转播车,通过设在主控室或转播车里的导播切换台对图像、声音进行即时处理,并用传输设备传送给电视台,然后再发射出去,也可以使用单台摄像机不经切换地将实况图像和声音传送出去。实况直播可分为现场直播和演播室直播两类。

(1)现场直播 一些重大的节日庆典活动、重大会议、突发性新闻事件、大型的文艺节目、体育比赛、新闻报道等,常常采用现场直播的方式,节目制作和播出的时间与事件现场的时间是同步的。这种方式在制作电视节目时,虽然不能预先进行构思,但需要事先考虑一个周密的计划,拟订一个切实可行的实施方案,把可能遇到的各种情况都估计进去,并预先安排好应急措施,还要建立严密的指挥系统,确立摄制、音响、照明、传送、编导、后勤、保卫等各工作岗位的职责,才能保证高质量的实况直播。

(2)演播室直播 实况直播方式大量运用在电视演播室中,大多数电视台的新闻节目、访谈节目、教育节目和综合艺术类节目都采用这种方式,在演播室直播中还可插播各种形象资料,并使用电话、计算机等反馈系统,让观众直接参加到节目制作中来。

2. 电视影片制作方式

在录像机出现之前,电视节目制作大量采用电影胶片拍摄和制作,然后通过电视电影机播出。电影摄影机可以单人操作,在缺少电源的情况下也可以灵活方便地工作,电影胶片的图像清晰度优于录像带,在拍摄一些大型或要求较高的节目时,仍采用影片制作手段;缺点是影片拍摄后必须经过冲洗加工、剪辑和配音合成等阶段,新闻的时效性受到限制,由于无法在拍摄的同时知道画面效果,较难控制图像拍摄质量,所以对摄影师的拍摄水平要求很高。

3. 录像制作方式

录像制作方式是指采用摄像机拍摄,将光学信号转变为电信号并以磁带记录制作电视节目的方式。录像磁带代替了电影胶片成为图像和声音信号录制、储存和播放的载体。与电视影片制作方式相比,录像制作方式的优点是声画同步,在拍摄时可以在监视器上同步监测并及时地调整和控制画面构图、色彩、光线、声音等效果,保证拍摄质量。此外,录像磁带可以反复使用,相对于一次性使用的电影胶片来说,能够节省制作费用。录像制作的普及尤其是ENG(电子新闻采集)和EFP(电子现场制作)等方式的应用,给电视节目制作及其表现手法带来了质的飞跃。现在能够记录和存储现场录制节目的介质除了录像带外,还有存储卡、硬盘、光盘等。

4. 电子制作方式

电子制作方式是以数字摄录机摄取信号,以计算机为工作平台,采用非线性编辑手段制作电视节目的方式。电子制作方式的优点是可以制作出高质量的图像和声音,而且,数字信号可以大量储存和长时间保存,信号传送更加快捷方便。

随着电视制作技术的发展,电视节目制作的手段也在不断变革。首先,前期采访实现了摄像机、录像机由分体向摄录一体机工作模式的转变;其次,后期编辑实现了由模拟记录向数字记录格式、线性编辑向网络化非线性编辑方式的转变;再次,节目制作由串播向一次合成和日常性直播乃至跨地区直播转变。

二、电视节目制作方式

1. 电子新闻采集(ENG)方式

ENG(Electronic News Gathering)方式是指采用便携式摄像和录像设备进行现场素材采录的制作方式。该方式是一种单机采访方式,以满足新闻采集的运动型、灵活性和时效性,不仅适用于新闻采访,也可以在专题节目、电视纪录片、戏剧小品等节目中普遍使用。ENG方式使用的设备一般为便携式摄录设备,体积小、重量轻、操作方便、机动灵活,可以快速低成本地获取素材,提高新闻节目的时效性;有些新闻节目,将摄录设备、发射装置和传送系统相连接,可以实现现场直播;对一些重大的新闻事件或紧急新闻事件,一般采用ENG车即新闻采访车,也可以采用磁带等作为记录媒体记录或通过微波链路将实况素材直接传送给节目制作中心,在编辑设备上进行加工处理,然后再进行播出。

2. 电子现场制作(EFP)方式

EFP(Electronic Field Production)方式是指在演播室之外的节目现场通过多台便携式摄像机同步拍摄,利用特技台进行现场切换而形成的多机位、多视角的同步电视节目制作方式。EFP方式主要采用EFP车(电视转播车、直播车、录像机)进行外景实况录制,它能够把几个小时的节目内容,包括画面、声音、字幕、特技切换等一次制作完毕,也可以把现场录制的节目带回到台内进一步加工修改和补充后进行播出。EFP方式既可用于现场节目录制,也可以实现现场实况转播,适用于文艺、专题、体育等节目的制作,它能够让观众看到事件发生发展的真实过程,更贴近生活原貌,能够从多个角度、多个侧面展示现场实况,节目的时效性、可信性和现场感较强。

3. 电子演播室制作(ESP)方式

ESP(Electronic Studio Production)是指利用电视演播室及其配套设备进行节目制作的方式。电视演播室有专门的拍摄空间和控制制作室，配备完备的电视制作系统，包括自动化的灯光系统，高清晰度的广播级摄像机系统，完善的背景道具，精良的监控切换系统，特技、动画、字幕制作系统，拾音系统等，是一种较为理想的制作方式。ESP方式可以先摄录、后编辑，也可以即摄即播，它综合了ENG和EFP方式的优点，手段灵活，可用于各类节目的制作，现已成为电视台大、中、小型自办节目的主要制作方式。

ENG、EFP、ESP三种方式都可以用来制作新闻节目、专题节目或电视剧等，具体方式的选择取决于节目的类型、节目对时效性的要求、制作设备、人员和经费等。

三、电视节目制作的发展趋势

1. 数字化与虚拟化

随着数字技术的发展，数字摄像机、数字录像机、数字特技机、数字切换台、数字转播车、数字地面广播、数字卫星直播、数字电视机等大批应用数字技术的设备应运而生，使得电视节目制作从前期拍摄、后期制作、发射与接收已全面实现数字化。计算机技术、多媒体技术与数字电视技术的完美结合，非线性编辑系统、虚拟演播室系统在电视节目制作中的应用，能够将计算机制作的背景图像和演播室拍摄的人物完美地结合在一起，提供逼真的虚拟空间，从而增强电视屏幕的艺术效果。

2. 网络化与信息化

利用组网技术将分散的多台非线性编辑系统、虚拟演播室系统、动画工作站、音频工作站等各类以计算机为操作平台的系统组成网络，进行网络化制播，实现资源共享，提高工作效率。作为客户端的消费者不仅可以通过网络来收看各个电视频道的节目，还可以实现数据信息的查看和点播，真正实现了人机交互。

第二节　电视节目的类型

对电视节目进行分类不仅有利于传播机构(电视台)从宏观上控制各类节目、栏目的总体设置，完善制作机构，便于进行量化分析，不断掌握动态平衡，也有利于观众根据自己的喜好和不同需要选择节目和栏目。

一、电视栏目和节目

电视栏目是电视节目的编播方式。"栏目"是从报刊的编辑中借用过来的,报纸版面的一个"栏目",是由同类主题、题材、体裁、风格的一些稿件组成,形成一个有相对集中主题的板块,并加以标题名称。"电视栏目"指的是电视台定期、定时编播的具有特定内容或特定对象的某类电视节目,体现了一种板块化的组织方式,是电视制作和播出中的基本衡量单位之一。

电视节目涵盖了电视台和其他电视制作机构制作的、供播出或交换而录制的具有特定内容和形式的视听作品,它是电视传播内容与形式相结合的基本单位。电视节目和电视栏目是既有联系又有区别的两个概念,一个栏目可以由内容、性质、功能或形态相近的若干节目编串组成。

二、电视节目的分类

我国电视媒体逐步走上了社会效益和经济效益并重的发展道路。然而到目前为止,电视行业仍未形成一个相对系统、科学的节目分类标准和体系,下面综合各个学者和机构的观点以及大家普遍比较认同的电视节目分类体系,从不同角度、不同侧面对电视节目的分类进行叙述。

(一) 按节目制作方式划分

1. 直播节目

直播节目是指现场拍摄、直接播出的电视节目。在录像设备出现之前,早期的电视节目只能直播;现在的现场直播则是谋求迅速的即时传递。

2. 影片节目

影片节目是指借助电影摄影机和胶片拍摄和制作,而用电视设备播出的节目。

3. 录像节目

录像节目是指播出内容预先录制在磁带上,在需要时通过磁带重放播出的节目。

(二) 按节目的构成或组合方式划分

按节目的构成或组合方式分为专题节目和综合节目。专题节目是指那些有一个专门主题的节目,它通常从政治、经济、军事、法律、文教、卫生、艺术、体育等不同方面的内容中选取问题的一个侧面、一个角度组织材料,相对集中地阐明一个主题,形成各种类型的专题,诸如政治、经济性专题、文化教育专题、体育专题、服务性专题、对象性专题等。一般来说专题节目主题单一、集中,每次都是围绕社会的热点问题,组织专门的采访报道,如《东方时空》《焦点访谈》等。综合节目是指包含多个主题的节目,一般以栏目和频道的方式出现,如中央电视台的CCTV-1、新闻频道等。

(三) 按节目的性质与功能划分

1. 新闻类节目

新闻类节目是指利用电视手段对正在发生或新近发生的事实的报道或评论,是电视屏幕上播出的各类新闻性节目的总称,一般包括消息类、专题类和言论类,按照形式又可以分为以下几种:

(1) 综合新闻消息节目 是我国电视新闻节目的主流,采用电视消息、口播新闻、现场报道、连续报道等体裁对最新的新闻事实进行报道,一般都是重要新闻消息的总汇,每条新闻的长度往往只有一分钟或几十秒,主要包括中央、省、市电视台黄金时间播出的《新闻联播》、全省新闻、城市新闻以及早、午、夜间的综合新闻消息节目和专业新闻频道中的正点新闻节目。

(2) 分类新闻消息节目 是指各种报道和观众细分化的新闻消息。包括法制、体育、财经、娱乐、农业、军事、科技、教育、儿童等新闻消息节目,如《经济信息联播》《中国电影报道》《体育新闻》等。

(3) 新闻专题类节目 是指各电视台就重要新闻事件或公众普遍关心的话题展开比较全面、详细和深入的分析而制作的深度报道新闻栏目和节目,如专题新闻(《焦点访谈》等)、专题报道(《世界报道》等)、专题调查(《新闻调查》等)、电视专访(《高端访问》等)、新闻纪录片(《两会专题报道》等)、新闻杂志(《东方时空》等)等。

(4) 新闻谈话节目 主要指主持人和记者邀请有关人士及观众,围绕公众普遍关注的话题,展开讨论的群言式的言论节目,如电视讲话、电视论坛、电视述评、电视评论、本台评论、评论员评论等。

(5) 国际新闻类节目 包括国际新闻节目(我国电视媒体采用国外电视机构提供的新闻素材制作的节目或我国记者自己采制的国际新闻栏目和节目)和对外新闻节目(我国电视机构制作的外语新闻节目和华语新闻节目,主要收视对象是外国观众和海外华人)。

(6) 大型新闻节目 对重大新闻事件报道的栏目和节目,包括大型新闻事件报道节目和大型新闻活动节目,如《感动中国年度人物评选》《嫦娥三号飞天报道》等。

2. 文艺娱乐类节目

文艺娱乐类节目是指利用电视手段满足人们感性生活需求的融知识性与娱

乐性于一体的节目,可以分为:

(1) 电视文艺节目 电视文艺节目涵盖了电视屏幕上的一切电视文学艺术样式,主要包括:

① 电视文学节目。运用电视的技术和艺术手段,将文学节目电视化,从而给人们以文学审美情趣的电视艺术作品,包括电视小说、电视散文、电视诗、电视报告文学等。

② 电视艺术节目。主要指运用电视艺术特有的思维方式和审美意识,兼容其他艺术样式所构成的,着重体现屏幕艺术美的电视艺术作品。主要包括电视风光艺术片(如《西藏的诱惑》等)、电视风情艺术片(如《香格里拉探秘》等)、电视音乐艺术片(如《好大的风》等)、电视歌舞艺术片(如《巴蜀神曲》等)、电视专题艺术片(如《艺苑风景线》等)、电视文献艺术片(如《邓小平》《百年恩来》等)、电视民俗艺术片(如《喜歌》等)等。

③ 电视戏剧节目。依据戏剧的构成方式或电影的时空转换,通过电视的传播媒介、制作方式和艺术手段独立制作的、充分电视化的屏幕艺术作品。主要包括:一是电视小品,电视小品从宏观上可分为特色小品(如魔术小品、戏曲小品、音乐小品、哑剧小品、口技小品、体操小品等)和语言小品(相声小品和喜剧小品等)两大类;二是电视短剧,又称电视栏目剧,电视屏幕上短小的电视剧;三是电视单本剧,由一个完整的故事情节构成的,有故事的开始、发展、高潮和结局的完整脉络,而且一次性将戏演完的电视剧艺术样式,它不一定一集演完,三集以下均称电视单本剧;四是电视连续剧,指分集播出的多部集电视剧;五是电视系列剧,指分集播出的电视剧,它的几个主要人物贯穿全剧,但故事本身并不连贯。

④ 电视文艺节目。以文艺演出为构成形态,经过电视艺术的二度创作,其总体结构、表现方式和艺术手法等均具有电视文艺独特的审美形态,具有电视文艺形式美的电视文艺节目。主要包括:一是电视节日文艺晚会,指在重大节日期间,为营造欢乐的气氛、丰富观众的精神生活、组织的电视综合文艺晚会;二是电视专题文艺晚会,指为了达到某一方面宣传教育的目的,突出某一个鲜明、统一的主题,运用电视传播的手段,采取文艺演出的形式,具有鲜明的目的性、宣传性、知识性、观赏性的电视综合艺术晚会形式;三是电视音乐节目,指以各类音乐演奏、歌曲表演为基本构成框架,运用电视技术和艺术手段,给观众以音乐审美情趣的电视文艺节目形态;四是电视舞蹈节目,指以各类舞蹈表演为基本构成框架,运用电视技术和艺术手段,给观众以舞蹈审美鉴赏的电视文艺形态;五是电视戏曲节目,指运用电视技术和艺术手段,将传统戏曲艺术搬上电视屏幕所构成的电视节目形式;六是电视曲艺杂技节目,指运用电视技术和艺术手段,将带有

表演动作的说唱艺术和杂技节目搬上电视屏幕所构成的电视节目形式;七是电视文艺竞技节目,指具有文艺表演和技艺竞赛双重性质,由节目主持人、竞技演员、评委、特邀观众组成的,集竞赛性、欣赏性和知识性于一体的电视节目形式。

(2) 电视娱乐节目 为观众提供娱乐为主的节目,主要包括:

① 体育节目。根据节目的形态和内容,体育节目可以划分为体育赛事节目(专项体育赛事节目、大型体育赛事节目)、体育专题节目(如《体坛纵横》等)和体育谈话节目(如《足球之夜》等)。

② 电影类节目。主要由电影节目(电影院放映后,再通过电视台播出的节目)和电视电影节目(用电影的拍摄手法,为电视播出而制作的电影节目)两类节目组成。

③ 游戏类节目。主要包括智力竞猜(如《幸运52》等)和体力竞赛(如《城市之间》等)等类型。

④ 真人秀节目。是指由普通观众参与的、在规定情境下进行的、有竞争性的本色表演的节目,按照内容和游戏规则的差异可分为生存挑战型真人秀节目(如《生存大挑战》等)、人际考验型真人秀节目(如《完美假期》等)、表演选秀型真人秀节目(如《梦想中国》等)和身份置换型真人秀节目(如《绝对挑战》《变形计》等)。

⑤ 娱乐谈话节目。根据谈话对象的不同可分为明星娱乐谈话节目(如《艺术人生》等)和普通人娱乐谈话节目(如《非常男女》等)。

⑥ 娱乐专题节目。主要指用专题节目形态制作的娱乐节目。

⑦ 国际娱乐类节目。主要包括我国电视媒体从国外引进的"国际娱乐节目(如《国际艺苑》等)"和对外传播的"对外娱乐节目"等。

⑧ 大型娱乐节目。包括大型娱乐晚会节目(如《CCTV春节联欢晚会》等)、大型娱乐庆典颁奖节目(如《中国电视金鹰奖颁奖典礼》等)和大型娱乐竞赛节目(如《青年歌手大奖赛》等)等。

3. 教育类节目

教育类节目是指富于教育意义和知识性的电视节目。教育类节目通常以电视教学节目和电视社会教育节目两种形式来实现教育功能。电视教学节目主要运用于课堂教学、远距离教育和个人自学等具有电视材料性质的电视节目;电视社会教育节目则具有更加宽泛的受众群体,节目内容和形式更加丰富。教育类节目根据内容和对象可分为:

(1) 社会教育节目 主要指提高观众文化素养的人文、科技等节目,也包括提高受众专业知识和技能的教学节目。根据节目的内容选择、目标受众对象不同可以分为人文专题节目(如《探索·发现》等)、科技专题节目(如《走近科学》

等)、社教谈话节目(如《讲述》等)、社教竞赛节目(如《法律知识竞赛》等)、社教讲座节目(如《会计法讲座》《百家讲坛》等)、教学专题节目(如《音乐百科》等)、法制专题节目(如《今日说法》《忏悔录》等)、军事专题节目(如《军事天地》等)、农业专题节目(如《金土地》等)等。

(2) **少儿青少年节目** 根据形式和对象不同可分为少儿动画类节目、少儿专题类节目、少儿表演竞赛游戏类节目、少儿电视剧电影节目、青年节目等。

(3) **国际教育类节目** 主要包括我国电视媒体从国外引进的"国际教育节目"(如《动物世界》等)和对外传播的"对外教育节目"(如《中药知识》《国宝档案》等)。

(4) **大型教育节目** 根据节目的形式分为大型教育活动节目、大型教育专题节目(如《故宫》等)和大型教育谈话竞赛节目(如《世界大学生机器人大赛》等)等。

4. 服务类节目

从广义角度讲,所有的电视节目都是传递信息、为大众服务的。从狭义角度讲,服务类节目是指为广大受众提供具体服务的电视节目,根据服务的内容和功能可分为:

(1) **生活服务类节目** 主要指关注百姓日常生活需要的节目类型,既有综合性的生活服务类节目,也有美容服饰、家装、饮食健康、旅游汽车、天气预报、择业择偶、老年妇女、服务竞赛等专项服务节目。

(2) **理财节目** 主要指介绍证券、股市、汇市和家庭理财、收藏、艺术品投资等内容的节目,如央视的《外汇市场》《鉴宝》,凤凰卫视的《投资收藏》等。

(3) **广告类节目** 主要有广告节目(包括商业广告和公益广告)和导购节目(电视购物节目)。

(4) **国际服务类节目** 主要包括我国电视媒体从国外引进的"国际服务节目"(如《时装发布会》等)和对外传播的"对外服务节目"(如《中华医药》等)。

(5) **频道宣传·收视服务节目** 主要包括包装节目(电视台、频道、节目的形象宣传片,台标、片花、再见等提升媒介或节目品牌形象的内容以及欣赏性内容等)和导视节目(电视台的节目预告类节目)。

(6) **大型服务节目** 包括大型服务竞赛节目(如《CCTV模特大赛》等)和大型服务活动节目(如《CCTV3·15晚会》等)。

(四) 按节目传播的内容划分

按节目传播的内容可分为经济、政治、法律、军事、科技、教育、文化、艺术、卫生、体育、民族、宗教等不同题材的节目。

第三节 电视节目制作流程

电视节目制作人员只有重视节目制作的工艺流程,加强节目制作的计划性,遵循节目制作流程的科学性,才能提高节目制作的质量和效益。不同的电视节目内容和形式,其制作流程会存在差异,有着不同的制作过程,但考虑到大多数电视节目的制作特点,其编制流程还是基本相同的,从孕育到完成的整个过程大致可分为三个阶段,即策划构思阶段、拍摄录制阶段和编辑合成阶段。

一、策划构思阶段

策划构思阶段是电视节目制作的第一阶段。电视节目要吸引观众,拥有市场,就必须先进行策划构思,根据市场需求,进行电视节目的整体构思和节目定位,选择适合的主题、表现角度和表现方式,确保有一定的观众群,使节目的投入获得最大收益。

1. 节目策划

电视节目的策划包括前期节目策划、中期节目策划和后期节目策划。前期节目策划的内容包括上期节目信息反馈,了解观众收视情况,根据观众反映分析受众心理,考虑节目选题,搜集与节目相关的信息资料,拟定节目选题,召开观众座谈会和策划会议,讨论节目选题,拟定选题策划方案;中期节目策划的内容包括制订详细的节目执行方案;后期节目策划的内容包括节目播出后收集反馈信息,为下期节目策划做前期准备。具体内容在第二章"电视节目策划技巧"中详细介绍。

2. 节目构思,确立节目主题,搜集相关资料,草拟节目剧本

电视节目既不是向观众讲述有趣的知识,也不是一本百科全书,它必须要有特定的表现主题。电视节目的制片人、策划人和编导应共同讨论,按照选题原则,扬长避短,确定主题,充分展示利用电视手段的优势。选题要具备独创性、前沿性,要得到观众的认可,对电视节目的拍摄主题、形式形成总体规划后,便开始撰写文学剧本。撰写文学剧本是电视节目创作的基础,是用文字对电视节目内容的表述,文学剧本是对大量生活素材的加工和提炼,是直观形象艺术的构思,是电视节目的制作蓝图,是关系到电视节目质量优劣的关键。电视节目的文学剧本,是为拍摄而写的,并不是一般的文学读物,因此必须有可拍性,必须能用电视镜头表现出来。

3. 主创人员碰头会,写出分镜头方案

文学剧本确定后,编导必须根据文学剧本的内容和导演本人的构思,进行创造性的总体构思,并用文字将要表达的内容,分成一系列可供拍摄的镜头单元剧本。分镜头剧本是以"蒙太奇"的表现方式和镜头组接的原理,按照时间和逻辑顺序来描述若干不同景别、不同角度的"镜头",从而交代事物整个发展过程的一项工作。在分镜头剧本中体现着导演的创作意图、艺术构思以及他的创作风格和个性。编导在写作分镜头剧本时,应当尊重原作的宗旨,并采纳制作人、策划人、摄像、录音等制作人员的意见,内容必须具体、细致和明确,使剧本更加具有可拍性,不应笼统、粗略和含糊。

4. 拍摄计划的制订

电视节目的导演和制片人应确定摄制组成员名单,筹集经费,讨论分镜头剧本,为节目制作做好全面的准备。摄制组的全部制作人员,如灯光师、美工师、摄像师等都要在有限的时间内修改并确定自己的工作方案,制片人和导演核定工作方案,提出修改意见直至满意为止。摄制组每个成员应分别进行拍摄前的准备工作,包括场地、服装、美工、资料、设备、灯光、演员排练、确定日期等。各部门主要负责人讨论确认拍摄计划并准备执行。考虑到思维存在局限性和不确定性,在准备阶段要严格按节目要求勘查现场,确定场景,制订布景、灯光方案等,并起草有关合同。

5. 各部门细化自己的计划

如签订租赁合同,建造场景、道具、图版,征集影片、录像资料等。

二、拍摄录制阶段

上述工作完成后,整个摄制组的人员就要投入到实拍阶段。这一阶段的主要工作就是根据拟定好的方案(包括拍摄提纲或分镜头剧本)进行现场拍摄和录制,用摄像机将画面内容与现场音响录制下来。不同类型的节目有不同的制作方式,以演播室拍摄为例:

1. 排演剧本

2. 进入演播室前的排练

演员排练,导演阐述,灯光、舞美的最后确定;音响、音乐的处理;转播资料的确定。

3. 分镜头剧本的确认

对镜头序列、景别、角度、技巧、摄像机编号、切换钮编号的确认;提词器的准备;移动车、升降臂、布景、道具、美工装饰、服装等的确定。

4．演播室准备

各种设备的调试，如摄像机的检查和调整、灯光试验和调整、通信联络的检查，舞美置景、化妆、服装、布景和道具的检查，录像磁带的准备，特技的应用等。

5．最后排演（带机排练）

条件允许时应进行排演，排演期间所有的工作人员应集中在一起，在导演的指挥下，共同配合，发现问题及时纠正。

6．正式录像

正式录制的节目可分为直播节目和录播节目，直播要求各工种密切配合，摄制绝对服从导演（或导播），按照节目预定的播出时间开始和结束所有的摄制工作；录播节目一般是把一个完整的节目分成几段录制，甚至是分镜头录制，可以适当重拍或拍摄备份镜头，当然这类节目需要经过后期的编辑、加工，才能成为一个完整的节目。

三、编辑合成阶段

这一阶段的主要工作是审看、剪辑、制作合成节目，由导演和编辑完成。导演负责对内容和形式进行再创作，编辑负责技术支持。面对素材，制作人员在电子编辑系统或非线性编辑系统等设备上工作，编辑思路可按分镜头剧本或拍摄大纲，也可按照对内容的理解进行创造性编辑。

1．检查所拍摄的素材

对照分镜头剧本，记录下每个镜头的时间码（入点和出点）、景别与拍摄方法，拟定出编辑方案。

2．素材粗编

确认编辑方式，按照分镜头剧本顺序和内容进行拼接，必要时，可以根据主题要求和素材情况，改变原来的构想。粗编完成了节目的大体框架，使镜头的顺序和节目内容基本确定。

3．节目精编

镜头素材编辑入点、出点的检查，镜头长度的确定，镜头组接技巧的运用，字幕、特效和动画的加入，配对白、录解说词、配音响效果声、加入音乐，将解说词、效果声、音乐进行混录，进行音调、音量等处理，并使声音与画面和谐。节目编辑后，可进行初步审看，看结构是否合理，段落层次是否清楚，有无错误并修改。

4．完成片审看

负责人审看并提出修改意见，直至完成成片，并将播出带复制存档。

电视节目制作是一项复杂的工程，每一个环节都需要专业技巧的支持，每一道工序都是紧密联系的。因此制作人员要熟悉每个工序,并根据节目内容具体情况具体分析处理,才能使制作流程更合理,也才能制作出大众普遍欢迎的电视节目。

第四节　电视节目创作人员

电视节目是群体创作的作品。电视节目商品化后,市场对电视节目的要求也越来越高。能否发挥电视的优势,这有赖于电视节目制作人员的创作水平。只有明确电视节目制作人员各自的职责和要求,充分发挥他们的作用,才能创作出符合大众需求的优秀电视节目。

一、策划与编导人员

策划与编导人员是指进行节目构思与策划的工作人员,通常包括电视节目策划人、制片人、编导、主持人等。

1. 策划人

策划人是指以电视节目效益为导向,遵照电视节目生产和运作规律,制作电视节目策划方案的电视工作者。其工作内容是对电视节目的整个创作流程进行总体规划和论证,是节目的总设计师,他描绘节目发展的蓝图,制订节目发展的方向,设计节目的操作框架。他应该是一位才华横溢的艺术家、脚踏实地的实干家、身经百战的军事家,同时又是卓有成效的管理者。

2. 制片人

制片人是指电视节目制作中负责确定节目计划和具体安排、管理预算、协调各部门各环节工作关系的电视工作者,是电视节目的负责人,为节目制作和播出承担主要责任。具体工作包括:审定节目主题,撰写策划书,安排和布置任务,密切关注各环节的运作和执行情况,及时处理制作过程中出现的紧急情况等。他应该是节目制作过程中的"通才",不但要了解科学知识,精通节目制作原则,懂得电视艺术创作规律,熟知编导、拍摄、剪辑、录制等各环节的运作,还必须具有独特的审美意识,能准确把握受众的心理,并能合理管理编制人员。因此,制片人必须具有包括知识水平、政治素养、管理能力、业务素质、社会交往能力与人际关系、个性特点等方面的素质。

3. 编导

编导包含编剧和导演。编导应该是精通电视艺术的"专家",还应该是知识面广博的"杂家",是全部策划方案的落实者和实施者。编剧是电视节目文字剧本的创作者，按照制片人的思路，对主题进行深入了解，创造性地找出电视节目的表现角度和方式，完成文字剧本的写作，然后协助导演解读文字剧本，在导演拍摄过程中，提出建议；导演是电视节目制作的具体组织者和实施者，其主要工作包括修改剧本、完成分镜头剧本，和制片人一起选定演员和各部门的创作人员，指导拍摄录制工作的全过程，进行制作后期的剪辑、音乐和动效的准确定位。作为一个大众传播者，编导应当具备新闻的敏感性、知识的广泛性和丰富的艺术想象力。

4．主持人

主持人是电视节目创作集体的代表，是节目宗旨的体现者，电视机构的代表，承载着科学信息普及的重任。主持人应该具有良好的政治素养、完美的人格、高尚的道德情操、深厚的知识底蕴、鲜明的个性主持风格、优秀的语言表达能力和驾驭节目的能力。

二、制作人员

1．摄像师

摄像师在导演领导下，负责全片的摄像工作。根据分镜头稿本，和导演一起选择外景，与美工师、灯光师研究美工设计和环境气氛的布置并负责拟订详细的摄像方案；能熟练并平稳地操作摄像机，保证每一个镜头都能以优美的构图来加强内容的感染力；熟悉蒙太奇组接原理，保证拍摄的相连镜头有足够的连续性，便于编辑人员进行组接；技术上要保证画面清晰、稳定，色调真实、柔和，亮度适中，运动协调；遇到未意料的场景时，要有应变能力；爱护摄像机，严格遵守操作程序；摄像计划改变时，必须和导演进行商讨。

2．美工师

美工师根据导演的创作构思进行美工设计，并组织实施。与导演、摄像师、灯光师共同商讨，确定节目的色彩基调，制订出具体的美工设计方案（包括场景设计、人物造型设计、道具陈设设计）；管理和监督置景工作；指导或协调服装、化妆、道具等部门的具体工作；组织和参与节目中绘图、字幕、图标和动画的制作任务，并根据条件，设计制作拍摄背景和道具等。

3．灯光师

灯光师担任电视节目摄制的照明工作。根据导演、摄像师、美工师对人物、环境的造型设计、画面色彩基调的整体构思，进行灯光设计，画出布光图；熟练掌握灯光照明的常识及灯光布置，熟悉在不同环境下各种效果灯光照明的设计方法，负责灯光器材的保管和维护。

4. 技术导演(导播)

导播是现场或演播室实况录制时导演的主要助手。负责多机拍摄镜头的选择、切换、特技合成和字幕插入的具体操作,以熟练的技巧,不失时机地、流畅地完成镜头间的转换,能根据导演意图,创造出新颖动人的画面;处理播出时各节目间的衔接、提示字幕插入等技术问题;保证节目的技术质量。

5. 场记

在整个节目的创作过程中,场记始终应跟随导演并协助其工作。帮助导演整理分镜头剧本及其他资料,拉出场景单,分发给各个创作部门;分镜头拍摄时,要负责"打板",填写场记表、录像带收发,认真、细致地记录每一镜头的景别、拍摄场景、内容、时间、光线、人物动作和对白、服装、道具等,以保证镜头组接时,以上制作因素的连贯性;根据已完成节目,整理出完成台本,作资料入档保存。

6. 编辑

编辑在导演的领导下负责节目的后期编辑工作。善于运用蒙太奇组接技巧,对节目的整体结构、叙述逻辑进行调整和再创造,积极地向导演提出合理建议;精心筛选出比较理想的镜头,找到最佳编辑点,保证组接流畅,节奏适当,色调一致;画面编辑的同时,要关注声音的构成和声画蒙太奇的艺术处理;保证编辑点的技术质量。

7. 录音师

录音师承担电视节目中声音部分的制作任务。根据分镜头剧本的内容,与导演共同商讨声音的制作方式(前期录音、同期录音、后期配音),以及对各种声音元素的设计与艺术处理;检查并准备需要的音频设备和录音资料;拾取声音时,对话筒要合理选择,巧妙设置,避免任何干扰,并使声音和画面有效配合;作好录音监测,严格掌握各环节的录音质量;后期制作时,要善于运用蒙太奇法则,做好声音与画面的配合、声音与声音之间的组接;负责节目最后的混录工作。

8. 化妆师

化妆师负责电视节目中人物的化妆工作。根据节目情节内容和人物造型设计要求,对不同人物给予相应准确的描画(包括脸部和毛发),结合照明情况来化妆,力求屏幕上人物真实、自然;现场拍摄时,对表演者随时进行补妆;负责保持人物造型的连贯性。

9. 服装师

服装师在节目制作中,全面负责人物的衣着服饰。根据节目内容和人物造型的要求,与美工师共同研究,确定表演人物服饰的颜色、图案、款式、质地和特殊加工处理;负责各种衣着、饰物的具体加工、购置和租借工作,在拍摄前作好准备;掌握现场拍摄时,各场次人物服装的更换和衔接;负责服装的保管工作等。

三、管理与技术人员

1. 制片主任

制片主任是摄制组的行政负责人。制片主任应始终尊重导演对艺术创作的要求,全力协助导演完成节目的制作任务。与编剧、导演一起研究、讨论剧本和分镜头剧本;与导演一起,制订拍摄计划、组织摄制组,批准灯光、美工设计等方案;制订节目制作经费预算计划,掌管财务和检查开支情况;领导制片、剧务、场务等人员,负责摄制组一切对外联系工作、物资供应、拍摄现场的整理以及制作人员的衣食住行;在各个阶段,抓好形成性评价,提出修改意见和建议,直至最后完成、播放、出版,并组织节目的总结性评价;与导演团结、合作,调动所有制作人员的积极性,并有效监督、管理、协调全部制作活动,帮助导演掌握工作进程,按期完成拍摄计划。

2. 副导演

在节目制作过程中,副导演自始至终帮助导演执行任务,完成任务,是导演在创作活动方面的主要助手。帮助导演检查、督促所有拍摄前的准备工作;帮助选择表演者和外景地;有较多的表演者时,协助导演进行组织和场面调度,并指导他们的表演和排练;协助导演掌握好节目的长度;协助搞好后期制作。

3. 道具管理员

根据美工师对节目的总体设计,道具管理员负责提供和管理拍摄所需的陈设道具、表演者使用的道具和特殊的效果道具等。预先熟悉剧情,提前准备好拍摄所用的各类道具;充分领会创作意图,善于随机应变,及时处理现场发生的各种紧急情况。

4. 剧务

在制片主任领导下,剧务分管摄制组的后勤保障和对外联系工作。协助制片主任联系拍摄场地;租用拍摄所需要的各种设备和器械;安排好摄制组人员的食宿;解决摄制组的交通问题。

5. 视频工程师

视频工程师主管电视节目制作方面的技术问题,承担全部制作系统设备的维护和技术管理。负责新设备的验收、安装和调试,做好制作部门设备的登记与档案管理;监督各岗位技术操作规程的执行情况和设备的使用情况;精通各类制作设备的工作原理与维修技术,定期维护和及时检修设备故障,保证设备正常运行;采用多机拍摄时,负责对摄像机进行统调,保证亮度、对比度、色调的一致性。

电视节目制作的策划与编导人员、制作组人员、管理与技术人员并不能进行绝对的划分，根据节目性质、规模和拍摄方法的不同，可以是一种职务的工作由多人担任，也可以几种职务由一人兼任，小型节目只需 3~5 人组成的摄制小组，大型节目的摄制组往往包括各个方面的人员，多达几十人甚至上百人，但都必须了解和熟悉各个岗位的工作职责与要求，各尽其责，才能在整个编制工作过程中协调各部门的工作，确保电视节目的制作质量。

复习思考题

1. 电视节目制作的手段有哪些？各有什么特征？
2. 电视节目制作的方式有哪些？各有什么特征？
3. 如何对电视节目进行分类？
4. 简述电视节目制作的流程。
5. 简述电视节目制作人员及工作职责和要求。

参考文献

[1] 孟群.电视节目制作技术[M].北京:中国广播电视出版社,1997.
[2] 徐威.电视节目制作与播出管理[M].北京:中国广播电视出版社,2005.
[3] 李运林,徐福荫.电视教材编导与制作(第二版)[M].北京:高等教育出版社,2004.
[4] 李晋林.电视节目制作技艺[M].北京:中国广播电视出版社,2001.
[5] 宋静华,万平英.电视节目编辑与制作[M].北京:国防工业出版社,2011.
[6] 张晓锋.电视节目制作原理与节目编辑[M].北京:中国广播电视出版社,2004.
[7] 张海潮.中国电视节目分类体系[M].北京:中国传媒大学出版社,2007.
[8] 梁小山.电视节目制作[M].北京:中国广播电视出版社,2000.
[9] 郝淑艳.电视节目制作技术手段与制作流程[J].科技创业家,2013(3下).
[10] 杨晓宏.数字电视节目制作技术[M].北京:国防工业出版社,2013.
[11] http://www.cdaa.com.cn/jiemu/ShowArticle.asp?ArticleID=670&Page=2.
[12] http://www.docin.com/p-841314555.html.
[13] http://www.docin.com/p-474439690.html.

第二章
电视节目策划技巧

【学习目标】

学习完本章,应该能做到:
- 理解电视节目策划的含义。
- 了解电视节目策划的意义。
- 理解电视节目策划的理念、思路和方法。
- 掌握电视节目策划的类型。
- 掌握电视节目策划的原则和对象。
- 掌握电视节目策划的流程。
- 掌握电视节目策划书的写作。

电视作为主流媒体,对当今社会的意识形态、思维方法、文化结构和政治变革等都会产生巨大的影响,这种影响是通过一个个电视节目得以实现的。随着人们文化水平的提高,上星频道的增多,专业频道的开办,网络电视和手机电视的兴起,电视媒体之间的竞争越来越激烈。作为主流媒体的电视台,若想在媒体竞争中立于不败之地,必须打造并创作出更多的名优节目和名优栏目,这就需要加强节目生产和运作的全程策划,才能有针对性地组织选题,形成拳头,打造并推出精品。

第一节 电视节目策划概述

"策划"并不是一个新词,但用于电视节目却没有多长时间,因为电视真正走入千家万户也就几十年的时间。随着我国电视体制的改革,制播分离制度的实施,社会性的节目制作公司大量涌现,将会出现一个比较规范的节目交易市场,节目的市场化必然要求节目精品化。节目策划人在电视人才市场将成为走红角色,各个节目制作公司、电视台各栏目都会成立一个专业化的节目策划机构。高水平的电视节目策划,不仅能为社会大众带来高质量的精神文化产品,而且还能为策划人以及相关电视媒体带来丰厚的经济效益,并使其在竞争日益激烈的中国电视产业内立于不败之地。由此可见,电视节目策划已成为当今影响电视节目生存和发展的重要因素。

一、电视节目策划的含义

电视策划已经成为电视栏目、节目、频道甚至电视台的重要环节,策划在电视节目制作过程中直接影响着大量人力、物力和资金等社会资源的运用效果。选题定夺、创新栏目、旧栏目改版,各栏目制片人都要聘请一些具有丰富经验的高级创作人员召开栏目、节目策划会,共同策划出好的栏目和节目。电视策划是借助特定电视媒体信息、素材,为实现电视行为的某种目的、目标而提供的创意、思路、方法与对策。

电视节目策划,就是策划者遵照电视节目生产和运作规律,对电视节目的选题立意、采拍制作、播出销售等生产和运作过程进行总体筹划和论证并形成具有指导性文案的一种电视行为。电视节目策划是一个切实可行的节目制作方案,必须围绕观众来做文章,为观众设计的能达到一定目的和效果的、有创意的节目构想。根据电视节目生产和运作的过程,把电视节目策划分成前期策划、中期策划和后期策划;根据节目的客体形态,把电视节目策划分为节目策划、栏目策划、频道策划以及媒体整体形象策划;根据策划的主题和目标,把电视节目策划分为选题策划、摄制策划、播出策划和销售策划;从电视节目的类型来看,可分为电视新闻节目策划、电视纪录片策划、电视专题节目策划、电视剧策划、电视综艺节目策划等;从电视节目的样式来看,可分为电视谈话节目策划、电视竞技节目策划、电视直播节目策划、电视演播室节目策划、电视游戏节目策划等。但不管是哪一阶段和哪一种策划,策划者都要把握最关键的一点,即电视节目策划的创意。从这种意义上说,策划永远不应等同于计划,因为它包含了某种创意、某种新的尝试、某种新的追求和探索。

由此可见,电视策划是一种丰富、复杂、综合性的劳动和活动。一个合格的电视策划人应具有丰富的理论素养、敏锐的判断力、较强的组织运作整合能力;应是对电视媒体的各个层次、环节拥有广泛知识积累并能根据电视媒体运作规律乃至社会经济、政治、文化的变动善于灵活变通的人;应是具有开阔的视野和创造性思维的人。

二、电视节目策划的意义

古人云："凡事预则立，不预则废。"电视之所以需要策划，是建立在电视媒体竞争日趋激烈、各级各类电视媒体寻求新的生存与发展空间的媒介大环境基础之上的。电视节目策划一方面为电视节目制作提供新观念、新思路和新方法，给实践以明确而有力的指导；另一方面也给电视节目摄制避免出现大的决策失误、行为误区以及资源浪费等提供了成功的保障，因此策划是一切电视节目生产和运作实践取得成功的保证。

1. 策划能丰富电视节目的内容

电视节目策划从本质上看是策划者运用脑力的一种理性行为，是一种思维和智力活动，属于脑力劳动。在电视节目策划过程中，策划者要调动自己全部经验积累和智力储备，去认识、分析、判断、推理、预测、构思、想象、运筹、规划、监督、调整直至整个节目完成，经过正确的、科学的、有序的策划而采编的节目，信息量大；思想内涵深，包装比较完美，节奏感强，震撼力大。

2. 策划有利于促进"两个效益"

电视节目策划的基本前提是产生良好的社会效益和经济效益。电视台在策划节目时应本着有利于促进"两个效益"的原则，对即将组织实施的节目有个超前的估计，精心设计各个环节，包括时机的认定、力量的配备、主题的确定、角度的选择、细节的安排等多项内容作统筹的考虑安排。

3. 策划是电视节目生产和运作取得成功的保证

电视策划通过对媒介信息的大量掌握，推测电视发展的大趋势，分析电视媒体的生存处境，有针对性地对某种电视行为在宗旨、目标、对象、定位、战略、策略、方式、方法以及人力、财力、物力的配置，未来开发的渠道与潜力，效益、效果的评估观测等进行科学的判断、周密的设计，这样的策划显然为电视媒体的整体运行与具体行为提供了宝贵的智力支持。电视节目策划不仅在于升华作品的主题，提高作品的社会价值和审美价值，更重要的是确保了本次创作活动的成功。

4. 策划为电视节目的生产和运作指明了方向

"事不前定不可以应猝，兵不预谋不可以制胜。"策划作为思维与行动、主观与客观之间不可缺少的联系环节，对人们的行为尤其是创造性的行为具有指导性的意义。电视节目策划和企业营销策划一样，要寻找节目卖点（包括栏目播出的时间、播出的内容、栏目自身的实力以及特有的风格），通过对人们文化需求和电视节目市场行情进行科学分析，发现观众迫切需要的内容，找准切入点，并对电视发展趋势进行准确把握，这样制作出的节目才能算得上精品节目，卖点一旦找准,就要极力烘托突出卖点,其他无论包装手段、制作技巧、结构安排等都要围绕卖点来展开,为其服务,因为留给观众印象最深的也就是你"卖"给观众的那一"点"。

5. 策划可以增加电视节目的竞争力

电视时段社会化、节目制作公司化、节目运作市场化,这些在冲击着传统电视节目生产、运作观念和模式的同时,也为电视节目提供了新的竞争机遇。若想在竞争中取胜,就必须提高自己的竞争力,而提高竞争力的主要途径之一,就是加强节目生产和运作的全程策划。

6. 策划有利于提高电视工作人员的整体素质

电视节目策划要求策划者在具有丰厚的文化和业务知识的基础上,既要有一定的预测、分析能力,也要在突发事件面前有快速的应变能力。这就要求电视工作者要认真地观察社会,努力地吸取各方面的知识,研究社会,也研究同行,不断提高自身的专业素养和综合素质。

三、电视节目策划的方法

(一) 策划节目的一般过程

1. 前期节目策划阶段

前期节目策划阶段即节目构思、选题阶段,这一阶段的主要任务是确立节目主题,搜集相关资料。具体过程如下:

① 根据前一期节目信息反馈,在了解观众收视情况、分析受众心理的基础上,考虑本期节目的选题。

② 收集与节目相关的信息资料,如来电来函、报纸杂志、单位提供的新闻线索等,拟定节目选题。

③ 召开观众座谈会,了解收视情况,为节目选题服务。

④ 召开策划会议,讨论选题。

⑤ 拟订选题策划方案。

⑥ 试行策划方案,调查有关的人和事,及时修改策划方案。

⑦ 从多种策划方案中优选方案。

2. 中期节目策划执行阶段

中期节目策划执行阶段即拍摄策划阶段。计划是节目的基础,节目的构思越完善,拍摄的条件和困难考虑得越周全,节目制作就会越顺利。

① 制订详细的节目执行方案,并根据节目性质对编导、导演、主持、摄像、后期制作、节目包装等人员提出各环节的要求。

② 执行策划方案。贯彻落实策划思想,确认前期制作所需设备的档次及规模,配备摄像、录音、音响、灯光等技术人员,选择拍摄场地,执行策划方案。

③ 节目制作。

3. 后期节目策划执行阶段

后期节目策划执行阶段是在已经拍摄好的素材基础上来进行的,主要任务是完成节目的编辑,形成可供播放和发行的成品片。

① 节目录制、合成与包装。

② 节目播出。

③ 收集反馈信息,为下期节目策划做准备,与第一阶段首尾呼应。

(二) 电视节目策划常用的方法

1. 头脑风暴法

头脑风暴法是美国创造学家阿历克斯·奥斯本创造的一种思维方法,其核心是高度自由联想。一般是通过小型会议,让与会者提出各种构思,相互诱导,追求产生一种创造性的意念。它要求会上禁止批评,鼓励无所顾忌,多产生一些构想并善于将这些构想有目的地选择或重新组合。这种方法适合于各种社会策划活动,具有一定的代表性。

2. 调查法

调查法是从策划者组织的问卷调查、抽样调查中得到相关有效信息,然后对这些信息进行分析得出结论,最后根据调查结论进行策划。这种方法常被栏目用作阶段性调查及栏目改版时使用。由于耗资大,一般性栏目都不会采用。

3. 经验法

节目策划者根据自己多年的经验,找出与本次策划背景相似的地方,结合人员素质、制作经费、执行环境等因素进行的策划。这种方法是目前许多栏目有意识或无意识使用的方法,它最大的弊病就是不容易创新,难逃窠臼。最大的优点是成功率高、操作性强。

(三) 电视策划的理念、思路和方法

电视策划类型多种多样,很难一般性地给出"怎样进行电视策划"的笼统规则,只能根据不同的电视行为采取不同的策划方略。这里我们把电视策划的理念、思路和方法定位在电视媒体(电视台),而非一个具体的节目、栏目或频道,具体电视节目的策划方法将在后面的章节中予以介绍。

1. 分析电视媒体的生存环境

(1) 政治视角 电视媒体是国家意识形态极为重要的组成部分,因此电视媒体的思想导向、内容构成、议程设置等都或多或少地会受到政治因素的影响。

电视媒体的整体定位、办台理念、办台思路与途径，必须根据政治环境的可能性、必要性与可行性有针对性地策划与设计。

（2）市场视角　电视媒体的生产、传播、流通、消费依赖于特定环境的生存和发展。一方面，电视媒体在推进、影响市场方面有积极作用；另一方面，电视媒体也会受制于特定市场环境的具体形式。对电视媒体产业、市场的策划必须要考虑具体的市场环境。

（3）文化视角　文化分为广义文化和狭义文化。广义的文化是人类一切生活方式的总和，包括物质文化和精神文化，有时也特指精神文化，即所有的价值结构、规范结构、信仰结构。但我们通常所指的文化，即狭义文化，是指个人或群体具备和体现出来的所受教育的程度和水平、知识素养和层次、文学艺术修养。电视媒体的策划与设计，一方面要考虑政治导向的正确、市场与产业价值的实现，同时也必须考虑其多层面的文化影响力的强与弱、大与小、正面与负面、肯定与否定。在"主流文化""精英文化""大众文化"等多种价值取向中，选择何种取向？在"全球化"与"本土化"的对立统一中，选择何种立场？在"雅"与"俗"的纠葛中，选择何种态度？尤其是在电视媒体自身的实际利益和更为长久的文化责任之间，该作出怎样的抉择，确立和塑造电视媒体怎样的文化形象？这些都是不可回避的问题。

（4）社会角度　自电视诞生之日起，对电视媒体功过得失的探讨就从未停顿过，尤其是对电视负面社会影响的批判，不论是过去、现在，国内还是国外，始终不绝于耳。一个社会的风尚、习性、开放度、宽容度，尤其是社会伦理层面的具体情形，对电视媒体整体的策划与设计会产生深刻影响。

（5）科技视角　电视的成长与科技进步密不可分，从无线到有线，从黑白到彩色，从微波传送到卫星传送，从模拟到数字，从标清到高清，我们可以看到科技的发展催生了卫星电视、数字电视、网络电视等新媒体的蓬勃发展。科技的进步对电视的生产、制作、传播方式乃至电视的内容变化产生着直接的、决定性的影响与作用。因此，在电视媒体整体策划与设计中，应充分利用最新的电子科技成果，策划、设计新的节目形态。

2. 确立电视媒体的整体定位

目前，各级电视媒体不论在机构设置、管理模式，还是节目品牌、节目形象上普遍存在"大而全""千篇一律""雷同化""克隆化"等问题，作为一个独立的电视媒体，如何才能在众多媒体中卓然胜出、独树一帜呢？确立其独特的整体定位是必须解决的问题。在电视媒体整体定位问题上，至少涉及三个方面的内容。

（1）内容定位　电视媒体的内容必须与受众的需求相一致，至少能够满足受众的部分心理需求。因此电视媒体在自己主打内容的设计上,能否做到"招招领先",是关系到电视媒体自身成败的一个重要方面。如香港凤凰卫视中文台之所以在短短几年内能迅速崛起,除去媒介环境、政策环境外,关键是找到了自己独特的主打内容定位——这就是在海峡两岸及香港的互动中寻找相关信息、素材。

(2) 文化品格与审美品格定位 电视媒体作为大众传播媒介,必须要有自己的公众形象,这就必然要求其确立自己独特的文化品格和审美品格。如国家级电视台应当是体现主流文化品格的媒体,应以庄重、高雅、大气作为自己的审美品格追求,不同地域的电视媒体则应结合本地文化特征和观众的审美趣味、审美习惯,来塑造自己的独特文化品格与审美品格。

(3) 形象定位 具体来说包括台标、主题词、主体音乐、形象片、小片花、影调、色彩、字幕及具体的频道、栏目、节目包装,还包括了主持人、出镜记者的形象包装。形象定位由于其直观的效果,格外引人注目。最近几年,许多电视媒体不惜斥巨资,抓"形象定位"工程,取得了很好的效益。当然,也有一些电视媒体不重内容、品格等内涵性定位的开掘,盲目引进"外包装",而出现"外强中干""形式大于内容""徒有其表"的不好倾向。从大的指导性原则来看,电视媒体整体定位应遵循"本土化"的方针,当然,具体设计、策划过程中也要引进"国际化"理念,使"国际化"与"本地化"有机结合在一起,才能达到较为理想的效果。

3. 制订符合实际的战略性对策

事实上,电视媒体战略性对策的制订都是围绕着本媒体已有和可能拥有的资源来展开的。这些资源包括:人才、技术、资金、节目素材以及相关的有形资产和无形资产等。简单来说,电视媒体的战略性对策就是对媒体资源的配置与整合,有四个问题需要阐释。

(1) 频道专业化 目前国内电视频道资源较为丰富,一个电视媒体拥有众多频道已不是难事。理论上讲,电视观众可以收到几百个电视频道,甚至更多。在这样的环境下,电视媒体的竞争往往体现为频道间的竞争。尽管目前各电视媒体往往还是把综合性频道放在最重要的位置予以经营运作,但专业化频道发展是大势所趋。所谓频道专业化,就是以特定专业性的内容,面对特定服务对象所组合成的频道,每一个频道都有其非常鲜明的风格和主打内容,具有统一性和独特性。如体育频道、电影频道、文艺频道、电视剧频道、生活频道、女性频道、法制频道、旅游频道、读书频道等,在未来,也许钓鱼、足球等更为专业(狭窄)的频道设置更能满足电视观众的需要。

(2) 品牌战略 每个电视媒体在其自身的历史积累中,都有可能成长起有相当影响力、相当水准的知名人物、节目、栏目等,要想在媒介竞争中立于不败之地,有计划、有目的、有针对性地培育这些知名人物、节目和栏目,努力使其成长为具有持久影响力与号召力的品牌,是电视媒体战略对策中的重要一环。这就要求电视媒体在品牌战略中应加大力度,采取各种措施,用优越的政策吸引人才,开创新的品牌等。但要注意品牌的建立和为人们所认同需要很多条件:包括推出时机、推广策略、后开发的策略等。因此,塑造什么样的品牌、怎样推广品牌等都应成为电视媒体战略规划中的重要组成部分。

(3) **媒资管理**　媒资即内容,是电视媒体的家底,具体地说就是磁带、胶片、文稿等。国内外纷纷建立了"媒体资产管理系统",这一系统的建立有效地实现了"素材增殖"。这就要求电视媒体在制订自己的战略与策划时,应当好好"翻翻家底",哪些属于独家拥有、不可替代的,哪些属于可以多角度、多层面、多场合、多次组合……通过整理加工,使之不断地"增殖",进而"增值"。电视媒体实行高效"媒体资产管理",是多媒体时代参与市场竞争的保障,应该成为电视媒体战略策划的重中之重。

(4) **信息处理**　"信息链"是构成电视屏幕的有机信息组合,电视节目便是电视媒体发出的有机"信息链"中的一环。以往我们对电视节目的考量主要从电视节目生产的具体制作入手考虑组织和运作。实际上电视节目的成功、传播效果的实现,与电视节目在"信息链"中的位置、时段以及推出的时机等也有密切的关系。这就要求电视策划中信息处理不仅要考虑组织和运作,还要考虑节目在整个电视屏幕中"信息链"的位置、时段、推出时机。此外,我们常常以"信息量"来衡量电视节目的某种价值,一个电视节目信息量的多或少、大或小固然不可忽视,但"信息质"在电视节目生产"信息处理"方面也许更为重要。所谓"信息质"至少包含三个层面的内涵:一是信息的新鲜性和独特性;二是信息的理性深度;三是信息的感染力。

四、电视节目策划的类型

不断发展的电视实践充实着我国的节目策划理论,电视节目策划的现实意义日益显现。电视节目策划和电视传播的现行体制相对应,可分为媒体形象类节目策划、频道整体类节目策划、节目本体策划、栏目运作策划和相关报道策划等五种形式。

1. 媒体形象类节目策划

媒体形象类节目策划是为扩大媒体影响力和社会知名度、权威性而进行的最高层次的节目策划。这种策划是电视台办台理念、办台思想、传播方针和编辑政策的具体体现，一般以台标、台徽、宣传短语组成片花或宣传短片在各频道节目中不定时地反复插播，以累积厚重的几何方式，增强媒体形象的公众效应，增值媒体的有形无形社会资产。

2. 频道整体类节目策划

频道整体类节目策划是策划者在广泛调研的基础上，以受众和市场为出发点，对频道体系的整体形象、目标、功能、结构、要素等进行的符合传播规律的有创意、有组织的预先准备和谋划，使之达到一种最优化，以合理地利用和配置信息资源，取得良好的传播效果。频道整体类节目策划是仅次于媒体形象宣传的重要节目策划，这类节目策划，既是对媒体形象策划的延伸和补充，又符合电视频道专业化、对象化、分众化的传播规律。

3. 节目本体策划

节目作为频道的播出单位，有自己独立存在的形态。作为频道的组成部分，各节目从内容到形式，从任务到对象，都有着鲜明的个性魅力和独特的吸引力。各类节目的对象越明确，相互之间越协调，搭配得越完美，频道整体优势就越容易发挥。节目策划定位要准确，对象性要强，内容指向要明，形式要生动活泼。在节目内部，各栏目之间既相对独立，又浑然一体，是相互关联、内在联系紧密的整体。栏目之间的衔接，要自然、紧凑、连贯，节奏要流畅、平稳、有序，风格要统一、一致、优美，内容要完整、关照、互补，符合收看规律。节目是频道建设的重心，策划是节目建设的龙头，龙头高昂，神龙活现，频道就有了旺盛的生命力。

4. 栏目运作策划

栏目运作策划是根据节目任务进行的具体策划。作为节目策划的分支系统，它是节目整体的有机构成部分，承担节目赋予的任务，为实现节目传播目标服务。栏目策划应坚持对象性接收为主、普遍性接收为辅的原则，通过对同类内容的筛选组合，实现与受众的沟通与交流，巩固原有的收视群体，扩大新的收视队伍，使节目在不断改进、提高和完善中向名牌进军。在内容选择上，要突出新鲜、生动、受众关注、益智性强和激发收视激情，产生联想、想象和冲动的特性。在表现形式上，则要从刺激视听出发，重视主持的个性风格和平等交流，便于受众参与和接受，即便创新，也要符合收视习惯。

5. 相关报道策划

相关报道策划是节目策划的最初始状态。任何报道在未进入编排程序前都处于独立的、完整的自我状态。一旦进入编排程序，作为节目的最微观部位，它有可能被肢解得支离破碎，面目全非。比如晚间《新闻联播》完整采用的成品稿，在子夜新闻中，可能成为一句话新闻。尽管如此，主持人（记者）在撰写稿件、组织话题时,还要做到严肃认真、一丝不苟、诸要素齐全,决不能敷衍塞责,丢三落四,更不能逻辑混乱,随意剪裁。报道策划必须服从栏目的规划和编排,服务于栏目需要,这是报道策划必须坚持的基本原则。

五、电视节目策划的对象

尽管电视节目种类繁多、形式多样,但电视节目创意与策划的对象基本是相同的,大致包含以下几个方面:

1. 节目内容

节目内容的策划是从电视频道整体定位出发,考查节目的内容、宗旨与其所属电视频道的整体定位是否一致,与频道其他节目的内容与风格是否统一;然后通过考查节目放置在一周中或一天中某一特定时段的利弊,为节目划定一个最佳播放时间;接着确定节目所属栏目的样式、结构与风格,使节目形成固定的特色以吸引稳定受众群。频道定位、时段定位、栏目定位是电视节目策划的首要对象。

2. 核心受众

策划需要有一个明确的节目核心受众观念,一档电视节目的核心受众的划定其实与节目内容定位的策划紧密相关。核心受众是节目最稳定的收视来源,是节目竭尽全力争取的主要对象。策划要注意收集核心受众的信息需求、兴趣爱好、反馈意见,以此来维护和强化节目自身对核心受众的吸引力。

3. 选题与价值

选题的策划是在已明确固定栏目或节目定位、宗旨、结构的前提下,对该栏目和节目一期或多期的策划过程,最终目的是达到创作出来的节目能有最优化的观赏效果和收视效果,能得到广大观众的喜爱和欢迎。选题的标准包括新鲜性、离奇性、显著性、灾难性、接近性、娱乐性等。

4. 品牌与营销策略

在电视频道设置重复、电视节目样式克隆现象日盛的今天,一档节目要立住脚的根本保障之一就是树立自己在行业中的品牌。策划者首先要迅速厘清和识别一档节目的竞争对手(包括内容或风格相似的频道、节目和栏目),分析竞争对手的策略是什么,目标是什么,了解竞争对手的优势与劣势以及他们的反应模式,将本节目与竞争对手的异质性与独特性作为亮点和卖点加以推广和营销,以此树立节目本身的文化品格与审美品格,建立节目清晰的个性标识与品牌形象。

5. 实施成本

每一个好的创意都需要适当的成本去实现,都需要电视台投入相当的人力、物力与财力,好的创意如果没有合理的成本预算与有效的实施方案,可能导致血本无归和创意的落空,所以"金点子"不等于好策划。成本预算不仅体现在前期策划中,而且涵盖了后期节目产品的市场推广、广告策划;更重要的是,一档节目如何长期确保个性魅力,如何实现节目的可持续利用价值,节目品牌效应如何在后期加以维护和系列开发,甚至策划体制本身的经济成本与效益评估等,都应当被纳入策划中加以探讨。

第二节 电视节目策划原则

电视节目策划是一项复杂的系统工程。为了求得最佳策划效果,应掌握一些策划的原则和策划要点。

一、电视节目策划原则

电视节目策划是一种创造性的活动,具有很强的自主性和灵活性,但这些特性的发挥不可能是一种任意的行为,这种社会行为必然要遵循某种客观规律,掌握电视节目策划的原则是策划者达到策划目的、实现策划效益的保证。

1. 目标原则

没有目标的策划是盲目的策划,策划有无目标是检验策划成功与否的标尺,一个成功的策划源于一个正确的选题,而每一个正确的选题都应该有明确的目标指向。确立目标是电视节目策划的第一步,策划方案只能是在电视节目策划的目标完全明确以后才能进行,制订电视节目的策划方案,首先要明确总目标是什么,分目标是什么,要达到什么样的宣传效果,观众观看后有什么样的反应和感受。第二要考虑节目是给什么人看的?做成什么样式、风格?如何正确引导舆论?第三,要充分了解政府、老百姓以及其他媒体在关注什么?节目所具有的独特优势在哪里?如果没有更好的想法和独具的优势,宁愿放弃也不要跟着走形式,否则就是人力、财力和资源的极大浪费。电视节目作为一种产品、一种精神消费品,其生产目标主要是实现社会功能(教育大众、传播信息、获得知识、娱乐生活)和自身价值(社会效益和经济效益)。电视节目策划的最终目标就是最大限度地强化和提高节目的社会功能和自身价值,因而策划是对既定目标的策划,是对既定目标实现途径的策划,是对实现手段具体操作的策划。也就是说,目标在先,策划在后。当然,事先设定的目标可以在策划的进程中不断完善,加以修正,甚至在策划的过程中,一些新的线索可能会使策划者放弃原有的思路,向另外的目标进发,但这一切都是以原先、既定的目标为起始站,第二目标只是第一目标的派生品。

2. 创新原则

创新是电视节目策划的灵魂。创新原则是指电视节目策划者必须时刻以创新的眼光审视自己的作品,以不断创新的思维模式去改进电视节目,时刻保持节目的新颖性。电视节目策划是一项高智力的创造性活动,创新是给电视节目带来无限生机的魔棒,无法创新就意味着平庸,平庸就意味着被淘汰,只有打造出独特的、富有新意的节目产品,才会被受众接受,进而形成具有长久生命力的品牌。创新的途径主要有:

(1) **理念创新**　是指思想观念的创新和思维方法的创新,电视节目策划创新的根本是理念的创新,对于电视节目来说,要作出完善有效的策划,必须更新观念,树立新传播环境下的基本理念,建立长效的节目策划机制。其实要想创新并不太难,问题在于要敢于创新,善于从不同角度做发散性联想思维,不受经验的羁绊,在固有学识基础上寻求突破,有了这种敢于突破自我创新的观念,创新就会层出不穷,如湖南卫视的《快乐大本营》、江苏卫视的《非诚勿扰》等都有一些比较独特的创新观念,是拥有大批忠实观众的节目。

(2) **内容创新**　如今,电视是一个"内容为王"的时代,电视节目的成败,关键是"内容",形式和表现手法是为内容服务的,电视节目在内容上有新意,让观众在收看节目中能有新的发现,新的启示,新的收获,这样的节目才能赢得观众,内容创新就是要不断寻找生活中具有新颖性、变更性、时效性和突发性的素材,让受众耳目一新。

(3) **形式创新**　在采访、拍摄、制作过程中,要把电视手段发挥得淋漓尽致,以求得节目播出后有最佳的效果和效益,如画面、配乐、解说、同期声、字幕、色彩、片头、片尾、小片花等各种电视创作元素的应用和组合要力争具有新颖别致、不落俗套、富于变化的特点,让观众眼前一亮,带来强烈的视觉冲击。

(4) **人员创新**　是针对幕后制作人员和幕前工作人员而言的,幕后人员的"创新"主要是通过招揽人才来获得创新,幕前工作人员的"创新"主要是希望通过打造全新的幕前形象,获得理想的收视效果。

电视节目要不断出新、求变、求异。策划工作的本质和目的就是要创造出"新"的电视产品,涉足别人没有涉足过的领域,报道别人没有报道过的内容,选用别人没有选用过的主题,采用别人没有采用过的形式,才能有较多的收视群体。只有在内容上、形式上、制作手法上、频道包装上不断出奇制胜、新意迭出,有独特的视角、有新奇的创意,选题是"热点",节目有"卖点",才能在媒体竞争中立于不败之地,独树一帜,获得较高的收视率,有较广的收视群体。

3. 效益原则

电视节目的制作和播出运作复杂、影响广泛、消耗巨大，它既是一种具有经济属性的产品的生产，更是一种具有鲜明意识形态性的文化产品的生产。在电视产业化发展过程中，社会效益与经济效益总是结伴而行的，节目是做给观众看的，要观众消化的，策划人在策划时心中不装着观众、不考虑社会影响，节目就走进了死胡同，没有了受众就没有了市场，没有市场就肯定不会有经济效益。电视节目的最终目标是实现社会效益和经济效益的统一。要实现这一目标，只有进行合理的策划，制作和播出尽可能多的满足广大观众多层次多方面需要的电视节目。在策划实践中，社会效益和经济效益实际上是一种交叉互容的关系，但是互容的程度和比例却没有现成的配方，一切都要视策划对象、目标和具体环境、条件而定。在收视率与电视媒介经营效益挂钩的情况下，那些摈弃或忽视大多数观众的电视节目策划，即使有再多的理由，也不能算是一种优秀的策划。

4. 心理原则

电视节目的制作主要是建立在观众的兴趣之上的，要让观众爱看。节目的策划要想吸引观众，就得搔到观众的"痒"处，打在观众的"麻筋"上，这就必须充分分析观众的心理。观众的心理主要包括两种：一般心理和特殊心理。一般心理是指大部分观众的共同心理，而特殊心理是因职业、年龄、性别和文化背景的差异所产生的个性化心理。掌握观众的一般心理可以使我们在宏观上把握广大观众的心理需求，尽可能地去满足其正常需要，并加以适当引导；掌握观众的特殊心理，才能从微观上根据不同观众制作出满足不同需求的节目，才能向社会作全方位覆盖与渗透。比如《东方时空》《焦点访谈》《新闻联播》等优秀节目就反映、代表了大多数人的收视心理；而一些特色节目如《动物世界》《人与自然》《戏曲采风》《夕阳红》《道德与观察》等满足的是不同年龄、爱好的观众群的需要。当然，两种心理并没有十分明确的界限，可以互相结合，关键在于节目本身是否具有吸引力，节目策划在受众定位、心理诉求上是否对"症"下药、准确把握。

5. 导向原则

电视节目的策划既要考虑观众的需求，又要考虑以正确的舆论引导观众，把握两头，上下通气，巧妙结合，才是节目策划双赢的出发点。准确把握好电视节目策划的方向，要用正确的舆论来引导观众，在大多数情况下，观众的需求和正确的舆论往往是结合在一起的，具备一致的导向性。比如中央台的《今日说法》栏目，其宗旨是重在普法、监督执法、促进立法，其中案例精彩，争论也精彩，专家评说、大众参与，从内容到形式，观众都很乐于接受，于无声处巧普法。

6．机动原则

事物总是在不断发展变化的。策划方案确定后,在实施过程中,新的情况会随时随地出现,这就要求策划者应及时对方案进行相应修正、更改,执行者也要有应变之策。及时应变可以减少损失,更好地强化宣传效果;抓住机遇、急中生智、快速反应,这也是对策划者的一个基本要求。比如对2008年北京奥运会刘翔参赛的报道,央视事先进行了精心策划,如果成功卫冕,立即用直升机把刘翔从鸟巢接到央视新闻演播室,但令所有人意料不到的是,刘翔在预赛开始的一刻,因伤退赛了,但央视很快做了相应调整,以后的节目围绕宽容、理解做文章,不仅引导了舆论,也还了体育的本来面目。

7．本土化原则

电视节目策划作为文化策划的一种,带有鲜明的文化痕迹,即策划应当遵循特殊地域的文化习惯与民族习性,服务和吸纳本地观众的接受心理、欣赏趣味、品位与风格。本土化包含节目内容的本土化、价值取向的本土化、审美风范的本土化以及表述方式的本土化。在当前电视节目形态大量由西方引进的情况下,本土化是电视节目策划必须坚持的一项重要原则。

掌握电视节目策划的原则,也就是把握如何有效地收集、消化、整合、再生信息的原则。在此意义上可以认为,任何成功的策划,都源于策划者对以上诸原则的成功把握。

二、电视节目策划要点

1．找准切入点

大众传播的规律告诉我们,节目传播的周期一般与社会活动周期相一致,两种周期律的相同和相斥,都能产生传播火花,营造一个时期的传播亮点。如新闻节目追求深刻、真实,娱乐类节目推崇形式创新,科教类节目拒绝说教,服务类节目力求真实再现,少儿节目发现童年,这个亮点极有可能就是观众收看节目的兴奋点——节目策划的切入点。节目策划反映在内容上,应以发掘兴奋点为契机,引发社会各界对节目的关注热情和兴趣,找准了节目策划的切入点,就是把握住了观众的共同心理,摸准了观众需求的脉搏,同样也就绷紧了社会最为敏感的那根神经,就会形成节目传播的"磁场",节目传播就有了吸引力、说服力、感召力和思辨力,势必会产生社会普遍关注的传播效应。

2．折射人文关怀

任何形式的电视节目,不论是传播思想,还是传递信息,都不能从概念到概念、从道理到道理,而必须有典型人物和典型事件,也就是要有故事、有情节。通过故事和情节既可以真实展现个体的人生经历和前途命运,也可生动反映大的社会背景,折射出深层次的时代特征和社会变迁脉络,做到以小见大,这样才能培植兴奋点、具有感染力,应该说这也符合人们的思维规律。电视是一种大众传播媒体,关注人特别是关注普通人,是电视传播的特点,只有关注在社会大舞台上那些活生生的个体生命的酸甜苦辣、喜怒哀乐,才能真正贴近观众、贴近生活、贴近现实。因此,电视节目内容无论反映多么重大的题材,表现多么深刻的思想,都不能完全停留在理性的范畴里,而必须顾及人的情感、情绪、情结等各种非理性因素,否则很难在观众中引起共鸣、形成沟通。由此可见,节目策划在重理性的同时,关注人的情感世界,注重表现人的奋斗历程,是节目策划体现人文关怀的关键。

3. 用好视听语言

电视和其他传播媒介一样,有着传递信息、表述情感、反映思想等多方面的功能,这些功能的实现,必须借助一定的手段或工具,也就是说必须有一定的载体才行,电视的手段或载体就是电视语言。一是利用视听符号形成画面、声音、文字等多种元素,它们彼此相辅相成,既有效地完成了传播信息的基本任务,又提供了加强艺术表现力、满足观众审美需求的可能性;二是电视传播是动态的音像流的传播,在传播过程中,画面是连续性的,不能中断,声音(包括同期声、解说词、音乐)根据传播要求,可以时断时续,文字出现在屏幕上,具有独立的表达功能,并且根据节目需要弥补画面和声音的不足。在节目策划时就应该注意尽量利用好视听符号,并合理控制、调整节目节奏。因此,策划者必须了解电视语言这种人际交流和人际传播的特性,充分利用好电视的画面语言、声响语言(如解说、同期声、音乐等)、字幕等。

4. 做好系列选题

长时期从事栏目创作的编辑、记者可能都有这样的体会,一个栏目经过一段时间的运作,选题很容易枯竭。如果有了超前的、科学的选题策划,就可以改变栏目制作捉襟见肘的状态。选题行之有效的思路和方法就是要有主题、成系列。有主题就是批量的节目在一定时间内保持同一主题,同一内涵,抓住一个点就连续推出;成系列就是一个点一个点按同一主题推出来,一个阶段里造成持续的轰动效应。另外,配合重大事件、重大节日的策划选题,既能很好地体现时效性,又能体现节目的规模效应。策划系列选题,还要重视对播出时数和播出方式的策划,内容特别重大、能在社会上产生轰动效应的系列话题,传播期数应在七期以上,每期时幅不应少于10分钟。中型系列话题,应连续安排五期以上,常规系列话题的传播也不能少于三期,时幅应与重大系列话题相等。少于三期系列话题的传播很难形成宣传强势,收听收视效果往往不尽如人意。至于超大型的系列话题策划,主题可以更集中、内容可以更丰厚、视野可以更开阔,力求能引起其他媒体的"联动宣传"。

5. 发挥主持人的作用

主持人作为节目的表述者,代表节目的形象,必须参与节目策划的全过程,以便于理解和把握节目的精髓,统揽整体,驾驭全局,把握好"传受互动"的切合点,必须对其进行经常性包装。主持人的策划,以专业化频道的整体定位为基础,以栏目的内容、样式、对象等为依据,以观众可能的审美期待为参照,对电视节目主持人进行当下形象设计和未来形象规划。电视节目主持人策划既要寻找与当下节目最合适的主持形象,又要为主持人未来的形象走势制订规划;既要考虑主持人的自身条件和基本素质,又要在形象包装、宣传推广以及营销策略方面进行设计。

第三节 电视节目策划流程和策划方案撰写

一、电视节目策划流程

电视节目策划是一个完整的过程,从获得策划灵感到确立策划目标,从着手拟定计划到具体步骤实施,从预期效果检测到市场受众调查,整个过程都是连贯而协调的。电视节目策划的内容虽然林林总总,但这并不意味着电视节目策划就无章可循,任何节目的策划都要包括以下四个方面:

(一)信息资料的整合

随着社会的信息化和信息的社会化双向互动越来越频繁,信息对当今人们生活的影响越来越大,信息为电视节目制作提供了资源,因而,信息资料的收集对电视节目策划者具有十分重要的意义,作为电视节目策划者不仅要善于获得信息,更要善于识别信息,在此基础上再加以取舍。

1. 信息资料采集的内容

电视节目策划者采集的信息主要有:一是反馈信息,即电视节目播出后收到的评价和反响,它来自受众、市场、媒介内部、同业对手等,可以通过民意调查、收视率图表、观众来信、行业会议、电话热线、广告指数、有线电视订户等多种形式反映出来,信息的反馈对电视节目策划而言,在于检验传播者的策划效果,证实传播者的策划预期,改进传播者的策划方案,启发传播者的策划灵感以及激发传播者的创作热情;二是自身信息,自身信息是指电视台策划群体、个体或组织内部各部门、各环节的信息,它主要包括人员组织信息、资料保存信息、设备技术信息、管理经营信息、外事交流信息等;三是同业信息,是指来自同行业或竞争对手的信息,电视节目作为电视媒体内部的一个子系统,它不仅受到宏观大系统的制约,更受到其他系统内部相关子系统的影响,作为媒体单元的组成部分,策划者在了解自身信息的同时也应该掌握他人信息,这样才能使自己在竞争中保持优势与特色;四是背景信息,背景信息是指和节目内容相关的、对节目传播具有影响的、来自社会大环境的信息,包括政策信息、市场信息、国际信息等。

2. 信息资料采集的方法

获取信息资料的途径很多,一般来说,主要有文献调查法和社会调查法。

(1) 文献调查法 主要是指通过搜集各类文献资料或者通过对现有文献的分析来获得有用信息的方法,搜集的文献资料不仅来源于电视媒体内部,更来自社会各个阶层,在从事文献资料搜集时,首先要进行主题分析,来确认掌握的文献内容以及所涉及的领域、范围和重点;再通过对文献的地域分析、时域分析,确立文献的价值部分;最后根据策划目标的具体实施和文献的侧重选取合适的部分;在电视节目策划的文献信息搜集中,常用的方法有三种:一是直接进行文献调查,即亲自获取第一手资料,尽可能用眼见为实的资料增强说服力;二是间接进行文献调查,也就是要善于通过间接的渠道了解和掌握有用资料,为主题服务;三是注意获取非文献性信息,在从事文献资料调查时,应留意获取一些有价值的非文献性信息,以备需要。

(2) 社会调查法 又称实际情况调查法,是一切以信息采集为目的的社会实践活动的总称,它通过与社会的实际接触,获得更多在文献上难以找寻的最新信息,或者用文献难以反映的实物资讯,如一些新的观念、新的态度、新的方案和新的设备等,社会调查法主要是对人和物的实地考察,具体操作形式有:访问法(以交谈和访问的方式了解情况、获得信息,电视媒体在制作电视节目时常常将获取信息的访问过程不加剪辑予以播出,增加节目的可信度)、问卷调查法(出于节目时效性的考虑,许多节目机构采取电话问卷法)、样品搜集法(采集实物信息常用的方法,这种调查方法中被调查对象不是人,也不是具体的场所,而是实物样品,如线索调查、实物获取、实物观察、实物分析和实物结论)、现场调查法(调查者有目的、有计划地凭借自己的感官,运用自己的判断能力到社会上直接了解真相的方法),它是搜集非文献信息的主要途径。

3. 信息资料采集的原则

电视节目策划者对信息资料的搜集不是盲目的,必须遵循一定的原则与规律:一是信息搜集的纵深原则,首先要注意信息的内部价值,不要被信息表面的假象所蒙蔽,要善于透过现象看到本质,许多信息具有假象性,信息采集需要将信息向纵深挖掘,向横向拓宽,这样才能找到真正有价值的素材,如《新闻调查》,该栏目深入人心,其中一个重要的原因是内容素材翔实,信息资料全面;二是信息搜集的精确原则,是以事实为准绳,用真实的资料为节目提供策划的依据;三是信息搜集的实效原则,这里的时效包含了时间(指信息采集要依据时间而定,不可过早,不可过晚,应该符合节目策划时期的需要,这样的资料才具有价值)、时新(指搜集的信息对当前的社会问题要具有针对性,过往的资料往往会显得说服力不强)、时宜(指信息采集要对症下药,不要为了说明问题而擅用文不对题的佐证,这样会显得牵强)三方面的含义。

（二）策划战略的拟定

获得了有益的信息之后,接下来就要着手节目计划的拟定。成品后的策划书包含两方面的内容,即策划战略和策划方案。战略是指节目进入市场的角度、位置、目的和作用;方案是指具体入手的措施和步骤,应该说,方案是策略操作中的一个程序。

1．策略战略的制订要素

策划战略的制订包含以下几个要素：

（1）战略时机　指采取行动、获得胜数的时间。在获得了大量信息之后,一旦时机到来,就要立刻把握,"机不可失,时不再来",很多优秀的节目之所以成功,其主要因素就是抓住了有利的战略时机,从而产生了极大的社会反响。如20世纪80年代,人们的思想禁锢刚刚获得解放,对各类精神文化产品产生了如饥似渴的需要,电视策划人顺应大众企盼,策划并制作了一系列好的文艺节目,满足了观众的精神需求;90年代,电视娱乐成为人们收看节目的又一需求,电视策划人策划制作了一系列的娱乐益智节目,丰富了荧屏。

（2）战略方针　战略方针是指指导全局的总的纲领、路线、原则,它是达到战略目的、完成战略任务的途径,策划方案常常是由某个或某几个策划者制订,但往往有多个工作人员经手执行,所以一份详尽的战略方针不仅能理顺策划者的策划思路,而且也使得所有参与节目制作的人员都对节目的制作目的和制作程序有了一个具体的了解,现在的电视节目制作已经有了详尽的策划方案表格,其中每一条方针策划者都必须写明、讲清,当策划完成之后,必须交到节目组以及相关的审核部门对其可行性进行审议、探讨和修改,在拿出具体的意见之后,再由策划人根据意见一并修改,最后定稿,这样做的主要目的是让全体参与制作的人员都对节目有一个清楚的了解,保证节目制作的顺利进行。

（3）战略重点　战略重点是整个战略计划中的关键环节,也就是战略核心,任何一个节目在制订策划战略时都必须考虑到它的一些关键因素,这些因素往往是节目成功与否的核心,如在一些特殊人物的访谈节目中,一些关键性问题的涉及可以带动起整个节目的收视效果,那么如何采访到关键人物并能在访谈中触及关键问题就成为节目的核心,作为策划者要将这些环节作为战略重点,在策划书中予以标明并提示探讨,使得大家可以按照整个战略部署中的核心问题来进行筹划和设置。

(4) **战略环境**　是指战略实施的背景,包括政治环境(包含意识形态、政策纲领、法律条文等)、经济环境(包含经济政策、经济现状、经济走向等)、文化环境(包含生活习俗、道德观念、宗教信仰等),环境对战略实施的可行性具有制约作用,制订节目计划首先要考虑到计划在所属环境中的可行性,否则节目很难进行下去,还容易造成大量的人力、物力和财力的浪费。

(5) **战略转移**　战略转移是一种目标转移活动,它可以是目标重点的转移,也可以是获得手段的转移,这种"转移"是经过科学的分析和市场预测之后做出的决定,战略转移常常是依据环境的变化和事件的进展而改变的。

2. 策略战略制订的程序

(1) **确定主题**　就是明确节目表达的中心内容和核心理念。制订方案的第一步就是策划者要对节目组的全体同仁讲明自己的构思、设想以及对制作该节目宏观上的一个设计,希望形成的一种风格样式和产生的社会效应,然后再由各环节具体的操作人员商议和讨论这种方案的可行性;参与前期资料搜集的记者将自己实际掌握的信息展示出来,并根据自己的经验表述资料的价值和方案的实用性;策划者须根据群体意见的汇总来定夺最佳的传播方案。这种做法的价值在于将多种思路交汇起来,寻找最合适的传播方式,而且,事前的交流可以防止实际操作中的意见分歧和矛盾。

(2) **选择形式**　节目的传播形式是包装节目内容、传递节目信息的外在表现手法。节目的传播形式有多种,从时间上看,可分为录播和直播;从空间上看,可分为自播和多地合播;从人员上看,可分为单人主持、双人主持和多人主持;从节目类别上看,一般来说,新闻节目主要的报道形式有:动态报道、连续报道、系列报道、纪实报道、跟踪报道等,这些报道手段根据栏目的不同又各有侧重。综艺类节目主要的表现形式有晚会式、小型谈话式和大型访谈式。知识类节目多采用游艺、考试、实地访谈、现场教学等手法。体育类节目多采用现场直播和事后点评等形式。选择适当的节目形式是一个非常重要的过程,不同的表现手法会使节目起到"事半功倍"或"事倍功半"的效果。

(3) **选择对象**　指商议和确定参与节目的具体人员。主要包括两类人员:

一类是受众对象,另一类是参与的嘉宾。受众对象的类型可以从年龄上、职业上、兴趣上、需求上分为若干类,节目策划者要根据节目的内容、特点找出相应的受众群体,再制播出符合他们意愿和口味的节目,现在的许多节目都频频进行播出后的收视对象调查,也就是希望通过抓住受众群体来提升节目的公信度。参与节目的嘉宾有台下的嘉宾和台上参与节目访谈的嘉宾,一般来说,对台上嘉宾的选择性要求较高,要根据节目的内容、目的、传播形式以及需要产生的社会效果等方面来考虑,除了考虑他们的背景资料与节目的吻合性外,还必须要考虑一些特殊素质,如表达能力、应变能力、人物形象等因素,防止出现上台后合作不顺等情况的出现。

(4) **组合人手** 当节目的内容、主题、受众以及参与嘉宾确定之后,接下来就是要选择出具体执行计划的人选。在人员安排上要考虑以下几方面的因素:一是能力选择,根据具体的节目内容,尽量使用那些有相关经验及实战能力的记者,防止资源浪费;二是人员数量,要根据操作的环节,不要增加额外的成本开支;三是人员比例,就是要明确每个人的工作专长,各当一面,以便应对不同问题的出现;四是人员的协调性,就是组织之间彼此合作、融洽关系、增强交流、互通信息,保证节目的制作顺利进行。

(5) **时间安排** 时间安排包含以下几个方面的内容:首先是协调好各个部门的时间安排,以免发生冲突,如果在节目执行中和其他集体有矛盾的地方要尽早设想到并提出安排计划;其次是节目制作过程中的时间安排,一些资料必须要和当事人协商后确定,一些时间必须要和摄制组、后期制作组等部门商议后确定,现在许多节目都采取直播的方式,因而这项工作就显得更为重要;再次是明确节目播出中的时间安排,如直播时演播室和现场的时间协调、根据节目主题设计插入的时间等,将确定后的时间安排通知播出部门。现代电视节目是空间的艺术,也是时间的艺术,合理地安排各种时间将保障节目的正常制作和播出。

(6) **开支费用** 现在电视台大都采取制片人制,由栏目制片人独立承包、核算和计划节目的全面运作,其中最主要的一个工作就是独立筹划节目经费的管理和支出,既要完成台里下达的任务,上交一定额度的广告收入,还要负担全体节目组的人员工资和奖金。因此,作为策划者,在制订节目方案时,要合理地计划制播过程中所需的设备、人员等费用,将各项工作的开支限额告知各位同仁,尽可能减少额外费用的支出,同时也要防止因经费紧张而出现制播受阻的情况出现。

(7) **后勤调动** 是指除节目制作以外的其他附属协作部门协调工作的安排。节目的制作是一项复杂的系统工程,摄制仅仅是其中的一个分支,这个系统工程的运作有赖于各个子系统的协助(见表2-1)。作为策划者要事前筹划并联系好各协作部门,特别是直播节目,防止出现因设备及其他专业人员缺乏而导致制播故障。

表 2-1　节目系统各部门协作表

部门名称	制作部门	公关部门	广告部门	播出部门	通讯部门	接待部门	保安部门
主要功能	节目策划与制作	人员接待事务安排	节目推介现场广告	后期合成现场调度	交通安排通讯交流	各类人员的接待	负责现场秩序安全

(三) 策划方案的实施

1. 方案的实施原则

当节目策划战略和方案制订出来以后,接下来的任务就是实施方案。实施策划方案和制订策划方案一样,必须要依据一定的原则:

(1) 整体性　节目实施的整体意识首先是要具有节目操作的系统意识,要认识到节目实施流程中的每一个环节不过是整体中的一个子系统,如果只是注重其独立运作的能力,而忽视了和整体之间的隶属关系,就很容易打乱整体布局与构思,破坏节目的整体效果,这种意识是节目计划实施中制作者必须要强化的首要意识。

(2) 协同性　是指整体系统中单个的子系统之间所存在的一种和谐、协作、共进的关系,这种关系有助于节目计划的顺利实施,作为节目的实施者,必须要积极地与同行沟通、交流,将自己的观点、认识、看法及时地告诉大家,取得理解和指点,取长补短,这样才能真正地做到协作共进,许多优秀的节目制作人在谈到成功的感受时都将成绩归功于群体的协同性。

(3) 独立性　在节目实施中,对单个子系统的要求是具备一定的独立性,也就是说,每一个部门应该能够独立地承担起所赋予的职责,多、快、好、省地完成自己单元内的任务。

2. 方案实施中的细节

(1) 任务分工　方案实施的第一步是任务分工,就是策划者按照节目方案中的人员安排让大家一一就位。任务分工要注意以下几个方面的问题:首先是人员安排要根据节目的重大程度而定,如果是重要性较大、难度较大,或者是直播节目,应尽可能安排经验丰富的老记者,以免出现差错;其次是任务分工要尽可能为新手创造学习和实践的机会,可以先让老记者带教,熟悉了之后再独立工作,争取让节目组每一个人都成为"熟手";再次是任务分工要根据地点环境而定,不同的场所、不同的文化背景、不同的习俗、不同的语言都会对参与者提出要求，必须根据自身的状况区别对待；最后是人员的安全问题，作为策划者有责任考虑员工的操作安全系数，这要根据具体情况采取具体措施。

（2）**情况汇报** 节目的实施过程是一个以策划者为核心的行为操作过程，保证计划的顺利实施就必须要建立良好的汇报制度，及时通报与反馈节目实施过程中存在的问题与变化，找出针对性措施，衔接下一步的工作。汇报制度的主要作用在于可以使操作行为按照策划方案进行。

（3）**记录核实** 在进行实地操作时，各个单元的负责人需要将操作过程及细节问题记录在案，这样做的好处是一方面为后期撰稿提供依据，另一方面也方便了剪接。这种记录包括内容记录、问题记录、时间记录、空间记录、人员记录、顺序记录、设备记录等。

（4）**意外处理** 在节目的制作过程中，意外事件是常常发生的，对意外事件的应变能力也是衡量节目制作者素质的一个方面。这种意外情况的内容包含广泛，有人员意外、设备意外、交通意外、嘉宾意外、传播意外、信号意外等，制作者需根据具体情况对症处理。

（四）策划效果的总结

策划流程的最后一关是策划实施后效果的评估和总结。效果评估是通过多种渠道对节目筹划进行全面审核，它包括制作质量、社会影响、市场价值、经济效益、艺术指数等。效果总结是策划制作部门的全体从业者要根据节目评估标准了解节目的缺憾与不足，了解市场对栏目的需求，了解观众对节目提出的改进措施和修改方案，以便在下一次节目制作中不断完善与进步。

1. 策划效果的市场评估方法

电视节目的效果评估方法有多种，目前广泛使用的评估方法主要有：

（1）**收视率调查法** 目前的收视率调查方法主要有基于仪器观测和日记观测两种，前者通过在家庭电视机上安装记录仪而对受众选取频道、台别、节目进行记录；后者通过抽取一定数额的由观众填写的样本而获得数据，无论怎样，这种效果已经被广泛认可；其缺憾是作为电视节目策划者往往只能从收视资料上获得对节目收视量的认知，也就是对节目的关注程度，却无法了解观众对节目的艺术性、内容结构、制作水平、人员构思以及改进方法等因素的态度。

（2）**欣赏指数（观众满意度）调查法** 是采用问卷形式，对频道或栏目的满意度、知名度、收视率、更换频率、总体评价、特点认知、艺术观赏性、改进意见等的调查，欣赏指数调查法的优势在于弥补了其他调查法在节目的艺术性、思想性、观赏性等方面的调查缺憾，将调查内容更加细分。

（3）**专家调查法** 就是长期聘用一些相关领域的学者和专家对节目进行连

续观察，根据他们各自的经验和视角给节目写评语，使用这种调查法需注意以下几个方面的问题：一是专家类别要广泛，要能代表多层面的声音，以避免评估结果的主观性；二是考虑内容要详尽，不要大众化，尽可能区别于收视率调查，尽量依据各类专家的思考角度发现问题；三是调查过程的隐蔽性，即避免节目组成员与专家的联系，防止某种人为的因素导致结果不准，现在这种方法不仅被各大媒体采用，还常常被搬上屏幕实行现场评估。

（4）**其他方法** 除了以上几种方法外，各大媒体还时常开展一些其他类型的节目评估活动，比如"节目排行榜"，就是一种评比各大电视台节目水准和被喜爱程度的调查方法，以电视观众为调查对象，根据他们的喜好将电视节目排列上榜。

2. 信息反馈的总结完善

节目播出之后，经过了社会评议和业内评议，接下来就是将信息汇总、分析、比较，商讨和寻找节目策划、制作中存在的问题，以便在下一次着手时改进。总结的方法有多种，规模可大可小，可以是小组式，可以和专家一起，也可以邀请部门领导一起，总之根据需要酌情掌握。总结完善的内容可根据节目类型、内容而定，这里不再赘述。

二、电视节目策划方案撰写

（一）电视节目策划书的内容

完整的电视节目策划书应该包含以下内容：

① 现实环境。包括背景浅析和企划动机两部分。

② 节目设定。主要包括节目名称、节目类别、节目主旨、节目目标、节目定位、节目形态、节目内容、节目特色、节目特点、节目风格、剪辑风格、叙事方式、主持人串联风格、诉求对象、节目长度、单集节目构成、播出时段、播出次数、节目集数、制作方式、版权所有、合作方式等。

③ 摄制策略。主要包括主持人、节目顾问、创作思路、节目要求、整体目标、节目包装、制作设备、节目标准、制播周期、工作人员设置等。

④ 行销宣传。主要包括节目优势分析、节目市场分析、广告市场分析、节目宣传片规划、节目预告带规划、宣传推广规划等。

⑤ 附篇。主要包括企划人简介、公司简介、合作程序、联系方式等。

（二）电视节目策划书的写作方法

电视节目策划越来越受到媒体的重视。如何才能把想法、构思转换成为文字，形成一篇完整有效的电视节目策划书呢？下面介绍电视节目策划书的写作方法。

1. 策划的背景

主要是现状分析，市场预期，策划实施的必要性，当前节目现状的反思，策划的意义，题材、选题、主题思想、背景材料及相关内容。

2. 策划书的名称

一档新节目的策划，如同新生命的诞生，取什么名字很重要，一个好的名称能迅速提升电视节目的知名度。那么，什么样的电视节目名称算是好呢？

(1) **准确** 名称要贴合节目的内容，不能让人产生误解，比如，中央电视台的《今日说法》，一看名称就知道它是法制节目；又如《杨澜访谈录》，不仅说明了该节目的主持人(记者)是谁，而且还点明了其谈话节目的性质。

(2) **通俗** 节目名称要通俗易懂，符合大众的欣赏习惯，此外，节目名称中不宜有生僻字以及容易产生歧义的字(词)。

(3) **生动** 节目名称要鲜活、形象，富有艺术感染力，比如中央台的《第二起跑线》，江苏卫视的《非诚勿扰》等。

3. 策划书的正文

策划书的正文部分首先要分析节目的市场前景，紧接着阐释节目的创新点、节目框架等。

(1) **节目市场分析** 电视节目的策划要基于对现有市场的冷静分析，发掘节目的市场空间，寻求差异化，准确到位的市场分析是策划一个成功节目的前提，也是媒体和投资方愿意出资的重要条件。比如，《DV青年》是一个以当代大学生DV制作者为访谈对象、关注DV故事背后的故事的电视节目，在策划书的市场分析部分这样写道："从现有的电视栏目分析来看，涉及需要年轻人参与，并以青年作为受众的娱乐化栏目，不外乎模仿类的《超级模仿秀》，情感类的《非常男女》，选秀类的《超级女声》等。至于电视访谈性栏目，也主要集中于几个层次：采访普通老百姓的《实话实说》，采访明星及艺人的《艺术人生》等。在DV影像席卷大街小巷之时，有些电视台也开辟有专门播放DV作品的栏目，像中央电视台的《我看见》、北京电视台的《晨间看点》、凤凰电视台的《DV新世代》等，但这些栏目大都只限于播放已经制作并剪辑好了的DV成品。而对DV故事背后的故事关注甚少。那么这个《DV青年》节目，不仅可以弥补这一市场空隙，也可以成为这些大学生们分享成果与交流心得以及了解大学生所思所想的窗口。"

(2) **节目创新点** 策划书正文需要对节目的创新点进行阐释，这一点非常重要，因为如果没有创新，节目就失去了立足于市场的基础。创新可以是内容上的也可以是形式上的,内容创新方面成功的典范如广西卫视的《寻找金花》,这是一个寻找美、发现美、挖掘美、表现美的节目,在寻找"金花"的过程中,为观众展示民族地区特有的风情画卷,包括人的美、景的美、文化的美,正是因为节目在内容上别具特色,所以获得了成功。形式创新可以包括规则创新、参与者创新、舞美创新等。规则创新例如《超级女声》节目设置选手PK、大众评审、短信投票等,使比赛的激烈程度升级,增加了可看性。央视二套的《绝对挑战》节目把求职者、用人单位请入演播室,现场进行面试考核、淘汰聘用,可以看作是节目参与者创新的典范。舞美创新则是突破观众对舞台的一贯印象,通过高科技等手段使节目效果更加凸显。比如《我型我秀》节目将舞台设计成环状,现场观众可从各个角度欣赏选手和明星艺人们的精彩演出。对电视节目创新点的阐释是决定这一策划是否能被采用,进而转化成为真正的电视节目的关键,所以在写策划书的时候,必须要写清楚。

(3) 节目框架 策划书的节目框架是策划创意的具体体现,需要将主持人定位、流程结构、团队构架等节目的基本要素体现出来。

① 节目主持人定位。主持人的形象定位要与节目定位相吻合,不同节目对主持人的要求是不一样的。新闻节目一般要求主持人冷静、庄重,有头脑,有见解,具备一定的采访能力,因而显得更理性一些;综艺节目主持人往往热情、开朗,有一定的表演能力,因而显得更活泼一些;少儿节目主持人要亲切,有一颗童心,要懂一些教育学和儿童心理学知识,这样才能吸引小朋友,在节目策划书中应说明需要的主持人类型及具体要求等。

② 节目流程结构。列出单期节目的流程结构,注意环节设置的合理性和可操作性。例如江苏卫视的《非诚勿扰》每期节目场面上安排24位形色各异的单身女嘉宾,每集出现5名单身男嘉宾,目的是希望通过节目找到自己的另一半,该节目流程结构如下:第一阶段"爱之初体验"——男嘉宾上场做简短的自我介绍,并选择一位女嘉宾作为"心动女生"(结果暂不公布),之后24位女嘉宾以亮灯和灭灯方式来决定现场男嘉宾的去留,如果亮灯数量超过22盏,则送出双人旅游大奖;如果24盏灯全灭则该名男嘉宾被淘汰(下同);第二阶段"爱之再判断"——现场播放二三则短片,分别介绍男嘉宾的职业、收入情况、择偶条件、兴趣爱好等,每播放完一则短片,都让女嘉宾进行提问并根据了解到的情况做出选择,亮灯表示愿意继续了解,灭灯则相反;第三阶段"男生权利"——经过几轮的女嘉宾选择,如果仍有灯亮着,则男嘉宾进入"男生权利"的反选阶段,从仍然亮灯的女嘉宾中选择两人,把其余的灯灭掉;如果仅有一人亮灯,则男嘉宾选择是否与其牵手离开;第四阶段"爱之终决选"——把仍然亮灯的两位女嘉宾以及在

第一阶段男嘉宾选择的"心动女生"(开场时设下的悬念揭晓)请到舞台中央,在选择了解女嘉宾的十项基本资料之一,并现场提出一个问题让女嘉宾回答之后,男嘉宾最终做出选择。如果选择仍然亮灯的两位女嘉宾之一,则顺利牵手离开,如果选择"心动女生"则有可能被拒绝,失败离场。

③ 节目团队构架。电视节目的组织、编导、摄制工作等都需要专人负责,实行分工合作,才能保证节目的顺利完成。在这一部分要写清楚节目的播出周期,是日播、周播还是其他播出形式?其次是节目的人员构成,如出品人、监制、制片人是谁?具体的节目分工。例如:策划组:设组长1名,职责是策划组人员的招聘,组织安排策划,汇总策划思想;设副组长3名,每位副组长具体负责一个板块策划;设组员3名;特邀顾问若干。制作组:设组长1名,职责是制作组人员的招聘,组织安排每期栏目的制作,栏目质量的第一把关人;设副组长3名,每位具体负责其中的一个板块;设组员6名;包装宣传组……总之,分工要根据节目的需要而定,符合明确、专业、高效的原则。

4. 策划书的附录

附录部分可以附上节目策划实施中应注意的事项,如相关的政策、制度规定、人员的工作守则、出现问题的补救措施等。如有第二、第三套备选方案,列出其概要,以供决策者参考。其他与策划内容相关的事宜,比如需要的设备、经费预算等也有必要在附录中一并予以说明。

我国电视媒体激烈竞争的现实需要,催生、呼唤着电视节目的策划,而电视节目的策划在成长的过程中,也对自身的特质、价值有了更为深入的理性认识,电视节目策划如果运作得好,完全可以成长为一个新的生长点,电视业可以从这里走向辉煌。

复习思考题

1. 电视节目策划的内涵与外延是什么?电视节目策划有何意义?
2. 电视节目策划应该遵循何种原则?
3. 电视节目策划的要点和对象包含哪些?
4. 简述电视节目策划的流程。
5. 策划一档新节目,并写出完整的策划方案。

参考文献

[1] 王井,智慧.电视节目策划[M].武汉:武汉大学出版社,2011.
[2] 胡智锋.电视节目策划学[M].上海:复旦大学出版社,2006.

［3］电视节目策划书格式. http://wenku.baidu.com/view/e5ecedecaeaad1f346933f44.html? re = view.

［4］http://wenku.baidu.com/view/ec9572134431b90d6c85c797.html.

［5］张联. 电视节目策划技巧［M］. 北京：中国广播电视出版社，2002.

［6］崔俊丽，高福安. 也谈电视节目策划［J］，现代传播，2001（1）.

［7］尹力. 电视节目策划书的写作方法［J］，阅读与写作，2010（12）.

［8］胡晓静. 对电视节目策划的研究［D］，南京师范大学硕士学位论文，2004（5）.

［9］柳邦坤. 电视节目策划的方法及原则［J］. 新闻界，2008（5）.

［10］http://spielberg.dga.blog.163.com/blog/static/11957990520098232047674/.

［11］http://www.doc88.com/p-38171363271.html.

［12］http://www.doc88.com/p-1166055091644.html.

［13］节目策划论：http://blog.sina.com.cn/s/blog_4c3f9ce9010007cs.html.

［14］http://www.hljnews.cn/fou_baoye/2007-10/17/content_753659.htm.

［15］电视节目策划及应用原则：http://www.doc88.com/p-7364056883543.html.

［16］http://www.360doc.com/content/12/0713/17/10158812_224029341.shtml.

第三章
电视编导与文案创作

【学习目标】

学习完本章,应该能做到:
- 知道电视编导阐述的主要内容。
- 掌握电视节目选材的方法和要求。
- 掌握电视节目结构安排的技巧。
- 掌握电视文案的格式和写作技巧。
- 掌握蒙太奇的内涵与叙述方式。
- 掌握电视造句的方法。

电视节目的创作涉及栏目策划、节目总体设计(构思)、主题的确立、材料的选择,到文案撰写、节目拍摄、后期制作合成等多项工作,其中电视文案是直接影响电视节目成败的关键,电视文案为节目拍摄和后期制作提供了工作蓝图。电视编导的工作从电视文案的撰写开始,直到电视节目制作完成。电视编导是电视节目创作的核心,他所具备的素养、意识、理念直接决定着电视节目质量的优劣。电视编导在撰写电视文案时既可以使用纪实的语言形态,也可以使用艺术的语言形态,还可以是两者的结合,在提倡风格多样化的同时,要善于把题材内容和表现形式有机地融为一体,不断创新,创作出紧扣时代脉搏、深受观众欢迎的电视节目。

第一节 电视节目构思

电视节目创作的第一个阶段是构思,即进行节目的总体设计,并形成节目制作的宏观理念和具体运作过程,这是电视节目创作成功的关键。

一、编导阐述

编导阐述是编导对未来电视节目创作意图和完整构思的文字说明和全面解释,也是编导对摄制组全体人员的创作要求,是未来电视节目的创作大纲。一般来说,编导构思的重点包括两个大的方面:其一明确"说什么",即为电视节目获得具体的思想、情节、人物和细节,这是节目的灵魂、躯体和血肉;其二是明确"怎么说",包括两个层次,一个层次是从总体上把握电视节目的叙述角度、层次构成和风格样式等,另一个层次是从具体上确立编导思维手段和电视节目视听形象的塑造方法。作为编导构思直接体现的编导阐述主要包括以下几个方面:

(1) 总体说明 通常有选题总述,即编导对选题依据的说明和对选题预期目标的设想;节目名称,即电视节目的标题;类型,即电视节目形态的定位;时长,即节目的预计长度;周期,即节目的预期制作时间和工作进度;创作人员构成,即节目的摄制组构成,包括编导、撰稿、摄像、编辑、音乐、音响和剧务等人员安排。

(2) 主题阐述 对节目主题思想及其意义的概括,即电视节目所要表达的中心思想,用以揭示电视节目需要说明的中心问题,这是整个创作所应遵循的基本出发点。只有主题明确,才能保持创作思路的连贯,才能突出主题内容。

(3) 内容选择 根据主题要求,决定选用哪些内容、素材来表现它。这些素材要具有广泛的代表性和较大的说服力,能够有力地说明、烘托和突出主题。如何突出主要人物、表现人物性格特征、介绍人物关系、反映矛盾冲突和营造环境气氛等,都需要通过形象化素材的选择予以传达。

(4) 结构方式 对节目内容的基本布局,即按照主题的要求对节目材料的编排顺序、过渡与转换技巧等方面的组织和安排,这是一个明确叙述思路、形成节目框架的过程,最终形成一个严谨的整体。结构对节目的总体风格、节奏把握、场景划分、情节安排和细节设置等起到宏观的制约作用。

(5) 风格样式 电视节目表达的类型特征,是给予观众形式感受的表现。通常有纪实与表现方法的不同运用;新闻性与文学性的不同侧重;情与事或理的不同传达等。风格样式直接关系到电视语言的运用,关系到编导的创作追求,同时也决定了内容性质和结构方式的选择。

(6) 表现手段 突出主题、表现内容、形成风格的电视化表现手法,即电视节目中视听语言的综合调度和运用,包括画面与画面、画面与声音、声音与声音的组合形式与技巧等。

不同类型的电视节目,编导阐述的侧重点各不相同,作为摄制组全体成员进行节目创作遵循的依据,编导阐述应力求简明扼要,既要在把握统一基调的前提下协同创作,又能激发摄制组全体成员各自的创造性。

二、电视节目的选材

电视节目的选材就是创作者从客观现实或历史资料中选择组成电视作品的材料,通过主要事件和生活现象反映主题思想。电视节目编导如何选择题材呢?一是应选择那些自己体会最深、了解最透彻的题材,尤其是自身经历体验过的题材,这样才能做到有感而发,而不是矫揉造作、无病呻吟;二是选择的题材必须有价值、有意义,能够揭示事物的本质特征,具有广泛的代表性和说服力,不能仅仅是创作者的孤芳自赏;三是选择最适合自己创作风格的素材,这些素材必须经过深入开掘,发现本质,揭示出具有永恒性的东西;四是选材要视野开阔,题材多种多样,大到政治、经济、军事、文化,小到一山一水、一人一事,均可纳入电视节目的题材;五是选择的题材要有个性,并且要注意故事性。

总之,题材的选择是一个去粗取精、去伪存真的过程,也是对素材进行综合分析、比较和研究的过程,电视编导要善于将材料的选择纳入主题需要的范畴,选择典型的、生活化的、富有电视特点的素材。例如张艺谋在北京2008申奥片《新北京·新奥运》中,完全通过镜头语言来构建中国人乐观向上的精神风貌和迎接奥运的热烈情绪,其中,有一段关于现代北京人温馨、和睦的生活写照给人留下了深刻的印象。

1. (中景)荡秋千的母子,盈盈地笑(慢)
2. (中景)恋人热情拥抱,奔放地笑(慢)
3. (近景)学生开心地笑(慢)
4. (近景)两位老者开怀地笑(慢)
5. (中景)跳绳女孩快乐地笑(慢)
6. (大全景)阳光下的树林,骑着自行车的恋人充满活力(慢)
7. (近景—小全景)外国人举行中式婚礼,分吃苹果(慢)
8. (中景)老师给孩子讲故事(慢)
9. (中景)时髦女子和斑点狗握手(慢)
10. (中景)外国人举行中式婚礼,掀盖头(慢)
11. (中景)护城河旁边的父子(慢)
12. (近景)母亲背上婴儿天真地笑
13. (近景)女孩的笑声
14. (近景)乡村男孩调皮的笑声(笑声渐起)

15. (特写)婴儿脚丫(笑声)
16. (特写)婴儿欢快地笑(笑声)

这段 25 秒的段落中,有 16 个镜头,几乎每个镜头都反映的是中国人各种各样的笑容,运用积累式的剪辑。尽管每个镜头平均才 1.5 秒,但是,整个段落通过这些镜头在内容、景别、连接方式、切换速度等方面的相似性,积累了笑容的感染力,造就了整体的和谐。因为这一段是表现普通中国人洋溢着欢笑的生活,如果其中插入表现普通中国人在工作、现代化的街景等镜头,显然不合适,因为它不是主题的外延,"微笑的生活"的主题就会被削弱。

三、电视节目的主题

主题就是电视节目的中心思想,它是编导对生活、对历史和现实的认识、评价和理想的表现,是电视节目创作过程中的指导思想。同样是一堆素材、一些事件、一群人物、许多故事,但如果编导确立的主题不同,就会有不同的选择和取舍。因而可以说,主题对于作品而言,就如同灵魂对于一个人,主题是作品的灵魂,对作品中人物、事件、细节、结构都具有统率作用。主题的确立和提炼绝不是说出来的,而是从行动中自然而然引出来的,电视编导要善于站在全局的角度,挖掘出最有思想意义、最具时代性和现实意义的主题。主题一旦确定,又对题材选择起着制约作用,所有题材应紧紧围绕主题,为主题服务。在主题提炼中,编导应做到主题的深刻、新颖和集中。深刻就是不能停留在表面作肤浅的现象罗列,而要作深度的开掘,寻找出事物的本质和规律;新颖就是要"见人所未见,发人所未发",用独特的视觉观察世界、搜集素材、提炼思想,使作品以完全崭新的面貌出现;集中是指一部作品的所有思想、所有构成因素都必须以主题为中心,为主题服务,不能过于枝蔓。例如高国栋导演主导的纪录片《沙与海》主要讲述了一户牧民和一户渔民的生活,展示的是普通人的生存状态,内容很简单,导演通过对这两户家庭的描述,向我们揭示了自然界的一种规律:人生活在世界上,不管是在哪里,都受到自然条件的限制,必须要和自然做顽强的斗争并勇敢地生存;《半个世纪的爱》记录了十多对金婚夫妇,都是围绕一个主题:尽管时光浪漫,真挚的爱情却历久弥深。主题的确立有两种方法,一种是"意在笔先",即在创作之初先设定主题,然后根据这个主题来选择材料和结构;另一种是主题在创作中不断丰满、逐渐成形,有时到剪辑台上才最终形成。

四、电视节目的结构

电视节目的结构是编导根据对生活、对历史的认识,按照表达主题思想的需要，运用电视思维把一系列生活材料、人物、事件等，分轻重主次，合理而均匀地加以组织和安排，使其符合生活规律，达到艺术上的完整、统一、和谐。简言之，结构就是对具体材料的组织和安排。电视作品的结构有两个层次，一是整体布局，即电视节目系统构成对整体形式的把握，使作品层次分明，结构完整；二是内部构造，即对电视节目系统内部各局部、各要素的构成和转换的把握，使作品上下连贯，过渡自然。对于任何一个电视节目来说，都没有固定的结构模式和层次安排方式，而是依据创作构思，灵活应用。

1. 电视节目结构的内容

电视节目的结构虽无固定模式，但在具体内容的表现上，仍有其内在的规律可循。一个电视节目都有开头部分、中间展开部分和结尾部分，这三部分构成了作品结构的具体内容，要求做到"凤头、猪肚、豹尾"。

（1）开头 开头的方法很多，但概括起来不外乎两种：一是"开门见山，直接进入正题"，另一种是"先声夺人"。不论采取哪种方法，哪种风格，都要注意观众心理，力求新颖、准确、独具一格，尽量漂漂亮亮，以强有力的视觉和听觉效果，一下子感动观众的眼睛和耳朵，从而感动其心灵。

（2）中间展开部分 是开头的延伸与深入，是结尾的依据，需要浓墨重彩，尽情抒写，因作品风格不同，这一部分结构会千差万别，比如以叙事为主的节目，可能沿着事件发生、发展、高潮、结局的顺序来结构；政论性节目，则可能围绕一个主题，一种论点，层层论述，步步推进；创意性作品，则可能按照创作者的主观情感、心理来安排结构，不管哪种风格，在这一部分里，应将人物性格、事件脉络或某种观点，形象而充分地展示出来。

（3）结尾 作为节目的结束，方法也数不胜数，概括起来大致有：其一，总结全篇，深化主题；其二，饱含哲理，发人深思，委婉含蓄，余味无穷；其三，自然地收尾，按事件发展，该结束或到了一定段落，不作任何评判。结构必须有机一致，完整和谐，场与场之间、段落与段落之间、情节与情节之间都必须注意连贯性、顺序性以及逻辑的合理性。

2. 电视节目结构的类型

结构一般都有哪些样式呢？各种风格流派都有自己的主张与说法。从结构手法来分有开放式（开放式结构的特点是从头写起，故事情节生动曲折，事件发生后看主人公如何作出反应与行动的，其间悲欢离合、喜怒哀乐直至高潮逆转而结局）、回顾式（从戏剧危机开始，一下子就进入抓住揪心的紧张局面，然后在人物动作的进行中再一层一层像剥笋似地交代过去的恩怨情仇以及其人物关系的纠葛缘由）和人物展览式（特点是散点透视，形散神不散）；从叙述的时间、空间结构入手,有时间结构、空间结构和时空交错结构;从审美特征分有戏剧式、散文式、纪实式、政论式和表现式。尽管标准不同、种类繁多,但通常最常见的结构主要有顺序式结构、交叉式结构和板块式结构。

（1）**顺序式结构** 是依据事件进程的自然顺序或认识事物的逻辑顺序来组织情节结构,安排作品层次,这种结构方式具有明显的发展线索,一般呈线性态,注重起、承、转、合的有机连贯,层次清晰,循序渐进,顺序式结构又称为"单线结构",一般有依据时间的顺序安排层次(以时间为轴线,按照事件发展的先后顺序组织安排材料,把事实内容逐渐介绍给观众,可以使观众很清楚地抓住事情发展变化的脉络)和依据认识事物的顺序安排层次(以内容的深入程度为顺序,内容意义由浅入深,由表及里,由具体到抽象,反映作者对事物的认识逐渐由表面到本质的过程,如层层剥笋,不断深化主题,使作品的力度不断加强)两种。

（2）**交叉式结构** 是将不同时空中的两条或两条以上有着内在联系的线索,按照一定的艺术构思交叉来组合安排,并以此组织情节,推动事件发展,这种结构方式完全打破了生活的正常时间和空间的连续性、顺序性,形成具有一定深度和广度的网状结构,往往以某种情绪、某种思想、事物之间的某种内在的联系和一定的观点来贯穿。

（3）**板块式结构** 是用几块相对独立的内容并列地组织在一起,每块有自己的一条线索,但都从一个基点出发,综合地表现一个总主题,它类似于散文的"形散而神不散",具有集纳的整合效应,与交叉式结构相比,每个板块中的主题往往是不同的,它虽然也是由两条或者两条以上的线索,然而不是交叉安排的,而是在总主题的支配下,相对独立地发展,每一块内容都以自己的线索组织发展。电视专题片《半个世纪的爱》共介绍了15对金婚夫妇的具体生活情景,他们中有老将军、老知识分子、老艺术家,还有老农民,内容上的安排并无时间线上的前后限制,而是空间点上的延伸,每一对夫妇有自己的个性,又形成一个整体的综合印象,老年人对待生活、对待爱情、对待人生的态度和信念留给观众自己去体味和品味。

有时,根据不同的电视节目主题和内容要求,同一个节目中可以是几种结构方式的综合应用,如文献纪录片《邓小平》。当然,电视作品的结构不仅仅体现在镜头的编排上,而且是一种整体意义的把握、设计和构思,是节目全部灵魂的实现形式。

五、电视节目的细节

如果说结构是节目的骨骼,细节便是血肉,二者都是不可缺少的最基本因素。所谓细节，是指在电视银屏上构成人物性格、事件发展、社会情境、自然景观的最小组成单位，对表现对象的局部或细微变化的展示。细节在表现主题、揭示人物性格和情感、交代环境、推动情节发展等方面具有不可替代的作用，人们往往因一个动情的细节而潸然泪下，或一个滑稽的细节而捧腹大笑。一部专题片、影视故事片更是这样，给人们印象最深刻的大多是一些动人的细节，提到某部作品，脑海中浮现的首先是那些生动的细节，这就要求电视编导要充分重视细节，发现并开掘细节。细节大致可分为动作细节、神态细节、物件细节和环境细节等。细节一般通过画面、解说、叙说、画面与解说相结合的形式来表现。

第二节　电视文案创作

电视编导的创意、构思以及电视节目形象的设计最后都要落实到以文字为主体的电视文案上，电视文案为节目的拍摄和后期制作提供了工作蓝图。用电视的思维方式撰写文案，是电视节目制作的必然要求，也是电视文案区别于其他文字创作的本质特征。

一、电视文案格式

1. 拍摄提纲

电视节目拍摄不一定全部写出文学剧本和分镜头剧本，但一般都需要写出拍摄提纲或者拍摄方案。《望长城》《让历史告诉未来》等大型电视系列片都是在前期创作阶段以拍摄提纲的方式进行采访和录制。一方面，拍摄提纲能给予摄像师和其他剧组成员一个创作方向的指引；另一个方面，拍摄提纲的简要性又给摄像师和后期编辑提供了许多创作的空间，他们可以充分调度各种造型元素，集中表现创作对象的视听形象。拍摄提纲是在电视节目制作中实际运用最为广泛的一种文案，它是对未来电视节目内容的大致安排，是构思付诸文字的表达形式。拍摄提纲的作用在于对节目拍摄地点、拍摄内容和主题构成做预先的设计，既要对节目内容进行选择，也要形成节目的大体段落层次和框架。拍摄提纲包括画面内容、采访和说明三个部分。画面内容主要指明电视节目的拍摄对象，有时也简要地注明某些特定的拍摄要求；采访注明采访对象以及采访的主要内容；说明则是指本段节目将要表达的内容。根据内容中可预知因素的多少，拍摄提纲的写作或详或略，没有严格的规定。有些创作者喜欢采用拍摄方案的办法，特别是纪录片的制作，相比于拍摄提纲，拍摄方案更加详尽，不仅有主要内容构成的说明，也有创作思想的阐述。拍摄方案类似于编导阐述，主要包括主题、主要内容、层次(结构形式)、拍摄地点和拍摄时间、拍摄方法和风格样式等。

2. 电视文学剧本

撰写电视文学剧本是电视文案创作最重要的步骤之一,它用文字讲述未来电视节目的基本内容。好的电视文学剧本可以准确地提供电视节目所需要的视觉形象与环境气氛、对话场景及行为动作等,为节目的成功奠定基础。电视文学剧本由画面内容和文字说明两部分组成,画面内容只是一个大致的提示,也可以具体描述拍摄对象;文字说明则是画面内容的说明、补充或延伸,除采访语言外,有时直接写成解说词。电视文学剧本常见的写法有:

(1)对应式 对应式剧本一般采用画面和文字(或解说)左右分开的格式,即在左边写画面内容,右边写解说词,中间用竖线分开,一般来说,画面内容不要求写出每个镜头的详细内容,但每一段画面与解说词要相互对应,然后用一横线或空一行再写另一段内容。对应式文学剧本的格式如表3-1所示。

表3-1 对应式文学剧本格式

画面	解说词
护旗兵敬礼、飘扬的国旗巍峨的长城、壮阔的长江	五星红旗,请接受这崇高的敬礼吧,她代表万里长城的每一块砖石,她代表滚滚长江的每一朵浪花。

(2)穿插式 穿插式剧本把画面内容和解说词穿插在一起写,即写一段画面,接着写一段解说,如此反复。如:

画面:……

解说词:……

画面:……

解说:……

……

电视文学剧本的写作实际上就是一个完善构思、表述内容的过程。因此,在节目的层次转换和结构的基础上,尤其要加强视觉造型性,即善于开掘画面的造型功能和叙事功能,运用能够表现在屏幕上的形象,用电视思维来创作剧本。正如普多夫金所说,"他(电影编剧)必须锻炼自己的想象力,必须养成这样一个习惯,使他所想到的任何东西,都能像表现在屏幕上的那一系列形象那样地浮现在他的脑海。"电视文学剧本必须以视觉造型为基础,充分调动屏幕美学原则,综合运用声音和画面元素,合理调度和利用蒙太奇艺术技巧,对现实生活和素材进行提炼、加工,并处理成形象化的文字语言,尤其是画面内容的撰写更应注重视觉化形象的客观描述。纪实的段落要直观可视,写意的段落要有意境,在简明扼要的文字中反映出未来作品的雏形。

3. 分镜头剧本

分镜头剧本是在文学剧本的基础上,将文学剧本的内容分切成一系列可以摄制的镜头,并将这些镜头依据一定的逻辑关系组成一个个段落。通过对每个镜头的精心设计和段落之间的衔接,表现出导演对节目内容的整体布局、叙述方法、刻画人物性格和表现事物的手段,细节的处理以及蒙太奇的表现技法。分镜头剧本是摄像师进行具体拍摄和剪辑师进行后期编辑的依据和蓝图,也是演员和所有创作人员领会导演意图、理解剧本内容、进行再创作的依据,它对一部电视片的质量起着决定性的作用。因为"导演设计某个情节时事先就应该考虑如何剪辑这一场戏的各个镜头,应当设法估计未来的剪辑形式,应当使镜头服从于未来的剪辑。"一部电视片通常是由若干个段落构成的,段落由若干个场面或句子构成,每个场面或句子又由若干个镜头组成。分镜头剧本的格式如表 3-2 所示。

表 3-2 分镜头剧本格式

作品名称_____ 导演_____ 年 月 日

镜号	机号	景别	技巧	画面	解说	音乐	效果	时间	备注

下面对各栏作简要说明:

① 镜号。镜头顺序号。一部电视节目由几十个甚至几百个、上千个镜头组成,为方便拍摄和后期编辑,将一个个具体形象的、可供拍摄的镜头按顺序编号。

② 机号。设置现场所用摄像机的编号。在多机现场摄制的情况下,将各台摄像机所摄制的信号依次输入特技效果发生器,并根据分镜头剧本的机号切换。在单机摄制情况下,机号没有具体意义。

③ 景别。根据视距的远近(被摄对象和摄像机之间的距离或所用摄像机焦距的不同),可将镜头分为各种景别。景别的确定既要考虑对主体表现情况的需要,又要符合人的视觉规律。常用的景别有大远景、远景、全景、中景、近景、特写和大特写。在一个镜头内如果景别发生变化应加以注明。

④ 技巧。包括拍摄技巧和组接技巧。拍摄技巧有拍摄角度和镜头运动等。

常用的拍摄角度有平、仰、俯等;镜头运动方式有推、拉、摇、移、跟、甩、升降等。组接技巧的基本方式有切、淡、化、划、叠印、键等。由于切是常用的组接技巧,在"技巧"栏中一般不再注出。

⑤ 画面。每一个镜头的画面内容。画面一般包括镜头场景、主体及其活动,人物的动作和对话也应列入该栏。画面内容可以用文字描述,也可以用图表来表示。

⑥ 解说。电视节目的解说词。对应一组镜头的解说词,也包括人物之间的对白,必须与画面密切配合。

⑦ 音乐。音乐选择及运用的具体要求。充分发挥音乐渲染气氛、烘托环境、深化情绪、表达节奏的作用,恰当地选择富有表现力的音乐,并设计强弱和起伏变化,注明音乐的内容及起止位置。

⑧ 效果。效果声,在相应的镜头段落处标明所用的效果声。如自然音响、特殊音响和机器音响等。它能加强画面真实感,使人身临其境。

⑨ 时间。镜头的长度,以分、秒、帧为单位计算。镜头的长度以确切交代内容、合理展开情节为标准。电视节目的解说词一般控制在 2~3 字/秒,在一些要求声画对应的段落中,镜头的长度通常需要参考解说词而定。

⑩ 备注。编导的记事栏。可以把拍摄地点、特殊要求、注意事项等在此标明。

二、电视解说词写作

解说词是电视台各种栏目的节目、广告、晚会等的重要组成部分。画面提供了具体的直观形象,但它缺乏抽象概括的能力,难于精确地说明事物的属性,难于表现观念性的思想概念、复杂的内心世界;而解说词的语言,从本质上说,它是基于具体形象的抽象和概括。影视作品中画面与声音的关系就是功能互补的关系,画面与声音相结合,语言符号与非语言的图像符号相结合,共同完成表达内容、传递信息的任务。可见,作为电视编导,能够担任解说词的写作也是相当重要的,下面主要介绍解说词的写作要求。

1. 为看而写

解说词"为看而写",就是说解说词应以画面为基础,用解说词的有声语言去补充、概括、强化画面;根据画面的特点,解释画面的内在含义,开掘画面表现内容的深度和广度,起到加强"看"的效果的作用。"为看而写",要求做到以下几点:

(1) 有画面感,语言具体、形象 解说词在补充说明画面无法表现的内容时,应当具体、形象,才能把一般性的意思和抽象的道理说得实实在在,栩栩如生,使人产生明晰的印象,便于理解和接受。形象常和具体连在一起,形象化的语言是让观众更好理解和接受内容的重要方法,解说词既具体又形象,才能造成一种身临其境、如见其人、如闻其声的效果,也可以弥补电视传播稍纵即逝的缺陷,加深人们对节目的印象。要使解说词写得具体形象,必须采用一些修辞手段,如比喻、拟人、象征、排比、对偶等手法。例如,如果说:"无线电波传播的速度非常快",这个说法就比较笼统,但如果说"无线电波传播的速度每秒钟可以绕地球七圈半",通过这样的比喻,就使"快"有了具体明确的概念。

（2）精炼,简明 解说词既要求具体、形象,又要少而精,简明扼要,这两个要求是不矛盾的,具体形象的描述完全可以做到使用最精练的语言,使问题表述得十分明确。因此要对解说词反复推敲,使它更精炼、更简明。正如我国电影艺术家夏衍所指出的:"解说词的最大毛病是讲得太多,拖沓,不够简洁……讲得太多,这是通病。"使解说词写得精练又简明,应当确立以下两个观念:一是在剧本中解说词尽量与"画面"一栏的字数要相当,甚至要少于"画面"内容叙述的字数,那种"画面不够,解说词凑",以解说词代替"画面"表现的做法是不可取的;另一个是按解说词每秒钟 2~3 字的数字来加以控制,镜头的时间只有 10 秒钟的长度,解说词一般只能写 20~30 字,如果写成 50 字,那就一定要精简。

（3）科学,准确 解说词的语言用什么样的词语和语句阐述节目内容,概括画面形象,要慎重选择,认真推敲,表达一定要准确,不要出现科学性和思想性的错误。"准确"还包含着解说词与画面形象准确吻合的要求,解说词源于画面,不重复画面;解说词概括画面,不脱离画面。不管是声画同步也好,声画分立也好,解说词出现的时机一定要紧密配合画面,以加强"看"的效果。

2. 为听而写

解说词最终是要以有声的语言出现的,因此解说词必须充分地考虑到"可听性",要符合说和听的习惯,通俗易懂,朗朗上口,具体来说应注意以下几个方面。

（1）注意用词 词汇的选用应注意使用观众熟悉的字眼,少用冷僻的生词,多选用现代词、口语词,控制使用文言词。现代汉语词汇中,多数词语在口头和书面中都可以通用,但有部分词语只适用于书面,如缄默、适逢、涉足、心悸等,就不宜在口头语中使用,应多选用口语词以提高可听性,尽量避免使用生僻的字词。此外,一些方言土语,社会上不通用的简称,人们不熟悉的行话等也应慎重对待,非用不可时,应加以解释。

（2）注意语音效果 词汇的选用还要充分考虑播出的音响效果,做到语音清晰、响亮,避免近音相混,造成误听误解。一是选用响亮字。字音的响亮与否主要取决于元音开口度的大小,说话时嘴张得大的字,声音比较响亮,反之,就不够响亮。二是多用平声字。汉字四声中,平声字声音可以拉长,送得远,音感强烈,比较洪亮,如高山、蓝天、中华等,仄声字声音短促,一发即停,如意志、肯定、水利、最近等;恰当地使用平声字,能提高语言的清晰度,便于观众辨别词意,要使声音响亮,除了注意单独字音外,还应注意音节之间的音差,讲究音节的对比度。同音或近音相连,音差小,即使是响音的字相连,听起来也不清晰,如"只知自己""聚居区"等,这一点在遣词造句时也必须引起注意,才能获得清晰、明朗的听觉效果。三是处理好同音、近音词。汉语中有许多同音、近音词,它们的声韵、声调完全相同(或相近),但词义却截然不同。例如,长—常、终—中—钟……致癌—治癌、受奖—授奖……同音、近音词在书面上不会产生误解,口语播出则容易引起歧义。

(3) 讲究语句的运用　语句的运用应该采用口语句式,力求简洁明了。

① 多用短句、简单句,少用长句、复杂句。短句字数(音节)少,结构简单,说起来上口,听起来易懂,适用于口语;长句字数较多,修辞语用得多,往往句子迭句子,结构复杂,只适用于书面。

② 应用对偶句。所谓对偶句是用字数相等、结构对称、音节协调的一对句子或词组,表达两个相近或相对的意思,如"当人们赞美荷花,欣赏荷花,甚至忘记它的存在时,它从不计较什么,静静地陪衬,默默地工作,上催芙蓉开,下助玉藕白,甘居陪衬地位,把阵阵清香送来"。这段话用相关、相近的意思、比较整齐的句式、和谐的语言来突出荷花的特点,节奏明快,好听好记,加深观众的印象。汉语传统的对偶句式限制较多,解说词所运用的对偶句式,可不太强求工整,只要求结构大体相同、形式比较整齐、音调比较和谐,至于词性相对、平仄相对、字面不重复等方面可以不讲究。

③ 运用排比句。排比句式是对偶句式的扩展,它把结构相似、语气一致的一连串句子排列起来,表达相似或相关的意思,例如:"整整35年了,整整35个春秋了,你和我们一起度过了一个又一个欢快的节日,你和我们一起参加了一次又一次庄严的仪式,你和我们一起迎送了一批又一批来访的贵宾……"排比句式和对偶句式很相似,但有区别,排比也要求结构整齐,但不如对偶严格,各句字数也不一定相等,对偶限于两句,排比三句以上,对偶要求避免字面相同,而排比往往使用相同的词语起强调作用,电视解说词运用排比句式,能使论述流畅,文气贯通,语势加强,能增强语言的节奏感。

④ 善用提问句,少用倒装句。解说词应用提问句式可以加强语势,引人深

思,或引出下文,增强节奏感。例如解说词:"俗话说:'河有头,江有源',那么长江的源头究竟在哪儿呢?",又如"在这样的冰雪世界里,这些动物为什么能够生存,而且还有这样的能耐呢?"这两段话都是用设问句提出观众急于想弄明白的问题,紧紧抓住了听众的思路,语气活泼,犹如亲切的交谈,为了表达的需要,书面上有时采用倒装句式,如"你的试验一定能成功,假如你坚持下去的话。"这样的语句结构并不合乎说话的习惯,在口语中应改成"假如你坚持下去的话,你的试验一定能成功"。

⑤ 少用关联词、代词来连接上下句,在书面语中经常使用"因为—所以""虽然—但是""不但—而且"等连词和介词来连接上下句,但在口语中则较少使用关联词。例如,某篇文章中有这么一段:"由于这座水库位置高,而且沟通官厅、密云两大水库,所以不仅有防洪、拦沙、灌溉、养鱼、旅游等多种作用,并且还是合理调配首都水资源的重要枢纽。"口头表达的说法是:"这座水库位置比较高,它沟通了官厅、密云两大水库,能够防洪、拦沙……还可以发展旅游事业,这座水库是调配首都水资源的重要枢纽。"为了使文章简洁,避免重复,书面中常常使用代词或包含代词的词组代替上面已经出现过的词语;但在口头表达时应尽量避免使用"以上""以下""前者""后者"等,对于人名、地名也一样,常把人名、地名重复说出。

(4) 增强语言色彩　在准确表达内容的前提下,应注意充分发挥汉语的语音优势,加强语言的形象性和感染力,造成语言的韵律美。以下列举几种:

① 模拟。模拟是用语言把事物的形、色、声、味等逼真地描摹出来,绘声绘色,给人以真实、具体的感受。例如"轰隆隆打过一阵闷雷,哗哗哗就下起了大雨……"笔"唰刷"地写着,闹钟"嘀嘀嗒嗒"地走着;"稀里哗啦"是打碎物品的声音,"叽叽喳喳"是杂乱的说话声等,都能起到传声达情、让观众借声联想的作用。

② 音节整齐均匀。音节整齐均匀,念起来就朗朗上口,听起来就悦耳动听。

③ 声调平仄相间。声调的变化(语音高低、升降、长短的变化)也是汉语语音的一个重要特点,口语表达可以不必像写诗词那样讲究平仄的运用,但适当注意平仄变化,使声感优美还是必要的,现代汉语普通话的语音中,音平、阳平合称平声,上声、去声合称仄声,平声字读起来音调高昂,声音能拉长,音感强烈,容易感知,但缺乏起伏,仄声字,字音短、拉不长、送不远,声音不明朗,但有动感,平仄相间能使语句抑扬顿挫,相得益彰。

三、分镜头剧本写作

从录制过程来看,在剧本阶段,完成了选题、选材、结构,并写出了文学剧本之后的工作,就是由导演编写出分镜头剧本,这也是导演工作的开始,分镜头剧本对今后的摄制、编辑工作起着指导性、决定性的作用。编写分镜头剧本就是将文学剧本中写出的画面意义,分成若干个可供拍摄的镜头,并按照创作意图,将镜头的内容、艺术特点和摄制要求,在专用的剧本上用文字或图形体现出来,由它们组成镜头组去表现文学剧本的内容含义。

1. 熟悉拍摄题材

① 导演与编稿人员研究落实文学剧本上写的画面题材。写在文学剧本上的画面内容都应该是有出处的,基本上是可供拍摄的,应与编稿人员商量落实,做到心中有数。

② 导演构思的新题材也要落实。导演在构思分镜头剧本时,原来文学剧本上的题材,可能由于拍摄条件和制作技术上的原因,而不能使用,必须补充新的题材;其次根据构思还可能要再增加一些新题材,这两方面的题材导演都应与编稿人员商量,是否合适,并逐一落实。

③ 熟悉现有的视听资料,有用的部分有哪些,如何采用?

④ 对外景题材也应做实地调查。

⑤ 对需要的电视动画特技,最好设计出初步方案,并试验,证明可行。

在熟悉了题材之后,动手写分镜头剧本时,不仅要写得具体、形象,而且要切实可行;否则写出的剧本就会空洞,拍摄时现场再修改或补充,既浪费时间,又影响制作质量。

2. 构思分镜头

选择题材之后,接下来的工作就是将这些题材进行加工组织,这一工作过程的实质就是构思分镜头,构思分镜头要抓住以下几个关键。

(1) 从整体到镜头,逐一构思 "画面"栏中写到的,应是可以用视觉形象表现出来的。写"画面形象"最简单的办法就是动笔之前先在脑子里过一遍"电影"(过一遍"画面"),待想好一幅幅具有具体的视觉形象的画面之后,再考虑如何用文字把脑子里浮现的画面如实地写出来。

① 构思整体结构,调整段落。写分镜头剧本时,不一定完全按文学剧本的顺序,将画面内容简单地分成"镜头"就行,根据电视手法的表现方式,可以对整体结构和段落作适当的调整。

② 构思段落中的镜头组。参照文学剧本逐一考虑每一段落应该采用的镜

头组,以及镜头组之间的联系,通过一个个镜头组去构成一个段落,说明某一问题或表达某一个意义。

③ 在脑海中分镜头,镜头组确定后,就要在脑海中考虑如何将镜头组分成一个个的分镜头,以及这些镜头如何组接起来,说明某一个问题或表达某一个意义。

(2) 在表现手法上下功夫　分述如下:

① 要有意识地运用构图手法描述画面内容。包括主体和陪体的安排,画面内景物上、下、左、右、前、后位置的安排,视野范围(通过景别表现)和镜头变化(通过拍摄技巧表现)的处理等,甚至可以直接用画图来取代画面文字内容。

② 景别要注意变化,不要在景别一栏中老是出现一连串的中景。景别没有变化,长时间让观众看到相似的空间范围,感觉就"平",没有起伏,节奏就慢,这种情形,电影行话称为"二半吊子镜头""拉洋片"。景别的变化要注意逐渐变化,由近景逐渐到远景,或由远景逐渐到近景、特写。前者称为后退式景别变化,后者称为前进式景别变化,这些形式上惯用的表现手法要纳入剧本,为主题内容所用,才能加强艺术效果。

③ 在技巧的使用上要灵活使用推、拉、摇、移、跟等。一般从艺术角度上讲,如果画面内容是一些静止不动的景物,可多考虑使用镜头运动变化的技巧;如果画面内容是一些本身运动变化着的事物或较细微的对象,可多考虑使用固定镜头,这也是一种表现手法上的对比作用。

④ 编写时要考虑镜头组接的手法。构思分镜头时,要依据镜头组接的原则和蒙太奇技巧,同时要适当选用组接的"化、淡、划、甩"等技巧,并注意寻找和构思镜头内容过渡的衔接因素,并在画面内容的文字描述中注明,以引起拍摄和剪辑(编辑)人员的注意。

⑤ 编写时要考虑节奏。利用镜头的内容变化、景别变化、拍摄运动的快慢变化和长短组接,并利用音乐、音响等诸多因素,造就片子强烈的节奏,或形成片子舒缓的韵律,使片子表述的内容一环扣一环,不松弛,不断线,有起伏。这种镜头的长、短、快、慢的变化,以及引起的节奏变化,是导演借以引导或强制观众集中注意力、接受片子所传输的内容的一种有效的艺术表现手法。节奏,在文学剧本中是较难体现的,但是到了导演手里,在分镜头剧本中,却要明显地、具体地体现出来,这是导演应具备的艺术造诣之一。

(3) 在艺术处理上做文章　在艺术形式上,分镜头剧本的编写要从"形、声、光、色、美、乐"六个方面着手,下功夫去加强电视片的艺术效果。

① 形，指画面内容的形象。形象要生动、新颖、动态谐调、造型优美、立体感强、质感强。

② 声，指解说和音响效果。解说要精练、流畅，用词准确、优美，并且易于上口，娓娓动听。

③ 光，指光线及光的各种效果。光是电视和电影这类摄影艺术形式中特有的组成部分。逆光、光晕、光环、光的造型、光的变化、光的影调和光的透视都能给观众以极其动人的艺术享受，导演在构思时要把光的效果考虑进去。

④ 色，指色彩。色彩不仅在色相上能准确地表现出对象的属性，还能在色调、色度和色性上造成迷人的艺术效果。在编写分镜头剧本时要注意色彩的运用。

⑤ 美，指美术。美术的含义本来很广，从电视和电影角度来看，主要强调的是化妆、布景和动画。导演在美术方面要提出明确的、内行的要求，并把握和估计最后的美术效果，尽量注意美术效果与真实效果的统一。

⑥ 乐，指音乐。导演在编写分镜头剧本时要从主题、内容和形式上考虑音乐的使用。用或不用，怎样用，用什么音乐，都要从整体艺术效果上全盘考虑。音乐选配适当可以大大加强片子的艺术感染力，导演也必须在这方面充分注意。

3. 画面的写作

写分镜头剧本难在写画面，我们引用苏联电影大师普多夫金的一段论述："编剧必须经常记住这一事实，即他们所写的每一句话将来都要以某种视觉的造型的形式出现在银幕上。因此，他们所写的字句并不重要，重要的是他的这些描写必须能在外表上表现出来，成为造型的形象。"那么，如何写好画面呢？应当注意以下几个问题。

(1) 对"画面形象"的叙述要具体　要让观众看什么，就要如实地具体地写出来，避免过于抽象和简单。例如"丰富多彩的自然景象"，就不具体，到底是拍什么样的自然景象？高山？大海？田园？下面的例子对"画面形象"的描述就很具体、很明确。

画面：一位实验人员从实验台一旁的一盆鸭跖草上用镊子摘下一朵花放入培养皿内，走到显微镜前坐下，用镊子摘取花丝上的小毛放在载玻片上，盖上盖片，放在物镜下，观察，调焦，可见排列成单行的植物细胞。

(2) 画面形象准确，具有典型性　就是要精心设计画面。每一个概念都可以有几种造型方案，要从若干种表现方法中选择最明确、最生动、最富有表现力的画面形象，唯有这个画面才是最好的、最精当的。例如要表现我国幅员广大、南北气候相差悬殊的特点，选用哈尔滨市的冰灯展览和广州市的花市盛况作对比的画面,就比用温度计来表示要生动得多。

(3) 画面形象的设计要注意具有可摄性　画面形象设计时,要把典型化与可拍摄性结合起来。有的镜头需要用航拍的技术,有些高山雪岭上的植物、沙漠里的植物、热带植物、深海中的动植物等,缺乏技术条件,也不具备到现场拍摄的条件,因此在设计画面时,要注意它的可摄性,不具备拍摄条件的,可以而且应当选择并设法用其他可能拍摄到的视觉形象或现成的影视资料来替代。

4. 按格式填写

为了方便阅读,分镜头剧本要按照前面介绍的统一格式填写,这里介绍一些写的方法与要求。

(1) 画面的写法　分镜头剧本的前几个栏是写画面的,下面介绍一些特殊情况及处理方法:

① 景别栏。填写该镜头的景别,但采用运动镜头时,景别会产生变化。如推镜头,景别栏中可写"全→特"或"近→远"。

② 技巧栏。一般是写该镜头与上一镜头的组接技巧:切、淡、划、化、键。有时导演对"切"这一技巧组接方式没有写上去,而是将镜头的运动技巧,推、拉、摇、移、跟填入该栏,也可以。

③ 时间栏。该镜头的时间长度,与解说词的多少有关。

④ 画面内容栏。这是写清画面最重要的一栏,该栏要写得具体形象,有时为了将拍摄的画面讲清楚,在这一栏将拍摄的技巧也写出来。

(2) 声音的写法　一般来说,它们都不是对应某一个镜头而写的,解说词通常是对应一个镜头组,音响效果也是在镜头或镜头组相应的位置标出;音乐则是在对应镜头位置标明"音乐起"或"音乐止",同时可写明对音乐的要求,如"轻快""活泼""快节奏""慢节奏""抒情优美"等。

作为导演,写好分镜头剧本是工作的一项重要职责,应该给予充分的重视,并要掌握写好分镜头剧本的本领。要多学习一些影视艺术的理论与技巧,提高艺术修养和写作能力,多看一些国内外的影视资料,在电视节目编制中,不断提高写作分镜头剧本的能力和水平。

第三节　蒙太奇思维

蒙太奇是"影片的神经系统",是影视艺术的基础,是电视节目制作的独特思维方法和结构技巧。镜头是构成电视节目的最基本单位,它记录的是客观事物某个过程的运动形象,具有一定的分散性、独立性,如果把它们随意组织在一起，很难完整地表达意义，按照蒙太奇的思维规律组织起来，就能表情达意。苏联的库里肖夫做了一个实验：毫无表情的脸与一盆汤的镜头组接产生了"饥渴"；一个小孩的脸与一副棺材的镜头组接产生了"悲伤"。事实上演员并没有做任何专门的表演，只是由于镜头的连接，构成了一定的情节，使观众心理上产生某种联想，从而概括出新的含义。正如爱森斯坦所说，"把无论两个什么镜头对列在一起，它们必然会联结成一种从这个对列中作为新质而产生的新的表象。……两个蒙太奇镜头的对列不是两个数之和，而更像两个数之积。"这一事实，以前是正确的，今天看来仍是正确的。

随着影视艺术的发展，蒙太奇已经发展成为一个完整的概念，它的内涵包括以下三个层次：其一，作为电影电视反映现实的艺术手法，即独特的形象思维方法，这种思维方法始终存在于编导的创作观念中，贯穿于从构思、选材、拍摄到编辑合成的全过程；其二，作为电影电视的基本结构手段和叙述方法，包括分镜头和镜头、场面、段落的安排与组合的全部艺术技巧，"以若干镜头构成一个场面，以若干场面构成一个段落，以若干段落构成一个部分等，这就叫蒙太奇。"其三，作为电影剪辑和电视编辑的具体技巧和章法，进行镜头间的基本组接，这是蒙太奇的基础意义，即狭义理解，"蒙太奇是电影语言最独特的基础，它意味着将一部影片各种镜头在某种顺序和延续时间的条件中组织起来。"

可见，蒙太奇是整个影视片的思维方法、结构方法和全都艺术手段的总称。从总体上讲，它是编导对整部影视片的叙事方法、叙述角度、时空结构、场景段落以及节奏的布局和把握；从横向上讲，它是指对画面与画面、声音与声音、画面与声音之间的全部组合关系；从纵向上讲，它是指镜头的选择、分切与组合、场面段落的组接与转换的技巧和方法。

一、蒙太奇的功能

蒙太奇广泛而丰富的内涵统率和支撑了电视节目的制作，成为全部思维的集中体现。

1. 构成情节

作为镜头组接的艺术技巧，蒙太奇的首要功能无疑是情节的建构。如：

① 一个躺着的病人，脸色惨白，气喘吁吁
② 医生给病人注射治疗
③ 病人在院中散步

如果按①→②→③的次序组按镜头，意思是病人经过医生的治疗恢复了健康；如果按③→②→①的次序组接，则好似发生了一场医疗事故，健康的病人被打错了针，卧床不起了。正如夏衍所说，"所谓蒙太奇，就是依照情节的发展和观众注意力和关心的程序，把一个个镜头合乎逻辑地、有节奏地连接起来，使观众得到一个明确、生动的印象或感觉，从而使他们正确地了解一件事情发展的一种技巧。"

2. 创造时空

蒙太奇思维赋予了影视屏幕时空极大的自由，创作人员可以运用不同的思维结构方法，把时间和空间上毫不相关的片断有机地连接起来，创造出令人信服的真实时空，推动情节有顺序、有逻辑地向前推进。库里肖夫曾做过一个"创造地理"的试验，他选用以下了5个镜头：

① 一男子自左向右走(国营百货大楼附近)；
② 一妇女自右向左走(果戈理纪念碑附近)；
③ 男子和女子相会；
④ 握手，一座宽敞的白色大厦前的宽大石阶(美国白宫)；
⑤ 两人一起走上台阶(其斯科圣·赛沃教堂的台阶)。

虽然这几个镜头是在彼此相距很远的地点拍摄的，但整场戏使人感觉到它的地点(空间)是十分统一的。

3. 声画结合

电视信息包括视觉和听觉两大部分。视觉元素主要有人、物、环境、光影、色彩等，听觉元素有语言、音乐、音响。蒙太奇思维的重要功能是将它们按照一定的美学和心理学要求有机地组合在一起，构造出运动的、连续的、统一的声画结合的视听综合形象。声音与画面有机地结合在一起，除生动地交代事件、展示过程外，还可以有力地刻画人物的心理活动。

4. 营造节奏

把各个不同拍摄角度、不同大小景别、不同浓淡色彩、不同明暗对比、不同音量大小以及不同长短的镜头有机地联结起来，会影响影视片的节奏和速度的变化。影视片节奏是造成情绪效果的有力手段，它使观众能从情绪上更好地感受整个作品。不同的节奏，给观众的情绪感受截然不同。正如普多夫金所说"节奏是从情绪上感染观众的手段。导演运用这种节奏可以使观众激动，也可以使观众平静。"比如多用长镜头则形成慢节奏，表达幽静、舒缓的情绪与气氛；短镜头则相反，情绪紧张、活跃。

二、蒙太奇的叙述方式

蒙太奇的叙述方式多种多样,没有固定的模式。为了更好地理解蒙太奇的功能与作用,这里主要介绍叙事蒙太奇和表现蒙太奇,它们又可以细分为各种类别的蒙太奇形式。

1. 叙事蒙太奇

叙事蒙太奇是最简单、最直接的表现形式,它以交代情节、展示事件为主要目的。按照事件发展的时间流程、逻辑顺序、因果关系来分切和组合镜头、场面和段落,表现连贯的剧情,重在动作、形态和造型的连贯性。叙事蒙太奇包括以下几种具体形式。

(1) 连续式 连续式蒙太奇以单一的线索和连贯动作为主要内容,以情节和动作的连续性和逻辑上的因果关系作为镜头的组接依据。现实中的事件主要依先后顺序和因果关系发展,按此方式叙述是最基本和最普遍的思维方式,是绝大多数影视节目的基本结构方式。连续式蒙太奇方式的优点是有头有尾,脉络清楚,层次分明,符合观众的理解方式、认知习惯等基本思维逻辑,但它不适宜处理多线索同时发展的情节,也不利于省略多余的过程,往往容易造成平铺直叙的感觉,缺乏艺术表现力,在实际运用中,经常与其他形式交叉融合,如纪录片《歌舞中国》的片头运用了一组不同景别、动作连续的镜头画面,将优美的舞姿完美地展现出来。

(2) 平行式 把发生在同一时间的不同场合的事件平行叙述出来,造成一定的呼应和对位,产生丰富的戏剧气氛和艺术效果。这种形式的蒙太奇把一个复杂的事件或者事件的多元层面交错在一起叙述,可以省略多余过程,节省时间,扩大画面信息量,同时又可以互相衬托,造成一定的情绪冲击力,提高传播效果。如我国影片《开国大典》中,运用了平行式蒙太奇展现新中国成立前的国内形势。

(3) 交叉式 它是平行式蒙太奇的发展,由著名导演格里菲斯首创。平行式蒙太奇一般只注重情节的单一、主题的统一,重视事件的内在联系和平行发展。而交叉式蒙太奇将同一时间不同地域发生的两条或两条以上的线索迅速而频繁地交替表现,其中一条线索往往影响或决定其他线索的发展,各线索相互依存,最后汇合在一起,它的特点是两条或数条情节线索发展的严格的同时性。这种剪辑技巧容易造成紧张激烈的气氛,加强矛盾冲突的尖锐性,引起悬念,推动剧情发展。惊险片、恐怖片和战争片常用这种方法造成追逐和惊险的场面。如我国电影《红河谷》中处决和解救英国人琼斯和他同伴一场戏,通过火药线燃烧,英国人的表情以及格桑救人几条线索的迅速频繁交叉组接,火药线的燃烧和熄灭影响着事件的进程和未来走向,把疑惑留给观众,镜头的交替切换制造了悬念,使气氛愈益紧张,把剧情推向高潮。

(4) **颠倒式**　这是一种打乱时间顺序的结构方式,先展现故事或事件的现在状态,然后再回去介绍故事的始末,表现为时间概念上过去与现在的重新组合。它常借助叠印、划变、画外音、旁白等转入倒叙,成为影视节目构成的基本手段。在新闻类节目中,常运用于新闻背景展示、新闻缘由追踪,使电视新闻传播形态更加深入和全面。

(5) **积累式**　把若干内容相关或有内在相似性联系的镜头并列组接,造成某种效果的积累,可以达到渲染气氛、强调情绪、表达情感、突出含义的目的。比如前面的北京申奥片"微笑"段落,集中地表现了我们"笑"迎各方宾朋的情感。

(6) **重复式**　把代表一定寓意的镜头、场面或类似的内容在关键的时候反复出现,构成强调,形成对比,表达事物内在和本质的联系。重复式蒙太奇的运用可以使作品内涵由浅入深,意境由淡变浓,艺术表现力由弱变强。重复蒙太奇的构成元素是多种多样的,如人物、景物、场面、动作、细节、语言、音乐、音响、光影、色彩等。

2. 表现蒙太奇

表现蒙太奇与叙事蒙太奇相反,它不是为了叙事,而是为了某种艺术表现的需要,把不同时间、不同地点、不同内容的画面组接在一起,产生新的含义。它不注重事件的连贯、时间的连续,而是注重画面的内在联系。它以两个镜头的并列为基础,通过镜头间的相互对照、冲击,产生一种直接明确的效果,引发联想、表达概念;通过画面间的对列、呼应、对比、暗示等,创造性地揭示形象间的有机联系,展现事物的关系,在镜头的并列过程中逐渐认识事物的本质、揭示事物间的联系、阐发哲理。表现蒙太奇包括以下几种具体形式:

(1) **对比式**　把性质、内容或形式上相反的镜头并列组接。"对立"会使某一特殊的性质分离出来,使之得到突出、加强和纯化,产生强烈的对比效果,表达创作者的寓意,强化内容、思想或情绪。对比式蒙太奇可以采用多种对比性因素:画面内容,包括真与假、美与丑、贫与穷、生与死、高尚与卑下、胜利与失败;画面形式,包括景别大小、角度仰俯、色彩冷暖、光线明暗、声音强弱等。

(2) **隐喻式**　通过镜头画面的对列,用某种形象或动作比喻一个抽象的概念,或借助另一现象所固有的特征来解释另一现象或象征某一意义,从而含蓄形象地表达某种寓意或感情色彩。大型文献纪录片《孙中山》中,编导将一组关门的镜头组接在一起,恰如其分地表达了帝制退位的含义,配上空寂、残破的音响,其含义超过了"关门"本身。而"关门"和"开门"组接在一起,更具有强烈的象征意义。比喻式蒙太奇利于刻画人物性格、揭示作品的主题,让观众接受深层次的思想内涵。

(3) 象征式 用一事物与另一事物并列出现,以表现其象征意义。电视片《克里姆林宫》有异曲同工之妙,创作者在表现改朝换代时四次运用了象征手法:第一次,晃动地拍摄一尊手持权杖的帝王雕像,一根权杖掉在地上,表现一个朝代覆灭了;第二次,晃动的蜡烛和墙上的影子,蜡烛熄灭;第三次,豪华的王宫餐桌精美的餐具,突然桌布被抽动,餐具掉在地上;第四次,改朝换代,门被破开,刀斧在摄影机前晃动着向前冲去。四次改朝换代,四次不同的象征性用法,形象而生动地表达了同一种意思。

(4) 抒情式 抒发人物情感,创造诗意。如《海之歌》里,大规模的搬迁,改天换地建人工海,抒发社会主义建设的豪情。

(5) 心理蒙太奇 通过镜头或声音和画面的有机结合,直接而生动地展示出人物的心理活动和精神状态。其特点是叙述的片断性、不连贯性和时空上的跳跃感,常以回忆、梦境、幻觉及其他主观感觉的穿插、闪回等手法来表现人物的心理活动,可以给观众造成强烈的印象,激发观众联想。

三、电视造句

电视镜头组接的句式类似于文学句子,一个文学句子由若干个词组成,而蒙太奇句子由若干个单独镜头组成,来表示一个完整的意思或动作。电视表达的句子类型是多种多样的,人们通常以景别的变化来划分。

1. 前进式句子

由远景向特写方向发展,称为前进式句子,即远景→全景→中景→近景→特写的过渡。它适合于从事物的整体引向细节作介绍,把观众的注意力从环境逐渐引向兴趣点,给人的感觉是情绪和气氛越来越强。例如一条报道火灾的新闻:(远景)一幢大楼烈火冲天;(全景)消防队员在用火枪灭火;(中景)几名消防队员满脸是汗冲在离火特别近的地方用高压水枪灭火;(近景)高压水枪冲在火苗上;(特写)火苗逐渐熄灭。几个镜头很清楚地把消防队员灭火的场面表现出来,视觉感受越来越强烈。这种由远及近的组接,符合人们了解事物的心理特点和观察事物的视觉特点,能够有层次地展示某一动作或叙述某一事件的过程。前进式句子是一种平铺直叙的规整句法。

2. 后退式句子

由特写向远景方向发展,称为后退式句子,即特写→近景→中景→全景→远景的过渡。这种由近渐远的镜头叙述,通常把最精彩的或最富有戏剧性的内容突出出来,造成先声夺人的效果。后退式句子一般适于表现愈益低沉、安静、深远的情绪和减弱的气氛。根据景别在剪接中的不同功用,后退式句子给观众营造了解析式、期待式的编排组合;有时为了突出重点内容,用较小的景别把兴趣点强调出来,使人先引起兴趣再逐渐了解环境和全貌;有时为了造成某种悬念和震惊效果,先出现局部,使观众产生一种期待心理,然后再出现整个环境;这是一种比前进式的叙述更容易引人的变异方法,一开始即给人视觉上较强的刺激效果。

3. 环形式句子

由上述两种句子交替进行,形成一定的循环,称为环形句子。它可以是一个前进式句子加一个后退式句子,先表现情绪由低沉、压抑转到高昂,又逐步变为低沉的波浪形发展;也可以相反,情绪先高昂转低沉,然后又变得更加高昂。

须指出的是所谓两种句子的结合,并不是说镜头组接时必须严格按照不同景别的顺序"逐步升级"或"逐步后退",也不是要求所有前进式句子必须从全景开始以特写结束,反之后退式句子也一样,并非要从特写开始到全景结束。

4. 穿插式句子

它是一种把几种句式相结合的句型,其特点是情绪随着景别的变化而起伏不定。通过不同景别不同角度镜头的交叉组接,使气氛时而紧张时而放松,具有一定的悬念感。这种方式通常按照事件发展的时空或逻辑顺序,选取一个完整运动过程中的几个主要片断把它们组接在一起,每个片断只是事件发展中一个具有代表性和相关性的动作高潮,体现了一种"以局部代整体"的意念。通过这些高潮段落的组合,建立起一个完整事件过程的印象。这种方式省略了不必要的中间过程,是一种简洁明了的叙述方法,而且具有概括性和含蓄性。较之前三种句式,它具有更大的自由度,运用得当可以使镜头组接更加灵活自如,更具创造性。

几种不同句型,组接时并不要求各种景别一应俱全,可以有跳跃、有间隔,也可以有重复。特别是在电视新闻编辑中,常常打破镜头转换的渐变性,抽取典型片断加以组接。同时在具体的镜头组接过程中,各种句式也可以组合运用,形成特殊的复合句式。电视创作人员应当根据题材内容和风格样式进行创新,防止生搬硬套，走形式主义，切实做到形式为内容服务。

四、声画蒙太奇

影视中处理声音和画面的关系叫作声画蒙太奇。声画蒙太奇的基本形式有：

1. 声画合一

"声画合一"也叫声画同步，是指画面中的视觉形象和它所发出的声音同步配合，画面上有什么声源，就出现什么声音。画面上有一只鸟在叫，同时就出现鸟叫声；画面上是汽车在行驶，就出现汽车声；画面上是人物对话，就有对话的言语声等等。声画合一，声音和画面形象同时作用于观众的感官，画面影像赋予声音以可见性，声音使画面影像更具体更生动，视听形象互相渗透，加深了观众对审美对象的实际感受，极大地加强了影视艺术表现生活的真实感。常常表现在以下几个方面：

① 电视节目中与画面同步的同期声采访语言、主持人出图像解说，以及同期声效果音响，是典型意义上的声画统一。

② 解说词和画面的声画统一，解说词绝不是简单意义上看图说话式的图解画面，而是解说词紧密地配合画面去阐述画面形象中蕴含的更多信息，去发挥画面形象更深层次的思想意义。

③ 声画统一中比较重要的是音乐和画面风格的统一性。

2. 声画分立

所谓"声画分立"是指画面中的声音与形象不同步。声音和发声体不在同一个画面，声音是以画外音的形式出现的。声画二者各自独立，从表面上看，各自表现不同的内容，但又通过二者的对列，互相补充、彼此对应，产生了只有声音或只有画面本身所不能有的新的寓意。声画对立中声音与画面的关系可分为相互对比、相互补充、相互对应等情况。利用声音和画面形象的对立，使各自的特色在对比中更为鲜明，从而辨明它们本质上的区别，这就是声画对比。例如，画面是富豪们阔绰的筵宴场面，画外是灾民啼饥号寒、卖儿卖女的哭喊声，形成鲜明的对照。声音不以重复画面所表现的内容和解释画面为目的，而是从与画面不同的角度，揭示人物心理活动、情绪状态、渲染环境气氛等，这种声画的配合关系，就是声画并行。

3. 声画对位

"对位"一词，原是音乐学中的术语，它是复调音乐写作的一种技法。这种方法使每一个声部具有相对独立性，同时又彼此谐和，成为统一的整体。1928

年爱森斯坦等提出了"声画对位"的学说。所谓"声画对位学说",就是把声音作为一个独立的艺术元素在电影综合艺术中加以应用的学说。声音和画面在各自独立的基础上,又有机地结合起来,产生了新的系统意义——原来声音和画面单独存在时所不具有的新寓意,这种声画结构形式,叫声画对位。

声画对位与声画合一、声画分立不同。声画合一、声画分立是指声音与画面结合的形式而言的;声画对位是指内容的对列——由声画分立的形式、它们相互作用的结果所产生的新寓意。利用声音和画面形象性质的对立,使其相互对比,可以更鲜明地揭示事物的本质。《天云山传奇》,宋薇与吴遥的婚礼,沉郁的音乐奏出了宋薇此时此刻的心情,同画面上的笑脸、碰杯、祝福交织在一起,揭示了这场婚姻的悲剧性。

复习思考题

1. 分析编导阐述的写作要求。
2. 分析电视节目选材的方法和要求。
3. 主题的产生受哪些因素的影响?
4. 举例分析电视节目的结构线索。
5. 试分析画面和解说词的关系。
6. 解说词写作应注意哪些问题?
7. 如何写好文字剧本?
8. 如何写好分镜头剧本?
9. 试分析蒙太奇的内涵、功能和叙述方式。
10. 构思一部8~10分钟的电视短片,撰写编导阐述,电视文学剧本,分镜头剧本,并体会各种文案在电视节目创作中的作用。

参考文献

[1] 张晓锋.电视节目制作原理与节目编辑[M].北京:中国广播电视出版社,2004.
[2] 高鑫,周文.电视专题.[M].北京:中国广播电视出版社,2008.
[3] 邢益勋.电视编导基础教程[M].北京:中国传媒大学出版社,2010.
[4] 黄著诚.实用电视编辑[M].北京:中国广播电视出版社,2000.
[5] 李运林,徐福荫.电视教材编导与制作[M].北京:高等教育出版社,2004.
[6] 宋静华,万平英.电视节目编辑与制作[M].北京:国防工业出版社,2011.
[7] 何苏六.电视画面编辑[M].北京:中国广播电视出版社,1997.
[8] 宋静华,万平英.电视节目编辑与制作[M].北京:国防工业出版社,2011.
[9] 刘毓敏,黄碧云,王首农.电视摄像与编辑[M].北京:国防工业出版社,2007.

[10] 李律.影视艺术声音蒙太奇的研究[D].东北师范大学硕士学位论文,2008(5).

[11] http://blog.sina.com.cn/s/blog_59e4e3f80102dvmn.html.

[12] http://www.docin.com/p-690185364.html.

[13] http://ai.wenku.baidu.com/view/eb2b4204a417866fb84a8e72.html.

[14] http://www.doc88.com/p-206225334335.html.

[15] 温化平.电视节目解说词写作[M].北京:北京广播学院出版社,1988.

[16] http://www.docin.com/p-749255679.html.

[17] http://www.doc88.com/p-9915968143776.html.

[18] http://www.doc88.com/p-0347153967598.html.

[19] http://www.docin.com/p-277147652.html.

[20] http://3y.uu456.com/bp-1aab80e6aeaad1f346933f84-6.html.

[21] http://xwlt.northnews.cn/NewsTribune/ShowArticle.asp?ArticleID=1213.

[22] 分镜头稿本:http://www.doc88.com/p-3117584723730.html.

[23] http://www.docin.com/p-81472606.html.

[24] http://www.doc88.com/p-7428799811750.html.

第四章
电视画面造型与创作

【学习目标】

　　学习完本章,应该能做到:
- 了解电视画面造型的特点。
- 掌握电视画面取材的要求。
- 掌握电视画面造型的手段。
- 掌握电视画面造型的技巧。
- 掌握固定画面和运动画面的拍摄方法和技巧。

　　电视是通过具体直观的画面形象来表现内容、传递信息和反映主题的,这些形象来源于自然世界和现实生活,需要电视摄像工作者根据所反映的内容和主题采取相应的艺术手法加以创造性的发现和摄录。那么,怎样才能从镜头中记录下源于生活而又高于生活的生动、新颖、感人的电视画面,怎样运用电视摄像的技术优势和表现特长去获取既有独特形式又能表现主题的电视画面,是值得认真思索的课题。其中很重要的一条就是必须具备画面思维和造型意识,在熟练掌握电视摄像造型元素的基础上推陈出新,求取符合电视造型特点和艺术要求的电视画面。

第一节　电视画面造型概述

　　电视画面是指由摄像机拍摄下来并经过编辑系统制作后,最后由电视屏幕显现的视音频信号。就电视摄像而言,电视画面是摄像机从开机到关机的一段时间内不间断拍摄所记录下来的包括光线、色彩、物体和活动在内的一个片段,又称镜头。因此,电视画面是电视语言的基本元素,是组成电视节目的基本单位。从本质意义上来说,一个完整的电视画面应该包括传统意义上的视觉元素和与电视画面同步传播出来的各种声音元素,严谨的电视摄像师在拍摄画面的同时,也完整地记录下现场的各种声音。电视画面不仅能再现客观现实的空间感和立体感,而且能再现物体运动的速度感和节奏感,它不仅是空间艺术,同时也是时间艺术。

一、电视画面造型的特点

任何一种造型艺术都有其造型表现的优势与不足,并形成该造型艺术区别于其他造型艺术的不同点。充分认识电视画面的造型特点,是摄像人员发挥优势、避让不足、更好地完成造型表现的重要前提。

1. 表现具象

电视画面在屏幕上表现的形象是具体的、可视的,它不同于文学作品或音乐作品。文学作品或音乐作品是通过抽象的文字符号或音乐旋律来调动人们的想象以塑造艺术形象,而电视画面是通过直观的画面形象作为传递信息的中介来叙述情节、阐述主题和表达思想。电视画面可以更为准确、细致、全面地再现或表现人物的神态、情绪、动作以及景物的形状、色彩变化等用语言文字不容易精确描述的形象。电视画面对具象事物的无间隔表现这一特性,减少了形象信息传递过程中的中间环节,使观众能与被表现的事物更直接地接触,容易产生身临其境的现场感,使电视成为老少皆宜、雅俗共赏的艺术形式。

2. 表现运动

电视画面再现的是运动的形象,表现的是形象的运动。可以说,电视画面存在于运动之中,通过电视技术手段和特殊拍摄方法,在人眼视觉范围内不存在运动的地方也能引起运动,如一朵花蕾在瞬间怒放,一粒黄豆在三五秒内"扭动"身躯破土而出,一些生活中被看作是静止的物体,在屏幕上变成生机勃勃的富有变化的不断运动的物体。电视画面表现运动的造型特性使绘画、图片摄影等造型艺术的构图规律在这里得到了突破性的发展。例如在表现主体时,电视画面可以通过被摄主体与周围环境的动静对比来突出主体,即使要表现的主体在画面中只是一个点,只要它与周围物体的运动方向、速度不一致,这个点(被摄主体)照样可以从纷乱的环境中突现出来,而不必仅仅按照传统的构图法则让这个主体在画面占有很大的空间,或处于醒目的位置,或依靠其他陪体构成与之相呼应的格局来烘托,表现运动是电视造型的灵魂。

3. 运动表现

电视画面不仅能够表现运动的物体,而且可以在运动中表现物体,摄像机通过各种方式的运动摄像造成了画面框架的运动,这种运动从视觉上看是画框与整个被摄入画面内的空间发生了位移,画面内的景物由于画框的运动而处于运动中。摄像机的运动使画面内不动的物体产生了运动,使运动的物体更富有动感。这种对被摄景物多景别、多角度、多层次连续不断的表现,使观众的感知和认识更加连贯、完整、细致和全面。

二、电视画面造型的取材要求

电视画面既是一种技术产品,也是一种艺术产品。当摄像师扛起摄像机拍摄画面时,应全面而熟练地掌握摄像机的各种技术特性,利用丰富多样的造型手段,拍摄出技术上合格、艺术上到位而又具备充足信息量的电视画面。什么样的画面才算是合格的呢?达到怎样的取材要求才称得上是优秀的电视画面呢?这并不是三言两语就可以说清说透的,摄像无定法,画面亦无定规。电视节目种类繁多,对摄像工作的要求各异,电视画面的取材要求很难有什么言之凿凿的规范。对摄像工作者而言,根据节目的主题及创作要求,根据工作环境和现场情况,择善而从、择优而"摄",是一种基本的取材方式。

1. 画面应简洁,主题要突出

电视画面的信息应清晰准确,简明集中。电视画面由于受电视屏幕大小和清晰度的限制,一个画面、一个镜头在短时间内就会在屏幕上消失,加之画幅较小,观众不可能像看美术作品和摄影照片那样长时间地反复欣赏。因此,当摄像师扛起摄像机时,必须用取景框进行选择、提炼、抽象和概括,从自然的、凌乱的物象中"提取"出一个优美动人的画面,做到每个画面的中心内容和形象主体醒目和突出,所要传达、表现的思想内容和艺术内涵明确集中,尽量避开妨碍主体的多余形象,以便观众在一次过的画面中看清形象、看懂内容。这就要求摄像师应具有化繁为简、以简御繁的功夫,能熟练地配置好画面中前景、背景、主体、陪体及环境的相对位置和关系,做到主次分明、相互照应、轮廓清晰、条理和层次井然有序,否则,所拍摄的画面就会主次不辨、不知所云、杂乱无章。要做到画面主体的突出和鲜明,构图时可以把主体安排在画面视觉中心的位置上,占据一定的面积,还要协调配置主体与陪体的相互关系等。

2. 画面应具有表现力和造型美感

摄像师要想拍摄出"美"的画面,不仅要熟练掌握摄像机的操作技术(如白平衡的调节、手动光圈的运用等),力求画面光色还原真实、准确(特殊的艺术性创作除外,如有意偏色等),还必须根据所拍摄内容的要求和现实条件的可能性,通过画面的空间配置、光线的运用、拍摄角度的选择,以及调动影调、色彩、线条等造型元素,创造出丰富多彩、优美生动的构图形式。这种画面构图的艺术表现力的培养，需要摄像师从自身的特点出发，在实践过程中不断摸索和总结，使全面、扎实的技术功底与画面构图的造型意识结合起来，从而拍摄出内容与形式高度统一的优美画面，使得画面更具有艺术表现力和视觉感染力。

3. 镜头运动时力求稳定、流畅、到位

电视画面由于有了时间构成，因而摄像师可以动用空间和运动在时间中的变化和延展，利用运动造型技巧来直接表现主体及主体的运动，但是，这绝不能成为画面胡晃乱动的理由，除一些拥挤、紧急等特殊情况外，所摄取的画面应力求消除不必要的晃动。在推、拉、摇、移等运动摄像的时候，也必须在技巧运动结束之后，准确、流畅地找准落幅，任何落幅之后的修正，都会非常明显地在画面中表现出来，这些问题一旦出现，将破坏观众的观看情绪，影响画面内容的表达。

4. 注意同期声的采录

把声音与画面割裂的观念已经过时，但如何发挥画面同期声的作用和效果仍是值得研究的课题，通常认为同期声包括人物现场声、环境音响、现场音响等多种声音和动作效果。生活中的形象往往是包含着声音的，同期声能起到传递和增加画面信息量、烘托气氛、表现环境特点的作用，是电视摄像中需要认真处理的工作环节，尤其是在新闻纪实性节目中，如果在摄录电视画面时隔绝了同期声，那只能是不完整、不真实的画面记录。只有将画面和声音作为一个有机的整体来看待时，电视画面才具有它真正的全部价值。

5. 运动构图两种情况的处理

如果是没有人物的画面，作环境介绍和背景交代时，不论是起幅还是落幅，都应找出能够表现环境特点的主要对象作为构图的依据；如果是有人物（或其他运动主体）的画面，则应以人物为画面构图和画面运动的依据，摄像机的运动或者是跟随人物运动，或者是作出复杂的场面调度等等，都应根据内容或环境的特点，抓住主要因素的变化来变化构图。在运动构图中，自始至终要注意运动方向、运动速度和运动节奏等因素的起伏变化，基本的一点是运动构图必须有其合理、充分的运动依据，那种仅仅为了炫耀摄像技巧而"硬"做出的运动构图，不但达不到创作意图，反而会引起观众的厌恶和不满。

当要拍摄的主题和内容确定后，不论拍一条新闻还是拍一集电视剧，摄像人员的主要任务就是要选择、组织和寻找到最佳的画面结构方式，并且要在拍摄过程中始终保持高度的创作兴奋和随时发现的创作敏感，以使自己的画面构图得到不断的改善和创新。此外，在借鉴绘画、摄影等构图原理和构图技法的基础上，结合电视画面构图的自身特点加以灵活地运用，对于每个投身于电视摄像工作的初学者来说，有着触类旁通、提高艺术鉴赏水平等诸多裨益。

第二节　电视画面造型手段

一、光线造型手段

在电视画面的诸多造型元素中,光线是第一位的元素。光线在电视画面造型中有着基础性、决定性的作用,而且光线还具有其他造型手段无法替代的造型作用和艺术表现力。对电视摄像师来说,光线就如同是画家手中的画笔和调色板,在工作中离不开对各种光线的特定画面造型效果的甄别、判断和选择。那么,怎样认识光线?如何理解电视用光的造型作用呢?

1. 光线方向

光线方向是指光源位置与拍摄方向之间所形成的光线照射角度。因此照明方向是随着拍摄方向而变化的,它和被摄对象的朝向变化无关。当摄像机与被摄对象的方位确定后,以被摄对象为中心的水平 360°一周内,可分为顺光、顺侧光、正侧光、侧逆光、逆光,如图 4-1 所示。此外,还有来自被摄对象垂直方向的顶光和脚光。不同方向的照明光线具有不同的造型特点,选择和布置不同方向的照明光线是摄像师的重要任务。

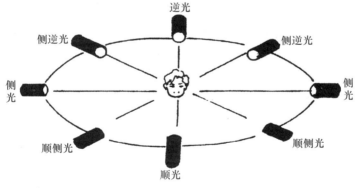

图 4-1　光线方向

(1) **顺光**　光线的投射方向与摄像机的拍摄方向相一致,也叫正面光。其特点有:一是被摄对象被均匀照明,看不到背光面(暗面)和投影,整个画面显得明亮、干净,有利于处理较为复杂的场景;二是用于表现人物面部时能掩饰皮肤皱纹和松弛部分,使人显得年轻;画面层次平淡,缺乏光影变化,缺乏色彩明度变化;三是有利于表现被摄体的固有色彩和形体活动,如表现节目主持人、晚会表演等通常利用顺光照明；四是不适宜表现物体的立体形状和表面质感，也不适宜表现大气透视现象；五是被摄主体显得平淡、呆板，画面缺少活力。

（2）顺侧光　也叫前侧光，是介于顺光和正侧光之间的照明角度，是摄影、摄像常用的主光形式，能较好地表现被摄对象的立体感、质感和形态感，能比较好地表现出画面的层次。

（3）正侧光　是指光源投射方向与摄像机的拍摄方向成90°的照明方式；其特点有：一是被照明对象明暗各半，影调变化大，画面层次丰富，立体感强；二是能较好地塑造被摄对象的立体形态和表达空间的纵深感，但在表现人物面部时，背面光可能会完全隐没在黑暗中，形成阴阳脸的特殊效果，所以一般不用它表现正常的人物肖像。

（4）侧逆光　处于侧光和逆光之间的照明角度，其特点是被照明对象明少暗多，能很好地表现被摄对象的轮廓和形态，影调层次丰富。

（5）逆光　光源的投射方向与摄像机的拍摄方向相对，其特点是看不到对象的受光面，只能看到对象的亮轮廓，在摄像造型中，逆光能使主体和背景分离，从而突出主体，在表现大纵深场景中可以加强空气透视效果，增加画面的空间感和立体感，画面层次鲜明，影调丰富，有利于变现透明或半透明物体的质感。

（6）顶光　来自被摄对象顶部的照明，顶光照明景物时，水平面亮于垂直面，在顶光下拍摄人物近景特写会得到反常的照明效果，人物前额亮，眼窝黑，鼻梁亮，颧骨凸出，两腮有阴影呈骷髅状，传统用光一般不用顶光拍近景和特写。

（7）脚光　从摄像机下方对被摄对象进行照明的光线，在影视摄影中，常用此来表现画面中特定的光源效果，如油灯、台灯、篝火效果等，有时也用来刻画特殊情绪的人物形象或丑化人物形象（如古怪、神秘、恐怖）。

2. 造型光的分类

根据光线在画面造型中作用的不同，通常把造型光分为：

（1）主光　是刻画人物和表现环境的主要光线，主光会直接影响被摄对象的立体形态和轮廓特征的表现，也会影响画面的基调、光影结构和风格。

（2）辅助光　是用来弥补主光表现力不足和平衡画面亮度的光线，一般多是无阴影的软光，用以减弱主光的生硬粗糙的阴影，降低受光面和背光面的反差，提高暗部影像的造型表现力。

（3）背景光　是指照亮被摄对象周围环境和背景的光线，主要是通过环境光线所构成的背景光与被摄主体形成某种映衬和对比，达到突出主体的目的，还有表现特定环境、时间或造成某种特殊气氛和影调的作用。

（4）轮廓光　是使被摄对象产生明亮边缘的光线，其主要任务是勾画和突出被摄对象富有表现力的轮廓形式,有利于增强对象的形式感、立体感和空间感,具有较强的装饰性和美化效果。

（5）**眼神光**　专门用于照明被摄主体的眼睛,表现人物眼神的特殊光线,使主体人物眼球上产生光斑,它能使人物目光炯炯有神、明亮而又活跃,在人物近景、特写中才有明显的效果,在大景别中难以引人注意。

（6）**修饰光**　指用以修饰被摄对象或场景中局部某一细部的光线,当主光、辅助光和照度等确定之后,在被摄对象布光仍不理想的地方,可以用修饰光适当予以修饰,修饰光可以使被摄对象整体形象更加悦目,局部形象更显特点,更富有造型表现力。

3．电视用光的造型作用

（1）**在技术上**　离开了光线,电视也就失去了一切。

（2）**在造型上**　光线的主要作用有：

① 提示被摄对象的形态和形状,造成物体的轮廓、体积、大小和比例、质感等立体幻觉。

② 显示被摄对象的周围环境、空间范围和透视关系,创造画面的空间感。

③ 通过光线的照射及所形成的明暗光影对比突出被摄对象的某些特点,突出主要的和重要的视觉形象,把观众的注意力引导到富有意义的形象上。

④ 控制或决定画面的影调或色调。

⑤ 形成构图关系,利用光影平衡画面,突出构图线条,加强或减弱画面反差,强化或淡化画面内部节奏。

（3）**在戏剧表现上**　光线的主要作用有：

① 利用光线渲染和烘托环境,形成特定的艺术氛围。

② 利用光线的光调和光影效果来表现特定的时间概念,如朝、晚、午等。

③ 通过光线、光调、光影及发光体等表现象征、比喻、借代等艺术效果。

④ 通过特定的光线效果外化和表现人物情绪,反映内心活动,刻画人物性格,等等。

二、光学造型手段

这里的光学是一个特殊名称,指摄像机上的光学透镜组,不同焦距的镜头所具有的不同光学特性,为摄影师刻画人物、描绘环境、烘托气氛、表现运动、把握节奏等提供了有利的手段;同时,光学镜头在心理情绪渲染方面,也起到了很大的艺术作用。光学镜头大体上可分为标准镜头、广角镜头、长焦距镜头和变焦距镜头四大类,它们的焦距不同,功能不同,艺术表现力也各不相同。

1. 标准镜头

视场角为50°左右的镜头称为标准镜头。它观察事物像正常人的眼睛,具有同样的视觉感觉、透视深度和拍摄范围。它既不把生活空间压缩,也不夸大,它是畸变最小的镜头,画面表现真切、自然、清晰。

2. 长焦距镜头

视场角小于40°、焦距大于25 mm的镜头。视角窄,景深小,画面包括的景物范围小。长焦距镜头在表现运动主体时,对横向运动的主体速度感加强;对纵向运动主体速度感减弱;可以在远距离拍摄,并将正常生活空间压缩在相等的空间,造成一种景物压缩效果。长焦距镜头还可以利用焦点的变换,跨越复杂空间拍摄和表现不易接近或无法接近的人物和场面,有"望远"的效果,适合表现人物的局部特写。

3. 广角镜头

是指视场角大于60°的镜头。广角镜头视角广,景深大,可以表现宏大的场面和气势,增加画面的容量和信息量。广角镜头对纵深景物近大远小的夸张表现,可以创造出极富感染力的情绪氛围和视觉影像。由于广角镜头夸大了纵深方向物体之间的距离,可以使被摄物体本身纵向运动的速度感加强。用广角镜头运动拍摄,也可以减少因运动带来的视觉晃动,画面易于平稳、清晰度高。

4. 变焦距镜头

集以上三种镜头于一身,免除拆卸与更换镜头的麻烦,可以利用焦距的变换,拍摄推进和拉出镜头,可以在不动机位的情况下,实现各种景别的变换。变焦距镜头还可以利用焦距的变换与机位的移动,产生一种人们生活中视觉经验以外的流畅多变的视觉效果。但是,变焦距镜头在实际使用中,也有很多局限,不能滥用。

三、色彩造型手段

色彩不仅是电视摄像师对现实世界描绘的一种手段,更是电视画面的重要构成元素。在电视节目的构思、拍摄及编辑等各个环节中发挥着重要的作用。如何获取完美的画面色彩构图,如何利用色彩基调来烘托节目的气氛、突出主题以及怎样运用色彩的感情倾向来更好地塑造人物形象、传达思想感情?这是我们研究电视摄像技术和电视摄像艺术的过程中不能不涉及的课题。

1. 色彩基调的形成

当我们创作一部影视作品时,都有一个与主题相对应的情绪基调或情感倾向,其表现在具体的画面内容当中,很关键的一点就是要把情绪基调和情感倾向落实到色彩基调上。所谓色彩基调,是指影片整体所表现出的色彩构成的总倾向,或在一个段落中占主导地位的色彩。色彩的运用与作品的主题、情境及氛围等相结合,能强化基调、塑造形象、烘托主体,给观众以鲜明的视觉印象和强烈的感染力。例如,电影《红高粱》是血红的,《大红灯笼高高挂》是深红的,《大阅兵》是草绿的,《黄土地》是土黄的。在画面造型中决定色彩基调的因素有:一是场景的色彩基调;二是服装的色彩基调;三是光源色造成的色彩基调。作为色彩基调的色彩必须在时间长度和空间面积上都占据主导地位,二者缺一不可,否则"基调"也就无从谈起了。色彩基调的形成通常有两种方法:一种是内部设色法,就是在拍摄时有意识地选择、配置色彩向基调色靠拢,如让背景环境色、人物服装色、道具色等成为基调色或邻近色;另一种是外部罩色法,是指通过光学手段或色光照明等方法在画面的所有景物上都蒙上一层色彩基调,如拍摄结婚的宴客场面,打上均匀的红光,使该场面仿佛沉浸在红红的喜庆之中。

2. 画面的色彩构图

画面色彩构图是指根据主题和表现内容的需要,对画面内的可视对象进行恰当的配置和布局,以使各种色彩形成一种既有对比又统一协调的整体关系。在进行画面的色彩构图时,要善于调动和运用各种色彩的感情特征,并巧妙灵活地利用拍摄角度、光线、镜头等多种造型手段,以形成画面框架内各种色彩的和谐配置,特别要善于在多姿多彩的自然世界和社会生活中提炼和发现色彩的美感并通过画面中色块的面积差别、主体色和背景色的关系、色别间的明度与饱和度对比等重新组合建立起色彩构图的规律和秩序。

(1) 色彩的选择 摄像师在现实生活五颜六色的实景中进行拍摄时,会有千差万别的色彩和多种多样的对比关系等着去提炼和选择,去组配和表现,诸如蓝天白云、黄土碧树、青山绿水等,无一不展示着自然造化的神妙,构成了电视画面色彩表现的天然宝库;只有经过大量色彩构图的选择和锻炼,才能不断提高我们的色彩构成意识和色彩表现能力,成为善于观察、发现和提取色彩的行家里手。

(2) 色彩的布局 进行画面的色彩构图时也应该对色彩加以谋篇布局,从而形成和谐统一而又蕴涵对比变化的整体关系和构图安排,总的原则是各种色彩的搭配安排应保证主体突出、对比鲜明、画面均衡、结构严谨。摄像师在利用色彩塑造形象、表情达意时,必须注意:一是色彩的时代感;二是色彩的地域特征;三是影片的整体基调;四是镜头间的色彩衔接。

四、动态造型手段

电视摄像是一种动态造型艺术。摄像师在掌握表现运动的基本内容和运动表现的全面要求的基础上，才可能在电视摄像的过程中创造出符合运动造型特点的电视画面，使电视成为更加逼近生活、逼近真实的艺术。

1. 被摄主体的运动

运动是自然界和人类社会中最富变化、最具魅力的物质现象，是各种艺术都力求表现的一种美。

① 被摄主体的运动在摄像造型中具有内容和形式两个方面的表现意义，运动的主体出现在画面之中，本身就带有画面造型意义和内容指向性，而运动形式的表现和再现，在电视摄像中有着尤为突出的地位，不同的运动形式，呈现出不同的画面造型，表现为不同的画面形象，引发了不同的心理反应，运动形式的美感是电视摄像表现被摄主体美的基本手段。

② 运动形成了一定的运动速度和运动节奏，是产生电视画面冲击力、感染力的重要因素，这些运动速度、运动节奏的变化会直接影响观众的心理节奏和情绪反应，在画面造型中可以通过相应速度的运动来烘托和表现相应的情绪和氛围，增强电视画面的感情意味和艺术表现力。

③ 被摄主体的运动是场面调度和运动摄像的内在依据及外在表现，被摄主体的运动形式和运动轨迹直接决定了拍摄方向和拍摄高度，对可能出现的运动的预见往往还决定了机位的设置。

④ 对人而言，运动的具体形式和基本单位是动作，通过个性化、特色化的动作可以反映人物性格，刻画人物形象。

⑤ 对被摄主体运动的造型要借助与电视画面的框架关系才能得到更好的表现。

2. 摄像机的运动

摄像机的运动包括两类：一类是间接的运动，主要通过蒙太奇剪辑完成机位运动，比如从全景跳切到近景，画面所表现的视点前移和机位前进是剪辑的结果；另一类运动即直接的摄像机运动，也就是运动摄像的结果。

第三节 电视画面造型要素

电视画面的表现元素是多种多样的，通常认为，电视画面的造型要素主要包括电视景别、拍摄方向、拍摄角度、构图形式和透视规律，它们的统一运用、共同组构而形成电视画面的特定语汇，构架和完善了电视画面自身系统的规律性和艺术性，只有真正认识，并正确运用电视摄像的造型要素，才能完成符合电视艺术特色和要求的画面造型表现。需要特别指出的是，电视摄像的造型要素是一个有机的、统一的整体,在画面造型的创作过程中,共同完成画面构图、内容表达和信息传播的任务。

一、电视景别

景别,是指被摄主体和画面形象在电视屏幕框架结构中所呈现出的大小和范围,反映了一个镜头所表现被摄对象的细腻程度。景别是摄像师在创作过程中组织和结构画面、制约观众视线、引导观众注意、规范画面内部空间、暗示画面外部空间、决定观众的观看内容、观看方式以及对画面内容接受程度的一种有效造型手段。决定一个画面景别大小的因素有两个:一是摄像机和被摄体之间的实际距离;二是摄像机所使用镜头的焦距长短。不同的景别,往往表现着不同的视野、空间范围、视觉韵律和节奏。

画面景别通常分为远景、全景、中景、近景、特写,图4-2 表现的是一个成人在不同景别中所呈现的形象范围。在实际操作中,摄像师根据所表现的内容、目的和不同需要来确定被摄对象的画面取舍与范围,排除一切多余的、次要的、烦冗的部分,而保留那些本质的、重要的、能够引起观众充分注意的画面内容。

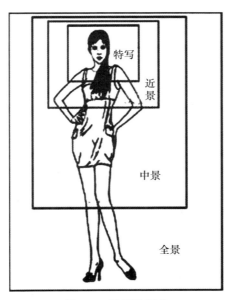

图 4-2 景别的划分

1. 远景

远景是电视景别中视距最远、表现空间范围最大的一种景别。远景多用于描绘某种特定氛围或主要表现地理环境、自然风貌、宽广的场景和辽阔的场面，注重对场景整体宏观的表现，力求在一个画面内尽可能多地提供景物和事件的空间、规模、气势、场面等方面的整体视觉信息，讲究"远取其势"。大远景和远景的画面构图要注意调动多种手段来表现空间深度和立体效果，适当安排前景，注重采用侧光或侧逆光以形成画面层次，显示空气透视效果，并注意利用大自然中的线条表现，包括江湖河道的走向、田野的地形图案、山峦的起伏形状、乡间的崎岖小径等，利用天空中云层彩霞的变化与地面的明暗色块相映成趣，增强画面的形式美感，避免画面平板一块，单调乏味。另外，由于电视屏幕较小，远景的表现力在屏幕上有所损失，这就要求摄像者在处理远景画面时应删繁就简，目的性要强，同时画面时间长度要足够充分，拍摄时摄像机的运动也不宜太快。常用在节目的开篇或结尾或作为过渡镜头。

2. 全景

全景主要用来表现被摄对象的全貌或被摄人体的全身，同时保留一定范围的环境和活动空间。全景画面与远景相比有了明显的主体，它是画面的内容中心和结构中心，重视特定范围内某一具体对象的视觉轮廓形状和视觉中心地位。全景主要用来交代事物或场景的全貌，表现气氛，展示人物与环境的关系，完整展示人物的形体动作，通过人物的形态动作来揭示内心情感和心理状态，通过典型环境和特定场景表现特定环境中的特定人物。拍摄全景画面时，不仅要注意空间深度的表达和主体轮廓线条、形状的特征化反映，确保被摄主体外形轮廓完整，避免"全景不全"，还要着重于环境的渲染和烘托，表现出被摄体的一般性质及空间位置，表现出环境与主体的相互关系。拍摄时要善于选择适当的前景和背景，加强空间感和纵深感，利用影调、色彩对比、线条和其他构图手段，突出主体。

3. 中景

中景用于表现成年人膝盖以上部分或场景局部的画面。较全景而言，中景画面主体形象较大，环境范围较小，有利于表现人物的动作、姿态、手势，可以用来表现人际交往或生活中的主要情节，交代人物间的感情交流，并能在一定程度上表现主体和环境的关系。中景画面中人物的视线、人物的动作线、人和人及人与物之间的关系线等，都反映出较强的画面结构线和人物交流区域。在拍摄中景画面时，必须注意抓取被摄体最具有表现力、最吸引观众的现象、表情和动作，使人物形象饱满、画面富于变化。特别是当所表现的人物上半身或人物之间情绪的交流、联系处于运动状态中时，掌握好画面尺寸的大小，保留人物动作、手势的完整，避免手臂挥出画面，上半身被画框切割，这就对拍摄者提出了更高的要求,不仅要求对中景画面所表现的基本空间有一个准确的把握,而且还必须能够随时审视被摄人物的动作变化和情节中心点的变化,把握好这些无形的线条所组成的结构关系。

4. 近景

近景用于表现成年人胸部以上部分或物体局部的画面。与中景相比,近景画面表现的空间范围进一步缩小,画面内容更趋单一,环境和背景的作用进一步降低,吸引观众注意力的是画面中占主导地位的人物形象或被摄主体。近景常被用来细致地表现人物的面部神态和情绪,刻画人物性格,如人物面部肌肉的颤动、目光的流转、眉毛的挑皱等都能给观众留下深刻的印象。在拍摄近景画面时,要充分注意到画面中形象的真实性、生动性和情节的客观性、科学性,尤其是要注意人物表情、动作、神态、手势等,抓住人物的内心活动和情绪变化,不能造成被摄人物的紧张和不自然,同时注重表现物体局部的特征、质感和细节,世界各国大多数电视新闻节目或专题节目的播音员或主持人,多以近景画面出现在观众面前。

5. 特写

特写用于表现人物肩部以上的头像或被摄主体细节的画面。被摄体的某一局部充满画面,内容简洁,表现力强,可起到放大形象、强化内容、突出细节等作用,会给观众带来一种预期和探索用意的意味。在拍摄特写画面时,构图要力求饱满,对形象的处理宁大毋小,还要控制曝光量,真实地反映物体的质感和色彩。此外,对一些复杂场景,不要孤立地使用特写镜头,避免由于特写表现空间的不明确性使观众对物体所处环境茫然不知,出现空间混乱感,对焦一定要准。

6. 显微

显微是一种特殊景别,在教育节目中运用广泛,通过专门的显微摄像装置把在显微镜下才能看清的景物再现在屏幕上。

二、拍摄角度

拍摄角度包括垂直平面角度(拍摄高度)和水平平面角度(拍摄方向)两个要素。拍摄角度的不同,直接决定了画面形象主体的轮廓和线形构架,决定了画面的光影结构、位置关系和感情倾向。可以说,摄像者在拍摄角度的选择中融入了对画面形式的创造和想象,融入了对画面形象的情感和立意。

1. 拍摄高度

摄像高度是指摄像机镜头与被摄主体在垂直平面上的相对位置或相对高度。这种高度的相对变化形成了平角或平摄、俯角或俯摄、仰角或仰摄,这三种拍摄高度具有各自不同的造型效果和感情色彩。

(1) 平角(平摄) 指的是拍摄点与被摄对象在同一水平线上。其视觉效果接近于日常生活中人们观察事物的视觉习惯,被摄对象不易变形,使人感到平等、客观、公正、冷静、亲切。平角拍摄画面结构稳固、安定,形象主体平凡、和谐,是新闻摄像通常选用的拍摄高度。平摄要注意选择简化背景,在拍摄风景画面时,注意避免地平线平分画面,当平角拍摄与移动摄像结合运用时,会使观众产生一种身临其境的感觉。

(2) 俯角(俯摄) 俯角拍摄是一种自上往下、由高向低的俯视效果。俯角拍摄使画面中地平线上升至画面上端或从上端出画,视野更加辽阔宽广,有利于表现广袤的原野、起伏的山峦、蜿蜒的河流、辽阔的大海等地形、地势以及群众集会、游行、欢庆等壮观的场面。一般来说,俯角拍摄具有如实交代环境位置、数量分布、远近距离的特点,画面往往严谨、实在。由于俯摄人物时对象显得萎缩、低矮,画面往往带有贬低、蔑视的意味。俯角不适宜表现人物的神情和人与人之间细致的情感交流,因此在人像拍摄时要慎重使用。

(3) 仰角(仰摄) 仰角拍摄是摄像机低于被摄主体的视平线向上进行的拍摄。常出现以天空或某种特定物体为背景的画面,可以净化背景,达到突出主体的目的。仰角拍摄使画面前景突显,背景相对压缩,有助于强调和夸张被摄对象的高度;拍摄跳跃、腾空等动作时,能够夸张跳跃高度和腾空动作,具有很强的视觉冲击力。仰摄画面中形象主体显得高大挺拔、具有权威性,视觉重量感比正常平视要大,因此画面带有赞颂、敬仰、自豪、骄傲等感情色彩,常被用来表现崇高、庄严、伟大的气概和情绪。

2. 拍摄方向

拍摄方向是指摄像机镜头与被摄主体在同一水平面上一周360°的相对位置,即通常所说的正面、背面或侧面。摄像方向发生变化,电视画面中的形象特征和意境等也会随之发生明显的改变。

(1) 正面拍摄 正面拍摄能真实地反映对象的主要外部特征和正面面貌,展示被摄对象的对称结构,如拍摄国家机关、宗教建筑等显示出雄伟、庄重、稳定、严肃、静穆的感觉。正面拍摄有利于表现被摄对象的横向线条,但如果主体在画框内占得面积过大,那么与画框的水平边框平行的横线条就容易封锁观众视线,无法向纵深方向透视,常会显得缺乏立体感和空间感。正面拍摄人物时,可以看到人物完整的脸部特征和表情动作,被摄人物占据画面的中心位置,有利于画面人物与观众面对面地交流,使观众容易产生参与感和亲切感。一般来说,各类节目的主持人,或被采访对象在屏幕上出现时都采用这个拍摄角度。不足之处是,物体透视感差、立体感、纵深感不甚明显,画面呆板缺乏生气。

(2)侧面拍摄 侧面拍摄分为正侧方向与斜侧方向两种情况。正侧拍摄,能够明确地表达出被摄对象的运动姿态及富有变化的外形轮廓,能够使人物的姿态和动作特点得到充分的展示。人与人之间的对话和交流常常采用这个角度,多方兼顾,平等对待;斜侧方向拍摄建筑物、桥梁、道路,能使被摄主体的横向线条在画面上变成斜线,产生明显的形体透视变化,能扩大画面的纵深空间;斜侧拍摄人物时,既能表现人物的内在气质、心理活动,又能刻画人物的轮廓形态以及交流时的表情和动作手势,因此,侧面拍摄方向是运用最多的一种。

(3)背面拍摄 背面拍摄画面所表现的视向与被摄对象的视向一致,使观众产生可与被摄对象有同一视线的主观效果。如果是拍人物,则被摄人物所看到的空间和景物也是观众所看到的空间和景物,给人以强烈的主观参与感;许多新闻摄像记者采用这个角度表现追踪式采访,具有很强的现场纪实效果。背面拍摄画面,通过背影的姿态轮廓和动作姿态来反映人物的内心活动,使画面具有一种不确定性,可引起观众更大的好奇心和更直接的兴趣。

通常,在摄像时一般总要先选择摄像方向,确定了方向再选择摄像高度。对某一具体被摄对象来说,将拍摄方向和拍摄高度与视距变化带来的景别变化三者结合起来,将会产生一系列不同视角,形成一系列不相同的画面形象。对视角的选择,反映了摄像师的基本素质和造型能力。

三、构图形式

构图的布局是千变万化的,不存在一个十全十美的布局方案。一种内容可以用多种布局形式来具体表现;一种布局形式也可以表现许多内容。为了学习画面布局变化的基本规律,以下介绍一些常见的布局方法和形式。

1. 横向式构图

横向式构图也叫水平构图,主要是由横向水平线构成的基本画面格式。横向构图形式适宜表现广阔无界、宽敞和平坦的横长形大场面景物,例如浩瀚的大海、宁静的湖面、辽阔的草原、田野、一望无际的沙漠、大型会议合影、层峦叠嶂的远山等。横向构图给人以安静、平稳、开阔、舒展的感觉,如图 4-3 所示。

图 4-3 横向式构图

2. 竖向式构图

竖向式构图也叫垂直构图,画面的总体布局呈垂直状,表现巍峨的高山、参天的大树、垂挂的瀑布、仰摄的人物,一般都适宜采用垂直构图形式。这种构图形式是以垂直线条构成的,具有挺拔、高耸、向上的特征。垂直构图有:

① 上下穿插直通到底的构图,如图4-4所示,这种构图的特点是上下延伸、舒展畅通。

② 下部直通到底,线条在上部空间停住的构图。这种构图在画面上端留有一定空间,如拍摄高大建筑物、向上生长的树木、顶天立地的人物等,虽然上方停住,却更有向上的态势,如用广角镜头仰摄,更会增强这种昂扬向上的气势。

③ 自上向下悬挂式构图,如图4-5所示。如俯摄景物时,竖向线条上部与上画框相连,由上而向下悬垂,下部线条被截,有插入地下之感。

图4-4　上下穿插式构图

图4-5　自上向下悬挂式构图

3．斜向式构图

又称对角线构图,这种构图用倾斜的线条、影调或呈倾斜状的物体,把画面对角线连接起来。斜线形构图有意打破平衡,加剧变化,增强运动感,能给人一种不稳定、倾倒之势。在人物摄影中,采用斜向式构图,可使画面生动、有动感、充满变化和生机。体育比赛和舞台表演中,最优美又最惊险的瞬间动作,大多呈现在倾斜的高速运动状态之中,因此,拍摄这类活动时,常采用斜线构图,还可稍微倾斜一下摄像机,让被摄对象在倾斜运动中保持斜而不倒的姿势,加强运动感。斜向式构图,还可以加强画面由一角到另一角的纵深透视感,使画面深远而开阔。

4．框式构图

利用现场离镜头较近的物体,如门、框、圆形或其他一些框式物体作为前景,将被摄对象"框住",使画面周围形成一个边框,故称之为框式构图。框式构图中的图案形式通常都处理在画框的边缘位置。框式构图使人们的视线透过这个"框"被集中起来,引导人们去观察画面重点表现的主体;同时还能点出画面的环境、地点、季节等,增添作品的图案美和装饰美。选择框式物体做前景时,一般以深色为好,如果是浅色的,应采用逆光拍摄,使其变暗,以求通过边框的暗衬托远景的明,使画面内容的表达更为集中、突出。

5. L 形构图

L 形是一种边角构图形式,它占据画面的两边角,具有一种"钳形包围"的态势,中间透空,因此空白中的景物就成了构图的中心和趣味中心,利用 L 形的前景所形成的重影调在画面中留出的部分空间,在这个空间中安排进一个小的点景物加以表现,使画面产生无穷的生机和情趣。在运用 L 形构图手法拍摄风光时,可在前景位置上选择好影调比较深重的树木、建筑物与大地或画框构成 L 形,这种构图重量感强,画面稳重,是一种很稳妥的风光拍摄手段。

6. S 形构图

S 形构图有两种含义,一种是画面中的主要轮廓线构成 S 形,从而在画面中起主导作用;另一种是在画面结构的纵深关系中,所形成的 S 形的伸展,它在视觉顺序上引导观众由近及远、诱导观众按 S 形顺序深入到画面意境中去。S 形构图常选择河流、道路、铁路、沙漠等曲折部分,如选择一条弯曲的河流,其 S 形的顶端就容易把人们的视线引向远方,从而把有限的画面引向无限深远。

7. 三角形构图

三角形构图也称金字塔构图,是一种稳定、雄伟、均衡的形态结构。这种构图形式常被用来表现被摄对象的高大和雄伟,并能在画面上产生坚定的、不可动摇的稳定感。可分为正三角形和倒三角形两种表现形式。

8. V 形构图

与正三角形相反,V 形成倒三角状态。两座山、两座房、两棵树之间常出现"V"字的空间或缺口,具有无限深远之感,能给人一种神秘的联想和向上的心理感觉。V 形有时像展开双翅的雄鹰,或像一个向上用力斜举的手臂,有斗争和祈求之意。

9. 对称式构图

对称式构图是指画面中轴的相对两边(左右或上下)各部分在大小、形状、距离和排列等方面的对应。对称式构图一般都是由于被摄景物本身对称,采用正面拍摄角度而取得的,比如拍摄天安门,只有在正面拍摄才能使天安门城楼产生庄严、雄伟的对称式结构。对称式构图如运用不当,容易给人一种呆板、缺乏生气的印象。因此对称式构图选择题材十分重要,一定要选择装饰性强、图案性强并有强烈吸引力的景物,给人以形式美的享受。对称式构图和对称一样,并非要"绝对对称",绝对对称必然暗淡无色、毫无生机。因此要在对称之中,找出打破平衡的趣味点,画龙点睛,使画面从平稳中充满生机。

10. "十"字形构图

"十"字形构图是由水平线与垂直线正中交叉而构成的,也可以视为是四个方形相聚的连接线,具有稳定、持久、寂静、对称的特征。由于"十"字形的对称效果,往往容易显得呆板、单调、缺少变化、缺乏生气。通常比较忌讳"十"字形构图,可将"十"字形倾斜成 X 形构图,即以两条线交叉点所汇聚的地方作为视野的集中点和线条透视的终点,以加强空间纵深感的表达。

11. 圆形构图

圆形构图属于曲线性构图,具有弧线和曲线能给人优美、柔和、丰满、优雅和抒情的感觉。圆形构图,在通常情况下,可以是规则的圆形,也可以是以散点构成不规则的圆形状。在某些情况下,圆形往往出现一个明显的缺口,这个缺口处则是安排主体的最理想的位置,如太阳、圆形建筑物、圆桌会议等。

12. C 形构图

C 形构图是指画面中的构图类似于字母"C"形,一般多用于拍摄河、湖、海等水面,或是成曲线造型的建筑物,这种构图柔和而完美,非常适合于抒情的画面,而且画面很有活力。

13. 九宫格构图

九宫格构图是指将被摄主体或重要景物放在"九宫格"交叉点的位置上。"井"字的四个交叉点就是主体的最佳位置。一般认为,右上方的交叉点最为理想,其次为右下方的交叉点。但也不是一成不变的。这种构图格式较为符合人们的视觉习惯,使主体自然成为视觉中心,具有突出主体,并使画面趋向均衡的特点。

"艺有法,艺术无定法"。画面构图的布局是千变万化的,在变化中形成不同的形式,不同的形式具有不同的特点和不同的审美价值。在摄像实践中,如能正确地运用这些形式并发挥其特点和美学功能,将有益于摄像艺术的创作。在摄像中遵循构图学的某些要点,通常能够拍摄出构图形式较好的画面。但是,这种"遵循"不是因循守旧,墨守成规,而是要在掌握规律的前提下,去突破,去创新,创造出崭新的构图形式来。

四、透视规律

电视是以二维空间的形式表现三维空间的视觉艺术。通常,我们所看到的景物、人物和建筑物等,由于距离远近的不同,方向和位置的不同,在视觉感觉中都会发生一些变化,如近大远小、近长远短、近宽远窄、近粗远细、近实远虚、近疏远密、近高远低等,这种现象就叫透视现象,如图 4-6 所示。透视是摄像师用以进行画面三维空间造型的基本方法,透视的表现方法和形式有多种,如色彩透视、光影透视、虚实透视、焦点透视、线条透视、空气透视、体积透视等,下面介绍几种常用的透视规律。

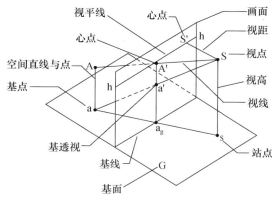

图 4-6 透视现象

1. 体积透视

是指由于透视原理,离摄像机近的物体看起来比离摄像机远的物体大,观众在观看画面时,对比画面上不同物体的体积大小,会得出体积大的物体较近、体积小的物体较远的判断,从而感觉到明显的画面空间深度。

2. 平行透视

凡平行于地面和画面垂直面的景物线条,越远越向一起聚拢,最后消失于视平线上的主点的透视现象叫平行透视,如图4-7所示。

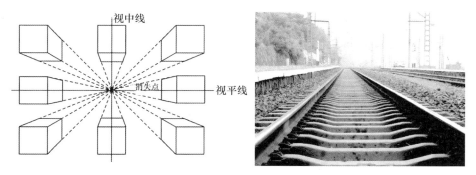

图 4-7 平行透视

在实际生活中,我们不但能够碰到诸如整齐的建筑物、笔直的马路、排列整齐的电线杆、走廊、街景等较规则的平行透视现象,也经常遇见一些不规则的平行透视,如弯曲的小河、错落的小树林、纵深的山脉等。平行透视只有一个消失点,此点就是主点。

3. 成角透视

成角透视又称余角透视,物体与地面平行而与画面成 90°以外的平行线消视于主点以外视平线上任何一点的透视现象。根据一组平行线消失于一点的原理,这种透视至少有两个以上的消视点,所以成角透视分正成角透视和斜成角透视。

(1) **正成角透视** 凡与地面平行,与画面成45°的线,消视于距点,这种透视叫作正成角透视,如图4-8所示。距点是距离点的简称,即以主点为圆心,以视距为半径,在视平线上主点两旁截取同等距离的两点。

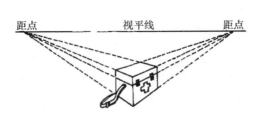 

图 4-8 正成角透视

(2) **斜成角透视** 凡与地面平行、与画面呈其他角度的线,消视于余点,这种透视叫斜成角透视,如图4-9所示。余点是视平线上除主点与距点外,其余消视点的意思。一个四方体呈斜成角透视时,余点也有两个,但一个在距点以内,一个在距点以外;一个越靠近主点,则另一个越远离主点,一直到逐渐变为平行透视为止。因此,凡是单独画一个四方形体的教具,或拍摄立方物体时,只要看见其两个垂直面,无论其他垂直面看到的多么窄小,它仍然是斜成角透视而不是平行透视。正确掌握斜成角透视,在我们拍摄电影、电视节目时很有用处。

图 4-9 斜成角透视

4. 倾斜透视

倾斜透视亦称斜面透视,这种透视有两个消视点。凡是和地面成倾斜角度,而又不与画面平行的线,近低远高,消视于"天际点",近高远低,消视于"地下点",这类透视我们叫倾斜透视。天际点在视者前方视平线以上,地下点在视者前方视平线以下,它们距离视平线的远近,决定于该消失线的倾斜角度:倾斜度越大,离视平线越远;倾斜度越小、离视平线越近。天际点与地下点的位置决定于该倾斜线和画面所成的角度。其规律是:天际点与地下点一定处于和消失于该两点的

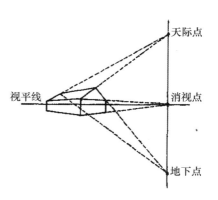

图 4-10　倾斜透视

斜线所在同一平面内的水平线的消视点(主点、距点和余点)的正上方和正下方。如果该倾斜线的倾斜角度相等,如图 4-10 所示,那么天际点和地下点与视平线的距离也相等。

5. 俯视与仰视

凡与地面垂直而与画面成一定角度的线,且上远下近,消视于天心点的透视现象叫俯视,如图 4-11 所示。凡与地面垂直而与画面成一定角度的线,且上近下远,消视于地心点的透视现象,叫仰视,如图 4-12 所示。仰视和俯视的构图各自也有不同的表情,通常,仰视会使被表现的物体,如建筑物、树木、人等,显得高大、雄伟和强壮有力,具有明显的上升感,引起观众激奋昂扬的心理反应,仰视还

图 4-11　俯视

可以避开背景中杂乱的物体，获得干净的背景；俯视会使人物显得渺小和不重要，给人以凄凉、虚弱、渺小的感觉，造成观众轻视、压抑、低沉的心理情绪，俯视适合表现宽广的场面，如战争场面、体育运动场面的报道。

图 4-12　仰视

6. 虚实透视

虚实透视主要是由镜头聚焦特性所形成的，由于被摄对象所处的位置不同，在镜头景深范围内的物体成像清晰，景深范围外的物体成像模糊，这样可以表现出一定的画面空间深度，特别是当焦点发生变化时，效果较为明显。虚实透视的主要依据是人的视觉心理，近的物体比远的物体清晰。

第四节　电视画面造型技巧

电视画面是由形状、线条、光线、色彩、质感、立体感、运动等要素构成的，通过这些要素的配合使用、相互作用、相互影响，从而使电视画面能表现出事物的本质特性，通过对这些要素的适当安排、合理运用，能以完美的形式来表现主体和主题思想。

一、画面的布局

电视画面的结构一般包括主体、陪体、前景、背景、空白等几个要素。构图处理得如何，主要取决于画面主体表现得是否成功以及主体与陪体、前景、背景、空白的相互关系处理是否得当。摄像师应根据节目内容的不同和创作者的表现意图使它们在画面中处于不同的位置,占有不同的面积,从而起到不同的作用,使得画面主次分明、层次清晰,形成严谨而又流畅优美的画面语言。

1. 主体

主体是电视画面中所要表现的主要对象,是摄像师用于表现主题思想、构成画面的主要部分。主体不但是画面内容表现的重点,而且是画面结构组成的中心,其他景物都围绕着它来配置,与它关联呼应,形成一个统一的整体。主体在画面中要突出、引人注目,给观众以鲜明深刻的视觉形象和审美感受,从而更好地表达主题思想和创作意图。如盛大的群众场面,景物丰富的风光画面,通常以气势和气氛为主,内容上主、次难分,为使画面不致松散,也要选择一个对象为结构中心,这个对象应该是有特点、有表现力和有代表性的人或物,如风光中的亭台楼阁、小桥等。突出表现主体的方法归纳起来有两种:

(1) 直接表现 分述如下:

① 把主体形象安排在最大空间。如一个人的正面标准像,一个茶壶,一朵花,一列游行群众,一群人,这些形象在画面上都是主体,陪体很少出现,但这样做往往使内容之间缺乏有机的联系,显得单调。

② 把主体安排在画面的最近处,使之一目了然,鲜明突出。

③ 把主体形象安排在画面上观众视线集中的部位,除了特殊需要,一般画面的布局都不把主体形象安排在画面的中心,而喜欢安排在画面中心周围的一些地方,这既不影响观众视线集中,又使画面活泼,这个观众视线最集中的部位,就是视觉刺激点,也叫美感诱发点。

④ 利用各种对比突出主体。如大小、明暗、虚实、色彩、新旧、动静、质感等的对比。

(2) 间接表现

① 利用环境气氛烘托主体。如远景画面上沙漠中行走的骆驼,骆驼本身所占的面积非常小,但是由于沙丘所形成的线条和光线的映衬,主体还是非常突出。

② 利用方向性线条引导观众,让观众的视线落在主体上。

③ 利用场面调度将注意力引导到主体上。在电视画面中,每个镜头都可以有自己的主体,不同的镜头之间可以使用同一主体,也可以使用不同主体,甚至在同一镜头之中也可以有不同的主体,如通过焦点虚实的转换、镜头的推拉摇移、变换画面的主体形象,而且同一镜头对同一主体的表现既可以用直接表现法,也可以通过间接突出法。

2. 陪体

陪体是相对于主体而言的,在画面中处于次要位置。陪体在画面中的主要作用就是陪衬、烘托、突出、解释和说明主体,帮助观众理解主体的精神、动作和内在含义,我们常说"红花还得绿叶扶",这句话就恰好说明了陪体对主体的作用。陪体必须以不削弱主体为原则,不能喧宾夺主,陪体在画面上所占面积的大小、色调的安排、线条的走向、人物和神情动作等,都要与主体密切配合,不能游离于主体之外。摄像师在现场进行构图处理时,不仅要把主要精力用在对主体的表现上,还必须根据主体的情况对陪体加以取舍和布局。电视画面的陪体可以和主体同时出现,这时要正确处理好主、陪体的关系,陪体处于次要位置,与主体构成呼应关系,避免主次不清、喧宾夺主;也可以出现在主体之前或者之后,如升国旗的画面中,先出现神情庄重、行军礼的军人(主体),镜头缓缓向上摇,画面中出现正在升起的五星红旗(陪体);又如教师备课的画面中,先出现教案的特写(陪体),镜头逐渐拉开成教师的近景(主体)。更多的时候,电视画面中主、陪体是经常改变的,一会儿是甲,一会儿又是乙,在这些变化中,就要恰当地选择画面的构图形式处理好主、陪体之间的关系,注意陪体的视觉重量、景别、色彩、影调等不能超过主体。

3. 前景

在电视画面中,位于主体之前且靠近镜头位置的人或者物统称为前景。前景有时可能是陪体,但在大多数情况下是环境的组成部分。用来做前景的物体很多,如树木的枝叶、草丛、岩石、花卉、门洞等,摄像师可以在现场灵活挑选。电视画面中前景的主要作用有:

① 帮助主体表达主题。如拍摄大学生义务修理家电的内容,如果画面上仅出现修理家电的学生(主体)说不定观众以为是在街上摆摊赚钱的,但如果在构图时把写有"义务维修免费服务"的牌子处理在画面的前景位置,观众就能一目了然地看懂画面内容。

② 表现时间概念、季节特征和地方色彩,也可以表现拍摄现场的气氛。拍摄时以富有季节和地方特征的花草树木作前景,有助于渲染季节气氛和地方色彩,使画面具有浓郁的生活气息,如柳丝吐绿、桃花初绽,带来春的信息,菊花、红叶报道秋的来临;透过冰挂雪枝,似乎看到了山舞银蛇的北国风光,椰树、芭蕉富有南国情调。

③ 强化画面的纵深感和空间感。在构图时将镜头有意靠近某些人或物,利用其成像大、色调深的特点,与远处的景物形成明显的形体大小对比和色调深浅的对比,以调动观众的视觉去感受画面的空间距离,如图4-13所示。

④ 利用前景虚化，突出主体。让前景物体虚化，通过虚实对比突出主体。

⑤ 利用前景装饰画面。有些物体本身有框架形状，如门窗、美丽的花环、曲折变化的回廊等，都可以装饰画面，使观众产生身临其境的感觉，缩短了观众与画面的距离，给观众一种主观地位感，增加了画面的感染力。

⑥ 利用前景均衡画面。比如天空无云显得单调时，用下垂的枝叶置于上方，拍湖面时，前景有几条柳枝，如果画面下方分量轻，就用山石、栏杆做前景，深色调，能使画面压住阵脚，达到画面的均衡（如图4-14所示）。

图4-13 利用前景加强画面的纵深感图　　图4-14 利用前景美化画面图

电视画面拍摄时前景的安排和处理没有特别的限定，根据画面内容和摄像师构图的需要，前景可以是在画面的边缘，也可以是整个画面都出现，如某些场景中的烟、雾、雨、雪。但是，前景的安排也是以烘托、陪衬主体以及更好地表现主题服务，这一点要求同陪体的处理一样。在实际拍摄中，为了更好地服务于主题和意图，前景的处理应当注意：

① 前景在画面中不能妨碍主体的表现。如遮挡主体、干扰观众注意力、分割画面等毛病应当避免，在拍摄时应坚持宁缺毋滥的处理原则。

② 前景的表现应当弱于主体的表现，以防前景过于抢眼，导致主次不分，在构图和取景时不能破坏画面的统一，不能混淆主要表现对象和次要表现对象的主从关系。

③ 前景要富有装饰性，有利于美化电视画面。由于前景距镜头最近，它往往给观众以欣赏画面时的第一印象，所以前景一定要引人入胜，不能给观众以多余和累赘之感。

4. 背景

背景是位于被摄主体后面用来衬托主体的景物。从内容上说，它可以表明主体所处的典型环境、位置及现场氛围，并帮助主体揭示画面的内容和主题；从结构形式上说，它可以使画面产生多层景物的造型效果和透视感，增强画面的空间纵深感。背景的选择要注意：

(1) 抓特征 要选择一些富有地方特征、时代特征、环境特色的景物作为背景,明显地交代出事物发生的时间、地点和时代气氛,以加深观众对主题内容的理解,如人物采访,有时会把人物带到室外采访,通过背景给人们提供更多的信息。

(2) 背景要力求与主体形成影调上的对比 拍摄时应尽量避免背景与主体色调相近或雷同,使主体具有立体感、空间感和清晰的轮廓线条,加强视觉重量,如亮的主体放在较暗的背景前,如图 4-15 所示。

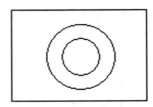 

图 4-15 背景色调对主题的影响

(3) 背景应力求简洁 把背景中可有可无、妨碍突出主体的东西,一概减去,以达到画面的简洁精炼。如选择拍摄角度,避开杂乱的背景,经常可以看到电杆长在人身上、建筑物压在人肩上、一棵树长在人头上、地平线切在人脖子上等等现象,实际上,只要在拍摄时调整一下拍摄方向,便可以避免;仰角度拍摄,以天空(或高山、大楼、树木)为背景,可避开地面上的杂乱线条;俯角度拍摄,可选择单一色调的水面、地面(绿草地)、森林为背景;采用逆光或侧逆光,容易找到较暗的背景,把与主体无关的杂乱线条掩饰在背景的黑暗中;选用长焦距镜头,它的景深短,拍摄范围窄,有利于缩小背景范围,使主体清晰,把环境和背景处理在景深范围之外。

5. 空白 空白虽然不是实体的对象,但在画面上同样是不可缺少的组成部分,一幅画面中既不能安排得过满,使人感到拥挤,透不过气来;也不能留得太多,使人感到松散、空洞。画面上留有空白是造型艺术的普遍规律,"画留三分白,生气随之发。"画面的空白取舍要符合人们的生活经验和心理需求,在实际拍摄时应该注意:

① 拍摄人物时,在人物的上方、视线方向以及动作方向上要留有一定的空白。如主讲教师、播音员的上方要留出适当空白,侧面拍摄时视线前方要留出空白。

② 要遵从人们的生活习惯和经验,注意带有明显方向性物体的前、后、左、右之分,也像对待人的视线一样,留出适当空白。

③ 在运动着的物体前方要留有充分的空间。如行进中的人、赛跑运动员的前方、足球比赛中带球前进的方向都要留出一定的空间,这样才能使运动中的物体有伸展的余地,心理也通畅,否则运动着的物体顶住了其他对象,或紧挨到画面边缘上,运动就像受到了阻碍,观众看了不舒服。

④ 画面上空白与实物所占的面积大小要符合一定的比例关系,防止面积相等、对称。

综上所述,一幅完整的画面包括主体、陪体、前景、背景、空白五个基本组成要素,但并非任何一幅画面都必须具备上述各个部分,有的画面只有主体与空白,有的只有主体、陪体、前景与空白等。配置景物的条件:一是根据需要;二是符合观众的思维逻辑和视觉习惯;三是考虑电视画面的包容量。但无论如何布局,都要突出主体。

二、画面的均衡

画面的均衡是指各构成单元视觉重量关系的平衡与稳定,通过主体与陪体之间轻重、大小、虚实、疏密、繁简、对比等关系,使画面取得总体布局上的稳定。这种均衡有时是视觉感受上的,大多数是经过人们的思考和想象所达到的一种心理上的平衡感,是人们从生活体验中得来的一种自然的审美心理。均衡的形式有两种。一种是主题居中、左右对称的均衡,如人的耳朵、眼睛、手、足及鸟的翅膀等都呈左右对称。在摄像构图中如果采用这种方式构图,往往画面会显得呆板单调,一般在一些严肃、庄重的场合下使用。另一种均衡的形式是由于人的心理作用,在视觉感受上的相对均衡(非对称均衡),这种心理上的非对称均衡绝不是物体形状、数量、重量上的对称,而是人的心理和生活经验形成的重量和方向的均衡。对均衡有影响的因素及处理方法:

(1) 空白对均衡的影响　空白的多少对均衡有影响,要留得适当。如在人物、动作或视线方向要留较大空白。在特技画面中也要留出空白,做完后再调整均衡;在画面中有第二个人物出现时,也要注意留出空白;需要加字幕时,拍摄的画面要预留出空白。

(2) 趣味中心对均衡的影响　在画面中被突出的主体,会吸引人们的视线形成视觉中心或趣味中心,虽然它们在画面中面积不大,但仍然有很重的分量。通常人的视觉最集中的位置也就是人的视觉中心在黄金分割线和九宫格交点的位置附近,电视画面在拍摄时为了突出主体,应把主体安排在视觉中心点附近。

(3) 运动对画面均衡的影响　电视画面内人物的运动或摄像机外部的运动都会造成均衡的变化,拍摄时应该注意,在运动中处理好陪体、前景、背景与主体的关系,使画面在运动中达到均衡。

（4）**要符合自然客观情况**　在自然界或日常生活中,凡不是对称分布、排列的物体,在画面中也不可对称构图,要使其自然分散,不要故意人为摆布。

（5）**视觉右撇现象**　右撇现象是指人们在观察画面时,习惯于从左到右观察,并把注意力停留在右边的物体上,主体在右边有加强感。一般情况下,向右倾斜使人感到比较稳重,而向左倾斜则动感略强。在考虑构图时要注意右撇现象对均衡的影响,可以把占优势的群体安排在左边,容易达到平衡,否则会过重,摄像机的运动一般从左到右,符合人们观察事物的习惯。

处理均衡的方法灵活多样,拍摄时不要生搬硬套,要注意有利于突出主体,以感觉到"美",感觉到舒服为原则,去进行创造性的构图。在考虑均衡时还要注意几点:一是为了内容表达的需要,有意造成不平衡;二是要考虑到电视画面是由多个画面构成,单个画面可能不均衡,但多个画面的整体连续构成,可以达到心理感受的均衡。

三、画面的对比

对比是把两个以上的对象所具有的不同性质、不同质量、不同体积、不同特点等元素加以比较和表现的构图方式。画面的对比是指运用画面中对象的相互比较,突出其中的主要对象,也是构图中常用的方法。常见的对比包括:大小的对比,明暗、色彩的对比,形状、线条的对比,动静对比,质感对比,虚实对比,新旧对比,方向对比,数量对比等等。在实际构图中,要根据内容的需要,通过观察、挖掘,并运用一定的创作技巧真实自然地利用各种对比来达到突出主体的目的,同时在拍摄时不仅要考虑每一幅画面的对比,而且还要考虑通过前后画面的对比变化,以达到内容表达思想感情的目的。

四、画面的统一性

电视节目是由一幅幅画面连续构成的,每一幅画面都是为统一的主题而存在,所以拍摄每一幅单独画面时,除了要求内容上的统一外,也应注意画面中各种造型因素的统一,保持主题始终如一,画面的布局、均衡、对比都应保证画面的统一。

1．画面统一的构图方法

对于统一构图来说,它强调的是统一原则下构图元素的多样性,多样产生变化,有变化不统一就凌乱,统一无变化就单调,这是统一构图的核心准则。常用的画面统一构图的方法有:

① 相似的形状或相似的方向的重复和延续能产生节奏和动感,使各部分结合为一个整体,显示出统一性,如整齐排列向前的队伍。

② 将多个物体,按相似条件组合为单个物体,如按形状的大小,形状的异同,线条、色彩的特性来组合。

③ 使用统一的背景,也使画面具有统一感。

④ 部分与整体,部分与部分之间的呼应,也能获得统一感。

⑤ 利用流畅的线条把各个独立的零乱的物体连接起来,使其趋于统一。

⑥ 色调的连贯或单一,使画面具有统一感,如基调不变或色调逐渐过渡。

对一般的构图,我们要求画面既要均衡又要统一,但在开放性构图中,画面可以不均衡,但一定要统一。

2. 在构图中应避免的问题

还有一些画面的表现形式,由于人们的审美心理和习惯的作用,不愿意接受,在构图中应该避免:

① 主体安排忌孤单、无陪衬。

② 主体位置忌居中,人物忌正面。

③ 画面忌被线条割裂,尤其是平分割线。

④ 水平线忌歪斜不稳。

⑤ 主体与陪体忌完全不分。

⑥ 横竖线条忌等距排列无疏密变化。

⑦ 景物断续线忌无高低起伏,一字排开。

⑧ 画面忌杂乱无章。

五、电视画面场面调度

场面调度一词出自法文,其法文原意是"摆在适当的位置"或"放在场景中"。场面调度用于舞台剧中,有"人在舞台上的位置"之意,指导演依照剧本的情节和剧中人物的性格、情绪,对一个场景内演员的行动路线、站位姿态、上场下场等表演活动所进行的艺术处理。

就电视创作而言,场面调度是电视工作者对电视画框及画框内事物的安排,包括人物调度和镜头调度两个层面的内容。人物调度是指被摄体的位置、动作和行动路线的设计,使被摄体活动起来,满足内容表现的需要。如何将人物的活动(或表演)合理地安排在拍摄场景中,通过不同位置、朝向、距离的处理,造成画面的不同造型,以此展现人物情绪以及人物与人物之间和人物与环境之间的关系和变化。镜头调度是指导演根据人物在场景中的位置安排,合理地处理摄像机的数量、位置、镜头所涵盖的画面范围、角度和运动方式等，对画框内所要表现的对象加以调度和拍摄，将人物调度合理地通过镜头展现出来，形成不同角度的画面造型，以展示多层次的空间并多侧面地展现人物。在电视节目的拍摄过程中，除电视剧、音乐电视、电视歌舞节目、电视小品等艺术性节目中的人物调度与电影的演员调度有很多共性因素，强调通过人物的位置安排、运动设计、相互交流时的动态与静态的变化等造成不同的画面造型之外，在大量的纪实性节目中更多地是以镜头调度的灵活性、动态性去弥补人物调度的不足，特别是在新闻节目中，不能为了某些人为原因进行所谓的"表演"而违背新闻的真实性原则。即使是电视节目制作中经常碰到的主持人的站位、行走路线的设计，出镜记者在拍摄现场的选位、采访路线的安排等，也与带有表演性、假定性的电影有很大的不同。应该说，电视场面调度中的镜头调度才是重点和关键，也是电视摄像师应该钻研和总结的难点和要点。

场面调度是摄像师塑造画面形象、进行画面空间造型的重要手段之一，是摄像师有力的造型语言。无论是电视剧的拍摄、大型晚会的直播摄像、拍摄一部电视纪录片，还是拍摄几分钟的电视新闻，场面调度是影响镜头组接、内容表达、形象塑造等的重要因素。

（一）电视画面场面调度的特点

① 电视场面调度克服了摄像机固定视点的限制，突破了画面框架的束缚，丰富了画面语言和造型的形式，增强了电视画面的概括力和艺术表现力。通过不同景别、不同角度画面的连续表现，场面调度可以作为画面内部蒙太奇镜头表现被摄人物活动的完整状况和局部细节，使观众通过对人物活动和画面运动的感知获得对整个事件过程的清晰认识。

② 通过场面调度渲染环境氛围，形成画面节奏，刻画人物性格，揭示人物的内心活动，创造特定的情境氛围和艺术效果。在电视剧、电视小品等节目中，场面调度同样能够很好地为表现人物性格特点，凸显人物心理活动服务。

③ 场面调度通过对现实时空的连续表现实现对人物活动和现实环境的完整表现，有利于形成长镜头拍摄效果，具有明显的纪实性。

④ 在大型运动会、综艺晚会及演播室节目等的转播制作过程中，统筹有序的场面调度是极其重要的工作环节之一。

总而言之，就像修屋筑厦必须先设计好建筑图纸一样，电视节目的拍摄也应该建立在积极有效的场面调度的基础之上。电视场面调度就如同是节目摄制的指挥图，以最大限度地调动拍摄现场允许调动的人、机因素，通过更典型、更理想的画面，形象地表现内容和主题。

（二）轴线规则及镜头调度三角形原理

如果在进行镜头调度的过程中，对摄像机的机位设置及其变动、镜头景别的选取和变化等缺乏科学合理的统筹安排，极有可能在后期编辑时，发生违反镜头匹配原则，出现种种视觉接受上的紊乱，或造成表达内容时的歧义。在实际拍摄时，电视场面调度常常需要考虑轴线关系和机位分布的三角形原理两个主要问题。

1．轴线问题

所谓轴线是指被摄对象的视线方向、运动方向和被摄对象之间的交流关系所形成的一条虚拟直线，根据来源，轴线分为关系轴线和运动轴线。在实际拍摄时，拍摄师围绕被摄对象进行镜头调度时，为了保证被摄对象在电视画面空间中相对稳定的位置关系和统一的运动方向，摄像机要在轴线一侧180°之内的区域设置机位、安排角度、调度景别，这就是摄像师处理镜头调度必须遵守的"轴线规则"。遵守"轴线规则"是摄像师用以建立画面空间、形成空间方向和被摄物体位置关系的基本条件。如果拍摄过程中摄像机的位置始终保持在轴线的同一侧，不论摄像机的高低俯仰如何变化，镜头的运动如何复杂，不管拍摄多少镜头，从画面来看，被摄主体的位置关系及运动方向等总是一致的。倘若摄像机越过原先的轴线一侧，到轴线的另一侧区域去进行拍摄，就会"越轴"。"越轴"后所拍摄的画面中，被摄对象与原先所拍画面中的位置和方向是不一致的，一般来说，越轴前所拍画面与越轴后所拍画面无法进行组接。如果硬行组接的话，就将发生视觉接受上的混乱。

为了寻求更加丰富多变的画面语言和更具表现力的电视场面调度，往往要打破"轴线规则"，不把镜头局限于轴线一侧，而是以多变的视角全方位、立体化地表现客观现实时空。但是，前面已经提到"越轴"后的画面与越轴前的画面直接进行组接时会遇到障碍，那么，通过哪些手段才能"跨越"这些障碍呢？合理"越轴"常用的办法有：

① 利用被摄对象的运动变化改变原有轴线，在前一个镜头中，是按照被摄对象原先的轴线关系去拍摄的，下一个相连的镜头，则按照主体发生运动后已改变的轴线设置机位，这样一来，轴线实际上已经被跨越了。

② 利用摄像机的运动越过原先的轴线，摄像机可以通过自身的运动越过原先的轴线，并通过连续不断的画面展示出这一"越轴"过程，由于观众目睹了摄像机的运动历程，因此也就能清楚地了解这种由镜头调度而引起了的画面对象的方位关系的变化。

③ 利用中性镜头间隔轴线两边的镜头，缓和"越轴"给观众造成的视觉上的跳跃，由于中性镜头无明确的方向性，所以能在视觉上产生一定的过渡作用，当

越轴前所拍的镜头与越轴后的镜头组接时,中间以中性方向的镜头作为过渡,就能缓和越轴后的画面跳跃感,给观众一定的时间来认识画面形象位置关系等的变化。

④ 利用插入镜头改变方向,越过轴线,一般来说,用于越轴拍摄的插入镜头都是特写镜头。

⑤ 利用双轴线,越过一个轴线,由另一个轴线去完成画面空间的统一。在某些特定的场景中,如果既存在关系轴线,同时也存在运动轴线,通常选择关系轴线,越过运动轴线去进行镜头调度。相比之下,遵循关系轴线所拍摄的画面,要比按照运动轴线处理给观众带来的视觉跳跃感小。为了保持画面中运动主体位置关系不变,在小景别构图时,一般都要以关系轴线为主,越过运动轴线进行镜头调度,但在大景别构图时,要考虑以运动轴线为主,关系轴线为辅进行镜头调度。

2. 三角形原理

当拍摄两个人的交流场景时,在他们之间有一条无形的关系轴线,也称关系线。在关系线的一侧可以选择三个顶端位置,这三个顶端构成了一个底边与关系线相平行的三角形。摄像机的机位可以设置在这个三角形三个顶端的位置上,形成一个相互联系的三角形机位布局,这就是镜头调度的三角形原理。由于关系轴线有两侧,所以围绕两个被摄人物和一条关系轴线,能够形成两个三角形布局。当然,在运动轴线和其他轴线两侧也一样,同样可以按照三角形原理设置机位。如何运用三角形原理在拍摄现场搞好镜头调度工作,不仅仅是一个死记硬背和公式的问题,还需要摄像人员积极地实践和不断地探索与创新。重要的是,三角形原理给我们提供了一条正确而合理有效地进行场面调度的捷径。下面,将举出运用三角形原理的实例,以帮助大家拓展思路,积累经验。

(1) **关系轴线的三角形机位** 拍摄一场对话,通常可以设置三个机位,这三个机位构成了一个底边与关系轴线相平行的三角形。在关系轴线两侧各有一个三角形,拍摄时可以使用其中任何一侧的三角形布置机位,但只能选用一侧,不能超越关系线到另一侧去拍摄,如图 4-16 所示。

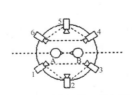

图 4-16 关系轴线的三角形机位

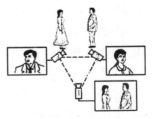

图 4-17 内反角机位

① 内反角机位。如图4-17所示,三角形底边上两个分镜头的机位【2】与【3】都在对话双方的内侧,分镜头都是单人镜头。总机位【1】与两个分机位【2】与【3】镜头连接后,各镜头中出现的人物数量分别是2、1、1。【2】与【3】两机位称为内反角机位。

② 外反角机位。如图4-18所示,两个分机位【4】【5】都处于对话双方的外侧,都从对话双方的背后拍摄过肩的双人镜头。总机位与两个分机位镜头连接后,各镜头中的人物数量分别为2、2、2。【4】【5】两机位称为外反角机位。外反角机位构图的空间分配原则是:面对观众的讲话者占画面的2/3;背向的占1/3,且常常以鼻尖不超出面颊轮廓线之外为限。如将背向的人调虚一些,则更能突出讲话者。

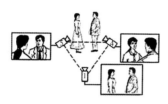

图4-18　外反角机位

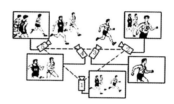

图4-19　内外反角结合机位

③ 内外结合角机位。如图4-19所示,【2】与【5】两个机位,【2】机位取内反角机位,【5】机位取外反角机位,称为内外反角结合机位,【3】与【4】两个机位也如此。

图4-20　平视线规则

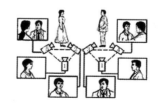

图4-21　运动轴线的三角形机位

④ 视平线规则。在对话双方不同高度的情况下(如一方站着,另一方坐着),应以平均高度拍总镜头,以交代二者之间的关系;以仰角度拍摄视点高的人,表现视点低的人的主观感觉;以俯角度拍摄视点低的人,表现视点高的人的主观感觉,如图4-20所示。

(2) 运动轴线的三角形机位　用分镜头表现运动(行走和奔跑),应以运动路线作为轴线,把机位三角形放在运动路线的同一侧;在拍摄改变方向的运动时,应在一个镜头中表现出方向的变化,如图 4-21 所示。

以上机位如按【1】【2】【3】【4】【5】的顺序组接,各镜头中人物数量构成了 3、3、1、2、3 的关系。

第五节 电视画面镜头选择

一、固定画面

固定画面是指摄像机在机位不动、镜头光轴不变、镜头焦距固定的情况下拍摄的电视画面,其特点是画面框架处于静止不动的状态,画面的外部因素(摄像机运动的因素)消失,但固定画框内的被摄对象可以是静态的,也可以是动态的,固定画框给观众带来了稳定的视觉感受,符合人们在生活中"驻足细看"的日常视觉体验和心理需求。所以拍好固定画面是走进电视摄像艺术殿堂的第一步。在拍摄固定画面的过程中,不仅要求摄像师娴熟地运用摄像技巧和构图技法,还应学习和掌握画面编辑及场面调度的基本知识,具备用固定画面表现动态生活和运动主体的素质,逐步培养电视摄像工作的职业"感觉"和"艺术素养"。

1. 固定画面的作用

固定画面有利于表现静态环境,能突出表现静态人物,利用固定画面的框架因素突出和强化动感,与运动画面相比,固定画面在造型上更富有静态造型之美及美术作品的审美体验,便于通过静态造型引发观众能够比较客观地记录和反映被摄主体的运动速度和节奏变化,固定画面趋向于"静"的心理反应,与运动画面相比较少主观因素,镜头表现出一定的客观性。

2. 固定画面在电视造型中的局限和不足

固定画面视点单一,视域受到画面框架的限制。在一个镜头中构图难以发生较大变化,对运动轨迹和运动范围较大的被摄主体难以很好地表现;难以表现复杂、曲折的环境和空间,不如运动画面那样能够比较完整、真实地记录和再现一段生活流程;难以构成较长的画面叙事段落和营造特定的气氛。

3. 固定画面的拍摄要求

(1)注意捕捉动感因素,增强画面内部活力 固定画面易"死"易"呆",因此,在拍摄固定画面时应注意捕捉活跃因素,调动动态因素,特别是要抓住被摄主体的典型动作和动作的典型特征,或者利用画面中被摄物之间的对比关系和富有动感的构图形式产生具有活力的画面表现。比如在拍摄麦浪翻滚的乡村丰收景象时,就可在画面中摄入牧童赶着牛群穿梭于田间小道的场景;古代文物、珍宝的固定画面,常常使其转动起来拍摄;等等。电视的固定画面如果没有了画面内部运动,单个镜头的画面就与摄影照片并无大异,很容易让观众产生观看照片的感觉。因此在拍摄固定画面的时候,应该注意尽量避免"呆照"的画面效果,尽可能利用画面所能纳入的"活"的、"动"的因素让固定画面"活"起来。

(2) **要注意纵向空间和纵深方向上的调度和表现** 固定画面排除了画面框架和背景的水平运动和垂直运动,倘若纵深方向上的调度和表现又不充分,可以想象,这种固定画面犹如僵死的"贴片"那样,很难表现出电视画面的造型美感,难以在二维平面中反映三维现实的画面造型任务。因此,在拍摄固定画面时要注意选择、提取和发掘画面纵深方向上的线、形、色等造型元素,以纵深方向上的造型表现来弥补水平维度和垂直维度上的不足。如在拍摄公路上列队行驶的车队时,可以利用公路的线和汽车的点采取对角线构图,让公路与画面框架形成一定的角度后向纵深方向伸展开去。

(3) **固定画面的构图一定要注意艺术性和可视性** 固定画面拍得怎么样,往往反映出一个摄像者的基本素质和真正水平,它是对摄像者构图技巧、造型能力、审美趣味和艺术表现力的综合检验。相对而言,由于运动画面的运动性、可变性,某些构图上的问题能在一定程度上得到掩盖,观众的注意被画面的外部运动所转移和分散。但固定画面由于框架的静止和背景的相对稳定,加上观众视点的稳定,构图中不大的毛病会在观众眼中得到"放大",可能比较突出地干扰观众的收视情绪。因此,摄像师要拍好、拍美固定画面,就要从视觉形象的塑造、光色影调的表现、主体陪体的提炼等多个层面上加强锻炼和创作,以拍摄出构图精美、景别清楚准确、画面主体突出、画面信息凝练集中的优秀画面来。

(4) **固定画面在拍摄时一定要"稳"** 在正常情况下,每个镜头都应该是纹丝不动、一丝不苟,应坚决消除任何可以避免的晃动因素。即便是在拥挤、紧急等特殊场面中,也应力求保持固定画面最大限度的稳定和平衡,这就涉及摄像机的持机方式问题。一般而言,固定画面都应尽量使用三脚架来拍摄,以防肩扛拍摄造成的不稳定情况,特别是在俯仰角度较大、变焦镜头推至长焦距等情况下,摄像机稍不稳定,就会在画面中反映出明显的晃动。当然,在实际工作中可能由于环境的变化和客观条件的限制,我们未必都能发挥三脚架的作用,这就需要根据实际情况灵活变通,借助生活中的支撑物和稳定点来替代三脚架,帮助我们拍好稳定的固定画面。此外,还要训练自己良好的持机姿态和正确的呼吸方式,以保证在肩扛拍摄时画面时尽可能的稳定。总之,在拍摄固定画面时,要想尽一切办法、利用一切条件,让所拍摄的固定画面稳定。

（5）**固定画面的拍摄与组接应注意镜头内在的连贯性**　之所以提出这个要求,是因为固定画面与固定画面组接时涉及很多方面的内容,对镜头的要求是很高的。我们常说的画面与画面组接时的"跳",就是初学摄像时易犯的毛病,这要求在拍摄时就充分考虑到后期编辑的组接问题。如拍摄某领导接受记者采访的画面时,应该拍摄不同景别的镜头,利用全景固定画面组接近景固定画面、中景固定画面组接特写固定画面等,观众就不会感觉到"跳"了。有经验的摄像师在现场拍摄时,都会注意从不同角度、不同景别来拍摄一些固定画面,后期编辑就比较方便,镜头的利用率也高。实际上,编辑工作应该始于摄像工作之初,尤其是在拍摄固定画面时,一定要充分注意到镜头间的连贯性和编辑时的合理性。

二、运动画面

所谓运动拍摄就是在一个镜头中,通过移动摄像机机位,或者变换镜头的光轴,或者变换镜头的焦距,从而获得变化的画面。运动拍摄突破了固定拍摄时摄像机镜头固定的机位、角度和景别,给电视画面带来了变化的空间和构图。通过这种方式拍摄的画面称为运动画面。在运动拍摄中,根据摄像机的运动方式可分为:推镜头、拉镜头、摇镜头、移镜头、跟镜头,以及升、转、虚、晃、甩和综合运动镜头等几种主要形式。运动镜头由起幅、运动过程和落幅三部分构成。

1．推镜头

推摄是摄像机逐渐接近被摄主体,或者变动镜头焦距,使画面效果由远及近、由整体到局部所拍摄下的连续画面的方法,用推摄的方式拍摄的电视画面叫推镜头。在推进或变焦过程中,景别由大变小,被摄主体或物体细节在画幅中逐渐变大,周围环境由大变小,从而将观众的注意力引导到所要表现的部位。

（1）**推镜头的作用**　分述如下：

① 突出主体人物,突出重点形象,强化事物的主要特征。推镜头在将画面推向被摄主体的同时,画面范围由大到小,场景中的次要部分不断移出画外,主体部分逐渐"放大",成为观众的视觉重点,因而具有突出主体人物、突出重点形象的作用。

② 突出细节,突出重要的情节因素。推镜头能够从一个较大的画面范围和视域空间起动,逐渐向前接近这一画面和空间中的某个细节形象,这一细节形象的视觉信号由弱到强,并通过这种运动所带来的变化引导了观众对这一细节的

注意。

③ 推镜头速度的快慢可以影响和调整画面的节奏,从而产生外化的情绪力量。如果推进的速度缓慢而平稳,能够表现出安宁、幽静、平和、神秘等氛围,如果推进的速度急剧而短促,则常显示出一种紧张和不安的气氛,或是激动、气愤等情绪,特别是急推,被摄主体急剧变大,画面从稳定状态急剧变动,继而突然停止,爆发力大,画面的视觉冲击力极强,有震惊和醒目的效果。

④ 推镜头可以通过突出一个重要的戏剧元素来表现特定的主题和含义,在电影故事片和电视剧中,推镜头将画面从纷乱的场景引到具体的人物,或从人物引到其细小的表情动作等,通过画面语言的独特造型形式,突出地刻画那些引发情节和事件、烘托情绪和气氛的重要的戏剧元素,从而形成影视所特有的场面调度和画面语言。

(2) 推镜头拍摄注意事项　分述如下:

① 要有明确的目的。通过画面的运动给观众以某种启迪,或者引起观众对某个形象的注意,或者表现某种意念,或者突出了未被注意的细节,或者通过推镜头形成了与影片情节发展相对应的节奏,不能为形式而推镜头。

② 推镜头的起幅、落幅及推进过程要规范、完整、准确。起幅和落幅都是"静态"的,因而其画面构图要规范完整,准确到位,起幅的启动和落幅的停止要果断、干净、利索、流畅,推镜头的重点是落幅,落幅画面应根据节目内容对造型的要求停止在适当的景别,并将被摄主体经营在平面最佳结构点上。

③ 在推进过程中,画面构图始终注意保持主体在画面结构的中心位置。无论镜头推进到什么位置,屏幕上都是一幅结构较完整、均衡的画面。

④ 推进的速度要与情绪节奏一致。一般来讲,表现平静的、忧伤的画面情绪时推进速度慢,表现活泼、紧张的画面情绪时推进速度可快一些。

⑤ 在移动机位的推镜头中,画面焦点要随着机位与被摄主体之间距离的变化而变化。

2. 拉镜头

拉摄是摄像机逐渐远离被摄主体或变动镜头焦距,使画面框架由近而远、由局部到整体所拍摄的连续画面的方式,用拉摄的方式拍摄的电视画面叫拉镜头。这种拍摄方法,画面显示出由局部到整体,景别由小到大,主体物由大变小,周围环境由小变大。

(1) 拉镜头的作用　一是表现主体事物的空间位置和所处的环境,在拉开过程中背景范围不断扩大,能充分展示出主体物的位置和周围的环境情况。二是表现主体事物与周围事物的相互关系,拉镜头交代了被摄主体与场景环境之间的关系以及被摄主体与其他景物之间的关系,如实验中由特写拉出中景,能展示出器材之间及器材与操作人员的关系。三是拉镜头有利于调动观众的想象和猜测,随着镜头的拉开,整体形象逐步呈现,被摄体从不完整到完整,从局部到整体,给观众一种"原来是……"的求知后的满足,调动了观众的注意力。四是拉镜头画面的取景范围和表现空间从小到大不断扩展,使得画面构图形成多结构变化,景别连续变化并保持了画面表现时空的完整和连贯。五是拉镜头常用作结束性和结论性的镜头。拉镜头画面表现空间的扩展反衬出主体的远离和缩小,视觉感受上往往有一种推出感和结束感。

(2) 拉镜头拍摄注意事项 由于拉镜头的镜头运动方向与推镜头正好相反,所以在技术上应注意的问题与推镜头大致相同,也有着基本一致的创作规律和要求。如镜头拉开过程中应注意保持主题画面结构的中心位置等。

3. 摇镜头

摇摄是摄像机的位置不动,借助三脚架上的云台或拍摄者自身的人体,改变摄像机光学镜头轴线的拍摄方式,用摇摄方式拍摄的电视画面叫摇镜头。摇镜头的运动形式是多种多样的。如水平移动镜头光轴的水平横摇,垂直移动镜头光轴的垂直纵摇,中间带有几次停顿的间歇摇,摄像机旋转一周的环形摇,各种角度的倾斜摇,摇速极快形成的甩镜头等。不同形式的摇镜头包含着不同的画面语汇,具有各自的表现意义。

(1) 摇镜头的作用 一是展示空间环境,扩大视野,摇镜头通过摄像机的运动将画面向四周扩展,突破了画面框架的空间局限,创造了视觉张力,使画面更加开阔,周围景物尽收眼底,多用于介绍环境、故事或事件发生地的地形、地貌,也可表现群山、草原、沙漠、海洋等场景。二是使人物的活动空间与环境结合起来,有利于表现主题与环境之间的关系。三是利用摇摄镜头把两个性质相反或相近的主体连接起来,表示某种暗喻、对比、因果关系。如从扫地的清洁工摇到一旁正在往地上吐瓜子皮的青年,从一个正在排泄工业污水的管道口摇到河里漂浮的死鱼。四是用追摇表现运动主体的动势、方向、轨迹,在田径、足球、马术、滑冰等体育比赛的拍摄中经常运用。五是在表现三个或三个以上主体或主体之间的联系时,镜头摇过时或作减速,或作停顿,以构成一种间歇摇,把几个主体串连起来。六是有利于通过小景别画面包容更多的视觉信息,如高耸入云的电视发射塔、幽深的山谷、横幅等,用摇摄能够完整而连续地展示其全貌。七是利用非水平的倾斜摇、旋转摇,表现一种特定的情绪和气氛,也是实现画面转场的有效手段。

(2) 摇摄注意事项 一是有明确的目的。摇摄表现的重点是落幅中的被摄主体,摇摄镜头迫使观众调整视点、视线,如果落幅画面没有明确的目的,观众的视线会产生一种游移感和不确定性,破坏观众的观看心理,不要作"刷墙"式摇摄。二是摇摄过程应力求完整,在拍摄时做到稳、准、匀、平,即摇摄的速度均匀,摇动的轨迹平稳,起幅落幅干净,构图精确,整个摇摄过程应表现出舒适与和谐之感。三是控制好摇摄的速度节奏,摇摄的速度与画面内的情绪相对应。

4. 移镜头

移摄是将摄像机架在活动物体上随之运动而进行的拍摄方式。用移动摄像的方法拍摄的电视画面,称为移镜头。摄像机的运动使得画面框架始终处于运动之中,画面内的物体不论是处于运动状态还是静止状态,都会呈现出位置不断移动的态势。移动镜头表现的画面空间是完整而连贯的,摄像机不停地运动,每时每刻都在改变观众的视点,在一个镜头中构成一种多景别、多构图的造型效果,这就起着一种与蒙太奇相似的作用。移动摄像根据摄像机移动方向的不同,大致分为前移动(摄像机机位向前运动)、后移动(摄像机机位向后运动)、横移动(摄像机机位横向运动)和曲线移动(摄像机随着复杂空间而做的曲线运动)等四大类。

(1)移动镜头的作用 一是移动镜头在表现大场面、大纵深、多景物、多层次等复杂场景时具有气势恢宏的造型效果,能表现出复杂空间中人与物、人与人、物与物之间的空间关系,其最大优点在于对复杂空间表现上的完整性和连贯性,拍摄书架上陈列的图书、展台上陈列的展品、整齐队伍中一个个威武的士兵、道路两旁的各式店铺、马路边上的风景等,在一个镜头中展示空间的整体形象。二是移动镜头可以表现某种主观倾向,具有更为强烈的真实感和现场感。移动摄像使摄像机成了能动的活跃的物体,机位的运动,直接调动了人们在行进中或在运动物体上的视觉感受,有时摄像机所表现的视线是电视剧中某个人物的视线,观众以该剧人物的角度"目击"或"臆想"其他人物及场面的活动与发展,观众与剧中人视线的合一,从而产生与该剧中人物相似的主观感受。三是移动镜头通过摄像机的移动开拓了画面的造型空间,创造出独特的视觉艺术效果,横移动镜头在横向上突破了画面框架两边的限制,开拓了画面的横向空间,可以表现出各种运动条件下的视觉效果。

(2)移动镜头的拍摄要求 移动摄像一般是摄像机安放在诸如移动车、活动三脚架、升降车、各种工具上或人肩扛运动进行拍摄。拍摄时要注意:一是在移动过程中应力求画面平稳保持水平,减小晃动,不管是什么方向、什么形式的移动摄像,尽量利用广角镜头来拍摄,从而取得较好的画面效果。二是移动摄像使摄像机与被摄主体之间的物距处在变化之中,拍摄时应该注意随时调整焦点,以保证被摄主体始终在景深范围之中。三是注意移动拍摄的起幅、落幅和过程。

5. 跟镜头

跟摄是摄像机始终跟随运动的被摄主体一起运动而进行的拍摄,用这种方式拍摄的电视画面称为跟镜头。跟镜头大致可以分为前跟、后跟(背跟)、侧跟三种情况。前跟是从被摄主体的正面拍摄,也就是摄像师倒退拍摄,背跟和侧跟是摄像师在人物背后或旁侧跟随拍摄的方式。

跟镜头画面始终跟随一个运动的主体,被摄对象在画框中的位置相对稳定,画面对主体表现的景别也相对稳定,因而有利于展示主体在运动中的动态和动势。跟镜头不同于摄像机位置向前推进的推镜头,也不同于摄像机位置向前运动的前移动镜头。跟镜头、推镜头、前移动镜头这三者虽然从拍摄形式上看都有摄像机追随被摄主体向前运动这一特点,但从镜头所表现出的画面造型上看却有着明显的差异,并由此形成各自的表现特点。

(1)跟镜头的作用 一是跟镜头能够连续而详尽地表现运动中的被摄主体,它既能突出主体,又能交代主体的运动方向、速度、体态及其与环境的关系。二是跟镜头跟随被摄对象一起运动,形成一种运动的主体不变、静止的背景连续变化的造型效果,有利于通过人物引出环境。三是从人物背后跟随拍摄的跟镜头,由于观众与被摄人物视点的一致,可以表现出一种主观性镜头。四是跟镜头对人物、事件、场面的跟随记录的表现方式,在纪实性节目和新闻节目的拍摄中,有着重要的纪实性意义。

(2)跟镜头拍摄应注意的问题 一是跟上、追准被摄的对象是跟镜头拍摄的基本要求,并力求使被摄主体稳定在画面的某个位置上,不管画面中被摄对象运动如何上下起伏、跳跃变化,跟镜头画面应保持直线运动,否则极容易使观众产生视觉疲劳。二是跟镜头是通过机位运动完成焦点的变化,因而拍摄角度的变化、光线入射角的变化,都会对画面效果产生显著的影响,这是跟镜头拍摄时应考虑和注意的问题。

6. 升降拍摄

摄像机借助升降装置等一边升降一边拍摄的方式叫升降拍摄,用这种方法拍摄的电视画面叫升降镜头。升降拍摄通常在升降车或专用升降机上完成,有时也可肩扛或怀抱摄像机,采用身体的蹲立转换来升降拍摄。升降镜头在作上下运动的过程中,也形成多视点的表现特点,其具体运动方式可分为垂直升降、斜向升降、不规则升降等。一般来说,升降拍摄在新闻节目的拍摄中并不常见,

而在电视剧、文艺晚会、音乐电视等的摄制中,运用较为广泛。升降镜头的功能和表现力为:

① 升降镜头有利于表现高大物体的各个局部,升降镜头在垂直地展现高大物体时,不同于垂直的摇镜头,垂直的摇镜头由于机位固定、透视变化,高处的局部可能会发生变形;而升降镜头则可以在一个镜头中用固定的焦距和固定的景别对各个局部进行准确的再现。

② 升降镜头有利于表现纵深空间中的点面关系,升降镜头视点的升高、视野的扩大,可以表现出某点在某面中的位置;同样,视点的降低和视野的缩小能够反映出某面中某点的情况。

③ 升降镜头常用来展示事件或场面的规模、气势和氛围,升降镜头能够强化画内空间的视觉深度感,引发高度感和气势感。特别是在一些大场面中,控制得当的升降镜头,能够非常传神地表现出现场的宏大气势。

④ 镜头的升降可实现一个镜头内的内容转换与调度,升降镜头从高至低或从低至高的运动过程中,可以在同一个镜头中完成不同形象主体的转换。

⑤ 升降镜头可以表现出画面内容中感情状态的变化,升降镜头视点升高时,镜头呈现俯角效果,表现对象变得低矮、渺小,造型本身富有蔑视之意;当其视点下降时,镜头呈现仰角效果,表现对象有居高临下之势,造型本身带有敬仰之感。

总之,升降镜头借助特殊装置所表现出的独特画面造型效果,可以给我们提供丰富的视觉感受和调度画面形象的有效手段。特别是当我们把升降镜头与推、拉、摇及变焦距镜头运动等多种运动摄像方式结合使用时,会构成一种更加复杂多样、更为流畅活跃的表现形式,能在复杂的空间场面和场景中取得收放自如、变化多端的视觉效果。

7. 综合运动摄像

综合运动摄像是指摄像机在一个镜头中把推、拉、摇、移、跟、升降等各种运动摄像方式,不同程度地、有机地结合起来的拍摄,用这种方式拍得的电视画面叫综合运动镜头。综合运动镜头在电视屏幕上,为人们展示了一种新的视觉效果,开拓了再现生活、表现生活及观察和认识自然景物的新的造型形式。

(1) 综合运动镜头的作用和表现力　一是综合运动镜头有利于在一个镜头中记录和表现一个场景中一段相对完整的情节。二是综合运动镜头是形成电视画面造型形式美的有力手段,它构成了对被摄对象的多层次、多方位、立体化的表现,形成了一个流动而又富有变化的、其本身就具有韵律和节奏的表现形式。三是综合运动镜头的连续运动,有利于再现现实生活的流程,画面在对时间、空间的表现上没有中断,镜头的时空表现是连贯而完整的。四是综合运动镜头在一个连续不断的时间里,将事件、情节、人物和动作在几个空间平面上延伸展开,形成一种多平面、多层次、多元素的相互映衬和对比,使画面内部蒙太奇更为丰富。

（2）综合运动镜头的拍摄　综合运动镜头的拍摄是一种比较复杂的拍摄,由于镜头内变化的因素较多,需要考虑和注意的地方也较多,归纳起来主要有:

① 除特殊情绪对画面的特殊要求外,镜头的运动应力求平稳,画面大幅度的倾斜摆动,会产生一种不安和眩晕,破坏观众的观赏心境。

② 镜头运动的每次转换,都应力求与人物动作和方向转换一致,与情节中心和情绪发展的转换相一致,形成画面外部的变化与画面内部的变化完美结合。

③ 机位运动时注意焦点的变化,始终将主体形象处理在景深范围之内,同时注意到拍摄角度的变化对造型的影响,并尽可能防止拍摄者影子进画出现穿帮现象。

④ 要求摄录人员默契配合,协同动作,步调一致,比如升、降机的控制,移、跟过程中话筒线的注意等,如果稍有失误,都可能造成镜头运动不到位,甚至绊倒摄像师等后果,越是复杂的场景,高质量的配合就越发显得重要。

8. 拍摄与应用运动镜头应注意的问题

（1）要有"起幅"和"落幅"　各种运动的镜头都包括起幅、运动（推、拉、摇、移、跟、甩等）、落幅三个部分。所谓的"起幅"是指开机后,镜头运动之前要有一个停顿的时间（一般为5秒）,取得一个固定的画面,这个固定画面称为起幅。"落幅"是指镜头运动停止后,不立即关机,还继续拍摄一定时间的固定画面（一般也为5秒）,这个固定画面称为落幅。起幅和落幅的作用有:一是让观众看清镜头运动前后画面上的内容;另一个作用是剪辑时必须通过起幅和落幅画面使运动镜头与静止镜头顺畅连接。因此拍摄时,必须注意给一个运动镜头留有起幅和落幅的画面,编辑时也要注意每一个运动镜头的应用必须通过起幅和落幅让观众看清镜头运动前后画面上的内容。

（2）镜头的运动要做到稳、准、匀　运动过程要平稳,不晃动;起幅、落幅要准,起幅在哪里,最后落点在哪里,目的性要明确;运动速度要均匀,不要忽动忽停、忽推忽拉、推不够再推一点、摇不够再摇一点、推过头又拉出来、摇过头再返回来等等。

（3）该用则用,不可滥用　运动镜头所表现的时空和事态过程是连续的,不能省略,还要有起幅与落幅的时间。相反地,一组蒙太奇镜头却可以省略时空,用几个典型的镜头组接起来,表现一个事态的过程。因此应根据所表现的内容的需要决定表现的手法,不要滥用运动镜头。例如一条电视新闻,要在30~40秒或者1分钟左右的时间内完成报道新闻事实的任务,运动镜头用多了,在时间上就不允许。

无论是拍摄固定画面还是运动画面,都应当把内容和主题的需要摆在优先考虑的位置,要对所采取的拍摄方式或镜头运动有充分地、全面地的思考和准备,并在具体操作中加以准确、严密、流畅而到位的表现,动其所当动,静其所当静。

复习思考题

1. 电视画面造型的取材要求有哪些?
2. 电视画面造型的手段有哪些?
3. 电视画面造型的要素有哪些?
4. 分析电视景别的划分及其在节目制作中的运用。
5. 分析各种拍摄角度在节目制作中的运用。
6. 常见的构图形式有哪些?
7. 说出各种运动摄像的种类、表现特点及拍摄注意事项。
8. 固定画面的拍摄有哪些要求?
9. 如何使画面布局更合理?

参考文献

[1] 詹青龙,袁东斌.数字摄影与摄像[M].北京:清华大学出版社,2011.
[2] 张晓锋.电视节目制作原理与节目编辑[M].北京:中国广播电视出版社,2004.
[3] 刘荃.电视摄像艺术[M].北京:中国广播电视出版社,2003.
[4] 抗文生,任志明.电视画面造型[M].甘肃:甘肃人民美术出版社,1994.
[5] 任金州,高波.电视摄像[M].北京:中国广播电视出版社,1997.
[6] 任金州,陈刚.电视摄影造型基础[M].北京:北京广播学院出版社,2002.
[7] 张庆贤.试析电视画面的造型艺术[J].黑河学刊,2005(3).
[8] 陈刚,孙振虎.电视摄影[M].北京:北京大学出版社,2010.
[9] http://blog.163.com/lyj1314_cool/blog/static/1420031402010111905754773/.
[10] http://www1.huachu.com.cn/read/readbookinfo.asp?sectionid=1000007191.
[11] http://www.docin.com/p-101932866.html.
[12] http://blog.sina.com.cn/s/blog_429b839601014n08.html.
[13] http://www.arft.net/jpkj/jrkc/skjy/cha_7_2.html.
[14] http://blog.sina.com.cn/s/blog_685ee5580100ysi7.html.

[15] http://www.doc88.com/p-9505188680026.html.

[16] http://www.docin.com/p-566002384.html.

[17] http://dtvedu.gzhu.edu.cn/szdsjy/sxjy/neirong/webye5-3_1.html.

[18] http://www.dvedit.cn/thread-77352-1-1.html.

[19] http://blog.sina.com.cn/s/blog_4c027c82010007w5.html.

[20] 高雄杰.影视画面造型[M].北京:中国电影出版社,2004.

[21] http://www.docin.com/p-583024967.html.

[22] http://blog.sina.com.cn/s/blog_793e9dac0100sh6q.html.

[23] http://www.doc88.com/p-5886864239544.html.

[24] http://3y.uu456.com/bp-a37b00ef19e8b8f67d1cb907-1.html.

第五章
电视节目配音艺术

【学习目标】
　　学习完本章,应该能做到:
　　● 了解电视声音的构成要素。
　　● 掌握电视解说词录制的方法和技巧。
　　● 掌握电视同期声录制的方法和技巧。
　　● 掌握电视节目音乐选择的原则和技巧。
　　● 掌握电视节目音响选配的方法和技巧。

　　电视是一种视听综合的艺术,画面和声音各自承担着自己的造型功能。声音作用于人的听觉,是电视媒介整体中相对独立又与画面紧密结合的元素。声音在反映社会生活时所形成的综合听觉形象,构成了屏幕上的声音形象,声音形象既有具体的可感性,又有抽象的概括性。

第一节　电视声音元素

一、电视声音构成

　　声音是影视语言的基本构成元素之一。声音的加入,不但强化了影视语言的艺术表现力和感染力,也增加了作品的信息量,同时也更加突显了电视传播中立体化的信息结构与多种传播符号并存的传播优势。电视中的声音元素包括语言、音乐和音响三大类。

　　(一)语言
　　语言是电视屏幕上的人物在表达思想和情感时所必需的各种声音之一,是电视艺术反映社会生活的重要手段之一。语言除能起到叙述客观事实、交流思

想、抒发感情、发表议论、推动情节的功能外,也有情绪、性格、气质等形象方面的丰富表现力。电视节目中的语言表现形态有:

1. 对白

屏幕上两个或两个以上人物之间的对话称为对白,它是人声语言的主要表现形式。影视中的对白与生活中的对话相比,除具有传递、交流、沟通、表达信息的基本功能外,还可以用来推动剧情发展、塑造人物性格、论证事理和交代说明。因此,电视节目的创作者要反复选择、推敲、锤炼人物的语言,为人物对白找到最能显示性格、最符合特定情境、最生动精彩的,也是独一无二的人物对白。

2. 独白

独白是指人物独自表达或倾吐自己内心活动的人声语言,也是人物在屏幕画面中对内心活动的自我表达形态。独白通常有两种形式:一种是以自我为交流对象的独白,即所谓的"自言自语",这种语言通常是人物内心情感处于复杂矛盾冲突下的产物;另一种是有其他交流对象的大段述说,如演讲、答辩等。

内心独白传达的并不是外部世界所见所听,而是人物对外部事件心理体验的一种补充诉说。电视连续剧《大明宫词》中除了运用莎士比亚戏剧风格的长篇对白外,在怀旧情绪中,还大量运用内心独白来交代太平公主的心路历程,既有历史事件的补充,也有内心矛盾冲突的深情回味。内心独白不仅仅是一种手法,而且是某种含义广泛得多的东西。它属于影片的内在结构,只有这种结构才能决定"对自己"说话的必要性和合理性。因此,电视创作者在运用独白时,应深入体验人物产生"独白"时的心理状态,把握好产生"独白"的心理契机和情感脉络。

3. 旁白

旁白是代表作者或剧中人物对剧情进行简要介绍或评述的语言,一般情况下,它以画外音的形式出现,把观众作为直接的交流对象,通常表现为第一人称的自述或第三人称的议论或评说,前者是节目作品中某一人物(主角)追溯往事、叙述所思所忆或所见所闻,后者是作者对节目作品的背景、人物、事件等直接进行评论或抒发感情。在影视作品中,旁白常常用在电视节目的开头,用于介绍时代背景、介绍人物、揭示人物内心秘密、展现人物内心活动。电视连续剧《长征》对于一些省略表达的内容,如"陈毅是唯一没有参加长征的共和国元帅""张国焘被迫取消第二中央"等资料性信息,都用旁白加以说明,以弥补篇幅不足,展示和交代事件发展的多侧面,增加信息传播的容量。

4．解说

解说是从客观叙述者的角度，直接用语言来交代、说明、介绍或评论的一种画外音表达方式。它是非事件空间的创作者对事件空间所发生的事件的评论或解释。解说可以节省不必要的画面语言以及同期声所不能包含的信息内容，并且可以丰富、引申画面的表现力，还可增强电视节目的文学性与纪实性。解说直接的交流对象是观众，在专题节目、纪录片中运用比较广泛。

独白和旁白在早期的纪录片创作中曾占有重要的地位，它是受电影意识影响的产物。随着电视意识的确立，在纪实类节目中典型的电影式独白和旁白已不多见，前者已划入同期声范畴，后者则借鉴和融入解说词的创作手法之中。

（二）音乐

音乐是一种善于抒情、具有丰富表现力的艺术形式，它是一种时间艺术。在电视节目中音乐可分为两大类：一类是音乐节目，即完整的器乐、声乐作品，音乐以画面内声源出现，如 MTV 等，追求音乐自身的旋律美和节奏美的节目形态；另一类是节目音乐，即在节目中音乐以画外音出现，借助音乐形象来表述节目内容、深化主题思想、烘托环境气氛、抒发人物情感、推动情节发展等，使节目内容更加生动感人、引人入胜。

1．根据音乐的表现手段划分

电视节目中的音乐可分为：

（1）写实音乐　写实音乐又称有声源音乐或客观性音乐，即听到音乐的同时看到画面上音乐的声源。声源可以是人物在唱歌或乐器在演奏，也可以是开着的录音机、收音机、CD 机或正在振动发声的扬声器等。影片《泰坦尼克号》中沉船前乐师在船头的演奏，电视连续剧《长征》中《十送红军》的吹奏或演唱（如阿玉在江西瑞金告别中央红军时）都是以写实的形式出现和转入的。写实音乐可以是画面上的发声体与音乐同时出现又同时结束，也可以先闻其声再出现声源，音乐可以在声源退出画面后仍延续一段时间。

（2）写意音乐　写意音乐又称无声源音乐或主观性音乐，是指画面中能够独立而充分发挥表现作用的音乐。音乐的主要功能是写意，它选择最悦耳的声音，编织成最动听的旋律，是人类有感而发、有情而抒的产物，人类用音乐抒发喜、怒、哀、乐等各种感情。写意音乐是创作者对画面的内心感受，是根据剧情气氛、环境和人物刻画的需要，以画外音的形式出现的。

2．根据音乐在电视艺术中的作用和功能划分

电视节目中的音乐可分为：

（1）主导性音乐　是以音乐艺术化的形式来陈述电视节目的主题和中心思

想内容,是各种电视艺术中非常重要的音乐,也是应用最广泛的音乐之一。它常在电视剧、电视专题片、电视专题栏目、板块、电视晚会中广泛应用,以声乐形式表达的主导性电视音乐称为主题歌,以器乐形式出现的主导性电视音乐叫主题音乐。

(2) 背景性音乐　指不但要配合画面,也要配合其他重要的音响,如专题节目、纪录片中的解说词、同期声,这一类音乐是陪衬电视画面和解说等的背景性质的音乐。在电视节目的音乐中,背景音乐占有很大的比重,是音画结合中的一种特殊的音乐形式。

(3) 信号性音乐　电视台的台标音乐以及短小凝练的栏目、板块片头音乐,均属于信号性电视音乐的范畴。

(4) 抒情性音乐　是抒发人物或创作者内在情感的音乐语言,它既可以起到表现人物主观意识的作用,也可以起到解说者的客观评价作用。

(5) 戏剧性音乐　这类音乐常常用在电视剧和某些人物专题片中,音乐直接参与内容情节的发展,常常用来刻画人物内心的各种心理状态和思维过程,并表现出多种矛盾冲突和多种多样的人际关系。

(6) 描绘性音乐　多用于电视剧艺术片、风光、风俗专题片中,常用于描绘客观的场景、意境或民族风情。

(三) 音响

音响也称效果声,是指除语言声和音乐以外的影视节目中的所有声音。电视节目中常见的音响有动作音响、自然音响、背景音响、机械音响、枪炮音响和特殊音响等。从采集方式上看,音响有同期效果声和拟音效果音响。前者主要指摄像时与画面同步录制下来的自然环境音响;后者是由拟音师模拟出的自然音响效果,并由技术人员录制下来,多用于电视剧后期的配音工作。很长一段时间,影视只重视对话和音乐,对音响的作用重视不够。事实上,随着影视传播观念的发展,电视节目大量采用环境音响来阐述作品内容,特别是新闻类节目中,大量纪实音响成为编导表情达意的重要手段。

二、声音蒙太奇

声音蒙太奇是指对声音的创作、选择和组接,主要通过语言、音乐、音响三条线的起伏错落来表现,三条线连贯、交替、补充共同形成节奏。正如画面蒙太奇一样,声音的对列组接可以产生新的含义,声音的不同组接顺序可以表达不同的内涵。例如,下面三组以声音为主的镜头:① 会议室内鸦雀无声;② 一人在演讲;③ 会议室内嘈杂。如果按照①→②→③的顺序组合,则可以说明这是一场并不受欢迎的演讲;相反,如果按③→②→①的顺序排列,则可说明演讲内容比较吸引人或者很精彩。可见,在认可画面之间创造性思维能量的同时,声音的创造性结构也能产生有意义的传达。

1. 声音的相互补充

当一种声音的表现力或感染力逐渐减弱时,转换或加强另一种声音,可以补充前一种声音力量的不足,并同前一种声音结合起来共同说明一定的问题。比较常见的是利用两个具有相反象征寓意的音响在同一影视片中出现,形成对喻。例如,影片《乡音》中,象征古老生活方式、那缓慢节奏的油坊木撞声和象征现代化节奏生活方式的机器声,象征封闭落后的独轮车的吱吱声和象征现代化的火车声的双重对喻,都是声音对立的创造性运用。

2. 声音的互相转换

在某些场合中,当声音不能增强画面的表现力,甚至限制画面的艺术表现时,往往用另一种格调的声音来替换,从而产生新的魅力。例如,一个工地劳动的效果声逐渐转换为轻快的劳动号子的音乐旋律,就可以贯串整个劳动场面,十分流畅。声音可以利用它们之间存在的某种相似性,化入化出,形成一种超越形式上连接的意义,使两个以上的场面产生某种内在的暗示性联系。如野战司令部电报机的嗒嗒声愈变愈响,然后化入一连串的枪声,声音之间以因果联系顺利转换。

3. 声音的相互对列

常用于表现环境气氛与人物的内心情绪不一致的场合。这种方式在电视剧类节目中常常使用,在专题节目中很少采用。

三、声音的综合艺术处理

在影视作品中,流畅优美的画面赋予声音形态神韵,语言、音响、音乐的交响又给了画面生命和活力,声音传播的不仅仅是声波,还传达着思维、感情和情绪。可以说,声音在电视片中的作用与画面不相伯仲。因此,电视节目中的声音综合处理不仅是一项技术性工作,更是一种艺术创作过程和一项形象思维活动。

1. 声音的层次安排

电视声音的特点是声音的种类多,同类声音的"品种"多。如语言(对白、采访、画外解说等)、音响(画内音响、画外音响、写实音响、写意音响、夸张音响、闪回音响、悬念音响、对比音响、转场音响、特写音响)、音乐(客观性音乐、主观性音乐、主题音乐、表现性音乐、功能性音乐)。所有声音必须做到多而有序不死板,杂而不乱有章法。如在电视专题片中,第一层当然是画面,它的整体结构是以画面为主的叙述段落,段落层层递进把主题思想、主要人物、事件告诉观众;第二层是采访、人物同期声、解说和字幕,发挥它具有严密的逻辑性和明确的语意性的优势,对画面不足以表达的内容,做了准确的说明;第三层是写实音响提供的非常逼真的事物发生的背景;第四层是音乐,音乐不在多而在精,它能给整个片子增加韵味、气氛等。这四个层次都有各自独立表达的规律,但四个层次相互之间也有着重要的纵向关系。虽然画面始终是主体位置,但解说、音响、音乐都有上升到突出位置的时候。所有第二、第三、第四层的表现,都是为了支持和配合画面的。电视专题片的四个层次,横像四条线,纵像一张网,因为纵横交织错综复杂,形成了声音的交响。电视剧的层次与专题片基本一样,不同的是由于电视剧的故事性造成起伏变化,音乐音响的变化也大。短电视广告片,经常只有几秒,是高度浓缩的,但层次也不可乱。

2. 声音的主次安排

声音的主次安排在电视片中要做到杂而不乱有章法,必须要分清主次关系。如果画面是主要的,那么声音就是从属的;如果在所有声音中采访、人物同期声、解说是主要的,那么音乐、音响是次要的,这是一般规律。在处理声音的主次关系时要把握以下三个原则:

① 在同一时间里或某一节段,只能有一种声音为主,其他声音为辅。

② 在两种以上声音同时出现时,主次声音的音量比例要控制好,辅音作为陪衬或垫声,且次要声音的出现时间不要太长。

③ 同一时间内一般情况下最好只有两种声音出现,如有两种以上的声音同时出现时,一定要考虑时长、间隔、音量差等因素。

凡事都有主次,声音的主次是电视片处理层次感的继续,只有层次而无主次,那么片子的层次也就表现不出来了,这就好比天不可无日,国不可无主。

在电视的声音中,人物的语言往往为主角,但有时采访、人物同期声、解说词也都有可能为主。例如为了更概括地叙述,可能在被采访者的主要观点讲完后,把采访声的音量降低,成为解说的背景声;在没有解说和其他声音的时候,又会在短时间里将这种同期声的音量推大。音响作为背景声处理的时候多,它常常是画面和解说词的气氛性声音,就像足球实况转播时解说和球场环境音响的关系。失去背景的依托,解说和画面都是苍白的。音乐主要是与画面相互配合,是画面情绪、气氛、形象的补充、延伸和深化,但有时也跟着解说的感情走。音乐和解说词在音量上的主次关系变化最多,有解说时肯定是以解说词为主的,音量要饱满,音乐音量要控制在解说词音量1/2或2/3的大小,以不干扰和破坏解说词为准。优秀的电视片都非常注意发挥音乐的作用,解说词量应控制在片长的

70%左右。如果电视片中出现渲染气氛、描绘景物、抒发情感的节段,需要用音乐来烘托氛围或表情达意,这时要把音乐的音量推大,让它充分发挥作用。

3. 声音的逻辑安排

语言、音响、音乐的关系可以用连贯、交替、补充、呼应八个字来概括。连贯是对声音线条的基本要求。不同的声音,由于表现特色不同,是通过交替、补充、呼应形成变化的。语言表意、音响表真、音乐表情,但在更迭替换时,各种声音交叉中,不能突停突起,这条线虽然此起彼伏,但必须是流畅的,不能疙疙瘩瘩。下面把音响与画面、音响与音乐的几种交替、补充、呼应方式列举如下:

(1)音响转场 从一段画面转入到下一段画面,是两段画面交接连续的关键之处,既要给观众醒目的转折演进层次的感觉,又要过渡自然。两段画面交接处出现的音响,有承接传递作用,叫音响转场。音响转场常常通过可以出现音响的特写画面,音响转场是醒目的,音响是突出的,瞬间的大音量使经常处于背景地位的音响也走到前台来表演。转场的音响必须是画内音响,它的设置是编导总构思的一部分。体育节目里最多、最方便、最合理的转场音响是观众的呼喊和如雷的鼓掌声,几乎每一个体育赛场观众对运动员的精彩表演,取得优异成绩,打破国家或世界纪录都会兴奋地欢腾起来,当然像跳水声、发令枪声、呼呼的火炬声等等也都可以作为转场音响。

(2)为音乐转换自如设计的音响 这种方法主要用在两段情调差别比较大或速度变化比较快的音乐转换,音响是用以吸引观众注意力的,当然也可以改变音乐的长度。音响之前的音乐在音响出来后渐弱隐掉了,可把原来的乐曲缩短。后面的乐曲是在音响声中渐强出现的,也可以改变原曲的长度。这种为换音乐出现的音响还有另一个作用,就是比较长的音乐或多或少会产生音乐与画面的距离感。哪怕很贴切的音乐也在所难免,音响一出现距离感马上消失,音响的逼真性随时都会表现出来,陶醉在音乐意境中的观众一听到音响马上觉得又回到"现实"中来了。

(3)音乐和音响交替出现 在一段画面或一场戏里,如有音乐和音响出现时,总是先出现音响,因为音响制造气氛使人身临其境的作用非常突出。但是一种声音出现时间长了也会单调,随后有音乐出来呼应,很快会让人感到有新鲜感,气氛得到升华。央视曾播出一个名为《奥运会集锦》的纪录片,片中有一段记述雪橇比赛的场景,只听得雪橇在滑道里被夸张了的音响隆隆作响,气氛相当紧张。滑到坡度大时,绑在雪橇上的摄像机拍出的画面有天旋地转的感觉,当打击乐器强烈的段击节奏代替了音响时,紧张的气氛有增无减。音乐和音响像一对亲兄弟,总是有呼有应,交替出现。但是两位性格和个性各不相同的兄弟,一个是乐音表"情",一个是噪音表"真"。在艺术中,正因为他们性格和个性不同,交替补充才有意义,才能形成变化。

(4) **隐约、断续的音响**　在电视片中,有时一段完整的音乐声中也会隐隐约约,时断时续地出现一点音响。在写意的音乐中出现一点写实的音响,别有一番情趣。音响的运用要根据电视画面而定,选择有意义的、与主题有关的音响,但不能太多。专题片《荷兰之花》是音画片,解说极少,音乐较多,但时有音响转场,时有音响换音乐,也时有音响在音乐中出现。如飞速的汽车、奔跑的马、海滩上的孩子们、天空的鸟、哗哗的流水等。

(5) **尽情表现的音响**　音响也会有长于1分钟以上的尽情表现,此时正是音响效果突出感人的时候。如《胖连长和他的连队》中第三段演习,就有1分27秒的音响,没有解说词,打靶和装甲车、飞机的声音渲染了部队演习的紧张气氛,当演习结束了才有凯旋进行曲出现。

4. 电视声音后期处理

在电视节目的后期制作中,艺术的构思需要通过技术设备和相应的技术手段才能完成。电视的声音和画面可以通过摄像机同时录制完成,但是,由于艺术质量的要求,有时需要声画分别处理,就有了多种多样的工作方式。在处理电视音乐、音响的问题时,虽然客观音乐和环境音响是与画面同时录制的,但主观音乐和写意音响、转场音响和特写音响、艺术上需要的画外音响,都需要后期制作处理。所以,艺术创作上的技术处理是做到电视声音尽可能完美的技术保证,关于声音的后期技术处理将在第六章详细介绍,这里不再赘述。

总之,为了把电视片拍得好看、耐看,又达意准确、感染力强,除要掌握拍摄剪辑技巧外,更要充分挖掘听觉元素的潜力,学习一些音乐、音响的应用知识,利用视频剪辑、音频处理等技术手段来实现和创造各种声音或音响效果,使技术与艺术两者更好地结合,并相得益彰。

第二节　电视配音艺术

一、声音录制的时机

电视节目的内容、形式或类型的不同,声音的录制时机、制作方法等也不尽相同,据此可将声音的录制分为先期录音、同期录音和后期录音。

1. 先期录音

亦称"前期录音",指电视节目拍摄之前先录好声音。一般来说,前期录音都是在演播室或录音室进行的,采用前期录音的节目有两种情况:一是以声音为主导的电视节目;二是现场不具备录音条件的电视节目,如在体育馆里拍摄有现场观众的小品、歌舞、音乐片等,常常采用前期录音的方法,将音乐、歌曲前期录制好,拍摄画面时再还原放出,演员按照音乐或歌曲节奏进行表演或演唱,以达到声画同步的目的。教学片中有时也将教师的讲授声先录下来,然后再配画面,也属于前期录音方式。

2. 同期录音

指电视节目拍摄画面的同时进行声音录制。采用这种方法录制的人声、动作音响和背景气氛等与画面上的内容配合紧密,情绪气氛真实可信,并可缩短制作周期。但必须选择理想的低噪音拍摄场地,使用能防止各种噪音干扰的话筒和话筒跟踪设备(如大型的巡行吊杆话筒)。录音人员在拍摄现场就得注意把几种声音的比例关系基本调整好。同期录音多用于直播新闻、音乐会录制或转播、体育节目转播、重要庆典、大型纪念活动实况转播等时效性非常强的节目,教学片中,教师的讲授大多是使用同期录音的方式。

3. 后期录音

又称"后期配音",指电视节目画面拍摄并编辑后,再根据画面的内容和动作配上与其相适应的音响效果、音乐以及解说的方法。影视节目中的旁白、解说词、音乐、效果声常常是后期配音的。配音工作一般都在专门的演播室或录音室内进行,其中对口型最为复杂,要求配音演员反复观看画面,对准口型,以达到声画同步。

以上三种录音的方式,在节目制作中并不完全是以某一种形式出现,有时要使用两种形式,有时甚至三种形式都要使用。

二、电视解说配音

解说是在电视屏幕上反映社会生活、表明创作意图、阐明创作思想,并最终作用于观众听觉的一种重要语言形态。解说和画面、人物同期声、现场效果声、字幕等共同构成了电视节目的语言符号系统,它必须与画面紧密结合,有机配合、相辅相成、彼此补充,才能在电视节目的总体构成中发挥真正的功效。解说源于画面,不重复画面;解说概括画面,不脱离画面。

(一)解说词的作用

解说词是电视艺术作品独特的语言表现形态,它在电视中有着重要的多方面的功能和作用。

(1)交代环境 画面语言可以将观众直接带入特定的、真实的环境氛围之中。但是,一些抽象的、富含哲理的内容,画面很难明确地表现出来。比如,画面上展现一条河、一座山,观众可以感受到河的奔腾和浩瀚,也可以感受到山的雄伟和巍峨,但它究竟是什么河,什么山,观众无法判断和认识,只有靠解说词和字幕来加以说明和交代,使观众对其有更深入的认识和把握。

(2) 传递信息　电视本身就是信息传播的重要媒介和载体,除画面语言外,有声语言特别是解说词,同样承担着传递信息的重要任务,那些概念性的、抽象的、富含哲理的信息,更需要运用解说词来传播。

(3) 深化主题　在电视作品中,画面语言形象化地展现了现实生活,解说侧重于对社会生活理念的阐述。因此,解说常常用于揭示电视作品思想,深化作品主题。

(4) 创造意境　画面语言是电视节目创造独特而又统一的艺术境界的重要语言手段,并将观众带入到作品所营造的诗化的艺术境界之中。但是,要使观众对这种艺术意境产生更加深切的艺术感受和理念认识,不得不借助于解说词的描绘和说明。

(5) 刻画形象　当电视屏幕上出现一个人物形象时,它给观众的是一种具体、形象的艺术感受,但是,他到底是谁? 干什么的? 有什么特征? 还需要解说词给予介绍、说明、交代和评述,以使观众对人物有一个全面的认识、理解和把握。

(6) 抒发感情　观众在接受画面所表达的情感时,虽然形象,但毕竟是间接的,而运用解说词来直抒胸臆,观众的艺术感受则是直接的。因此,在电视艺术作品中,运用解说词直接抒发创作者对人、对事、对物的情感,可以直接撞击观众的心扉,直接拨动观众的心弦,使与其作品所倾吐的情感产生强烈的共鸣和认同。

(7) 激发联想　解说词可以克服画面语言对思维不利的一面,通过对画面审视,以画面为基础,可以广泛而自由地想象和联想,从而拓展画面时空与画面信息。

(8) 组接场面　运用解说词实现结构性过渡组接。它代替场面过渡技巧中的淡入淡出、化入化出等技巧,在不打断观众理解线索的基础上,巧妙搭接,使节奏加快,衔接自然,又承上启下,一脉贯通,有时还可以节省画面过渡的时间。

(二) 解说词的录制方法

1. 解说配音

解说配音是把文字转化为有声语言的工作,这个过程不是机械地照稿"念出声来",而是把字、句变成意思的再创作。这里集中地体现了解说员的气质、水平、理解稿件的能力和表达稿件的功夫,具体地说,应做好以下几个方面:

（1）认真备稿　解说员要在熟悉解说词、把握电视节目主题、感受画面内容的基础上，进行创作性的解说。要弄清各种专业名词、公式、符号和生词、生字、同音字等的规范读法；要对照画面练习试讲；应搞清各个镜头的解说始末，控制解说速度，一般每秒约 2~3 个字，且随画面长短而变化。对口型的对白和声画同步的解说要严格同步。

（2）配音要口语化　配音不能单纯地"宣读"，机械地念别人不懂的、不理解的、言不由衷的东西，这种配音是不能取得成功的。解说员应该在理解稿件的基础上，用好自己的声音，要注意用符合日常谈话的自如声区来配音，做到朴实无华、自然流畅。

（3）处理好停连、重音、语气、语调、节奏　分述如下：

① 停连。停段和连接，可以说是配音中的标点符号。在段落之间、语句之间和词语之间，常常有或大或小、或长或短的停顿，这些不同的停顿基本上出于两个方面的需要。一方面是生理上的需要，要想把较长的话、较多的内容一口气说完，那是很困难的，中间需要换气、调节呼吸，于是就自然地出现了语音的顿挫、间歇和休止；另一方面是出于表情达意的需要，配音过程中通过种种间歇停顿，可以把语言结构表达得更清楚，层次关系表达得更分明，更便于听众领会和接受传播的内容。在配音表达中，不应该机械地照搬文字稿件的标点符号，特别是稿件上有标点符号而在思想内容上、感情发展上要求紧紧连接起来贯串下去的地方，就不应该看见标点符号就中断、就休止。播读结构复杂的长句，要把全句划分成几个段，每个句段包含着关系比较紧密的一些词，不需要停顿；在句段与句段之间，虽然没有标点符号隔开，为了让人听得清楚，则要适当使用一些停顿和顿挫。配音中还常用停顿和顿歇造成戛然而止的语态，形成交流、回想、悬念等效果。

② 重音。突出重音有利于帮助观众明确语意的内涵，记住言语中的主要内容。根据内容找准重音，突出重音，对于准确、清楚地表达句子的意思具有决定性的作用。

重音要找准。找重音不是从一句话中来找，要联系上下文，从全篇来找。从一句话来讲，有的词或词组可能是重音，但从全篇来看，可能就不是了。重音要准而精，起到"画龙点睛"的作用。例如有一篇报道，结尾引用了一位老大娘的一段话："我一辈子连县城都没有去过，没想到年岁这么大了，还能游一次北京，真是新社会好，集体好啊！"这段话语言精练，是画龙点睛说明主题的，但播音时却不能全句都加重语气读，这样处理反而重点不鲜明，听起来也不自然。仔细推敲一下，应该是"县城""北京""新"和"集体"这四个词和字作重音，并根据感情的抒发予以不同的处理,其他的则不必过于强调。这样,句子的意思就可能表达得更清楚、更准确。

重音找准之后,就要突出它。突出重音的方法常用的有停顿、重读(也包括轻读)、放慢(也可以加快)、语调(提高或下降一个音阶)和语气的变化,要根据稿件的具体情况,灵活运用。重音不一定要重读,凡重音则重读的认识是片面的,应当克服重音表达的单一化。比如上面举的例子中"县城""北京"可以用重读方法突出,而"新"字的处理就有所不同,因为"真是新社会好"是老大娘对新社会发自内心的由衷的赞美,用重读处理显得生硬平淡,不能充分表达这种感情,如果在读"新"字时速度放慢声音稍轻,但语气含蓄深沉、感情饱满,就能给听众的印象更深刻,起到更好的表达效果。

需要注意的是,不管采取哪种方式突出重音,都要自然、朴实,不露痕迹。一看重音就加重,或机械地加大音量,突然提高声音,给人一种做作、强加于人的感觉,这样做不但不能帮助观众领会稿件的内容,反而会使观众不舒服,甚至厌恶。突出重音,还要把不是重音的地方,有意识地不加以强调地"带"过去,要学会这种带的本领。所谓"带",并不是随随便便、漫不经心地念过去,而是思想感情的线不断,用语气、节奏的轻重缓急的对比手法,强调主要的,放过次要的。这也和我们日常生活中的谈话一样:重要的地方,语气很强调,速度比较慢,甚至一字一句地说;不重要的地方则比较快地说过去,语气也比较轻,不予强调。

③ 语气语调。语气语调是在一定的思想感情运动状态下语句的声音形式。它能使讲话具有某种富有表现力的感情特征,如欢快、忧郁、活泼、疑问、感叹等等。正确运用语气语调,有利于把握观众的情绪和创造节目的基调,否则会产生不协调的现象,减弱节目对观众的影响。

陈述句有陈述句的语气,疑问句有疑问句的语气,祈使句、感叹句也一样,不同类型的语句要用不同的语气表达。语调的变化能使句子播得完整、抱团,当一层意思没有表达完了的时候(尽管稿件里已标上了句号),语调总是上扬的,表示这句话没完,还要接着说,后面的话紧搭在前面话的结尾上继续发展;直到整个意思讲完了,语调才下滑、停顿住,表示一句话结束了,一层意思交代清楚了。别小看这么一个小小的"上扬"或"下滑"的变化,听起来,意思清楚多了。一些初学解说播音的人,往往掌握不好这种技巧,一句话的结尾,不管整个意思是否完了,甚至在逗号或顿号的地方,都习惯一顿,给人一种完了的感觉,后面的话就搭不上,不好接;而真正一层意思说完了,也还是同样的一顿,没有一种完了的处理,似乎又给人一种没有完的感觉。有时由于语调处理不当,还会出现把两个不同意思的句子连在一起,或把一句话给割裂开来的毛病,把文章的内容搞得支离破碎、含混不清。语调的变化不仅是使句子播得完整、抱团,更重要的是用在段落、层次中间,能使整篇结构清楚、层次分明、重点突出,连贯成篇。例如一篇新闻从结构上看,一般有导语、主体、背景、结尾几个部分,分成很多段落和层次。这么多段落和层次,如果只用一种语调来播,中间没有变化,那就会十分单调、乏味,内容也会含混和杂乱。因此,在段落层次之间、不同结构之间,在稿件内容有发展变化时,语调都需要有变化。

④ 节奏。节奏是有声语言的一种形式,在配音中,节奏应该是由全篇稿件生发出来的、解说员思想感情的波澜起伏所造成的抑扬顿挫、轻重缓急的声音形式的回环往复。汉语语音的重要特征,就是有声调的变化。所谓声调变化,就是指语音高低、升降、长短的变化。利用声调变化这个规律,把不同的声调配合着使用,平仄交错,有起有伏,就会产生抑扬顿挫、委婉动听的音韵美、节奏感。有声语言中适当借鉴运用押韵、对仗、排比等手法,配合运用双声叠韵的词语造成参差错综的节拍,能够增强语音的节奏美。

停连、重音、语气语调、节奏四者是紧密联系、互相配合、综合起作用的。无论就一篇稿件,还是一个语句而言,表现在声音形式上,都有这四种技巧的作用。

(4) 其他问题的处理　分述如下:

① 话筒的位置。讲话者与话筒距离的远近,很难有一个固定的规则,而应该按照话筒的种类、播音室的声学结构、讲话者音调的不同情况而定。讲话时最好把口对着话筒的边沿,而不要正对着话筒的中心;如果讲话的神情是亲切而带有情感的意味,那就以靠近话筒而轻轻说话为好;如果要对较多的人讲话,最好讲话声比平常略大,而站的地方也要离话筒略远,这样进入话筒的音量才会恰到好处。多数的话筒是定向的,讲话的人必须在一定的角度内发音,定向话筒杂音较少,配音员可善加利用。

② 呼吸。配音员配音应以平常呼吸所及为度。所谓正常的呼吸,就是一种自然的呼吸,而不是体力的约束和意志的控制。配音员深呼吸的声音能被话筒转换为电信号传播出去,音箱重放时会呼呼作响。所以呼吸时必须小心而自然,不应把一口气憋得太久。此外,配音员的姿态也很要紧,要坐得端正,头微仰,以免喉间受到压迫,而且双脚要着地。

③ 音量。音量大小在配音时至关重要。音量过大或过小,固然可以通过控制放大器加以减小或放大,但所播出的声音,将会有失自然的问题。再者,加强语气时也不可过大,如果音量突然增高,将会造成话筒的"超负荷",结果会产生一种暴风似的声音,出现不调和的噪声。

④ 稿纸的使用。稿纸应选用不容易发声的纸,稿纸上的文字最好打印出

来,每行间隔两个字的宽度,看起来清清爽爽,便于配音员播读。稿纸不要订在一起,每播完一张,就让它落在地板上的地毯上,而不要把它放到最后一页去,否则会让人听到声响。

(5) **解说姿态**　解说姿态可分为坐式与立式,不同的姿势要有不同的控制方法。

① 坐式。坐式解说姿势,要求肩垂、颈背松而直,腰不能挺,躯略前倾,小腹微收,舒服地坐在椅子的前端,两肘松弛地放在桌上,双手拿稿,略离桌面,两脚自然着地。在解说创作过程中,头部、躯体及上肢都可有些活动,但幅度不能太大。否则,嘴与话筒的距离、角度变化就会大,使声音忽强忽弱,影响解说节奏。

② 立式。立式解说姿势,要求一脚向前伸出半步,身体重心放在伸出的前脚掌,后脚自然跟上,成"丁字步";两臂自然下垂或两手轻扣于胸腹前,胸自然挺起,小腹微收,有利于胸部的扩展。"丁字步"可以自如地移动身体重心及活动上肢,姿态较为优美;解说配音员还可以采用两脚平稳分开的姿势站立,其他要求与"丁字步"相同。

(6) **解说的补充**　全片解说录制完毕后,进行检查,如发现不妥之处要补录,补录时注意以下几点:

① 如果用线性编辑,要注意选择入点与出点,不要误抹了前后段落的解说。可利用预演钮,确定补录的入点与出点,再补录;如果用非线性编辑,读错了,稍停顿一下,把读错的那一句重新再配音。

② 补录时应注意播读的节奏,语调高低应与全片一致。

③ 补录时还要选择好剪辑点。一般应选在一句话的末尾、停顿处。最好将有错误的一段重新补录,以保持语气、语调的连贯一致。

2. 解说在电视节目中使用应注意的问题

① 解说作为一种有声语言有别于书面语言,使用时应注意用语的韵律感及响亮感,以保证解说在声音效果上具有美感,增强观众对节目的印象。

② 解说应通俗,避免过于华丽的词及生词、怪词、一音多义词的使用。

③ 解说在电视节目中不应填得"太满",应留出一些空间给音乐及音响,可以充分发挥各种元素各自的表现特长。

三、同期声采录

同期声是指拍摄画面的同时,同步记录下与画面有关的现场人声或自然环境中的声响。同期声分为采访同期声和现场同期声。采访同期声是指根据内容需要对人物进行的采访;现场同期声是指画面拍摄的过程中记录的现场人物所说的话以及画面中客观物体发出的原始声响。在电视节目传播中,同期声可以发挥声、画的双重功能。

(一)同期声的作用

1. 增强信息传播的可信性

采用现场同期声,能够让事件的当事人或目击者直接面向观众陈述他们的所见所闻,使报道具有无可争辩的客观性,同时其说话时的语气、声调、表情、神态、举止,让观众感受到一种立体的、生动的信息。这些对现实生活的"真实再现"常常给观众造成一股不可遏阻的冲击力。同期声把现场的音响及人物讲话声音直接传递给观众,减少了记者或者编辑的"把关"和转述,既降低主观性,又减少了信息的不确定性,把一些难以勾勒描绘的信息原生态地传递给观众,从而增强信息传播的准确性和可信性。

2. 增强节目内容的交流感

人物同期声是屏幕上人际传播活动中最基本的形态,也是最容易引发较好效果的传播方式。在面对面交流的情况下,既可听到对方的声音,又可看到对方的表情、眼神、手势,感受到交流的环境、距离、气氛等,获得多种感官感知,使人同时得到更多、更全面、更准确的信息,因此传播效率高、效果好。

3. 增强电视节目的感染力

同期声的大量采用强化了报道的现场感和感染力。同期声可以真实地记录下现场的"真实气氛",使事件得到概括和浓缩,并调动观众的视听感觉和亲临其境的感觉。声音对揭示报道主题、烘托现场气氛、渲染环境、增强电视节目的真实感、可信性和感染力具有重要作用。电视同期声采访可以使全片风格活泼,富于变化。特别是一些容量较大的专题节目,没有同期声采访,只能是解说词一竿子插到底,观众听起来容易觉得絮烦。同期声和解说词穿插运用,能使全片风格活泼多变,有利于吸引观众的注意力。

4. 可以弥补画面不足

众所周知,电视的主要表现手段是画面,但在实际拍摄时会受到各种客观因素的制约,画面不易取得,这时的同期声就会弥补画面的不足,在节目的立意、表现中占主导地位。电视同期声采访有利于发挥声画一体的优势,表现那些缺少形象化特点的抽象的东西。电视画面长于被摄体外在形态直观、形象的表现,而对于一些抽象的思想观念、理论问题、人们的心理活动则难以表现,只好找一些中性画并配上解说来表现,容易造成声画"两层皮"。而同期声采访恰好能够克服这种声画"两层皮"现象。

5．可以弥补对"过去时"表现能力的不足

电视同期声采访可以通过片中人物的追述，去表现"过去时"，以弥补电视手段对"过去时"表现能力的不足。

（二）同期声的录制和应用

1．同期声的录制技巧

（1）同期声的录制 能否录制到优质的同期声，在一定程度上决定了节目的成败，在录制同期声的同时还要拍摄画面，二者缺一不可。

① 拍摄前把摄像机调整到最佳工作状态。拍摄前调整好白平衡、光圈等，检查话筒、采访线接头、音频显示屏是否处于良好状态，把摄像机灵敏度开关、话筒灵敏度开关拨到相应位置，在录制时使用耳机监听，根据外界音量的变化随时调节录音音量。

② 掌握话筒的使用技巧。首先要根据声源的频率响应带宽和创作要求选择合适的话筒，录制乐器声音时，应选用频带宽的带式话筒或电容式话筒；录制人的谈话声时，选择佩戴式或台式的动圈式话筒就可以了；录制大型集会、体育比赛时，则应选用耐用、灵敏度高、指向性强的动圈式话筒。其次，将话筒放在合适的位置。声音，尤其是高频声，通过空气时，其响度锐减，所以，安放话筒时，一要确定距离，二要确定方向，确保声源传出的声音在话筒的拾音范围内，降低声音的损耗。再次，室内录音时，要尽力避免反射的声音进入话筒，应选择合适的位置，使话筒和声源躲开大面积的反射平面，或者在声源的周围挂一些布幕，减弱声音的反射。

③ 避免噪音。同期声采访的录音环境大致有两种情况：第一是环境噪音较小甚至是基本没有噪音干扰的录音环境，例如在办公楼里、家里采访，在附近没有机械作业的农田、街道采访等。在这种录音环境里采访，无论是使用录像机上的自动录音还是手动录音，都会取得较好的录音效果。第二是噪音干扰较大的录音环境，例如在织布车间、施工工地、繁华闹市采访。在噪音干扰较大的录音环境里，尤其要善于利用话筒的指向性，来保证人物讲话的声音录制质量，减少噪音进入话筒的音量。摄像机配置的手持话筒大都是指向性话筒，为了录到优质的同期声，也应把话筒从摄像机上取下，接上加长线，手持话筒或使用吊杆话筒录音。但是，手持话筒录音时，切忌手与话筒防风罩摩擦，也不要快速抽拉话筒线。最后，外景录音时，应注意防风。空旷的田野里不易觉察的风声常给后期制作造成很大的麻烦，因为耳朵对风声的敏感程度远远低于话筒，即使话筒上装有性能优越的防风罩，也很难避免风打话筒产生的噪音。所以，应仔细观察风向并利用现场的各种工具，如草帽、雨伞等屏蔽遮风进行录音。

④ 注意声音的空间透视效果。声音也是有景别的，当画面是近景镜头时，

声音听起来应比远景大而清晰。镜头中,当人物向摄像机走近时,声音应逐渐加强;当他远离摄像机时,声音应逐渐减弱。当镜头是特写时,声音的表现应十分精细,使观众感觉如在耳边。声音的这种空间透视效果,只调节接收器的音量大小是不可能获得的,话筒与声源的距离、方向的调节至关重要。

(2)画面的拍摄 拍摄同期声采访时,最好能拍摄几个主持人听对方谈话时的反应镜头,以便在后期制作切换画面时选用,以免在同一个采访对象为主体的画面中删去某几句语言而出现"同景相接"。

① 选择适当的景别与拍摄距离。同期声采访的画面最好采用中景或近景,采访对象与主持人之间的交流以及各自神态都能得到充分的展示,给人的感觉是大方、自然。如果把讲话人处理成特写甚至是大特写,似乎有对讲话人过分强调、夸张的感觉;如果用全景拍摄主持人与采访对象,似乎又距离观众太遥远,画面环境中的景物会分散观众的注意力。在拍摄距离上,摄像机离采访对象太近,会使采访对象感到紧张,感到摄像师缺少礼貌;距离太远,只能采用长焦镜头拍摄,肩扛摄像机会产生明显的晃动,把拍摄距离安排在2~5米之间较为合适。

② 选择合适的摄像角度与机位。正面拍摄采访对象看起来比较死板,侧面拍摄又似乎缺少与观众的交流,采用斜侧面拍摄是比较合适的角度。如果想表现采访对象与主持人之间的交流,就可以采用外反拍机位,二人都处于画面中,讲话者就是主体,另一个人则自然作为前景。如果想突出被采访者的神态和语气,可以采用内外拍机位,画面只有一个被采访人成为主体,主持人不入画,只是在画外提问。

③ 追求比较自然的光线。在条件允许的情况下,拍摄同期声采访应该首选自然光,既有真实的环境气氛,又使采访对象不会感到紧张。用人工光时,采用直接照射到天棚上产生的反射光,往往好于直射光。必须采用直射光时,灯的距离要尽量离采访对象远一些,如果灯离采访对象太近,光线显得比较生硬,又会使采访对象有一种灯光"逼视"自己的感觉,加重紧张的情绪。

2. 同期声的应用技巧

(1)同期声的运用方法 同期声的应用方法主要有:

① 同步法,是指同期声与画面发声物体同时出现和消失。

② 提前法,未见其人,先闻其声。

③ 延伸法,前一镜头的现场效果声向下一镜头延伸,使前一镜头的现场效果声不会因为镜头的转换而中断,并使之得到充分发挥。

④ 混合法,前后镜头都有现场效果声,每个镜头所配效果声都延伸到下一个镜头,与该镜头的效果声混合,从而保证了每次效果声的尾声完整和加强整体

效果力量。

⑤ 特写法,微弱声音放大,渲染气氛,如钟声、心脏跳动。

⑥ 取舍法,根据需要去掉一些效果声,如学生做实验的嘈杂声。

⑦ 分立法,画面与效果声各自独立,有机结合。

(2) 同期声编辑技巧　同期声的编辑技巧要注意以下几点:

① 前期采访时,应加强采录声音的意识,尽量采录现场人物的真实话语和环境的真实情景,防止采访的素材没有录上声音或者声音断断续续,时有时无。

② 要占有较多的现场画面和同期声素材,摄像师必须坚持摄像必采录同期声的原则,抓拍到现场丰富的同期声,为后期编辑提供基础。

③ 采录时要去粗取精,合理安排。

④ 要与解说和画面紧密配合,同期声要和解说词的内容一致,但不重复,衔接自然,尽量维护画面的连续性和听觉上整齐的美感,避免过多的剪辑或简单的连接画面,造成画面的"跳跃感"。

⑤ 同期声的字幕要准确、美观,字幕中出现的单位、剧务、人名等,位置、大小要合适美观。

⑥ 保持同期声的整体性和连贯性,在剪辑时,要保持同期声的原生状态,在必要的时候才可剪辑。

⑦ 同期声的降噪处理,用降噪软件降低同期声的噪声。

(3) 同期声使用注意事项　高质量的电视作品离不开灵活运用的同期声,但若一味强调同期声的作用,则会适得其反,应用同期声也有讲究。

① 同期声的使用要针对具体情况,要有目的性,不可盲目乱用。使用同期声要从整个作品的内容需要出发,把真实性与艺术性结合起来,仔细选择,切忌杂乱。如消息性新闻、人物专题等,使用同期声会使事件更加丰厚翔实,人物更加生动可亲;但对于一些风格庄严的新闻作品,使用环境背景声,往往容易使节目嘈杂无序、喧宾夺主,从而分散了观众的注意力,削弱了对新闻主题的表现力。街头嘈杂的喧闹声、建筑工地刺耳的施工声,虽然都是真实的,但如果不是刻意去表达这种声音,应尽量压低或不用,因为它不能给人以美感。所以,运用同期声时应注意有效同期声与无效同期声的区别。

② 在同期声的运用上,要简明扼要,力戒冗长呆板。与画面的剪辑节奏类似,声音的剪辑也是有节奏的。这种节奏是指同期语言声、同期效果声、解说声、音乐声等的交替出现和综合运用。就某一段同期声而言,一般不宜过长,否则会造成节奏的拖沓。从人们的听觉感受来说,过长的同期声容易使人感到单调疲劳。同期声要紧紧围绕节目的主题需要进行取舍,要用最真实可信、最富感染力

和引导作用的同期声去丰富节目的内涵,以期收到较好的宣传效果。

③ 同期声的使用要有真实感。一是符合拍摄现场的气氛、情绪。安静肃穆的场面,不能配嘈杂喧闹的声音;二是效果声与画面发音体应一致或相似,鸡群不能配鸭叫,大卡车声不能配小轿车声;三是发音体数量与画面内容一致,如掌声多少、热闹程度与现场人数、气氛相一致;四是音响素材所显示的远近距离与画面中发音体远近一致;五是表现地理、季节、时间等环境的音响,选用时要参照画面所表现的地区和季节,如蝉鸣只能用于夏天,蟋蟀叫只能用于夏末初秋等;六是效果声与画面环境要一致,室内掌声配室内画面,室外掌声配室外画面。

④ 同期声应与其他语言元素和谐统一。尽管同期声有诸多优点,但在电视节目的制作过程中不应一味采用同期声而排斥其他手段的运用。电视是一门综合艺术,它需要综合运用一切可能的手段去实现尽可能完美的视听效果。画面、解说、音乐、音响、字幕等各种语言各具特色,互相补充,互相深化,它们共同构筑起了电视语言的立体信息场结构,它们就像交响乐的不同声部,只有和谐统一,才能创造出华美的乐章。

⑤ 要注意所赋予的事件是否存在连续性。同期声应保持连续性,使观众能充分感受到同期声的渲染效果,但对于没有整体连续性的同期声事件,就不能拼凑性剪辑,防止观众看之生疑,降低真实可信度。

还有一些同期声纯粹是摄制人员导演出来的,这样的同期声用之有百害而无一利。总之,同期声只有与画面相匹配才能发挥其应有的作用。否则,单靠同期声去支撑电视作品,充其量只不过是配了画面的广播而已。

三、电视音乐选配

罗丹说得好"艺术就是感情",那么最善于表达感情的音乐,在电视节目艺术中发挥着重要的作用。在电视画面和语言都无法表达感情的深度和广度的时候,音乐就大有用武之地了。音乐是语意的延伸,人物感情的深化,也是感染观众的桥梁。

1. 电视音乐的分类

(1) 标志音乐 标志音乐包括各个电视台的台标音乐和各个栏目的片头、片尾音乐。这种音乐作为一个特定的符号出现,具有很强的象征意义,是一个台(或栏目)的门面。它具有相对稳定性,一年甚至几年不变。标志音乐一般都较短,少则几秒,多则几十秒,音乐和画面都是短而精。栏目音乐要和栏目的内容、气氛、情调相一致,要有个性,准确而贴切。

(2) 电视广告音乐 电视广告由最初的商品画面加保证质量、实行三包的喊声,发展成今天的创意新颖、亲切感人、画面引人、音乐动人的具有一定艺术观赏价值的节目类型。根据画面设计,配以和画面产品品牌形象、风格、情绪、气氛相一致的音乐,作为画面的补充,从视听两个方面加深观众的印象,能产生很强的冲击力。

(3) 综艺节目中的音乐 综艺节目兼容性很大,它可由音乐、舞蹈、小品、喜剧片段、曲艺、杂技、魔术等各种不同门类艺术形式以及服装表演、武术表演等组成。它内容丰富,形式活泼,结构自由,可以满足不同层次观众欣赏的要求。受众面广、影响大,是深受观众喜爱的节目。音乐在综艺晚会中,以各种形式(开场乐队演奏、合唱、独唱、对唱、伴唱、舞蹈伴奏)贯穿始终。音乐创作的好坏,对整台节目的成败起着举足轻重的作用。

(4) 名曲欣赏与 MTV 名曲欣赏与 MTV 同是以音乐为主配以优美的画面,声画俱佳,具有艺术性和娱乐性的视听艺术节目。名曲欣赏是艺术品位较高的一种电视艺术片,它把世界名曲配上和音乐节奏、气氛相同的精致画面,并辅以字幕而成,名曲欣赏的画面多与乐曲作者有关的出生地、自然风光、人文景观相联系;MTV 的特点是音乐占主导地位,画面形象从属于音乐,镜头大量使用短镜头并快速剪辑,造成视觉和听觉的冲击力,增加画面信息量。

(5) 音乐会实况转播 音乐会实况转播是音乐会电视传播中常用的形式,是在音乐进行的同时,直接把节目传送到电视观众面前,使电视观众欣赏到音乐家的演出,并能感受到音乐会演出的现场气氛,有身临其境之感。

(6) 专题片音乐 专题片音乐是电视语言的一个元素。受画面制约,为画面服务,经常采用声画统一的音画组合。专题片音乐由片头音乐、片尾音乐以及分散在各个段落的音乐组成。除主题音乐之外,为画面表现的需要,还以音画统一的方式选配插段音乐,或渲染气氛,或烘托情绪,或激发联想,或刻画人物形象……

(7) 电视剧音乐 音乐和画面、语言、音响等作为一个戏剧元素出现,可以参与剧情,推动剧情发展,而不是可有可无的填充物。音乐与画面的关系是音画并重、声情并茂。电视剧歌曲的运用比专题片要多一些,除主题歌外还有片尾曲以及插曲。

2. 电视音乐的特点

(1) 高度的概括性和灵活性 电视音乐的艺术特点首先表现在它的高度概括性和灵活性。各种专题片、电视剧千变万化、千姿百态,音乐不可能具体地一一表现,只能是高度概括和简练,只有这样它才能和语言的精确性、画面的具体性相互吸引、相互结合、取长补短,产生强烈的艺术效果。

（2）不对称性 电视音乐受画面的制约，根据画面的需要在建立一种情绪或者情绪迅速转变时使用，具有灵活性和不对称性，它不能按照作为独立艺术的音乐方式用起承转合的完整结构，而是有很大的随意性。哪里需要就在哪里出现，有时是一个完整的乐段，有时只是一个乐句，有时甚至只是一个和弦或者一个琶音，呈散文式的风格。

（3）新颖而简明的风格 由于电视音乐重复次数多，要吸引观众，必须不断出新。"新"不仅包括新的旋律、新的节奏、新的力度和速度，而且应不断开发新的音源，挖掘新的音色。特别是在科技高度发达的今天，电脑音乐的制作为电视音乐的创新提供了很好的物质和技术条件。电视音乐必须简明，因为它是和画面、语言交叉使用，综合表达的，因此不允许它像交响曲一样多乐章、多声部地呈示。要简单明了，不一定完整，有时点到即可。优秀的电视音乐不一定能在音乐会上演奏。

（4）多彩而富有特性的和声 电视音乐用来渲染气氛，它有时像一个音槽，为画面营造一种特定的氛围，这就需要多彩而富有特性的和声。电视音乐主要以器乐为主，声乐一般出现在系列专题片或电视剧的主题歌和插曲的演唱上。此外电视音乐的运用宜轻、薄、忌浓、重，因为电视音乐本身一般缺乏戏剧性的描写，这个任务往往由画面和语言来完成。

3. 音乐在电视中的作用

音乐是一种动态艺术，意境、情绪、画面的交替和变化构成了这种动态艺术的美学基础。作为影视艺术的一个要素，音乐不仅可以鼓动情绪，而且作用于剧情的发展、主题的深化、人物的刻画、作品的风格、段落的揭示等诸多方面。

（1）强调和提高作品的情感 音乐是强调和提高影视作品情感的重要手段，不管是恐惧、爱情、愤怒、哀伤、欢乐或纯真等各种情感，音乐都可以表现。音乐在影视中主要是表达人物内心细腻的感情，当人物内心的感情难以用语言表达时，就是使用音乐最好的时候。如优秀纪录片《最后的山神》反映了现在仍不习惯定居生活的一对鄂伦春老夫妻在山林中生活的情景。片中当两位老人在河边备船下河捕鱼时，突然有只可爱的小鸭子跑到老人身边，老人家像对孩子一样和它说话，并把它放回水中，但小鸭子依依不舍，几次送走又回来，许久才游去。这时配了一段非常抒情的音乐，既抒发了人与自然之情，又是两位老人童心未泯的写照。

（2）剧作作用 音乐作为影视节目的一个剧作元素，主要用于影视剧中，一般纪录片很少使用。影视剧有曲折动人的情节，强烈的戏剧冲突。情节的发展，矛盾冲突的发生、激化和解决主要是由演员的表演和台词来实现的。但是音乐有时也可以作为一个戏剧要素参与其中,推动剧情发展,它是被听见的音乐,具有强烈的表现性和戏剧性,而不像作为背景音乐一样不被人听见。

(3) **渲染气氛**　渲染气氛就是运用声画统一的原则,为画面配上气氛、情绪与之相同的音乐,使画面所展现的气氛得以强调,增加画面的感染力度。电视剧中渲染气氛的音乐,可以增加戏剧性并成为打动观众的契机;专题片中各个段落的不同气氛变化配以相同的音乐,可以造成全片的变化和起伏,更具艺术魅力。在电视片中气氛浓烈的关键处,采用渲染气氛的音乐,使用夸张或重复的方法加以渲染,从听觉上给视觉以支持,使之更丰满、更立体化。

(4) **概括和揭示主题**　任何影视作品都有一个主题,音乐作为影视的一个因素也是为主题服务的,它可以概括主题、揭示主题,也可以深化主题。一部片子的音乐设计是服务于整体构思而不是单按某个情节来设计的。

(5) **激发联想**　在电视作品中可以利用具有典型的时代性、鲜明地方性的音乐,充分发挥联想的艺术特质。

(6) **刻画人物形象**　音乐渲染气氛、描绘景物都是比较外在的,抒发感情、刻画形象则着重揭示人物的内心深处的情感。人物内心深处的感情是最隐蔽的,有时只从演员的表情及表演是很难看出的,但是音乐可以把人们内心世界的各种体验和情感准确而细腻地表达出来,充分利用音乐的这一特征对人物内心加以刻画,可以使电视中的人物形象更加丰满,成为有血有肉、有感情的人物,大大加强了画面的表现力。

(7) **描绘景物**　音乐不仅具有浓郁的抒情性,同时具有一定的描绘功能。充分利用音乐的这一功能,不仅可以使影片静中有动、声色俱全,更有吸引力,而且可使景中有情、情景交融而更加感人。电视风光艺术片是以优美的音乐、丰富的音响和精致的画面相结合来表现祖国的大好河山、人文景观的。如音乐在《黄山》《故宫》等这类片中占很重要的地位:有时是先创作出音乐,然后按照音乐选择画面,配环境音响、解说;也有的则不加解说。在其他类型片子中,描绘性的音乐多用于表现环境的片段或片头,有时也用在场景的转换处。由于音乐描绘景物是表现物质现象,因此只能采用模仿、暗示和象征的手法。

(8) **音乐转场**　为了表现特定的内容,电视节目都有一定的结构,需要分段叙述。电视剧的段落是以戏剧发展的各个故事情节划分的;专题片的每个段落分别表现一个中心议题或表现整个事件(人物)的一侧面。只有段落分明才能有起伏,形成段落节奏,具有形式美。段落的转换常常是时空转换,要求自然流畅,切忌生硬。电视片中不同段落的内容情绪各异,所使用的音乐当然也不同,不仅要求画面转换流畅,同时声音也要自然,只有这样才能达到完满的效果。

(9) 扩展时空　当音乐和画面错位时,音乐常常可以把观众的注意力引向画外,从而获得时空扩展的艺术效果。利用音乐扩展空间,一方面,可利用视觉和听觉的不一致,从视觉和听觉两方面来获得信息,冲破了画框的约束,使画框内外连成一个整体,时空得以扩展;另一方面,为画面配以具有典型的时代性、地方性,或与画面人物有典型意义的音乐,引起人们产生联想,把人们的思维由画内带到画外,把画面和声音所表现的时空连在一起,产生更大的时空。

(10) 代替音响　音乐、音响都是声音,它们都是由物体振动而产生的。所不同的是,音乐是选择自然界声音中最为悦耳的,即振动有规律的声音材料构成,而音响一般是振动没有规律的声音材料构成,例如:刮风、下雨、雷鸣、潺潺的流水、汹涌的波涛、湍急的水流、虫鸣、鸟叫、兽吼以及各种机器的轰鸣、车辆的奔驰、枪声、炮声、飞机声……这些自然界和生活中的各种音响,在影视作品中,都具有一定的表现力,经常被直接使用。但是有些自然界的声音,是可以用音乐模拟出来的,而且更富美感。例如用单簧管可以模拟杜鹃的叫声;用长笛可以演奏出夜莺的啼鸣;用小鼓可以敲击出机枪射击的声音;用大小鼓交替可以模拟出猎人的枪声……音乐代替音响是美的要求,而且使作品更具美感。

4. 音乐的编配

(1) 音乐的选择　电视节目中什么地方配音乐,配什么音乐,配多长,都不能随意而定,而应整体构思,恰当地选择音乐。

① 配乐选曲应根据画面内容来决定音乐的情绪、节奏、强弱和风格。比如表现动势强烈的画面段落,配乐宜选用气势宏大、气氛热烈、节奏感强的乐曲;对于学习、研究、实验等相对安静的段落应选用舒展、明快、安静清新的乐曲;叙事性段落用叙事性音乐,烘托感情的用抒情性音乐。

② 配乐选曲要注意全片音乐风格的统一性和段落音乐的完整性。在注意声画统一的同时,不能机械地图解式地完全让音乐跟着画面走,这样有时会把音乐搞得支离破碎,必须抓住画面的主要情绪,主要形象,发挥音乐的表现力。

③ 配乐选曲要注意音乐的时代性、民族性和地方性。用音乐体现民族风格、地方特色和时代特点,常常能给观众以最鲜明的印象,把观众带入到特定的时代、环境中去。不同年代、不同民族有不同风格的音乐。如电视剧《孔繁森》就采用了藏族风格的主题音乐。

(2) 配乐的基本步骤　可归纳如下:

① 音乐的总体设计。一般情况下,除音乐片、戏曲片以外,各种电视片均不宜从头至尾充满音乐。要不要配音,哪些地方需要配乐,哪些地方不需要配乐,配置音乐是为了强化画面的内容,烘托渲染气氛,还是为了画面转换的过渡等

等,都要有一个总体设计。

② 确定音乐形象。要根据内容和配置音乐的目的来确定音乐形象,确定音乐的旋律和节奏特征、时代与民族特征、地域或环境特色等,特别是主题音乐,它是全片音乐的灵魂,起着统全片音乐的作用,更要反复进行比较,仔细推敲。

③ 结构整体布局。单一的音乐形象一般只能体现单一的情绪,而乐曲组合则以几个音乐形象的组合来体现更丰富、完整的内容。主题音乐是全片音乐的核心,全片音乐既要在整体上围绕着主旋律——主题音乐,又要根据各段的内容、画面和音乐的要求而有变化,使全片音乐既和谐统一,又不单调,所以要对音乐的整体布局进行精心的设计和安排。

④ 形成"注意点"。在一部配乐的电视片中,如果某一段不配乐,相对配乐部分,这段会显得特别安静,形成一个"注意点"。

⑤ 音画时值的一致。音乐和画面应保持时值的一致。如果音画在时间长度上不一致,就要通过技术手段改变画面或音乐的长度。

(3) 音乐的编辑 现成音乐素材多数情况下不可能与画面时间相同,只有把音乐素材重新剪接,才能满足与画面配合的需要。音乐编辑通常有两种方法:

① 音乐的切换。长音配短画,可以把某一段重复的部分去掉,重新组接,使音乐缩短;短音配长画,将一首乐曲中相同的部分或整段、整首重复编辑,可使短于画面的音乐延长。

② 音乐淡变。音乐淡变编辑,是指音乐的音量逐渐变大的淡入编辑与音量逐渐变小的淡出编辑。它的用途很多,如:一首长于画面,又没有相同因素的乐曲配乐;片头、片尾的配乐;两首不同类型的乐曲衔接;音乐与解说或效果声衔接,可以避免听觉跳动;片尾音乐配制时,通常要让音乐的高潮结尾与画面正好符合,即画面快结束了,音乐也正好结束。对于剪辑点如果不连贯,最好选在有解说或有效果声的地方,这样接点虽然不太顺,但音乐往往被其他声音遮掩,从而使观众"不知不觉"。

复习思考题

1. 电视声音的构成要素有哪些?
2. 电视声音处理的方式有哪些?
3. 电视解说词的作用有哪些?
4. 如何进行电视解说词的配制。
5. 电视音乐如何分类?各有什么特点。
6. 同期声有哪些作用?

7. 同期声录制的技巧有哪些?
8. 同期声应用的技巧有哪些?
9. 电视节目制作如何选配音乐?

参考文献

[1] 詹青龙,袁东斌.数字摄影与摄像[M].北京:清华大学出版社,2011.
[2] 陈义成.电视音乐与音响[M].北京:中国广播电视出版社,2001.
[3] 郝俊兰.电视音乐音响[M].北京:中国广播电视出版社,1997.
[4] 张有刚.艺术基础(音乐)[M].北京:高等教育出版社,1997.
[5] 李运林,徐福荫.电视教材编导与制作(第二版)[M].北京:高等教育出版社,2004.
[6] 刘毓敏,黄碧云,王首农.电视摄像与编辑[M].北京:国防工业出版社,2007.
[7] 孙会利.电视专题片中声音的综合处理艺术与技巧[J].科技传播,2013(7上).
[8] 张晓锋.电视节目制作原理与节目编辑[M].北京:中国广播电视出版社,2004.
[9] http://blog.163.com/qixi_127/blog/static/5848137720138296438550.
[10] http://blog.163.com/nmandbdo_o/blog/static/98788634200810104925877.
[11] 戴成云.浅析同期声在电视节目中的作用及其运用[J].新西部,2012(17).
[12] http://www.docin.com/p-864576957.html.
[13] 尹剑.同期声片段在电视专题片中的剪辑艺术[J].中国传媒科技,2013(2下).
[14] http://blog.sina.com.cn/s/blog_8d2cbc2c0100yex7.html.
[15] http://blog.sina.com.cn/s/blog_49b15a7a0102e4z8.html.
[16] http://www.docin.com/p-454751196.html.

第六章
电视节目编辑技巧

【学习目标】

学习完本章，应该能做到：
- 理解电视节目编辑的含义。
- 知道电视编辑的工作内容。
- 掌握电视节目编辑的工作流程。
- 理解电视编辑的思维方式。
- 掌握电视节目画面的组接技巧。
- 掌握电视节目声音的编辑技巧。
- 掌握电视节目节奏的处理技巧。
- 掌握电视节目结构的处理技巧。

电视节目经过了策划、拍摄等工序之后，还只是一些零散素材的集合，大量的整理与加工工作，都要靠编辑来完成。一个电视节目不可能是几个人策划、采访一下就能完成的，编辑人员的工作在节目制作中占据了很大比重，是他们将摄像拍摄的素材、采访的画面和声音、文字写作、配音等人员的劳动汇总起来，最终编制出赏心悦目的电视作品。

第一节　电视节目编辑概述

一、电视节目编辑概念

什么是电视节目编辑？在电视行业里，"编辑"一词通常有双重含义，既是一个创作环节，又是一项工种名称。电视节目创作是一个比较复杂的系统工程，在这项工程里，涉及策划、选题、采访、拍摄、剪辑、合成等多个环节。因此，完成创作需要导演(编导)、摄像、灯光、录音、剪辑、技术等多方面专业人士的通力合作,其中,编辑作用至关重要。作为工种而言,编辑是创作的主要参与者和领导者,他负责整个节目的构思、采访、后期剪辑、合成等一系列的工作,在节目创作中有着举足轻重的地位。

电视节目编辑是电视节目制作的后期阶段,是依据编导的构思和美学要求,通过电视的思维方式和蒙太奇语法规则,对视听元素进行选择、组合和加工,以完成电视作品制作的过程。电视编辑首先是一种贯穿于电视作品创作过程的独特思维活动,具有独立的思维形态和品质;其次是一种运用视听语言进行意义表达的调度方式,具有专门的叙述基础和审美特征;再次是一种衔接电视传者与受众之间的基本环节,具有特定的编辑流程和传播要求。

二、电视节目编辑的工作内容

根据电视节目编辑的含义,其工作内容主要包括以下几个方面:

(1)文本撰写 根据节目主题、内容的总体要求和前期声画素材资料,确立文本的叙述脉络、模式、风格,撰写出包括旁白、解说词、同期声语言、屏幕文字等内容的文字剧本,为声画剪辑提供蓝本。

(2)素材的选取与删改 节目编辑人员必须把记者等工作人员所摄录下来的全部素材集中起来观看,一边熟悉材料,一边对素材进行选取、整理,根据节目的主题思想和素材写出编辑提纲。

(3)画面编辑 这一工作程序就是选择合适、精彩的镜头和片段用到节目中去。不同的节目,画面编辑工作的难易程度会有很大差别,有的可能只需要简单地组合几个镜头,有的则需要用非线性编辑系统来编辑合成成百上千个镜头,最终组成一个完整的节目。

(4)声音编辑 声音编辑包括解说、旁白、音响、电视配乐等各个方面。编辑成功的一个最终标准就是必须达到声音与画面的和谐。播音员的语音语调要与画面协调,音响、音乐的出现要恰到好处,总之,加入各个声音元素的目的是使节目更完美,而不能破坏其整体风格。

(5)屏幕文字、特技、动画编辑 这一部分的编辑工作做得好,可取得锦上添花的效果,是一项不容忽视的编辑工作。

(6)加入现成的视听材料 有些电视节目需要在后期编辑中加入一些现成的视听材料,如一些历史专题片、一些需要进行背景资料介绍的新闻及其他节目。

(7)审查与修改 在基本的编辑工作都完成之后,编辑人员还必须从整体出发,对各部分进行检查与修改,以确保节目的质量。

三、电视节目编辑的流程

电视节目编辑就像一个作家,从一大堆的词汇中,找到组合正确句子、段落的方式,这种组合和重新选择的过程是复杂而细致的。因为一个镜头由若干分秒组成,1 秒由 25 帧构成,电视节目是一帧一秒连接起来的。初学者有必要了解电视画面编辑工作的基本流程。整个后期编辑工作大致可以分为准备、剪辑和检查合成三个阶段,如图 6-1 所示。

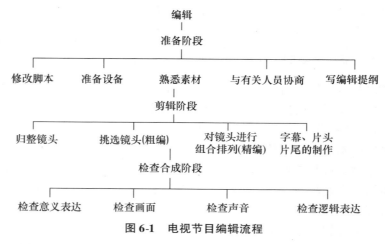

图 6-1　电视节目编辑流程

1. 准备阶段

(1) 修改拍摄提纲　在实际拍摄过程中,由于采访的不断深入,了解的东西越来越多,加上采访对象也会有新的变化,从而产生新的线索,这些因素会导致在拍摄过程中随时可能调整拍摄计划和内容,拍摄结果与原来构思的拍摄提纲会有出入,有些想拍的素材没有拍上,而有些拍到的素材原本没有想到,这就需要在编辑之前熟悉拍摄到的素材并对原有的拍摄提纲作修改,使素材更好地与节目的主题、内容、形式、结构等相吻合。

(2) 熟悉编辑设备　在编辑过程中,对编辑机系统、录像机、CD、DVD、录音座、调音台等设备的性能特点有一个基本了解,将会使我们能够更好地使用这些设备,把编辑工作做得更好。

(3) 熟悉素材　在开始编辑之前,熟悉所拍素材是非常重要的。它是对所拍原始图像素材和声音素材(包括采访和同期声)进行仔细了解和鉴别,并对有用镜头作详尽的记录,再对照修改后的剧本,根据可用素材建立初步的节目形象的过程。由于电视片的意义(叙事、表意)是通过可视的具象系统来表达的,因此,这些具象必须构成一个符合影视语言语法的可以完成叙事或表意的意象群落。熟悉声像素材的过程,就是去感受现有的素材能不能建立起表达剧本内容所需要的完整的意象系统。如果觉得难以支撑,就必须尽早去补拍或通过别的途径去搜索有关的声像材料。

(4) 与有关人员协商 编辑主要要协调的人员是解说词(或串联词)的撰写者。电视是一门综合的视听艺术,要保持和谐统一的风格,就要注意各环节的一致性,编辑节目的风格在节目形态、结构、解说词、串联词以及音乐等方面都得讲求整体感。另外,电视节目安排在某一栏目中播出,因此编辑必须主动与栏目负责人沟通,以求得所编辑的节目与栏目总体风格一致。

(5) 设计编辑提纲 这是编辑工作最关键的一环。编辑提纲是剪接的基本依据,所有有用的素材由这个"纲"提挈起来各就各位。编辑提纲必须对节目的内容、结构、各段落的安排有一个比较精确的设计和表述。严谨的编辑提纲会给剪接工作带来很多好处:首先,它可以保证片子在结构上的完整性和各部分内容在比例上的得当;其次,可以保证不遗漏最能表达意义的好镜头;第三,可以提高编辑工作的效率;第四,可以保证节目长度上的精确性;第五,可以保证片子的节奏变化有规律。

2. 剪辑阶段

完成了以上的准备工作,就可以正式编辑了,这是编辑工作最主要的阶段。

(1) 归整镜头 对所有的原始镜头进行分类和整理,填写详尽的场记记录表。包括给素材带编号,尽可能按照时间或空间的顺序来编排,然后逐个记下每个镜头的内容、长度、质量,以便编辑时查找。

(2) 粗编(挑选镜头) 不同种类的节目片比(完成片的时间长度与素材时间长度之比)各不相同,一般电视片的片比都会在 1∶3 以上,有的甚至超过 1∶10,因此原始素材中的大多数镜头是用不上的,必须进行鉴别和挑选。挑选镜头时必须注意以下几点:一是技术质量(影像清晰度、曝光准确度、运动镜头速度均匀稳定等);二是美学质量(光线、取景、构图、色彩达到美学要求);三是影像的丰富多变性;四是叙事需要(与内容无关的镜头坚决舍弃,与内容有关但质量欠佳的镜头,如突发事件的现场等镜头要保留)。

(3) 精编(对镜头进行组合排列) 按照编辑提纲上的叙事表意要求,一个镜头接一个镜头地组合排列,用来表达创作者需要表达的意义。这里镜头的组合与排列,不仅要注意影视语言的语法规则,更要注意意义的表达,并要考虑每个镜头的长度、镜头剪辑点的位置、镜头连接关系、镜头的连接方式、镜头安排的顺序、段落的形成与转换、节奏的安排等一系列问题，以达到最佳的艺术效果。原本零散杂乱的镜头在这里被排列成一个有意义的有机整体，从而使电视创作工作初步完成。

（4）包装（字幕、片头、片尾的制作）　作为节目的制作，在对镜头精编之后还要加字幕、特效，配解说、音乐、音响效果，片头片尾的包装，以便放入栏目中或与其他节目连接起来播出。

3．检查合成阶段

编辑工作是一个艰苦烦琐的过程，节目编辑完成后的检查对编辑来说是必不可少的环节。检查阶段的工作有以下五个方面：

（1）检查逻辑表述　叙述是否符合真实性原则，是否符合生活逻辑，条理是否清楚，内容之间的联系是否合理自然。

（2）检查意义表达　结构是否完整匀称，意义表达是否准确，效果是否达到目的等等。

（3）检查画面　剪接点选择是否恰当、符合不符合基本的影视语言规则、有无技术上的失误、运动的把握是否流畅、场面过渡是否自然、声画是否同步、图像质量是否达到播出要求、是否有错字漏字等。

（4）检查声音　质量是否符合技术标准，声音是否连贯，与画面与否同步，同期声、音乐、效果声的配合是否达到了既干净又饱满的要求。

（5）检查节奏　主要检查整个节目的结构是否合理匀称，叙述是否有意味，节奏感是否营造出来了，内在节奏与外在节奏是否统一。

总之，电视节目的编辑工作要求编辑人员在熟悉自己所使用设备的基础上，对编辑的每一部片子都要善于思考，总结经验，只有这样，才能熟练掌握编辑技巧，不断提高电视节目制作的质量和水平。

四、电视编辑的思维

1．直观形象的视觉思维

电视编辑的职责在于以最恰当的方式，用最准确的视听语言，将视觉信息和听觉信息传达给观众。电视编辑必须始终树立用视觉思维和听觉思维进行创作的意识，并自觉地应用于实践之中。

（1）用视觉形象说话　电视编辑的创作就是要用真实感人的形象反映事物的本质，透视人的心灵，抒发创作者的思想感情，好的电视作品一定要避免那种空洞的议论和说教式的说理。

（2）用视觉的非形象语言元素表意　用视觉的非形象语言元素表意的方

式有：

① 构图语言。电视画面的构图体现出视觉思维的重点和均衡，传达视觉思维所蕴含的意境；电视构图是指电视画面内容的结构形式，在一幅画面上往往会有主体、陪体、空白、前景、背景等元素，把它们组织在一起，做到重点突出、结构均衡，才能有效地传递视觉信息。

② 景别语言。景别语言形态是视觉思维创造视觉冲击力的主要手段。景别的作用就是通过主体在不同画面范围内所占的比例不同，给观众造成不同的视觉冲击，同时也表现出不同的视觉形象，不同的景别还能表现不同的环境。在视觉思维中，对景别的整合可以揭示事物所处的环境、生存状态等，使观众对事物有一个宏观的印象。

③ 角度语言。角度是视觉思维在电视中进行造型的重要手段，在电视画面中，拍摄角度对视觉形象的塑造具有重要意义。电视画面中，通过变化拍摄角度可以创造十分丰富的视觉形象，许多新颖的拍摄角度还能有力地展示人物的特征，表达创作者的思想感情。

2. 系统有序的整合思维

电视编辑是将一个整体内的各个元素进行整合，使之成为一个有序的体系。所以编辑的过程也是对电视元素进行系统有序化的整合过程。在实践中，编辑不仅要考虑主题和材料之间的关系、材料内部各表现元素之间的关系，还要考虑把主题放到整个社会和时代这一大系统之中，使主题与社会和时代的要求相协调。

（1）电视元素的整合　这是电视编辑整合思维的基础。在电视节目中，传达信息的元素有两类：一类是听觉元素（解说、音乐、音响）；一类是视觉元素（图像、文字）。电视编辑最主要的工作就是综合运用多种手段，将视听元素整合起来，完整地表现主题，给观众传递确定的信息。

（2）电视技术手段的整合　技术的不断进步促进了电视制作手段的变革，而制作手段的变革又引起电视编辑思维的更新。因此，电视编辑人员应该对日新月异的电视技术有足够的了解，只有充分了解了电视技术及其在电视编辑中的作用，才能更好地把电视元素整合起来，创造出具有丰富表现力的作品。

3. 传受互动的换位思维

"换位思维"是指电视编辑人员在编辑过程中应该常常提醒自己要站在观众的角度来思考和创作，这包括两方面的含义。

（1）与观众展开交流　与观众展开交流可以使电视节目更有对象感，可以使节目内容更具针对性。观众每天坐在电视机前观看节目，实际就是在和创作者进行间接交流。但我们所讲的交流是要把这种间接交流变为直接交流。通过与观众的直接交流,编辑和记者才知道观众的喜好和对节目内容的评价,反过来,这种评价又能促进编辑、记者进一步提高节目的质量。与观众开展交流的方式多种多样,如电话交流、电视采访、嘉宾座谈等形式。通过与观众开展交流,能使得编辑、记者能及时了解观众的收视心理和接受兴趣,以便在节目制作时尽可能贴近观众的心理,适应观众的"口味"。同时,观众也可以置身于节目中间,以一个参与者的身份加入节目,有利于调动观众的参与意识和主观能动性。

(2) 观众参与创作　在这种形式中,观众与编辑、记者处于完全平等的地位,使传受双方沟通更具直接性。但目前这种形式还比较少。

4. 不可缺少的蒙太奇思维

电视画面本身的单一性和解释的多义性,才需要使用蒙太奇思维将各个孤立的镜头有机地组接在一起,形成电视特有的语境,从而释放出真正的含义,并激发出更多的新的意义。关于蒙太奇的内容在第三章已介绍,这里不再阐述。

5. 电视编辑中的时间观

客观世界的时间是线性的、始终向前的。但在电视作品里,事件被记录在一定的存储介质上(如录像带),而非真实的时间,因此电视叙事的时间就有了多种形态,人们对电视叙事时间的感受与实际的延续时间(现实时间)常常是不一致的。随着电视艺术的发展和制作者创作心态的日趋复杂,在电视作品中对时间的处理方式也越来越多元化,并且制作者不拘泥于已有的形式,仍在不断创新。下面重点介绍几种较为常见的经过处理后的时间形态。

(1) 延伸　在影视作品中可以表现无限时空,因此常常通过蒙太奇的手法或者使用特技,将几分钟内发生的动作扩展为仿佛是数倍于此时间的场面。

(2) 压缩　电视节目中常用非常"吝啬"的几秒钟或几分钟来表现一些漫长的过程,如植物的生长、地球的变迁、人类的进化、时间的流逝等。电视作品中的时间压缩是对现实时间序列的再创造,它保留对主题有用的浓缩片断,完成跳跃性的简要叙述,这些片断中间的间断和空白可以通过观众的联想和想象加以补充,从而使叙事连贯。

(3) 冻结　"冻结"是指在电视叙事过程中,根据叙事结构中人物特定的心态让时间暂时静止的叙事手段,它是很主观化的一种人物心态的流露。在表现手法上可以通过画面的定格、语言的解说等方式实现。定格是一种非常主观化的时间处理方式,在电视节目创作中必须谨慎使用,否则会弄巧成拙,给人以造作感,因为在影视作品中用一种人工痕迹很重的技巧来表现时间的停顿时,一方面这种时间的静止在叙事中只能是暂时的,终究又会恢复时间本身的流程;另一方面,观众观看影视作品的时间是永远流动向前的,作品中时间的停顿会令他们感到人工雕琢的痕迹很重,从而感到生硬,破坏了审美感知。

(4) 颠倒 影视作品中对时间的颠倒处理都是从时间的"现在"这个点出发,分为两种情况:第一种是从现在回溯过去,描述现在的故事发生之前的事情,或者把时间退回去,描述在此之前并未讲述过的故事的一部分。回溯通常采用倒叙或插叙的方式,把一个观众还不太清楚的故事的实际情况展示出来,以便为现在的事态提供一些背景材料。在一些推理片、悬念片中,常常对于每一个案件的推理,都采用倒叙的方法,或追溯案件的缘由,或回忆以前经历的细节,或往回推理事件的来龙去脉,然后再揭开神秘人物的面纱和谜底,大大增加了故事的神秘感、紧张感和戏剧效果。第二种情况是由现在展望未来,做出一定的预言、设想或想象,表现即将发生或可能发生的事情,这种处理过的时间形态是双重式的幻想,一重是对事件本身未来的一种猜测,第二重是把它整合进电视作品中时经过了创作者的又一重想象。

(5) 变速 时间的变速处理实际上是"技巧"的范畴,是对镜头的加速或减速处理,即快镜头或慢镜头,是影视作品外在节奏或心理节奏的外化,与蒙太奇组合对时间的"延伸"和"压缩"不同,后者是影视作品的内在叙事节奏。慢镜头或快镜头常常用来表现一种玄想、一种希冀或期望达到的某种喜剧效果,表达某种象征意义。由于技术进步带来的创作自由度的空前扩大,在一些电视广告片中,常常可以看到对现代生活所作的时间变速处理,比如有一组镜头展示交通路口快速运动的汽车和行人、火车站台上快速来去的旅客、地铁站快速上下的乘客以及快速升降的电梯等,来表现人们面临的巨大压力、激烈竞争和愈来愈快的生活节奏。

6. 电视编辑中的空间观

电视空间也是有限空间(屏幕空间)与无限空间(表现出来的空间)的结合。电视屏幕上处理空间的形式有两种:

(1) 再现的空间 再现的空间是通过摄像机的记录特性和运动特性来再现现实世界的行为空间,是一种基于纪实美学的创作手法,是对现实空间的还原,它最大限度地消除了屏幕形象与现实的隔阂,虽然不能等同于现实,却可以无限地贴近现实。再现空间依附电视媒体的记录特性,一般在前期拍摄中完成,其再现的方式与效果对于节目叙事有至关重要的影响。

(2) 构成的空间 真正体现在电视叙事观念中的空间一般均指"构成空间",它是一种创造性的空间思维形式和结果。构成空间不是真实空间在屏幕上的直接反映,而是对一系列记录着真实空间的片段进行选择、取舍、重新组合后构成的新的空间形态。构成空间中的镜头之间的内部联系有多种方式,不同的构成空间也各有不同的作用。

① 戏剧空间的构成。戏剧空间是指电视剧情或时间展开和发展的环境空间,也是人物的戏剧动作展现的环境。戏剧空间除了展示事物全貌和交待环境之外,还常常使用构成空间的创作特点使叙事能够简约、集中。

② 心理空间的构成。心理空间是心象化和情感化的画面影像空间,它不是现实客观世界的真实复原,也不同于仅仅用于展开剧情的环境空间,而是另一个世界——人物内心思想、情感世界的物化和外化。影视作品中心理空间的创造常常用空镜头来表现,利用空镜头的写意功能,来渲染环境气氛,烘托人物心境,刻画人物性格,抒发一种情感、表达一种情绪。影视作品中的回忆、想象、幻想、联想、梦境、闪回等心理活动镜头和主观镜头都是心理空间的思维表达形式,倒叙时的事件空间也具有心理空间的性质。

③ 观念空间的构成。观念空间也叫"哲理空间",是借助镜头传达某种理性认识或观念的空间,它并不是真实意义上的空间,而是隐藏在画面背后的具有某种表现性的空间。电视作品中观念空间的构成常以隐喻、象征、对比、暗示等手法完成,也可以通过空间的对列,使空间之间产生新的关系和含义,这种新的理性的意义自然比单个空间片段的含义要丰富和深刻得多。

第二节 电视节目编辑技巧

编辑是电视节目后期制作的重要环节。后期制作包括把拍摄的原始素材编制成一个完整的电视节目的全部工作过程。具体包括整理素材镜头、确定编辑点和画面转换方式、组合素材镜头编辑成节目母带、制作字幕和画面特技效果、配制音响效果和音乐等步骤。

一、电视画面组接技巧

画面编辑是电视节目后期加工中的主要任务之一。电视画面编辑的具体内容涉及镜头的选择、镜头长度的确定、镜头的组接等,下面介绍这一编辑过程中所要用到的一些相关技巧。

(一) 镜头的选择

每一部电视作品,都是由若干个镜头按照一定构思组接而成。镜头是电视的基本元素,是电视编辑的基础,通过特定的思维和结构方式,完成节目形象的塑造。镜头的选择是画面编辑的第一步,它不是简单随意的,而是一个复杂的有意识的取舍过程。不同的编辑可能由于编辑思想、创作意图、审美观念、编辑条件等主客观因素各异而对镜头的价值做出不同的判断,对镜头选取会做出不同的决定,电视画面编辑中如何选择镜头呢？

1. 应选择符合人们视觉习惯和思维规律的镜头

镜头本身包括了长度、角度、运动、景别等若干视觉因素,这些因素决定了不同种类的镜头各自可以产生的视觉及心理效果,而镜头的作用归根到底是由人们的视觉习惯和思维规律决定的,所以它在使用上有其习惯上的定规,虽然这种定规有时也会被突破,但我们不可能期望用一个拉镜头来引起观众对某一事物的注意,也不会用一个全景镜头来表现某个人物的脸部表情。对电视而言,镜头就是观众的眼睛,要想让观众看清楚、看明白镜头展示的内容,就不能不考虑人们的视觉习惯和思维规律因素。

2. 应选择有利于完整、准确地交代节目内容和表现节目主题的镜头

镜头的选择同样是一个创作过程,但不能为了创作而创作,天马行空,完全忘记镜头选择的根本目的——用最恰当的镜头组接成完整、清晰的电视节目,让观众最好地了解节目内容,理解节目所要表达的思想。简单来说就是为了叙事、表意。因此,能否完整、准确地交代节目内容和表现节目主题,是镜头选择首先应考虑的问题,其他的所谓风格、个性等因素应该以此为基础。

3. 应选择与节目本身的类型特点相符的镜头

不同类型的节目具有不同的特点,对镜头的要求也各不相同。例如电视新闻节目时间短、节奏快,适宜选用画面结构稳固、安定,形象主体平凡、和谐、清晰、真实的镜头,如平拍镜头、固定镜头等,慎用过度仰拍、俯拍等镜头以及推、拉、摇、移等运动镜头。音乐电视(MTV)这类娱乐性节目则正好相反,它往往需要利用快推、快拉、俯拍、仰拍、甩、旋转等镜头制造视觉冲击,最大限度地调动观众情绪。因此,镜头的选择要充分考虑镜头本身的视觉特点和节目的类型特点,否则,张冠李戴将损害信息的传播效果。此外,镜头的选择还应有利于节目整体风格的统一和色调、影调的和谐,应根据场合气氛,人物神态、动作,画面构图等因素以及镜头组接的具体需要来决定镜头的取舍。电视编辑如果只满足于将节目呈现给观众,而对传播效果漠不关心,总是为了编辑而编辑,机械地堆砌镜头,编出来的片子肯定千篇一律,单调乏味。只有自觉注入情感与思想,才有可能在镜头的取舍过程中细心挖掘、大胆创新,找到更具说服力、表现力、感染力的镜头。例如,同是报道一项体育比赛,一般的编辑可能只满足于反映比赛本身的情况,而有头脑的编辑在此基础上还会注意选择一些反映比赛双方以及观众的情绪、动作的镜头,使节目的内容更饱满、观众的感受更丰富。

由此可见，镜头的选择是镜头组接的基础。镜头选择的恰当与否、巧妙与否直接反映了编辑人员编辑素质的高低。

(二) 镜头长度的确定

在选好镜头后，接下来就是确定镜头的长度。从理论上讲，镜头的长度既可长至拍下整个电视节目，也可短至只有几帧画面，但在当前的电视技术条件下，我们几乎不会采用一个镜头到底的做法，当然也不会走另一极端。既然要用多个镜头来组成一个完整的节目，就必须考虑每个镜头的长度问题。从编辑操作来看，镜头长度的确定就是编辑入点、出点的设定，并不复杂，但要确定这两个编辑点之间的时间长度所需考虑的问题却并不简单。那么，在组接每个镜头时，该如何确定其长度呢？归根到底，就是要满足观众的收视需要，即看清画面展示的内容→领会画面表达的意义→产生共鸣。因此，镜头的长度首先应保证让观众有足够的时间了解其中的信息和意义。镜头过短，轻则造成观众收看的不适（容易感到目眩），重则令观众思绪混乱，严重损害传播效果。当然，在某些电视节目中，为了制造令人目不暇接的视觉效果，也会故意采用快切的手法，如迅速变换各种动物形象的镜头。对那些包含重要内容或表现复杂对象的镜头则更应保证足够的长度，镜头也并非越长越好。因此，如果观众已经看清了画面内容，领会了其意思，镜头就该及时切换，否则，拖泥带水同样会损害传播效果。一般说来，应综合考虑三方面的因素，即镜头的内容长度、情绪长度和节奏长度。

1. 内容长度

内容长度是指把画面主体内容展示清楚的镜头时间长度，这一长度受到画面主体、陪体的位置、状态，造型的繁简以及画面明暗情况等因素的影响。

(1) 因主体位置不同而时间长度不同 根据人的视觉特征，近处的（或前面的）景物要比远处的（或后面的）景物看得清楚。因此，如果主体位于画面前部，镜头可短一些；如果主体位于画面后部，镜头则应该长一些。

(2) 因主体运动状态不同而时间长度不同 画面中，运动的主体容易引起观众的注意，引发兴趣的刺激强度大，镜头可短些；而静态的主体传递给观众的是舒缓的情绪，视觉反应也迟钝，镜头的时间要相应长些。此外，同是运动的主体，动作幅度大的主体要比动作幅度小的容易吸引观众的视线，运动速度快的主体要比速度慢的容易引起观众的注意。因此，如果主体的运动幅度较大或速度较快，镜头可短些；如果主体的运动幅度较小或速度较慢，则镜头可相应长些。

(3) 因景别不同而时间长度不同 不同景别的镜头由于取景范围的大小不同，画面所包含内容的不同，其时间长度也应有所不同。远景、全景镜头包含的景物多，信息量大，观众看清楚画面内容所费时间长；近景、特写镜头则正好相反,包含的信息量较少,画面景物相对单一而且醒目、突出,观众一眼就可以看清楚,因此不需要太长的时间。对于固定镜头来说,画面时间长度的参考数据是:远景6~8秒,全景5~7秒钟,中景4~6秒钟,近景需3秒钟左右,特写需1秒至2秒钟左右。不同景别镜头的时间差异主要是由画面面积的差异和观赏距离的差异造成的,这种差异有着不同的视觉冲击力,编辑时要注意加以把握,保证镜头有足够的时间长度,以免因镜头时间太短而丢失宝贵的信息。

（4）因画面亮度不同而时间长度不同　亮度好的画面,明快醒目,一目了然,时间长度可短些;灰暗的画面,压抑低沉,视觉反应相对迟钝,所停留的时间应比亮度好的画面长些。

（5）因画面重要程度不同而时间长度不同　在一部作品中,有的镜头对于整部作品来说非常重要,而有些镜头则可有可无。剪辑时,对那些画面内容不重要、可有可无的镜头,时间尽可能短些。例如,在一些电视访谈节目中,若被访者的谈话内容较长,在采访过程中经常会插入几个记者聆听谈话的反应镜头。这些镜头对整个采访而言并不重要,在编辑时只需保留很短的时间。与此相反,表现被访对象的表情、动作的镜头则应较长,因为被访对象才是整个采访节目的主体。

（6）因观众的熟悉程度不同而时间长度不同　表现观众熟悉内容的镜头,时间应该适当短些。比如在表现两人对打的戏中,常会插入与之相关的第三人的反应镜头。如果这种反应镜头是同一个人,那么第二次插入时就应比第一次插入的镜头时间稍短些。

（7）同期声采访镜头时间长度的处理　被摄人物的同期声采访素材,短则七八秒,长则四五十秒,甚至两三分钟,对同期声采访画面的长度,在剪辑过程中,应把握以下原则:第一,同期声采访必须谈清一个完整的意思,谈话内容的表达相对完整;第二,在长度的控制上,总的来说宜短不宜长,可视内容的表达需要灵活决定,而采访记者的反应镜头,通常都很短。

2. 情绪长度

镜头的情绪长度是通过渲染气氛、营造氛围、抒发情感,让观众进一步感受、体会镜头所传递的信息,并产生情绪上的共鸣,也就是镜头所表现的主体的情绪（包括情感、气氛等）发展所需要的时间长度,编辑时可以此为依据确定镜头的长度。内容长度主要由人们的视觉特点决定,而情绪长度则主要由人们的心理特点决定。如果用1秒钟表现一个男人落泪的镜头,观众只得到一个简单的印象:那人哭了或者那人在哭;如果用5秒钟甚至更长的时间来表现,观众便会琢磨和体味那人的感情,并逐渐被这种情感所影响,产生共鸣。前者的长度只能让观众看清"是什么",而后者的长度则足以使观众了解、体会"怎么样""为什么"。须指出的是,上面讲到的"情绪长度"主要是针对单个镜头而言,而事实上,在编辑中常常是通过一系列镜头的组接来制造某种情绪氛围的,在这些由多个镜头组成的情绪段落里,单个镜头在时间上不一定都要长于一般的长度限制,相反,还可能短于这一限制。关于这个问题我们在下面的节奏长度中还会提到。

3. 节奏长度

对电视节目而言,节奏指节目内容和形式的长短、起伏、轻重、缓急、张弛、动静等有规律的交替变化,给电视观众造成的一种或激动或平静或紧张或松弛的心理感觉。电视镜头的长度直接影响着电视节目的节奏,对节奏起控制作用。相同的画面内容,用长镜头表现给人以舒缓的感觉,用短镜头表现则可造成紧迫感。换言之,我们可以根据节目的节奏需要确定镜头的长度。在节奏缓慢的段落,镜头可稍长些,在节奏较快的段落中,镜头则可短些。除了根据节目的不同节奏需要来确定镜头的具体长度外,也可以利用镜头的长度控制节目的节奏。在单位时间里,单个镜头越长,镜头间的转换就越慢,节目节奏就越慢;镜头越短,镜头间转换得就越快,节目节奏也就越快。有人说95%的电视节奏来自剪辑,其实就是一个镜头长短问题。

我们将内容长度、情绪长度和节奏长度分开来讲只是为了便于大家理解,事实上,这三者并不是孤立的,而是紧密联系,你中有我,我中有你。我们在确定镜头长度的时候,应该将这三者以及其他的相关因素综合起来考虑。

(三)镜头的组接

所谓镜头的组接,就是把单个的镜头依据一定的规律(人们的视觉特点、思维逻辑等)和目的(如创作者的表现意图等)组接在一起,形成具有一定含义和内容完整的电视节目。镜头组接是影视作品特有的表现手段,它不是简单地将零散的镜头拼凑在一起,而是一种再创作。镜头组接的目的就是为了系统、完整地叙述事情、表达思想、制造效果。

1. 画面组接的依据

在镜头组接过程中,单个镜头的时空局限被打破,意义得以扩展、延伸。电视片正是通过不同镜头的组接而获得生命力的。那么决定画面组接的依据是什么呢?

(1)人类的思维逻辑和视觉原理 镜头组接首先应该遵循人们的思维逻辑和视觉原理。电视反映的是生活,但它不可能,也没必要把现实生活原原本本地搬上屏幕。镜头组接的作用就是要表现一种人的视觉所能接受的、屏幕特有的(跳跃的)时空连贯,它是对现实时间和空间的重新组合,这种重新组合,要想被观众所理解、接受,就必须符合人们的视觉规律及思维逻辑。

① 按生活逻辑组接。画面的组接主要是按照事件进展的过程来衔接的。客观事物之间本来就存在广泛的联系,这种联系既包括了外部特征上的明显相关,也包括了内部逻辑(这种逻辑关系包括了因果关系、并列关系、对应关系和对比关系等)上的相互贯通。人们在观察事物时会自然而然地以此为依据强化这种联系的思维定式,由于这种思维定式的存在,通过镜头组接交替表现两个或更多的主体对象,交代两条或更多的线索间的联系或冲突时,观众的注意力会自然地从一个主体对象转向另一个主体对象,而不会感到困惑。如春运高峰,大批农民工返乡,运输部门投入更多的人力、物力疏导客流;文艺节目演出的过程中适当插入观众的反应镜头;但如在动作连续性很强的镜头中插入反应镜头就容易破坏动作的连贯性,影响观众的收看效果。例如在排球、乒乓球比赛中一个球还没有打完时便插入观众的反应镜头,就如人为地挡住观众的视线一样,影响观众观看比赛,属于多此一举。

② 按视觉逻辑组接。按照观众的思维规律组接画面,使观众在观看节目时,从心理感受到连贯通顺。

一是人们在观察客观事物时具有忽略次要情节的倾向。人类的这一思维特征使电视画面剪辑成为可能,也奠定了电视编辑存在的基础。电视画面编辑所做的正是选取那些最能引起观众注意的、对叙事表意最具重要作用的镜头,将它们组接在一起,舍弃那些次要的(包括观众不看就能知道的、带有必然性的)情节和不影响叙事表意的无关紧要的情节,以免造成观众注意力的分散,或引发厌烦情绪。例如电影《少林寺》中,有一个表现李连杰在少林寺后山习武的情节,李连杰不断变换着手中的武器,刀、枪、棍……画面的景色也随之变换,春、夏、秋、冬……仅用几个镜头就表现了李连杰数年里不分寒暑刻苦习武的情况。

二是人们对客观事物的观察是渐进式的。这种视觉规律和思维方式成为镜头组接的前进式、后退式、循环式句子的依据,这三种句子对观众所造成的影响既有视觉上的,也有心理上的,它们的一个共同要求是:景别的变化要循序渐进,逐步推进或逐步拉远,前后镜头之间的景别差距不可过大。例如,在许多影视作品中,开场介绍环境的镜头多采用前进式句子,从大全景开始,进而推及中景、近景,直到观众看清某一具体的人或物,而在情节告一段落,或故事结束的地方则多用后退式句子,镜头由近景逐渐拉远,直到主体对象消失在画面中。有时候为了在第一时间引起观众的注意,制造视觉冲击或悬念,也可以采用先展示局部特征,再扩展到整体的组接方法。

三是在一定的时间内,人们对事物的观察具有一致性。这一点并不难理解,因为人的思维具有一定的逻辑性,事物发展的客观规律和人的生活经验决定了人们在同一时间内观察事物总会带有一致的眼光,那种混乱或自相矛盾的判断、描述是不被接受的,由于电视通常是分镜头拍摄的,不同的镜头在拍摄时间、地点上往往也会有所不同,这就更要求在组接镜头时要合乎逻辑、合乎情理,保持前后镜头的连贯、一致,否则就会闹笑话。比如,表现军队领导到某部队视察工作的过程,前一个镜头领导已经和该部指战员握手告别,离开营区厂,后面又接一个领导检查营区建设的镜头,显然就不合逻辑了;再如一个人在街上走,一会儿经过商店,一会儿穿过马路,一会儿挤过人群,这都有一种空间的相似性,虽然环境背景不同,但都在同类的变化中,因此仍能造成连续的感觉;在组接一些不是以动作为线索,而是以形态、环境为主的镜头时,空间环境也应尽量保持相似,如果一会儿白天,一会儿晚上,一会儿是乡村,一会儿是都市,一会儿室内,一会儿室外,没有空间相似感,就会产生跳动感,造成视觉上的不适。除非你是故意要制造这种效果。在镜头组接时,只有充分尊重人们的思维逻辑和视觉规律,才能获得真实、可信的效果。

（2）**人们对电视节目的审美需求** 面对数量庞大、内容繁杂的素材,制作者在归纳、整理时之所以要选取这些而舍弃那些,要这样组接而不那样组接,一方面是出于人们视觉及思维规律的要求,另一方面则是出于制作者自身的审美意识。镜头组接手法的运用就充分体现了制作者在反映事物的规律性、表现时空变化时对美的追求。

观众对电视节目同样存在着审美需求。在现实生活中,人们不仅创造有用的东西以满足自己的物质需要,还按照美的规律进行创造,使物品成为美的东西以满足自己的审美需求。在制作节目时,就不但要考虑告诉观众什么,还要考虑如何告诉,不但要考虑这样处理(如组接镜头)行不行,观众看不看得明白,还要考虑这种方式好不好,观众看得舒服不舒服,能不能令其赏心悦目。简而言之,就是要考虑用一种美的形式去表现既定的内容。

镜头组接要解决的问题主要有两方面:一是转换镜头,并使之连贯流畅,也就是做到内容连贯,画面清晰;二是制造效果,创造新的时空关系和逻辑关系,表达一种情绪、情感和审美观念。电视节目中,镜头的组接在许多情况下并不是为了去叙述一件事、一个过程,而是出于一种对视觉美的追求。比如视觉节奏的运用,就是一种独特的影视造型手段,它能通过镜头长度的变化,在观众的感受上引起完全不同的情绪。短镜头的组接,可以造成紧张的感觉(比如表现警匪追逐的场面);而较长的镜头组接,则可以造成一种舒缓、平稳的情绪效果(比如表现一群老者打太极拳的情况),这其实就是一种审美心理感受。总之,人们对电视节目的审美需求,是我们在组接镜头时需要考虑的重要因素。

(3) 影视作品制作的技术条件 一切美妙的艺术构想,要成为现实作品展现在世人面前都离不开技术条件的支持,所以除了上面讲到的人自身的因素以外,镜头的组接还必须以特定的制作材料和技术手段为依据。今天,科学技术的发展,尤其是数字技术的迅速兴起及广泛应用,赋予了镜头组接工作(或者说电视编辑工作)更广阔的创作空间,使更多妙不可言的想象能借助这些科学技术转化为现实的影视作品展现在人们面前。

总之,镜头的组接是一个能动的再创造过程,但无论身为编辑人员的你多么富有想象力,都必须遵循人类思维的基本规律、原则和对电视节目的审美需求,同时要考虑是否有相应的技术条件作为支持。否则,不是编辑完成的作品无法为观众所承认、接受,就是美妙的构想成为空想,无法转化为现实作品。

(4) 画面方向性——轴线规律 画面方向性也是关系到画面组接连贯流畅的因素之一。在电视镜头中,主体的运动、人物的视线和人物的交流使画面具有方向性。如一个静止的足球没有方向,当它运动起来便产生了方向。电视创作者必须根据现场中人物所处的位置,处理好相邻两个镜头之间的方向关系,也就是要熟练地掌握轴线规律,使观众对各个镜头所表现的空间有完整、统一的感觉。否则,画面中的方向关系便会混乱不清,甚至导致画面语言所表达的意义发生变化。关于电视场面调度规律和镜头组接合理越轴的方法在第四章中作过详细的介绍,这里不再阐述。可以不考虑轴线的情况有:

① 不存在人物的交流,一般可以不考虑轴线问题,例如,一个人正在睡眠,或者几个人在宿舍睡眠,几个人物之间既没有视线方向,又没有进行情感交流,也就无所谓轴线。

② 静止的物体不存在轴线,如拍摄一座建筑、一条河流、一座塔、一座山等,都不处于运动之中,几乎不存在方向性的问题,也就不存在轴线。

③ 拍摄"圆桌会议"一类的场面,用全景交代场面之后,观众已经对画面的方向性有了了解,一般可以不考虑轴线问题。

④ 拍摄四周布满观众观看表演的场面,摄像机应在观众圆圈之内设置机位,可以不考虑轴线问题。

⑤ 轴线规律与越轴问题,是在同一场景的两个以上的画面连续组接在一起后才可能存在的,即使是方向性较强的人或物体的拍摄,在一场景内只需要拍摄一个镜头,那么,在拍摄和剪辑中都不存在轴线问题。

(5) 蒙太奇技巧 作为影视创作特有的一种思维方式和表现手段,我们在讲述镜头组接时不能不提到蒙太奇。蒙太奇理论是影视理论中一个重要的题目,关于蒙太奇的含义、蒙太奇的类别、蒙太奇句型,我们在第三章作了详细介绍,这里不再阐述。

2. 剪接点的确定

剪接点,即镜头之间的连结点。剪辑点可以分为画面剪辑点和声音剪辑点两大类。

(1) 画面剪辑点 画面剪辑点的选择至关重要。剪辑点选择恰当,可以使全片人物动作连续,镜头转换自然流畅,画面符合生活的逻辑和观众的欣赏习惯;剪辑点选择不当,可能会使片中人物动作别别扭扭,或表意重复,或节奏拖沓。画面剪辑点可分为动作剪辑点、情绪剪辑点和节奏剪辑点。

① 动作剪接点。镜头中被摄体(人物、景物或动物)的动作是构成画面叙事的视觉核心,动作的剪接点以形体动作作为基础,选择动作的开始,或进行中,或动作的结束作为剪接点。不同的节目类型,由于其表达重点和风格的不同,对动作剪接点的选择和要求也有所不同。电视剧往往在前期拍摄中采取多机摄录或单机重复摄录人物多遍动作的方法,在后期剪辑中特意把画面素材中人物多次重复的、连续的动作进行细致的分解和重新组合,以刻意追求蒙太奇组接后的艺术效果。电视专题节目、新闻节目都是采用单机一次性拍摄的方法,不主张对人物动作的重复拍摄,在后期剪辑中,不需要把人物动作的分解和组合搞得像电视剧那么细致,一般的要求是,选择动作剪接点要能够使一个画面在长度上完整表现人物某一个动作的全过程,或者运动过程中一个相对完整的阶段。如表现人物由坐到站,剪辑时,要在动作和转折处确定剪接点。既要从站起的开端切入,到站直以后切出;表现人物跳跃,一般要以跳的开端切入,或是跳到空中最高时切出,或是落地以后再切出,这样衔接起来,动作流畅,画面无跳跃感,其剪接点的选择就是准确的。

② 情绪剪接点。以心理活动为基础,根据人物的喜、怒、哀、乐等不同形式的表情因素,结合镜头造型特性来连接镜头和转换场面,造成一种情绪的感染和感情的生发,这是构成影视片内部结构连贯的重要因素。与动作剪接点不同,情绪剪接点在画面长度的取舍上余地很大,不受画面内人物外部动作的局限,而以描写人物内心活动、渲染情绪、制造气氛为主。动作剪接点的选择,只要掌握动作的规律,就容易把握好,因为这些规律是看得见的,只要注意观察,就不难找到合适的剪接点。相比之下,情绪剪接点的确定,全凭编辑人员对电视片剧情、内容、含义的理解,对人物内心活动的心理感觉,看不见,也摸不着。从这个意义上讲,情绪剪接点的选择无规律可循,也很难用概念加以阐述。编辑者对电视片的内容,对人物在特定情境中心态的理解程度不同,剪辑出来的画面效果也就不

同。所以,情绪剪接点最能检验编辑人员的艺术素养。编辑人员只有具备了一定的功力,才能在影视片中充分地展示人物的情感世界。如在反映罪犯改造工作的专题片中,记者采访一名罪犯,罪犯谈他对犯罪行为的忏悔和对家中亲人的思念,谈话停止时,恰好到动情处,如果这时将画面切除,就不能完整地表现罪犯自我悔恨的情绪,电视编辑特意将画面延长,罪犯谈话结束 2 秒后,眼泪夺眶而出,接着便是伤心地抽泣,抽泣后再切除,这样选择剪辑点,可以把人物的心理活动展示得淋漓尽致,从而调动观众的情绪,增强全片的感染力。

③ 节奏剪接点。节奏剪辑点使用的镜头一般是没有人物语言的镜头,它以事件内容的性质和发展过程的节奏为基础。根据运动或情绪的节奏以及镜头的造型特性,用一种比较的方式来处理镜头的长度和衔接。它要求重视镜头内部动作与外部动作相吻合的有机因素,来创造一种节奏——或舒缓自如,或紧张激烈。节奏剪辑点在过场戏、群众场面与战争场面中起着非常重要的作用。在选择画面剪辑点的同时,还要考虑声音剪辑点,要注意将镜头的画面造型特征、镜头长度与解说词、音乐、音响的风格节奏有机地结合起来,以达到画面与声音的有机统一。总之,节奏剪辑点有别于"形体动作""心理动作"及声音剪辑点,它的特点是画面节奏必须与本片旁白、内心独白、解说词节奏、内容紧密结合,做到声画的有机匹配。

(2) 声音剪接点　以声音因素为基础,根据内容的要求和声音与画面的有机关系来处理镜头的衔接。它要求声音的完整性和连贯性。关于这个问题,我们将在本节"电视声音编辑技巧"中详述。

确定剪接点与确定镜头长度在操作上没有什么区别,所不同的是:前者着重在哪一个点上结束上一个镜头,开始下一个镜头,后者则着重确定每个镜头应讲述多少内容。确定剪接点是镜头组接的重要步骤,它直接影响着组接完后的画面质量,因为剪接点是个很微妙的东西,有时只差几帧画面就会给人很不同的感觉,多几帧会使人感到不舒服,少几帧就会觉得很流畅。镜头组接质量的优劣往往就在"稍微"之中,稍多一点、稍少一点、稍左一点、稍右一点就能改变画面连接的准确性与美感。在艺术创作中,那种美妙甚至神奇的感觉往往就在毫厘之间。对于镜头剪接而言,也是如此。有人曾说过,剪接工作往往不是靠规则,而是靠感觉。严格遵照各项规则机械地组接镜头,不见得能获得好的效果。而所谓的感觉,也就是强烈的画面意识,是建立在大量实践的基础之上的,有时要经过反复地实验、总结经验,才能慢慢摸索到。因此,对一个电视编辑工作者来说,不但要掌握画面编辑的各种基本规则,还要培养自己的画面意识,培养一种对画面的特殊感悟。画面意识简单来说就是画面形象感、画面效果感和剪辑感。

3. 运动的组接

目前，国内电视界一个通行的说法是镜头组接的基本原则是"动接动""静接静"。作为镜头组接的一般规律，它在大多数情况下是适用的，也是编辑人员在剪接操作时应该遵循的原则。但在实际的画面剪辑操作中，事物除了运动与静止这两种状态，还存在由动而静或由静而动或更为复杂的状态，因此，在组接镜头时，为了保证画面的连贯与流畅，我们也要考虑"动接静""静接动"的方式方法。

（1）画面主体运动与镜头组接 这里所说的画面主体运动是指固定镜头中画面主体的运动状态。例如，用固定镜头拍摄的走动的人物、行驶的车辆或是天空、花草树木、建筑物、室内的摆设等。画面内主体的运动状态与镜头组接方式有：

① 静接静。即静止的主体接静止的主体，是两个静态构图画面的组接，这是电视片中十分常见的镜头组接方式。如天安门接人民英雄纪念碑、建筑外景接室内摆设等等。两个静态构图画面的组接，要尽力寻求两个画面主体在空间关系、逻辑关系以及造型特征等各方面的联系，以使镜头的组接合乎情理。

② 动接动。即运动的主体接运动的主体，可以在主体的运动中进行切换，通过两个以上不同景别、不同角度的同一主体运动的组合，来再现同一主体完整的运动过程，此外，两个主体运动的画面相组接，也可能是两个主体而不是一个主体，如前一个画面中一位篮球队员跳起阻拦对方投篮，后一个画面是篮球进网的特写。

同一主体的动作连接 对于同一主体发生的同一个完整的动作，可以用不同的景别和角度加以表现，剪接时，可供镜头转换的动作依据有很多，如人的起身、坐下，行走时身体的起伏，讲话中头部的摆动，拿东西时手的起落等等都可以作为镜头切换的契机，此类情况时间因素严格受到动作的制约。另一种情况是，同一主体发生不同的动作，但前后动作间紧密联系，构成一个完整的过程，这种动作的组接一般有以下几种处理方法：一是将分别拍摄的完整动作的不同部分连接在一起，如工人在车床前工作，开动车床加工零件，零件加工成后检验一下是否合格，镜头组接时可以将分别拍摄的工作镜头和检验镜头组接在一起，来表现一个连续的动作过程；二是在前一动作的某一停顿处切断，再从下一动作的停顿处开始，省掉中间的一段动作，如一个学生在图书馆的书架前找书，走到某处站着看（这是一个动作的暂时停歇），下一个镜头切到从书架上抽出一本书，或一本书已拿在手里，翻开书（这是另一个动作的开始）；三是利用插入镜头将前后两部分动作联结起来，如书法家写字，前一镜头落笔开始写，插入一个用笔蘸墨的特写镜头,再接下一镜头时,那幅字已经快完成了。

不同主体的动作连接 把不同的运动主体组接在一起,要使前后两者的运动产生一种顺畅感,须注意三个问题:一是依据主体运动的动势组接镜头,在前后不同主体的画面之间,以相似的运动作为连接的基础,保持前后镜头主体运动方向的一致,如滑雪、汽艇、汽车、自行车等比赛,画面主体都是高速向前奔驰的,都有强烈的动态,把它们组接在一起,既有强烈的节奏感,画面衔接又连贯;二是依据动作形态的相似性组接镜头,如体操、跳水、花样滑冰等项目,都是以翻腾、旋转、飞跃等显示运动之美的,在运动员翻腾旋转的过程中组接画面;三是依据主体在画面位置上的同一性组接镜头。

③ 动接静。即运动的主体接静止的主体。这种组接方式,一般应该在前一镜头中主体运动当中的瞬间停歇处或某一动作全部完成之后选择剪接点,这样才能保证运动主体与相对静止主体间的顺畅连接。例如,编辑跳高运动员,前一个镜头是运动员跨过栏杆(切出),(切入)后一个镜头是观众起立欢呼。

④ 静接动。即静止的主体接运动的主体。这种组接方式,一般选择后一个镜头中主体动作即将开始的瞬间作为剪接点,使前一个镜头中静止的主体与后一个镜头中主体动作即将开始的瞬间相组接。

(2) 镜头外部运动与镜头组接 我们通常把运用推、拉、摇、移、跟、甩等运动摄像技巧拍摄的镜头,叫作运动镜头,这种拍摄技巧引起的镜头运动,称为镜头外部运动。从镜头外部运动因素来看,镜头的组接方式有以下几种情况:

① 静接静。即固定镜头接固定镜头。从镜头的运动形态来看,固定镜头呈现静止状态,因此固定镜头之间的组接也叫"静接静"。但从镜头内画面主体的状态来看,主体既可能是静止的,如景物、物体、不活动的人物等,也可能是运动的,如活动的人或物等。这样,"静接静"就具有了两层含义:一是画内静止物体间的组接;二是静止动作间的组接。前面我们讲过的画面主体运动与镜头的组接方式指的就是固定镜头相接这种情况,这里不再重复。需提醒的是,采用静接静的组接方式,要根据画面内主体运动的方向、速度、画面造型等因素来把握组接方式和选择镜头剪辑点。

② 动接动。即运动镜头接运动镜头。只要是运动镜头间的组接,不论画面中的主体是运动的,还是静止的,都可以视为是"动"与"动"的组接。这类"动接动"的组接,根据前后镜头运动方式的不同,可细分为以下几种组接方式:一是两个镜头的运动方向相同,也就是把上一个镜头的落幅与下一个镜头的起幅组接,这是用"静接静"来处理运动镜头的组接;二是在两个镜头运动方向一致或相近的情况下,可以去掉落幅和起幅,这是典型的"动接动",如表现自然风光,

一个摇镜头紧接着又是一个摇镜头,用这种方式组接时,前后两个镜头的运动方向要保持一致,最忌讳那种摇过来又摇过去,或推上去又拉出来的做法,需注意的是,运动方向相反的镜头,不易在运动当中组接,而应保留运动镜头的起幅和落幅;三是故意表现两个镜头主体之间的对立、呼应、面对面奔跑和繁乱、复杂的环境等含义,可以把两个运动方向相反的镜头组接在一起,如表现多年分别的亲人,跟拍一个跑向画右和跟拍一个跑向画左组接,第三个镜头他们拥抱在一起。"动接动",除了要注意镜头运动的方向之外,还要尽量保持两个镜头运动速度的一致,以免造成前后运动节奏的明显改变,组接后产生忽快忽慢的不稳定感。

③ 静接动与动接静。静接动,指固定镜头后面接一个运动镜头;动接静,指运动镜头后面接一个固定镜头,这是一种突破常规的组接方法。在选择剪接点时,应注意把画面中主体运动因素和镜头外部运动因素结合起来考虑:一是利用固定镜头内主体运动的动势,寻找恰当的动作剪接点,把镜头的运动与固定镜头内主体的运动协调起来;二是利用前后两个画面内主体的呼应关系,来表现运动镜头与固定镜头之间的联系,如跟拍马拉松选手的比赛,下接一个表现观众为运动员鼓掌加油的固定镜头;三是利用画面内运动节奏的改变,使动与静自然地转换,如一个固定的全景画面,突然一辆汽车驶入画面,打破原有的寂静,接下来的一个镜头,则是随着汽车的运动(移动)拍摄,由静到动,顺理成章。

4. 转场的方法

构成电视片的最小单位是镜头,一个个镜头连接在一起形成的镜头序列叫作段落,一个个段落连接在一起,就形成了完整的电视片。段落与段落之间、场景与场景之间的过渡或转换,就叫作转场。场面转换要符合观众的视觉心理需求,场面可按时间、空间和情节等进行划分。转场的方法主要有两大类:一类是技巧转场;另一类是无技巧转场。

(1) 技巧转场 技巧转场是通过电子特技切换台或非线性编辑软件中的特技效果,对两个电视画面的组接进行特技处理,以完成场景转换的方法。技巧转场的主要作用是使观众明确意识到镜头与镜头间、前后场景间、节目的前后段落间的间隔、转换或停顿,以及使镜头转换流畅、平滑,并制造一些直接切换不能产生的视觉及心理效果。常用的技巧转场方法有以下几种:

① 淡出淡入。也称渐隐渐显。在上一个镜头的结尾,画面由正常的亮度逐渐变为全黑,画面内容转暗,逐渐隐去,这就是"淡出"或"渐隐";在下一个镜头的第一个画面由全黑开始渐渐变成正常亮度,画面由暗转明,逐渐显现,这就是"淡入"或"渐显"。淡出淡入常常被用于电视节目中一个情节或完整段落的结束和另一个情节或完整段落的开始,淡出和淡入的时间也有快慢、长短之分,其

实际运用长度,要视具体的情节、情绪和节奏的要求而定,画面长度一般各为2秒。淡出淡入的主要作用有:一是场景段落的转换;二是时空压缩变化;三是情绪延伸和节奏调整。淡出淡入有时可以单独使用,与直接切换的镜头相组接。由于淡出淡入对时空的间隔相当明显,因此不宜过多使用,否则会导致节目结构松散零碎,影响内容的紧凑和集中。

② 化出化入。也称叠化、融变。前一个镜头逐渐模糊,直到消失,后一个镜头逐渐清晰,直到完全显现,两个镜头在化出化入的过程中,有几秒钟的重叠,融合,形成前一画面在逐渐模糊中转化为后一画面的视觉效果。叠化的速度可以根据内容需要或快或慢。叠化在叙事过程中主要用于较小或不完整段落的连接、转场,表示一个在时间或空间上的较小的转变,或表示在两个地方同时发生的事情。具体如衔接人物的回忆、事件的进程、春夏秋冬季节的变化、环境的更替等。叠化在转换画面时具有柔和、自然的特点,一般用于缓慢、柔和的时空转换,因此在一些时间性较强的节目中(如新闻节目)不宜使用这种手法,而应尽可能用切来转换镜头。

③ 划像。也称"划""划变",可分为"划出"和"划入"两种。划出是前一个画面从某一个方向退出屏幕画框,空出的地方则由叠放在该画面"底部"的后一个画面取而代之;而划入则是前一个画面作为衬底,在画框中不动,后一个画面由某一方向进入画面,取代前一个画面。划像可用于表现地点、空间、场合的改变,一般用于较大的段落之间的场景转换。随着电视特技手段的不断发展,划像的方式、方向也发生了极大的改变,除上、下、左、右各个不同方向的划像外,还有星形、圆形、扇形等多种几何图形的划像,先进的数字特技制作软件能够提供无限多的划像组合形式。"划像"图形的选择要注意切合全片内容、风格的需要,不追求过于花哨的手法,不要滥用技术,否则只会适得其反。

④ 定格。就是将画面中运动的主体突然变成静止状态,从而强调某一主体形象或强调某一细节的含义,定格结束,自然转入下一个场景。定格的形式主要分为由动(活动画面)变静(定格回顾)和由静变动两种。前者多用于一个较大段落的结尾或用于连续性节目每一集的片尾,也有的用于片尾作为屏幕文字的衬底来使用;后者用于段落开头和电视片头,也有用于段落中间的定格形式,如静止的相片变活,可引起回忆或进行倒叙。定格是动作的刹那间"凝结",由于其视觉冲击较强,因此一般性段落转场不宜多用。

⑤ 翻转画面。也称翻页,即前一个镜头以屏幕的中心线为轴线,经过180度的翻转换成另一个镜头,其视觉效果犹如翻书页。翻转多用于内容意义上反差较大的对比性场景,如新与旧、穷与富(原先的低矮平房变成高楼大厦)、悲与

喜等，以及变换时空。在一些娱乐性的节目中也常用翻转制造活泼的气氛、明快的节奏（如运动员长跑翻转跳高，再翻转跳远等）。

⑥ 多画面。即把同一个屏幕分割为多个画面的技巧。多画面的屏幕可以用来表现同时发生的相关或对立的几个事件、动作，或从不同视点、不同距离表现同一个事件和动作；也可用来实现段落、场面交替更换。如打电话的双方同时出现在左右对分的屏幕上；又如同一画面上，表现同一时间内进行的各项体育比赛，各个局部画面之间又有大小、动静、交错分离等表现，整个画面效果丰富多彩。当然屏幕分割不能过频过碎，否则会造成混乱，使观众分心。

⑦ 虚实互换（又称变焦点）。利用变焦点使画面内一前一后的形象在景深内互为陪衬，达到前实后虚、前虚后实的效果，使观众注意力集中到焦点突出的形象上，实现内容或场面的转换。虚实互换也可以是整个画面由实而虚或者由虚而实，前者一般用于段落结束，后者用于段落开始，从而达到转场的目的。

⑧ 甩出、甩入。镜头突然从表现对象上甩出或者镜头突然从别处甩到表现对象上（甩入）。"甩"镜头将一个空间内容快速地与另一空间内容联系在一起，因此，"甩"镜头常被用于明显的段落转换中来分离时间空间，或者表现同一时空中不同主体动作和事件，强化两者之间意义的关联。"甩"镜头具有快速、强指向的特点，因此适于表现紧张气氛和呼应关系，也常常被用于快节奏的表现上。如在一些强调运动性、快节奏的广告、短片的剪辑中，甩镜头往往被作为辅助性手段来强化视觉的动感效果，尤其是一些影像模糊的甩画面，虽然只是一晃而过，但是，很有效地提高了画面的动态表现力，可造成极快速的节奏。

⑨ 电脑特技。非线性编辑、电脑动画以及各类图像、视频制作软件，给电视节目制作带来了新的视觉样式，也使电视编辑手段发生了很大的变革，技术进步为艺术表现带来了无限丰富的可能性。数字电脑特技改变了传统画面的组合方式，甚至在某种程度上改变了"剪辑"的概念和传统的时空转换手段。电视画面不再是一个接一个的线性组合，而是在一个连续画面中多场景的集合，转场技巧因此有了突破性变化。常用于转场的电脑特技有：

连续扩缩效果　利用数字特技功能，画面图像的尺寸可以在水平、垂直方向随意变换。即将信号进行"推""拉"等特技处理。画面在水平、垂直两个方向上按同样的比例连续压缩和连续放大是数字特技中最常见的特技形式，类似推拉镜头的变焦效果，但本质是根本不同的。

平滑移动效果　平滑移动是指整幅画面在屏幕上的移动，属位置特技形式，其图像没有大小、尺寸的变化，沿着水平方向或垂直方向滑动。

马赛克效应　马赛克是指用不同颜色的小方瓷砖镶嵌出的图形，以取代绘画的细微颗粒。数字特技就是利用这一基本思想,使电视图像由许多小方块组成,而每一方形区域内的色彩和亮度都是相同的,从而获得马赛克镶嵌效果,其图像没有清晰的轮廓,马赛克的大小可以连续改变,不仅整个画面可以做成这种效果,也可以只改变画面的一部分。利用马赛克效应作为画面转换的过渡也是很不错的。

裂像效果 使画面图像沿水平方向、垂直方向或同时在两个方向上分裂成二块或四块画面图像,并且分别向两边推移出去,在中间裂开的地方可键入另一画面图像。当一分裂的图像被全部推出后,便完成了镜头的转换。

随着特技手段的发展,转场的方式越来越多,在这里介绍的只是其中最常用的几种方式。技巧转场也存在着一定的弊端,因此我们在使用技巧转场手段时要慎重,要从节目内容、风格的实际需要出发加以考虑,尽量少用或不用技巧转场,不要为了卖弄技术而滥用特技。

(2) 无技巧转场 无技巧转场是采用"切"的方法实现转场的。所谓的"切"即切换,是指在极短的瞬间两个镜头迅速地实现整幅画面的相互转换。直接切换转场要求前后两个镜头画面中必须有合理的过渡因素,以达到转场的自然和连贯。常见的无技巧转场方式有:

① 利用主体的相关动作转场。前一段最后一个镜头主体的动作与后一段第一个镜头主体的动作在形式上或内容上相互关联,这个动作就可以作为前后两段的过渡因素,前后镜头中的主体可以相同也可以不相同。利用相关动作转场时,要注意两个画面中动作幅度的大小、方向,人物的情绪、视线都必须一致或者相近,如果有明显的差别就接不起来了。

② 特写镜头转场。前后两段借助于特写镜头转场,在影视中经常使用。运用特写镜头转场,能够暂时集中观众的注意力,使观众不至于感到太大的视觉跳动。电视新闻、纪录片、专题节目中常用这一方法来转场。

③ 同一主体转场。同一主体转场是指前后两个段落借助同一物体转场。需指出的是,利用同一主体转场,在景别上大都是该主体的近景或特写,因为这一视距的镜头能排除画面环境中次要因素的干扰,较好地引导观众的注意力随画面趣味中心的转移而转移。

④ 相似体转场。两个画面如果主体形态差别太大,连接后会造成视觉跳动。在转场时,不可能前后两段镜头都通过同一主体转场,对于不同的主体,如果它们有相似之处(形状或构图),那么这些相似之处就可以作为转场的因素。生活中相似体到处都有,例如报道高空作业的女电工的新闻,前一场景是女电工宿舍,有的休息,有的伏案学习,镜头摇到墙上一幅表现女电工在高空作业的宣

传画,下一段从女电工在高空作业的实际劳动场景开头。

⑤ 主观镜头转场。主观镜头转场是利用剧中人在看什么或沉思什么作为前一段的结尾;下一个镜头就是他看到的或想到的人或事(主观镜头),从而把两个场面连贯起来。推而广之,前一镜头人物目光注视着,便可以接入任意一个与视线相符的画面,达到转场的目的。

⑥ 出画入画转场。主体(人物、动物、车辆等)出画入画转场是指前一个场景主体走出画面,切到另外的一个场景,主体进入画面,用于表现同一主体的时空转换。使用这种方法要注意主体出画与入画的位置应处于两个画面的相反区域。例如在前一个场景中,主体从右边走出画面,那么下一个镜头,在新的场景中,主体应从左边走入画面,这样在感觉上,运动方向是一致的,否则容易造成主体又走回来的感觉。出画入画的转场形式还可以只出不入,或只入不出,即前一个镜头主体走出画面,下一个镜头主体已经在另一个场景的画面中。出画、入画的动作可造成紧迫感,因此这种转场方法适用于角色情绪比较饱和、激动的地方;上一场出画在视觉上造成的短暂悬念,在下一场第一个入画镜头中立即得到解除。

⑦ 遮挡镜头转场。遮挡镜头转场是在前一个镜头中主体从纵深处迎着镜头走来,不断靠近镜头,直至挡住镜头,下一个镜头是主体背离镜头向着纵深方向而去,第二个镜头已是另外一个场景,以达到转场的目的,这种转场手法,前后两个镜头可以是同一主体,也可以是不同主体。

⑧ 空镜头转场。空镜头,又称景物镜头,是指电视片中作自然景物或场面描写而不出现人物的镜头。常用以介绍环境背景、交代时间空间、抒发人物情绪、推进故事情节、表达作者态度,具有说明、暗示、象征、隐喻等功能,在电视片中能够产生借物喻情、见景生情、情景交融、渲染意境、烘托气氛、引起联想等艺术效果,在画面的时空转换和调节故事节奏方面也有独特作用;空镜头一般采用近景或特写。例如,一个作家经过多少个夜以继日的伏案创作,终于在一个黎明前完成了全部的书稿,他起身站到窗前,接上一个旭日东升的镜头作为这一段落的结束,舒缓一下情绪,然后再接上人们在座谈他的作品的镜头画面。从艰苦的创作阶段到作品出版后引起的反响,两个段落的连接是靠旭日东升的景物镜头来过渡的。

⑨ 虚化镜头转场。虚化镜头转场是将前一段的最后一个镜头调虚,直到完全模糊(虚出),下一个新镜头也是从虚像开始慢慢调实,以实现转换时间、地点、场景的目的。在一些介绍烹调技术的电视节目中,某一盆菜肴已经调配好了,需要放入蒸笼蒸2个小时,为了简洁地表现这个过程,常常是把调配好的菜

肴放入蒸笼,盖上蒸笼罩后,镜头虚化,下一个镜头又由虚镜头慢慢调实,出现冒气的蒸笼,然后打开蒸笼,取出蒸好了的菜肴。

⑩ 声音转场。声音转场是利用声画的对列来连接镜头,使段落的衔接十分利索顺畅。声音转场的形式包括:利用片中人物的对话、台词转场,利用旁白转场,利用歌词和音乐旋律的发展转场等。

无技巧转场,对电视节目制作者提出了更高的要求,它需要严密的构思和精巧的设计,特别是要熟练地把握形象逻辑,尽量发现每一场景的画面与前后两个其他场景在外在形态和内部逻辑上的相关因素,抓取一些能够用于场景转换的画面,以满足后期画面剪辑中对承担转换时空任务的转场画面的需要。近年来,影视语言有了很大的发展和变化,其中之一就是大多采用了无技巧转场的方法,这是因为影视艺术越来越追求真实、可信的逼真效果。在技巧转场中,淡变和划像等特技画面留有很明显的人为痕迹,使观众在观看银屏时,常感到自己是旁观者,很难完全融入其中。而用无技巧转场的直接切换则比较自然、真实,使观众有身临其境的感觉。当然无技巧转场在艺术技巧上难度较大,需要严密的构思和精心的设计,特别是要熟练地把握和运用形象的逻辑规律。

5. 电视字幕与画面组接

(1) 屏幕文字的类别　分述如下:

① 据屏幕文字与画面的关系,可分为画内文字和屏幕文字。画内文字是指出现在电视画幅内的文字(如会标、标语等),画内文字一般要靠拍摄时构思捕捉,画内文字既可以起到画龙点睛、突出报道中心的作用,也可以引起观众从无意注意到有意注意的转变,同时交代一定的环境、渲染现场气氛等;屏幕文字是指根据节目内容表现的需要,后期制作时叠加在屏幕上的文字,屏幕文字是电视传播符号系统中不可或缺的组成部分,它与图像、声音三者互为补充,相得益彰地赋予了电视节目直观、图文并茂的特点。

② 据屏幕文字的表现形式,可分为整屏阅读式、滚动式、插入式和特技式。整屏阅读式,是指屏幕文字分布在整个电视屏幕上,让屏幕文字与声音互相配合,形成听读一体,每逢播发重要会议公报、政令、名单,电视台采用"声画合一"手法,声音和文字同步播出;滚动式,是指屏幕文字以一定的速度在屏幕上连续滚动进行传播的方式,滚动式屏幕文字在屏幕上的位置一般是画框的四条边缘,我国电视台的滚动屏幕文字一般以上、下两条边框居多,而我国港、台地区电视台因为观众阅读习惯的差异,有在左、右两条画框滚动的情况。滚动屏幕文字可以在一定程度上打破电视顺时传播对观众造成的被动收视的限制,起到扩大节目信息量和保证信息时效性的作用;插入式,是指在节目正常进行过程中,以

"切"的方式叠加屏幕文字,插入式屏幕文字运用得非常广泛,包括电视剧、电视访谈节目中的人物对话、人物介绍,电视新闻中的内容提要、新闻标题,体育节目中的参赛选手、比赛分数、计时、名次等;特技式,是指屏幕文字以特技的方式出现的形式,特技式屏幕文字一般运用在节目片头、节目名称、节目预告、电视广告片以及其他艺术类电视节目中。

(2) **屏幕文字的构图形式** 屏幕文字的构图形式,是指屏幕文字在电视屏幕上的位置和排列以及屏幕文字与画面的结构关系。电视节目中最为常见的屏幕文字排列方式是采用横行排列,当然,也可根据需要选择竖行排列和斜行排列;字与字之间的距离可以相等,也可以错落有致;字号可以一致,也可以有所区别。屏幕文字在电视屏幕上的构图形式可以多种多样,并没有一成不变的固定位置或形式。综合分析我国电视台的屏幕文字运用情况,主要有以下几种构图形式:

① 整屏文字式。是指屏幕文字成为电视屏幕上最主要的构图元素,并且占据了屏幕的主要视觉点。

② 底部横排式。是指屏幕文字横向排列在电视屏幕底部的构图形式。这种形式是电视节目中屏幕文字最基本、最常用的形式。电视剧中的人物对白、翻译屏幕文字,电视新闻节目中播音语言、新闻人物语言、内容提要、新闻标题等,都是以这种形式构图的。

③ 滚动字幕式。是指字幕以滚动的形式通过屏幕,逐次展示其所负载的信息的形式。滚动字幕可以置于电视屏幕的底部或顶部,也可以置于电视屏幕的左边或右边。

④ 竖排式。是指字幕竖直排列在电视屏幕的右边或右边边缘的形式。竖排式字幕主要起说明性的作用。在电视新闻节目中,主要用来介绍新闻人物或相关人员的身份、姓名等信息。一般有两列,一列介绍身份,另一列介绍姓名。

⑤ 固定式。是指以小方块的形式固定在电视屏幕的某一位置的构图形式。固定式字幕主要用来传播诸如天气情况、股市行情、时间、外汇牌价、节目名称或标志等内容。

(3) **屏幕文字的运用技巧** 电视节目中屏幕文字的运用是一门学问。它不仅是使用字幕机的技术性工作,还要求从业者必须懂得电视传播媒介的特性,懂得各种电视节目的不同特点和要求,具备相关的符号学、语言学、心理学、哲学等理论素养,屏幕文字的运用应该注意以下几个方面:

① 注重屏幕文字的色彩、字体、字号、光线和特技处理。字幕与色彩如同书籍装帧、广告设计、商标设计一样,要求注重它们之间的色彩对比和调和关系。

在电视中特别要求字与色的醒目和清晰效果。从总体上看,屏幕文字的色彩选择应该遵循与其所传达的信息内容相匹配和协调一致的原则。在电视新闻、纪录片等纪实性节目中,屏幕文字的色彩运用风格应该是平实,忌花哨,应该避免造成"色彩缤纷"的效果,单色屏幕文字(或黑白屏幕文字)比较适合这类节目的总体传播要求;在艺术类电视节目中,可以根据节目的具体内容选择多种色彩,使屏幕文字的颜色交替变化,发挥色彩的表现力和感染力,调动观众的情感。不过,屏幕文字的色彩不是越丰富越好,在实际运用中,要考虑到它与画面色彩的对比与和谐。我们知道,电视画面的色彩是多样的,屏幕文字的色彩要既突出屏幕文字本身,不能让它淹没在画面的色彩"海洋"中,又不能与画画"争辉",让观众感到无所适从。屏幕文字和画面的色彩必须达到反差与和谐的统一。

屏幕文字的字体、字号应该是多样变化的。根据不同电视节目的传播要求,可以选用楷书、行书、隶书、宋体、仿宋、变体字等多种字体。纪实节目选用隶书、行书、魏碑等字体,可以表现节目的古朴端庄、凝重深沉;儿童节目选用童体字,有利于表现儿童天真可爱的特质;广告节目选用变体字或美术字,可以创造一种夸张、变形的效果,别具一番神韵和风采。屏幕文字的创作应该有意识地吸收祖国丰富多彩的艺术宝藏,拓展电视节目中屏幕文字的字体样式。字号的大小,要根据字体的不同和节目的不同灵活运用。制作屏幕文字时,还必须注意光线的运用。富有视觉冲击力的屏幕文字,归根结底是运用光线的结果。

屏幕文字的特技处理主要包括:硬切、慢转换、写出、竖移、横排、斜移、显出、切入、划出、逐出、甩出、翻飞、飞入飞出、上下拉式、左右拉式、闪入、卷入、急推、缓推、转动、叠化齐出、逐一扫出等。在具体运用时,要根据节目特点、节目需要,以及节目中的时间、地点、景观、人物、动作等特点恰当选用。

② 注重电视字幕的编排与画面的协调。在字体、颜色确定之后,就要考虑电视字幕的编排及与画面的协调统一。

文字在画面上的位置处理 文字在画面上不同的位置将产生不同的视觉效果和不同的象征意义。文字放置于画画的最顶部,产生上升、轻快的视觉效果,同时也具有愉悦、适意的象征意义,因此,在表现快乐、高兴、舒适的内容时,文字最好排列在这个位置上;文字放置在画画上部的黄金分割线上,具有安全、平稳、高雅、大方的视觉感觉,适合表现具有相同意义的广告文字的排列;文字放置在画面的正中心位置,具有极端安定、平稳、视觉强烈的表现效果;文字放置于画面的最下端,具有下降、沉重的视觉效果,有时也有哀伤、消沉的象征意义,比较适合于具有相同意义的文字排列;文字放置在画面的左端或右端具有极不平衡的感觉,但这种不平衡感对于文字的突出,也极其有效。

文字的编排 文字编排方法得当，不但可以提高视觉的注目效果，增强阅读率，同时构成了整齐美观的版面。轴线左置的排列，每行文字的左边对齐，右边不齐，开头整齐排列，便于读者阅读，是常用的排列方法；轴线右置的排列，每行文字的右边对齐，左边不齐，这种排法，适合于文字行数较少时使用，否则将不便于阅读，影响效果；轴线中置的排列，把文字的轴线中置，每行文字以中轴线左右对称，每行文字在中轴线左右相等，形成绝对对称的文字排列。当文字内容比较多时，可增加一条轴线，形成两条轴线的排列方式。双轴线左右置排列，两组文字左齐与右齐，齐头一边分别置于左或右，而中间形成穿插组合的排列；双轴线中置的排列，两组文字右齐与左齐，齐头一边居中相邻，形成两条轴线相对对称的排列；双轴线左置或右置，两组文字都右齐或左齐，此法必须使两组文字穿插排列，如加上大小变化则更为理想；传统书写形式排列，这也是一种双轴线排列，每行文字都既齐左，也齐右，每段文字的开头都要空两格，然后顺次排列。

文字的疏密 由于电视屏幕尺寸有限，因而电视屏幕上的字数不宜过多，一般横排为12个字。字幕在画面中不能太满，不能像蚂蚁一样密密麻麻看不清楚。在排列中应注重平衡中求错落，轻重中求稳定，紧密中求舒展，空白应该适当，左右应该有余地的艺术效果。在设计字幕时还要分清主标题与副标题及小标题的字体、字数、字的大小、粗细、比例、尺寸、色彩等关系。主标题字数不宜过多，但字体应该大些。

字幕与画面的协调统一 字幕在与图案、符号、画面相结合时，应注意字数的多少、字体的大小与图案的大小和图案的形状、字体的大小与符号的大小和符号的形状以及与画面人物、景物、色彩之间的关系。要确定以谁为主，这样才能把握好字幕与图案、符号、画面之间的协调统一。字幕与图案的结合，首先要有统一的基调，这种基调是确立在电视内容的基础之上的。例如设计一部带有中国民间色彩的电视片时，字幕最好选用篆体、隶体及各种碑文，而图案最好选用剪纸、蜡染、编织、石刻、瓦当、汉砖、铜器等，这样的组合，能够充分体现浓厚、朴素、简练的民间特色及风格；又如设计一部具有现代特点的电视片时，字幕可选用宋体、黑体、变形美术体字幕，在图案上可选用点线面式、色块组合式、变形式、抽象式图形，这样的组合，具有时代感、信息感和节奏感。字幕与画面的组合应该是协调、贴切的。如电视字幕在新闻画面中出现时，一般使用楷体、宋体、黑体；字幕在画面中的字数不应过多，也不应过小，字数多会破坏画面的整体美，字体小会使人视觉难以识别；在画面中怎样处理字幕的位置，是非常重要的，应根据画面的内容需要，并考虑整体画面的均衡，安排合适的字幕位置；字幕在画面中的色彩,最好选择对比的冷暖色,既鲜明又突出;字幕在画面中应用的手法是多种多样的,在什么场合、什么条件下,怎样处理都需要设计。如中央电视台制作的各种专题、文艺节目片头、片尾,其画面的字幕艺术都很有特色。

③ 选择好屏幕文字的呈现时机和显示时间。电视节目异彩纷呈、各具形态,根据不同节目样式的要求,屏幕文字的呈现时机和显示时间也各不相同。具体到电视新闻节目中,屏幕文字的呈现和显示,应遵循心理学的感知、记忆规律,选择好最佳的显示时间出点和显示停留时限。其要点是:显示时间出点,以该条新闻播出 10 秒钟以后的第一秒这个点为好,经过前 10 秒钟,新闻的主体画面和声音要点(如导语)已经出现,此刻再加上提示屏幕文字的刺激,便可强化前 10 秒钟声画所形成的意象感觉记忆,消除因视听反应模糊造成的信息不确定性,从而加深对整条新闻内容的理解和无意识理解记忆。显示停留时间的长短,应以屏幕文字的长短而定。一般情况为单行显示,包含数个至十几个汉字,显示停留时间以 10 秒钟为宜;双行显示,每个单行含汉字 10 个左右,两行相加 20 个汉字左右,显示停留时间以 15 秒钟为宜。显示停留时间过长,文字会与画面争夺注意力;显示停留时间过短,观众又无暇顾及。

④ 屏幕文字运用注意事项。一是掌握好出现的时机和停留的时间,与画面内容紧密配合,如歌词、电视散文等节目必须与解说同步,停留的时间以能阅读完整个文字为原则,对于需要记忆的总结性文字可适当延长;二是减少不必要的字幕,如果节目中文字出现太多就会分散观众的注意力,影响对画面的观看,甚至造成厌倦情绪;三是用字要规范,字幕要科学,尤其是教学节目中的公式、符号等应准确无误,防止出现错别字,造成观众的误解;四是特技运用要恰当,现在的字幕特技效果非常丰富,在运用时要根据内容节奏的需要,选择合适的方式和出入速度,避免与画面内容脱节。

6. 电视片头制作

电视节目要吸引观众在短时间内始终将遥控器按钮锁定在自己的节目中,除了确保节目内容的优质外,电视片头的艺术性、指向性和引导性也越来越重要。

(1) 积极探索,精心制作 电视片头是电视包装的重要内容,主要运用实际拍摄元素、3D 元素以及平面元素,再通过后期合成软件将这些材料和元素进行特效处理和合成,最终生成电视包装片。

① 内容。从内容因素来看,电视片头的创意要与节目整体风格一致,能准确地表现节目的内容和相关信息,给观众以深刻而鲜明的印象。例如,娱乐类电视栏目的片头色彩较为鲜艳,节奏明快,其场景、气氛都与栏目风格相协调;新

闻、专题类栏目的片头则更需庄重、严肃,这类栏目片头多采用蓝、红、黑、银等色调映衬出栏目严肃的气氛,旋转的地球等虚拟道具则喻示栏目的性质。

② 形式。从形式因素来看,片头设计并没有一成不变的模式,既要充分发挥自由创作、超越现实的优势,也要充分发挥设计者的创造力、想象力,摆脱传统的字幕片头动画带来的思想束缚,只有这样,才能设计出精彩而又具个性的片头。

③ 特效。从特效因素来看,包括文字特效、光的效果、三维空间特效以及综合特效。特效的应用是设计者完成炫目片头的手段。通过特效应用、构图处理和色彩表现的完美结合,才能制作出令人叹为观止的片头。

④ 音乐。音乐在一条电视节目片头中的作用极其重要。片头的节奏感首先来自音乐,所以一般情况下有了大体的想法后,就要根据创意来寻找适合的音乐,形成音乐小样,然后依据已有的音乐小样控制画面效果,达到音画同步的效果。

⑤ 道具。道具的构建是片头场景设计中一个非常重要的环节。道具具有暗示片头内容、强化片头风格、性质的作用。片头中的道具一般比较简单而且具有典型性、象征性,比如一见到地球模型,我们很容易想到新闻类节目。总之,道具设计因节目类型、节目内容而异,设计时既要体现同类作品的一般风格,又要敢于打破常规,勇于创新。

(2) 注重学习,用心积累 制作人员在平时工作中要多留意和收集一些好的东西。目前可以收集的途径大致有:用录像机记录电视上的栏目包装片头;从网上收集一些格式较小的片头小样、素材和教程;收集一些关于此类的书籍等。除此之外,一些制作精美、颜色时尚、构图缜密、构思独特的彩页、网站、FLASH等都是我们可以参考学习的对象。临摹是制作人快速提升制作水准的有效手段。当然,临摹别人的成功案例并不是生搬硬套,而是要深层次地进行破解,观察里面使用了哪些元素、特效,然后对片中使用的技术进行逐帧分析,从而学习到更多的制作技巧和设计理念。

电视片头包装是制作人员的一项重要工作,在完成这项工作时,有很多东西依然是有套路可循的。制作者可在平时先将一些模式化的元素先制作出来(比如做一些广泛通用的动态背景、标准图层、片头中的特殊效果等),这样在需要制作片头的时候可以直接调用这些已经制作好的素材,节省创意、制作和渲染的时间,大大缩短制作的周期。

综上所述,电视片头包装是集科技、文化、艺术于一体的一门专业的传播艺术,也是一个美丽而年轻的行业,平时制作人员要注重电视包装相关知识的积累、学习和更新,这样才能制作出更多被大众欣赏和喜欢的片头,将美的享受带入我们的生活。

二、电视声音编辑技巧

众所周知,电视有"视""听"两个通道,声音和画面,相互交汇,融为一体,不可割裂。声音和画面是构成屏幕艺术的主要物质材料和运动形式。

1. 声音编辑的程序

① 在确定选题并进行总体构思时,就要有声音和设计方案,对音乐、音响效果等作出安排。

② 按照总体构思和可能性,确定音乐创作及选配方式。

③ 根据画面叙述内容和解说词,划分音乐音响出现的段落、次数,每段音乐的作用、长度、音色,以及出点和入点。

④ 片头音乐要具有召唤性、标志性和预示性,片尾音乐要具有归纳性、思索性。

⑤ 调整声音的层次、轻重、缓急、高潮及交替出现时的连贯性和呼应性。

⑥ 逐段进行音乐创作或选配、制作音响,录制混合,完成节目。

电视节目的屏幕造型,包含着视觉形象和听觉形象两种因素,这两种形象在电视节目中各自承担着不同的使命,声音和画面的组合关系有声画统一、声画并行和声画对立,关于这部分内容在声画蒙太奇中已做过介绍,这里不再赘述。

2. 声音剪辑点的确定

以声音因素为基础,根据画面中声音的出现与终止以及声音的抑、扬、顿、挫来选择的剪辑点称为声音剪辑点。声音剪辑点可分为对话剪辑点、音乐剪辑点和音响剪辑点。

(1) 对话剪辑点 对话剪接点以画面中人物语言的内容为依据,结合语言的起始、语调、速度来确定剪接点。对话剪接点可分为两种表现形式,五种处理方法:

① 平行剪辑(也称同位法)。是指声音与画面同时出现,同时切换,特点是平稳、严肃、庄重。根据在一个镜头中声音出现前后留出的时间长短,编辑点的选择有三种方式:

同位法编辑点一 声音与画面同时出现,同时切换。上个镜头的声音结束后,声音与画面都留有一定的时空,而下一个镜头切入时,画面与声音留有一定的时空,如图6-2所示。上下两个镜头都要根据人物对话的情绪选择编辑点,这种方法在人物对话中最为常见。它表明,上一个镜头人物对话一结束,就表现下一个镜头中人物的反应。

图 6-2　同位法编辑点一

同位法编辑点二　声音与画面同时出现,同时切换。上个镜头的声音一结束,声音与画面立即切出,而下一个镜头的声音与画面都留有一定的时空。这两个点的选择应是上个镜头的声音一完即切,下个镜头声音则根据人物的表情、动作、心理活动结合剧情的需要,恰当地选择编辑点,如图 6-3 所示。

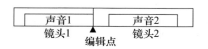

图 6-3　同位法编辑点二

同位法编辑点三　声音与画面同时出现,同时切换。上个镜头的声音一结束,声音与画面立即切出;下一个镜头一开始,声音与画面立即切入,如图 6-4 所示。这两个编辑点的选择应是上一个镜头的声音一完即切出,下一个镜头一开始声音与画面即刻切入。

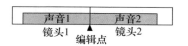

图 6-4　同位法编辑点三

② 交错剪辑(也称串位法)。声音与人物画面不同时切换,而是交错切出、切入。串位法有两种剪辑方法:

串位法编辑点一　上个镜头的人物画面切出后,声音拖到下个镜头的人物画面上,如图 6-5 所示。

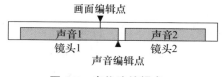

图 6-5　串位法编辑点一

串位法编辑点二　上个镜头的声音切出后,画面内的人物表情动作在继续,而将下个镜头的声音接到上个镜头的人物表情动作中去,如图 6-6 所示。

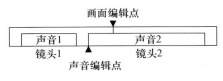

图 6-6　串位法编辑点二

这两种编辑方法既能产生人物情绪上的呼应和交流,又能使对话流畅、活泼,具有一定的戏剧效果,在人物对话中较为常见。在选择编辑点时,应从剧情出发,结合人物的表情、人物对话的内涵和画面造型因素,恰当地选择编辑点。

(2) 旁白剪辑点　旁白在科教类电视节目中应用广泛,解说词是最常见的旁白形式。第一,解说词随着画面的出现,同步进行补充和解释;第二,解说词放在一组镜头画面的开始,起提示作用,之后观众再通过观看后面的镜头画面去思考领会其中的问题;第三,解说词放在一组镜头的结束阶段,起概括与总结作用,帮助观众形成科学的认识。

(3) 音乐剪辑点　音乐编辑点根据电视节目中音乐种类的不同分为两种:一是歌曲、戏曲、器乐等音乐类节目的编辑点,以音乐节奏、乐句、乐段的出现、起伏和终止为主要依据来选择,如在交响音乐会这类的节目中,哪个乐器开始独奏,镜头便切换至哪个乐器,一般用近景、特写表现,合奏时切换至全景;在以歌舞节目为主的文艺节目中,画面随音乐切换,编辑点一般选择在一句词唱完的节拍点上,歌曲的开始和结尾用远景或全景,激情处用近景或特写,深情时用速度平缓的运动镜头。二是为烘托画面内容而配置的画外音乐的编辑点,要注意将音乐的节奏、乐句、乐段与画面的情绪及长度有机结合起来。如果音乐已自然结束,画面仍在继续,会给观众一种戛然而止的不和谐感;反之,画面结束了,音乐却正值抒情处,忍痛割爱便浪费音乐的表现力了。

由于画外音乐对电视画面的依附性,所以在选择音乐编辑点时需要在旋律、节拍、节奏、乐句、乐段等各个方面反复斟酌。

(4) 音响剪辑点　音响编辑点要求以画面内容为基础,特别要把握好同期效果声与画面相互配合的关系。例如,一个人坐在那里深思,画面运用钟摆的嘀嗒声来比喻人物此时此刻复杂、烦乱的心情,音响效果的剪接点就必须与画面内钟摆的动作相匹配、相一致。又如,一些描写环境气氛的自然音响效果,如海水冲撞礁石所发出的巨响,潮落的水声,音响效果也必须与画面海水的起幅、落幅动作一致。一般在前期拍摄过程中,已经同步录制了同期声效果音响。而有些画面或是由于拍摄距离太远,或是由于摄像师忘记打开话筒开关,没有录下同期声效果音响,这就需要在后期制作过程中根据画面内容的需要,选用音响资料,选择好音响剪接点,在音响方面做一些填补工作。音响剪接点选择准确,可以使屏幕视听效果更加真实,选择不当则会产生虚假的感觉。

在剪辑过程中,无论选择哪种剪接点,都必须为内容服务,必须结合素材来考虑和判断,合理地选择剪接点。剪接点选择的准确与否以什么为标准呢?首先以屏幕所播放出来的画面效果为标准;再看画面镜头组接是否通顺,节奏是否明快、流畅等。一般来说,在两个镜头相连时,只有一个正确的剪接点。但是,剪接点往往受到镜头造型因素和戏剧动作的制约,导演、编辑在镜头组接的处理方法上,也有自己的艺术情趣和习惯,这些都会影响剪接点的选择。当然,剪接点的选择最终要看屏幕的效果。

3. 声音的编辑技巧

(1) 电视人声的剪辑方式 分述如下:

① 声音和画面同时出现。这是一种直接切换的方法。

② 先闻其声,后见其人。将声音的开始部分叠在前一个画面上,讲几句话后在出现其人,这样做不会使人感到突然,因为声音首先引起人们的注意,画面的变化就不太明显了。

③ 画面和声音同时出现,但声音却是从低过渡到正常位置,这种做法在前面有解说词或表现群众场面时效果更好。

④ 画面结束前,把声音适当延后。

⑤ 在讲话内容结束后,逐渐地把声音压低,标识讲话还在进行,同时解说词可将其内容概括讲出,以缩短讲话篇幅,避免给人以冗长的感觉。

(2) 电视音乐的剪辑 分述如下:

① 段落过渡要自然,不要有明显间断点。

② 段落不要分得太碎太短。

③ 配乐素材宜集中不宜过于分散。

④ 音乐的进、出要考虑旋律的行进,开始的乐曲一般宜用上行乐句,结束句宜用下行乐句,两段音乐衔接处,要注意彼此之间调性上的关系,使人听起来自然、顺畅。

(3) 音响编辑的技巧 分述如下:

① 音响音量差别较大的两个场景转换时,不一定必须让音响保持着相同的音量完全与画面同步切换。

② 音响的剪辑不一定与每一个画面、每一组画面的剪辑点完全同步。即下一个镜头的声音在画面切入之前,其音响已经先于画面出现在上一个画面中。

这种剪辑法可以让观众对即将看到的画面产生一种预感和猜测,激起他们的期望心理。

③ 音响可以夸张使用。

④ 让一些"哑片"形成声画一体的整体效果。

⑤ 音响与画面同时切入切出,使其表现的内容更真实。

三、电视节目节奏处理技巧

在后期剪辑中,除了内容之外,究竟有哪些因素影响电视节目节奏的变化?有什么处理技巧呢?

1. 节奏与造型手段

节奏要成为人们可直接感受的形态,需要借助造型的手段,由外部造型手段形成的节奏被称为外部节奏或造型性节奏。一般来说,多种造型手段都能为节奏的形成服务。

(1) 运动主体对节奏的影响 主体的运动速度、方向、幅度会对视觉节奏产生明显的影响。主体运动快,节奏快,主体运动慢,节奏感慢;在主体动作中"动接动",节奏加快,在动作暂停处"静接静",节奏放慢;同向主体动作的顺势而接,节奏相对流畅、平稳,反向主体动作交错连接,节奏变得活跃。

(2) 摄像机运动对节奏的影响 与主体运动一样,摄像机运动速度的快慢与运动方向也会影响节奏,通过镜头的推拉摇移升降运动可以使画面内事物的速度方向发生改变,从而产生不同的节奏感受,而且,运动摄影能够给予静态物体以运动的效果,产生出节奏的变化。

(3) 景别对节奏的影响 由于不同景别所表现出来的动作可见速度是不同的,这就影响了节奏的发展速度及其含义。相同速度的主体,景别越小,视觉运动感越强,节奏效果感也越强,因此可以利用景别的大小差别来调节视觉节奏。在一组小景别中插入大景别,或者在大景别后跳接小景别,这些都是打开视觉空间来转换节奏的常用方式。在带有叙事性的电视片中,利用前进式句型和后退式句型在景别及叙述效果上的对比,交替使用,也可以调节节奏。

(4) 色彩和光影变化对节奏的影响 光、色、构图等都是影视画面中的重要视觉因素,而且是流动的视觉因素,这种流动所带来的各种变化对比形成了视觉的节奏。在统一中有变化,在变化中见统一。

(5) 声音对节奏的影响 由于声音本身具有长短强弱的变化,音乐音响本身具有很强的节奏感,因此,声音造型是形成节奏的重要手段。

① 各种不同性质的声音组合可以形成节奏的变化。首先,一段音乐其本身

的强弱变化就是节奏上的起承转合。一些无解说词、以音乐为主的电视片中,往往依据音乐节拍形成镜头转换的节奏,而且听觉节奏一般会比视觉节奏能更有力地作用于人们的情绪。其次,几种不同性质的声音之间的对比也可以形成节奏的变化。在一些以音乐旋律为基础的电视片中,适时地加入某些同期声或者音响效果,以反差来吸引关注或衬托情绪、调节节奏,这样的技巧在实践中已得到越来越巧妙的运用。

② 声音与画面的配合可以增加叙事的内在节奏感。声音具有强烈的情绪感染力,它和画面的有机配合而形成的声画蒙太奇是影视艺术的重要构成。对于电视来说,声音不仅是蒙太奇效果的重要表现,而且也是电视叙事中最基本的构成因素。解说词、人物采访声、现场效果声、音乐各自具有不同的节奏因素,因此在电视节目的编辑中,一般需要考虑这几种声音的搭配运用,以避免单调。

(6) 蒙太奇节奏——剪辑节奏　　通过镜头长度变化、镜头转换速度、镜头结构方式等剪辑手段来形成节奏是影视节奏控制中最基础也是最重要的部分。镜头长度及转换速度的关系体现为剪辑率的变化,剪辑率高,节奏快,剪辑率低,节奏慢。镜头结构方式既体现为镜头的连接顺序,又可以指镜头连接的技术方式,比如叠化、渐隐渐显、变焦、划像等都包含有节奏因素,这需要根据具体作品的要求来考虑这些技巧的节奏功能。

不同的剪辑速度展现不同的感情色彩,匀速剪辑(匀速的镜头转换),显得从容稳定;慢速剪辑(包括采用慢动作处理)多用于情绪的抒发,节奏舒缓;快速剪辑则易激发强烈的情绪。

以交替快切为例,交替快切是指平行交替地剪接两组甚至两组以上的镜头,往往用于表现矛盾、冲突、悬念、对比等情绪状态。在这样的剪辑中,第一个镜头和最后一个镜头都应该保证有相当的长度,因为第一个镜头起到交代作用,让观众明白发生了什么;最后的镜头代表结束,由中间快速剪辑所积累起来的情绪在这里得到充分释放,在内容上也是对叙述结尾的交代;而中间段落的加速快切,节奏上呈不断递进态势,可以形成不断加剧的紧张感,从而吸引观众。

值得注意的是,在这种剪辑方式中,由于视觉暂留作用,后一镜头比前一镜头稍短的方式,较之同样长度的匀速剪辑会更有感染力,尤其是在一组相同景别的镜头组接中,如果匀速剪辑,则越往后,镜头的剪辑节奏反而会越慢。如果想保持匀速效果,后一镜头应该相应少两帧,依次类推,这就是剪辑中的"加速度"规律。

镜头转换速度的快慢是与这一段落的节奏基调、镜头构成方式联系在一起的。作为编辑，要善于判断每一个镜头内及其各种镜头组合所蕴含的节奏因素，结合叙述内容，有机地安排镜头序列，从而结构最适宜的镜头转换节奏。

利用字幕、构图的变化等，都可以形成节奏。只要有形式上某些元素的变动，就有可能对视听节奏产生影响，我们应该充分了解并寻找各种可能性，综合利用各种造型手段，为内外节奏找到最适宜的表现方式。

2. 节奏与动静关系

节奏的本质是运动的变化，无论是内在叙事性节奏的发展变化还是外在造型性节奏各元素的对比作用，其节奏实质上都是在运动和相对静止的更替中形成，诸如叙事内容的紧张与松弛是动与静，镜头切换的快与慢是动与静，声音的强与弱也是动与静。

从这个意义上看，我们可以用"动静相生"来作为把握节奏的一个原则。这种动静节奏既可以是由叙事内容的丰富与简约、内容性质的紧张与舒缓等对比来安排，也可以利用声画关系、景别、动势等形式元素的巧妙组合来调节。节奏的动静转换有两类方式：

① 渐变式。强调节奏的自然变化，也就是镜头动静关系的转换是建立在镜头逐步推进、内容不断铺垫的基础上的，节奏变化的界限不是很明显。

② 突变式。强调前后节奏的对比，以加大动静反差的方式，造成视觉心理的震惊感，节奏变化强烈。这样的突变技巧在电视片中被常用于段落转场和制造强烈视觉效果的场合中。

渐变和突变是节奏转换的两种基本方式。一般来说，无论是渐变还是突变，外在节奏都应该与内在节奏保持一致，比如，内在节奏慢，外在造型手段上也多采用能够体现慢节奏的方式；但是，有些时候，为了取得更好的叙事效果，内在的动静变化与外在的动静变化可以暂时分离，这是一种更为深刻的意义上的内外融合与统一。

事实上，精确的节奏是在剪辑台上实现的，而且其中的一些处理手段也是可以灵活运用的。必须再次提醒注意的是，电视编辑在考虑节奏处理的问题时，还必须考虑电视收看方式和传播目的的影响，也就是说，大部分电视作品的节奏和镜头长度必须首先保证观众能够获得必要信息，看得清楚明白，在这个前提下，才考虑节奏处理上的各种艺术表现。

四、电视节目结构处理技巧

电视剪辑是一项实践性很强的工作。如果说掌握蒙太奇手法、熟悉镜头组接技巧,是每个从事剪辑工作的人员所必备的基本功的话,那么对剪辑节奏的控制、整体结构的把握则更显剪辑师的功底。只有用心体会,反复实践,再加上较强的艺术感觉和较高的悟性,才能制作出具有艺术感染力的电视节目。

1. 电视节目结构的要求

电视节目的结构,包括总体布局和段落构造两个部分。一个好的片子的结构应该做到完整统一、自然流畅、严谨新颖。

(1) 完整统一　电视节目在结构上应头尾圆合,各段落要饱满,比例分配得当,整体均匀和谐,全篇风格统一、浑然一体。如果结构零乱残缺、脉络不清,事件的因果关系交代不完整,前后风格割裂,就会使观众弄不明白"为什么说"和"在说什么"。

(2) 自然流畅　电视节目的结构要顺理成章、过渡自然,行进流畅,尽量不显露人工雕琢的痕迹,更忌讳牵强附会、生拉硬拼,更不应为形式而形式。段落之间的衔接要如行云流水,自然而不做作,朴实而不雕琢。

(3) 严谨新颖　电视节目结构的严谨首先表现在逻辑思维的严谨。电视节目要严密、精巧、工整,条理要清楚,层次要分明,主次要得当,切忌杂乱无章、颠三倒四、漏洞百出,使观众不知所云。但过分地强调严谨往往严肃有余、活泼不足,使人感到乏味。社会生活的丰富多彩为结构的多样化提供了可能,每一独特的事物都有其独特的表现形式,因此电视节目只有不断创造,突破固有的模式,从内容、结构、形式上新颖独特、个性鲜明,才能激发观众的兴趣,收到好的传播效果。

2. 选择结构形式的前提

(1) 理清思路,确定框架　思路清晰,才能使作品顺畅完整;思路混乱,一定导致结构混乱。确定框架,就是要事先对整个电视片的布局有一个总设想。只有通过对材料的整理和思考,并构思出作品的总体布局后,才能着手选择具体的结构形式

(2) 划分段落,安排层次　"段落"是电视叙事中组织情节材料的自然单位,也是叙事过程中从一个阶段推向另一个阶段前进的自然步骤。一个段落只能展开作品基本主题思想的某个方面,一部完整的作品可能需要若干个段落,因此需要对这些段落进行先后次序的安排,这就形成了"层次"。不同的层次根据一定的顺序组织在一起,形成一个完整的结构形态。因此,层次也称"意义段"或"结构段"。"层次"实际上是事物发展的阶段性,以及人们认识事物、表达思想的深入性在片中的表现。选择适当的方式组织层次,是为了体现作者对局部与全局、观点与材料的总体关系的把握。因此,层次安排是结构方式的具体

体现。

3. 电视节目结构的形式

电视作品的结构形式可以是灵活多样的。即使是同一题材，也可以采用不同的结构形式，没有固定的格式。但电视作品的结构形式要符合一些基本要求。首先，它要脉络清晰，有明确的主线（以事物发展顺序或人物的不同侧面或人物的活动侧面来组织材料），一部电视片的各个部分之间要有一定的逻辑关系；其次，要注意结构的完整。

（1）顺序式结构 这是一种依照事件进程的自然次序组织情节的叙事结构，它以时间为走向轴线。强调情节的连续发展，讲究起承转合。事件发展呈线性态势，符合现实生活的逻辑和顺序，常常作为接近生活的叙事结构形态。又称"戏剧式结构"。

① 顺序式结构的特征。一是明显的事件线索贯穿始终，有头有尾，段落层次分明，遵循事件发展的因果关系；二是内容安排按时间顺序步步推进，环环相扣直至结束；三是整体布局严谨规整，注意头尾呼应、段落转换、高潮处理，以及内在的逻辑性。

② 顺序式结构的线索要求。一是以时间的进程为线索，事实本身发展的时间顺序直接决定内容的层次安排，不容颠倒，根据内容材料的逻辑关系创造一种时间线索来串连内容，利用生活中的情节因素，通过结构方式加以集中强化，这是一种蒙太奇的结构性时序，它与生活内容本身没有严格的对应关系，先拍的东西可能用在影片的后面，只要在影片的叙事上符合时间逻辑；二是以认识事物的逻辑顺序作为线索来展开叙事内容。顺序式结构是电视叙事最常用的结构方式。既符合现实生活的逻辑发展特性，又符合人们认识事物的思维特性，还符合电视传播的线性特征。

（2）交叉式结构 将不同时空中的两条或两条以上有内在联系的线索，按照一定的艺术构思来交叉组织安排，并以此展开情节，推动事件发展。首先，它可以表现同一时间不同空间所发生的几件事，一件接一件地交替表现，共同叙述一个主题；第二，这种结构除了可以表现同一时间不同空间的几条线索的发展之外，也可以表现同一空间内各线索的同时发展；这种交叉结构中，时间和空间顺序被打乱，但它们之间相互衔接，共同深化了作品的主题思想。

（3）板块式结构 与交叉式结构的区别是几大板块中的主体往往是不同的。虽然也有两条或多条线索，但并非交叉安排，而是相对独立。每个板块的小结构是一种顺序式结构。板块之间并非没有联系，但不是事物的一种内在的连接，而是统领于作者的艺术目的，或主题思想下的一种主观化的连接。它是靠结构把不同主体事件整合在一个主题之中。应注意保持各个板块内容的相对完整和线索上的单一清晰;要注意各板块之间的转换,既要提示又不能造成中断。既要保持板块的各自相对独立,又必须能被创作者的一个意义或主题所统领。

4. 开头、结尾与高潮的安排

一部好的电视作品必须要有一个好的开头,才能吸引观众。而一波又一波的高潮才能引起观众的观看欲望,将电视片一直往下看,直到结尾。好的结尾能给观众一个完美的结论或深远的思考。

(1) 电视片开头 电视片开头常用的形式有:开门见山式、由远及近式、寓意式、抒情式、叙述式。开门见山式,开篇就直接引入内容,马上把观众带进节目中;由远及近式、寓意式,是间接和含蓄地介绍所要表现的对象,为观众提供一些相关信息,但并不是直截了当地说明,而是给观众留下思考和想象的余地;抒情式是在开头利用画面或声音抒发表达某种感情以此引起观众的欣赏兴趣;叙述式一般先介绍环境、背景、时间、地点,然后才展开正式的内容叙述。

(2) 电视片结尾 电视片结尾的主要形式有:总结式、寓意式、提出问题式、意犹未尽式。总结式,通常将前面出现的主要画面重组在一起,用总结性的解说词或舒缓的情节来概括全片的意义;寓意式,用比兴的方法造成一种寓意效果;提出问题式,在内容结束后提出一个发人深省的问题,饱含哲理,意义深刻,引起观众的思考;意犹未尽式,通过画面和音响创造一种意境,使人回味、思考,委婉含蓄、余味无穷。

(3) 高潮 电视剧、电影的高潮可由导演预先设定。在确定一部片子的结构安排时,考虑在哪里出现高潮,用什么材料来形成高潮,用什么手法来造成高潮,这是很必要的。高潮处理得好,可以使片子结构起伏、跌宕,重点突出。

① 高潮的设置。高潮的内容应该是片子的重点内容。它使片子的叙述达到一定的紧张程度。在高潮之前,一定要有铺垫和过渡,逐渐形成。一般来说,高潮都是情节比较紧张或情绪比较高涨的地方。所以,要事先交代清楚因果关系,并有一段较平稳的发展过程作铺垫。这样才能使观众不至于感觉突然和不解。

高潮的地方一定要充分利用材料,重笔描绘,尽情发挥,把"戏"做足。如果点到即止,会使观众有不满足感,也形不成高潮。高潮一般都设置在作品结束处。在每个层次中,有时也会有小的高潮,这样才能造成整个影片节奏结构的变化。

② 形成高潮的几种方法。一是选择有气氛的场面和环境;二是选择情绪最

饱满的时刻;三是选择主体动感强烈的时候;四是利用组接形成的强烈节奏促成高潮。

电视节目编辑工作的目的在于为观众提供一个主题更加清晰、节奏更加流畅的视听作品,并且在编辑中提升电视节目本身的艺术表现力。为此,电视节目编辑人员一方面要掌握编辑基础理论,熟练运用各种编辑手法,提高电视节目的编辑能力;另一方面要在编辑工作中不断总结编辑艺术的操作技巧,确保编辑风格与作品整体艺术风格的和谐统一,不断提高电视节目的质量。

复习思考题

1. 简要说明电视节目编辑的概念。
2. 简述电视节目编辑的主要内容。
3. 简述电视节目编辑的主要流程。
4. 画面组接有哪些剪辑点?
5. 画面编辑时如何确定镜头的长度?
6. 运动镜头组接应遵循哪些规则?
7. 电视字幕有哪些表现形式?
8. 电视转场的方法有哪些?
9. 声音处理的原则是什么?
10. 电视节目结构的要求有哪些?
11. 电视节目的结构形式有哪些?

参考文献

[1] 黄匡宇.电视节目编辑技巧[M].北京:中国广播电视出版社,2002.
[2] 何苏六.电视画面编辑[M].北京:中国广播电视出版社,1997.
[3] 张晓锋.电视节目制作原理与节目编辑[M].北京:中国广播电视出版社,2004.
[4] 李运林,徐福荫.电视教材编导与制作[M].北京:高等教育出版社,2004.
[5] 王明辉.电视节目编辑艺术初探[J].新闻传播,2004(1).
[6] 刘毓敏,黄碧云,王首农.电视摄像与编辑[M].北京:国防工业出版社,2007.
[7] 吴徐君.浅谈视频剪辑中镜头长度的确定[J].北京印刷学院学报,2009(10).
[8] http://wenku.baidu.com/view/3f20762ba45177232f60a248.html.
[9] 张晓锋.电视编辑思维与创作[M].北京:中国广播电视出版社,2002.
[10] http://www.docin.com/p-517062126.html.
[11] http://www.doc88.com/p-9819327021460.html.

［12］http：//www.docin.com/p-858231611.html.

［13］http：//dtvedu.gzhu.edu.cn/szdsjy/dsbj/10/2_1.html.

［14］http：//3y.uu456.com/bp-bb7215ee5ef7ba0d4a733be6-3.html.

［15］http：//www.doc88.com/p-741680606652.html.

［16］决定镜头长度的因素有哪些：http：//www.docin.com/p-248950452.html.

［17］http：//www.docin.com/p-438714004.html.

［18］http：//www.doc88.com/p-672124440637.html.

［19］片头：http：//www.doc88.com/p-9905155619681.html.

［20］http：//www.docin.com/p-571937655.html.

［21］黄匡宇.当代电视摄影制作观念与方法［M］.上海：复旦大学出版社,2011.

下 篇
电视节目制作实践

第七章
新闻类电视节目制作

【学习目标】
学习完本章,应该能做到:
- 理解电视新闻的含义。
- 掌握电视新闻节目的基本形态。
- 掌握电视新闻节目的编排思想、原则和技巧。
- 掌握电视新闻节目的拍摄技巧。
- 掌握电视新闻采访的技巧。
- 掌握电视新闻节目的编辑技巧。

电视新闻节目是电视各种新闻性内容和新闻报道形式的总称,是一般电视台节目的骨干和主体,是最早出现的电视节目类别之一。目前电视新闻节目题材广泛,对新闻事实或作客观简要报道,或作详尽、有分析、有解释的深度报道,或就事实发表观点、见解,它在传播新闻信息的同时,也起到了社会教育、公共服务、提高文化品位的作用。电视新闻节目为我国改革开放、经济建设、社会进步提供了充分的舆论环境和信息支持。

第一节 电视新闻节目概述

一、电视新闻的概念

1990年7月,由中国广播电视学会电视学研究委员会和中央电视台研究室牵头,组织电视新闻理论工作者和实践工作者,对电视新闻进行了科学的分类与界定,提出了如下的定义:"电视新闻是以现代电子技术为传播手段,以声音、画面为传播符号,对新近或正在发生、发现的事实通过电视媒体进行报道。""以现代电子技术为传播手段"区别了电视新闻与印刷媒体报纸、杂志新闻的不同；"以声音、画面为传播符号"则区别了电视新闻与广播新闻的不同。

电视新闻借助现代电子技术作为传播手段，又从报纸、杂志、广播、电影等其他传播工具那里沿用了制作传播的方法、技巧，博采众长，汇集众家之精华，以声画形象发挥了独家的优势，在新闻媒介中异军突起，后来居上，它使人们足不出户便可"眼观六路耳听八方"。电视新闻的卫星传播和网络传播，更缩短了地区之间、国家之间的距离，是"地球村"居民相互了解信息最快速的渠道。

二、电视新闻节目的基本形态

在"电视新闻分类与界定"的研讨中，理论工作者和实践工作者把电视新闻节目分为消息类电视新闻节目、专题类电视新闻节目和评论类电视新闻节目三大类，各类节目又有多种节目传播方式与形态；中国广播电视新闻奖下设短消息、长消息、连续（系列）报道、评论、专题、节目编排和现场直播7个评奖奖项，其中连续（系列）报道横跨消息和专题两大类，是新闻报道内容由简要到有深度的一座桥梁。下面主要对消息类电视新闻节目、专题类电视新闻节目和评论类电视新闻节目的特点和节目形态进行具体的阐述。

1. 消息类电视新闻节目

消息类电视新闻可以在最短的时间内，用最快的速度，以最简洁的方式将刚刚发生或正在发生、发现的有价值的新闻事实及时地告之于公众，满足公众的需要。消息类电视新闻是各电视台新闻传播中最为常用的、最有效的一种报道形式，是电视新闻实现"国内外要闻总汇"的主要渠道，也是电视观众了解国内外大事的主要窗口。

（1）消息类电视新闻节目的特点

① 以快取胜。消息类电视新闻节目向来以快取胜，被称为电视新闻的"轻骑兵"。"快"是消息类新闻的第一要义，是信息时代新闻制胜的法宝。

② 短小精悍。消息类新闻的任务是迅速简要地报道国内外大事。由于求快，播出时间短，所以概括性的叙述、客观的态度、简短直白的句式是消息类新闻的语体特征，但它仍有完整的消息文体的结构，即包含了标题、导语、主体、结尾、背景。在电视消息类新闻中，新闻标题通常以字幕的形式呈现；导语即为新闻主播的口播词；主体的呈现就是电视消息类新闻的主要内容，包含旁白的信息阐述和画面的场景叙述；背景的运用在电视新闻中比较灵活，需要根据具体情况来安排，可以单独成为一则电视短片播放，也可以由新闻主播口述回顾，还可以融合在新闻主体中；电视消息类新闻的结尾方式有两种，一种是主体内容后的总结，

结束该则新闻的全部内容,另一种是由新闻主播做结尾,同时承上启下。

(2)消息类电视新闻节目的形态 分述如下:

① 口播新闻。是指播音员(或记者)在镜头前对观众播报新闻稿的新闻播出形式,适当穿插有关照片、图标、字幕等,在无法拍摄或来不及拍摄的情况下,采取口播形式可提高电视新闻的时效性,增大新闻信息量,扩大报道面。目前,屏幕上出现的口播新闻的基本形式有二:一是文件类,如公告、命令、新闻发布稿等;二是简讯类,如汛情简报、疫情简报等大多采用这种方式。口播新闻没有新闻现场的图像,以有声语言为传递信息的主要手段,对有新闻价值,但一时又没有形象画面的新闻,采用口播形式作简要报道,是电视新闻报道的常用方式。

② 字幕新闻。字幕新闻是指用电脑控制字幕发生器,在电视屏幕上打出字幕,用简洁的文字向观众传递最新消息,它是电视新闻最简便的报道方式。当发生突发、重大新闻事件时,在常规节目中插入字幕新闻,已经成为各电视媒体必不可少的做法。字幕新闻还涉及天气预报、证券、股市信息、电视节目预告、停水停电通知、体育彩票中奖号码发布等资讯内容。字幕新闻的运用按照不同的技术处理可分为静态字幕和动态字幕两大类。其特点有:一是随时插入告知,体现电视新闻时效的同时,保持了节目的完整性和传受双方的融洽关系,这是字幕新闻最突出的优点;二是无声滚动叠现,在电视声画并举的播映常态下,文字的无声和动态形式显得突出,因而能争抢观众的注意力;三是文字简练、高度概括,如同报纸的"一句话新闻",又类似于互联网上滚动出现的新闻主题,在某些情况下更能适应观众的接受心理;四是补充画面缺失,当某些新闻事件发生而由于种种原因未能获得相关画面时,文字的抽象叙述可为观众提供对事实足够的想象,并由此激发观众获知事实详情的欲望;五是独立于画面,两者平行传播,画面、文字传达不同信息,受众在同一时间可以进行选择性关注,而不局限于被动地收看单一的内容,从而扩大了传播的信息量。

③ 图片新闻。电视屏幕上运用新闻照片并配以文字、解说的新闻报道形式,它把报纸、杂志的新闻图片报道形式移植到电视新闻中来。目前屏幕上单纯的图片报道形式已经很少使用,它只是作为一种新闻报道的辅助手段出现,以增强新闻报道的生动性。

④ 图像新闻。采用电影摄影或电子新闻采集(ENG)的方式,在新闻事件现场摄录声音和画面,结合文字说明,对新闻进行报道的形式,这是电视新闻中最常见的报道形式。图像新闻最大的特点就是它有新闻现场生动形象的画面,较之口播新闻、字幕新闻、图片新闻,更能体现电视新闻形象直观的优势。图像新闻报道要求记者亲临新闻事件现场,及时捕获能反映事物本质和新闻人物特征

的最富感染力、最有价值的镜头,及时记录最富新闻感的最真实、最关键的同期声,两者结合,才能更好地完成图像新闻的报道。

⑤ 图表新闻。近年来,随着媒介竞争的加剧和电脑软件的进步,图表新闻为媒体广泛采用,成为视觉传播的重要方式。一是内容的多元化,涉及政治、经济、教育、科技、体育等诸多领域,主要有:时政类图表,如政府工作报告图表解读;科技类图表,如珠峰科考测量;体育类图表,如奥运会奖牌榜,等等。其中,媒体采用最多的种类有:诠释新闻事件发生地的地图式图表、图解和回放新闻事件全过程的现场模拟图表、介绍生活百科的服务类图表以及交代新闻背景的资料性、背景性图表等。二是由平面化向平面立体化、立体三维化发展。报道形式的变化直接缘于电脑制图设计软件的更新换代。

2. 专题类电视新闻节目

专题类电视新闻节目综合运用各种电视表现手段与播出方式,深入报道某一重大新闻事件,或某些具有新闻价值又广为群众所关心的典型人物、经验、社会现象与社会问题剖析等。在形态上以系列报道或连续报道的形式出现;在时效上是报道刚刚发生或正在发生的事;在内容上,它是消息类新闻的延伸与扩充,是较为全面、详尽的报道。

(1) 专题类电视新闻节目的特点 分述如下:

① 新闻性与艺术性相结合。专题类电视新闻节目必须具备新闻的基本要素,这是新闻专题报道区别于社教类节目的重要特征。专题类电视新闻节目必须围绕新闻事件或者新闻人物、新闻典型来展开叙述,报道要及时,也就是在很短的时间内跟观众见面,具有很强的时效性。专题类电视新闻节目对重大的、有价值的新闻题材要及时深入地采访、挖掘,善于用纪实手法对事实真相与其相关背景做出深度探析和判断,从而引导和启发观众主动参与,积极思考,获取主要思想精髓和感悟。

专题类电视新闻节目不仅扮演着新闻事实客观记录者的角色,同时也担负着社会舆论向导和价值观引领者的重要使命。较之消息,专题报道具有较为精当的整体构思,在画面、解说、音乐、音响等电视表现手法的运用上比消息类更为灵活,更为讲究。专题类电视新闻节目在综合运用电视语言的同时,可以充分地运用影视语言独特的思维方式——蒙太奇思维等艺术表现手段,也可以采用字幕、特技、动画等,实现声音与画面的完美结合,在坚持新闻真实性的前提下,做到渠道独特、视角独特、材料新颖、形式创新,追求艺术的表现力和感染力,从而鲜明、生动、深刻地传达主题意义。

② 深刻性与丰富性相结合。与消息类新闻节目的短小精悍相比,专题类电

视新闻节目报道容量大、播出时间长,非常注重电视新闻的深度,是电视深度报道的重要方式。电视新闻专题节目最根本的是对重大事件和重要社会问题的再现和展示,最核心的是在揭示事实真相的基础上全方位地调查和分析,通过深入采访得到翔实的材料向广大观众阐明事物的发生、发展的来龙去脉,由浅入深、层层推进做深度报道,从而达到最终目标。

要确保新闻专题的深度,就要进行多方面的挖掘,从更深层、多侧面、多角度进行分析,以新、奇、少取胜。杨伟刚在《中国电视论纲》一书中对电视新闻专题节目的深刻性和丰富性进行了精辟的分析:"新闻专题不能简单地报道事件结果、简单地介绍事件过程、简单地进行某种是非判断、简单地传达某种结论,它要着重于过程和原因的分析,要再现生活的复杂性和矛盾性,要展现生活的丰富性和种种出人意料又在情理之中的一些特性。"

(2) **专题类电视新闻节目的形态** 分述如下:

① 新闻评论型。是指在翔实的事实基础上阐述具有极大说服力和影响力的专业性评论。该类节目的特点是通过探究事物本质,提出自身见解,引导观众判断和认知,其评论方式和视角不断变换,如同期声点评、主持人评论、解说词评论、现场点评、采访等。新闻评论强调主持人的指导作用,将其逻辑思辨作为核心,从而使信息的采集和选择具有主动性和开放性。

② 专题报道型。专题报道是作典型报道的新闻节目形态。所谓新闻典型是指能反映和说明事物本质和规律的具有代表性的人和事,典型报道在新闻专题中占有很重要的位置。从内容方面看,专题报道的选题主要有:一是报道先进人物、先进集体的事迹和经验;二是对重大事件的追踪调查,这种报道立足于事件的产生、发展,由浅入深,层层递进,作分析、解释性报道;三是反映各地贯彻党的路线、方针、政策的情况,分析实际工作中的经验与问题;四是对重大成就、重要经验或问题的综合分析;五是社会问题的展示、挖掘以及弃恶扬善的舆论引导。

③ 电视访谈型。新闻题材的专题访问,也是电视新闻节目中经常运用的进行深入报道的一种形式,是电视新闻记者或新闻节目主持人对新闻人物或有关部门进行的专题访问报道,它以人物谈话为主要表达方式,通常也称为电视专访。报道以访问、谈话的形式展开叙述,所有话题都围绕主题,记者的鲜明倾向和观点依靠被访者来体现,有较为明显的目的性,如中央电视台的《面对面》《时空连线》等。报道中人物的谈话不同于消息类节目中的人物采访,它必须是独立而完整的,具有时空一致性,不是问答的片言只语。电视访谈根据所访对象和内容的不同,可分为人物专访和专题访问。前者是对新闻人物的访问,涉及的内

容广泛;后者是就某一新闻事件或社会问题、社会现象对有关人士进行的专访。

④ 新闻调查型。是通过对社会关注的新闻事件、社会现象进行深入调查分析后,再把记者的调查过程和事件经过以设置悬念的形式,构建扑朔迷离故事的方式展开叙事,充分调动观众的参与热情,从而水到渠成地推动对事件的分析或解决。调查型新闻专题节目的特点是在叙事的过程中常常带有价值倾向和引导性,通过对所追踪新闻的内容、角度及焦点的选择,构建叙事结构,编排新闻材料,使整个新闻调查以分析、探究的过程呈现给观众。

3. 评论类电视新闻节目

(1) 评论类电视新闻节目的特点

① 新闻性。新闻评论类电视节目针对新闻事件、事态进行论述、评议,表明电视机构的立场、观点,达到及时提供给观众多元化的信息、合理有效地引导社会舆论、指导实际工作与生活的目的。新闻性是新闻评论最基本的要求,但评论性节目的新闻性、时效性和消息类新闻有所不同。消息类新闻的优势在于消息的新、快,要求具有很强的时新性;评论性节目更侧重于挖掘新思想、新观念,在"新"的前提下讲求时宜性。

② 导向性。电视台是社会舆论机关,肩负着引导社会舆论的重任,这一功能主要是通过发表有见解的、旗帜鲜明的评论来实现的。评论通过自己鲜明的观点和透辟的分析帮助群众观察世界、认识世界、改造世界,这也是舆论宣传的目的所在。

③ 政论性。新闻评论类电视节目的好坏与新闻报道是否客观、公正、是否具有科学性有关,只有以事实为本,评论才能有的放矢。新闻是基石,评论是旗帜,新闻的力量在于摆出事实,评论的力量在于讲出道理,而且还要讲得精到,论点要鲜明,论据要有典型性,论证要强调科学性与准确性,要论述正反两方面的道理,论证的核心是要善于分析,层层剖析,不能片面武断。

④ 社会性。社会性即是节目的群众性。新闻评论类电视节目评述的都是群众最关心的问题,这些问题大都是"热点""焦点"问题,也常常是解决起来比较麻烦的"难点"问题。惟其热,惟其难,观众才关心,才可能成为人们议论的中心,成为人们最热衷、最关注的话题。

(2) 评论类电视新闻节目的形态 分述如下:

① 电视访谈。电视新闻访谈一般由主持人主持,在演播室或其他固定场所,有嘉宾与现场观众参与,围绕某一特定的新闻事件或公众关心的社会话题,以谈话为载体,通过访谈、座谈或论坛等直接交流、探讨的方式进行的意见和观点表达。依据交流方式的不同,电视访谈包括三种子形态:

对话式访谈　主持人提出问题，嘉宾通过自身对问题的理解，以更宽泛的角度对问题做出相应的解释性回答，来表明态度、发表议论；在节目交谈中，嘉宾可以畅所欲言、各抒己见，对于观众来说，可以从不同角度、不同观点的相互碰撞、论辩中，感受到与自己的想法不一样的观点和理解，同时，嘉宾论辩的热情也在不知不觉中感染观众，从而调动了观众的积极性，吸引观众与主持人、嘉宾一起思考，达到共鸣，如中央电视台的《新闻1+1》和凤凰卫视的《时事开讲》。

座谈"闲聊"式　邀请与节目相关的政府工作人员、专家和行业精英代表等就热门新闻事件发表意见、交流看法。该类节目一般不会追求问题答案的"正解"，而是将信息传播、制造乐趣和辨析事理三元素结合起来，现场气氛异常活跃，各类意见可以自由表达，在相互启发和补充中，不仅给观众提供了全面可信的信息，而且能给观众提供更多思考问题的角度，如凤凰卫视的《锵锵三人行》就是这类节目的典型代表。

沙龙式　也称为论坛式。此类节目中，嘉宾是意见性信息的传播主体，主持人则是整个话语场的平衡者，节目现场气氛较于前两种形式更为活跃和激烈，使节目呈现出更加多元化的意见性信息，而且此类节目的选题多与百姓生活息息相关，也是百姓普遍关心和感兴趣的话题，如中央电视台的《实话实说》、东方卫视的《东方直播室》和凤凰卫视的《时事辩论会》等。

② 电视论坛。主持人针对当前某一重大的或公众普遍关注的事件、问题，邀请有关方面权威人士发表意见或进行讨论，如央视的《国际观察》等。这类节目的一个显著特点是提供精英化的话语色彩，强调评论的权威性。

③ 主持人评论。是由主持人直接参与策划、撰写、播出的全过程，并以与观众直接交谈的方式出现，融叙事性与哲理性、个性化与人格化于一体的电视新闻评论节目形态。进一步可细分为三种子形态：新闻资讯类、民生新闻类和读报类。

新闻资讯类　以中央电视台的《中国周刊》(2006年1月1日起，更名为《新闻周刊》)和《世界周刊》为典型代表。

民生新闻类节目　主要起源于各地方电视台，栏目大多以三贴近("贴近实际、贴近生活、贴近群众")原则为指导，栏目内容主要以反映与百姓切身利益相关的教育、医疗卫生、社会保障、保障性安居工程、文化体育等社会新闻为主，以广大市民为目标受众，主持人极具特色的说新闻以及个性鲜明的说事论理风格，都成为节目的一大亮点，打破了一直以来新闻节目主持人严肃、刻板的形象，如江苏电视台的《南京零距离》。

读报类　以电视为载体，它将平面媒体和电视媒体相结合，取材于各大报纸的焦点内容，对多家媒体的观点进行整合，以主持人读报的形式播出，并加以独特的评论，形为读报，实为评报。

④ 电视短评。以新闻事实为基础，以画面提供的事实为论据，有叙有议，叙议结合，既有主持人，又有记者采访、当事人的实录图像等，是一种依附新闻报道的画龙点睛式的简短的新闻评论。不仅可以活跃荧屏，吸引观众，而且可以深化新闻主题，提高电视新闻的收视率。

⑤ 电视新闻述评。一般是以新近发生的新闻事件、突发事态为报道和评析对象，以现场画面、同期声为主要表现手段，并适当配以相关字幕，以记者的采访和主持人的评析为主线，通常会按照事件、事态发展的时间线或者起因的先后，将夹杂专家学者以及相关群众的分析议论镜头进行剪接组合，最后节目结尾处予以画龙点睛式的点评，节目最终达到了视听结合、事理交融，观众在获得反映事实信息的同时，也得到了意见性信息的满足。

三、电视新闻节目的编排艺术

电视新闻的编排就是一门艺术，一条条好新闻能否编排成一档完美的电视新闻节目，使其成为视听结合的有机整体，就取决于电视新闻的编排艺术。

1. 编排原则

（1）**重要性原则** 电视新闻是按先后顺序依次排列播出的，选好新闻头条是关键，头条新闻是新闻节目的重心，把具有重要价值的新闻放在头条，可起到强调、突出的作用。头条新闻在思想上应具有指导意义；在内容上应是老百姓最为关心的事实；在形式上应做到声音与画面的有机结合，内容与手段相互匹配。因此，新闻编辑在编辑新闻时，要突出新闻节目应有的效果，打破旧的编排模式，把那些为观众所关注、急欲得知的重要新闻放在主要位置。

（2）**有序化原则** 电视新闻的内容包罗万象，纷纭复杂，如果简单地把每条新闻连接起来，就变成了无序的堆砌，甚至由于不正确的组合而形成误导，产生消极效应。新闻的编排要做到结构合理、层次分明、脉络清晰，应当力求增强节目的整体性和重要信息的完整性，发挥信息之间相互联系、相互补充的效应，防止割裂相关内容或孤立地突出某条新闻；力求节目内容和形式的多样化，防止题材和表现形式单一化；要有利于吸引观众持续接收的兴趣，而不是把一切重要信息都集中在节目的开头。

（3）**优化组合原则** 许多新闻在内容上有着某种相关性，编排就是要通过恰当的组合使这种联系明确地体现出来，并通过新闻之间的联系和撞击产生新闻事实以外的意义，优化组合的方法主要有：

① 同类组合。把题材相近或内容相同的新闻排列在一起,同类组合绝不仅仅是 1+1 的概念,组合之后,新闻之间的凝聚力大大增强了,整体报道气势和力度增强了,剔除了单条新闻相互重复的部分,节约了时间,增加了信息量,使整个报道更加精炼。

② 对比组合。把内容具有矛盾性质、反差明显的新闻编排在一起,通过对比,扬善抑恶,把事物的矛盾性质揭示出来,对比手段的运用,使观众认识事物的过程由渐进式变成跳跃式,对比编排比单独编发具有更大的说服力和教育意义。

③ 相关组合。几条新闻的具体内容虽然不同,但具有内在的联系,可能是因果关系,可能是呼应关系,可能是一个事物的两个方面,把相关新闻组合排列在一起,能让观众全面地了解事物的各个层面,了解各方的态度和反应,了解事物之间的相互关系,了解事物的整体面貌。

2. 编排方法

目前,国内电视新闻节目在编排上常用的方法有:

(1) 常规法　即时政新闻在前,经济、文教、体育新闻在后;重要新闻在前,次要新闻在后;国内新闻在前,国际新闻在后,这在中央电视台和省级电视台中最为常见。

(2) 归纳法　即把内容有内在联系或主题相同的数条新闻编排在一起,形成一个小单元,集中播出。

(3) 对比法　即把披露正面现象和反面现象的新闻排在一起播出,通过鲜明对比,使矛盾突出,正面的得以肯定,反面的自惭形秽。

(4) 统一法　即在一档综合性新闻节目中,编排应力求内容上、风格上的统一,使之有一个整体基调。

(5) 按领导职务编排　即在一组新闻节目中,按照领导职务的高低排列每条新闻的顺序,并没有考虑每条新闻的价值,这在地方电视新闻节目中最常见。

3. 编排思想

编排思想是新闻编排的灵魂,是指决定某一新闻播出与否以及安排各条新闻顺序时所表现出来的思想倾向,是报道思想的具体体现。合理的编排思想是编排好电视新闻的前提。新闻编排不是简单的新闻串联和组合,编排思想明确,新闻编排起来就层次分明,新闻节目就主题突出、导向清新、结构严谨。

(1) 树立全局观念　新闻节目政治性和政策性强,编辑必须准确把握全局,熟悉政策,站在时代高度处理具体新闻。编排新闻节目,既要从客观上把握整体形势,正确体现党的路线方针,又要从微观上了解实际情况,及时反映人民群众呼声,传达社情民意,使报道做到既准确又及时。

（2）树立节目观念 新闻节目题材广泛，内容丰富，不同类型的新闻节目具有不同的节目定位、不同的受众群体和不同的编播原则，因此在编排播出上也应该体现不同的特点。编辑在编排新闻时应根据节目的定位和宗旨，认真研究新闻节目的内在规律、基本特征、肩负使命、表现风格和编排制作的艺术，编排一档新闻节目要有重点、有目的性，要研究新闻的配置和优化组合，注意各新闻之间的内在联系，充分挖掘其蕴含的新闻价值，从而达到最佳的宣传效果。

（3）树立受众观念 新闻编排也必须强调受众观念。电视新闻要做到与党和政府的中心工作保持一致，也要为观众喜闻乐见，两者是统一的。做好新闻调查，了解群众愿望，使电视新闻更接近观众，接近生活，接近实际，这是新闻编排工作必须要树立的观念。电视新闻编排通过一条条具体的新闻体现，新闻编排顺序要遵循新闻价值大小的原则，同时也要考虑观众的兴趣和接受心理。

4．编排技巧

电视新闻编排是编辑的政策水平、审美能力、编排技巧、技术手法等方面的综合体现。灵活的编排方法，可以产生良好的效果，是提高电视新闻节目编排质量的前提和条件。如何做到编排的电视新闻节目合理搭配，优势互补，扩大电视新闻节目的信息量并使之有张有弛，相得益彰，吸引观众的注意力，达到观众收看电视新闻节目的最佳效果？其中有一定的技巧，也是编排的艺术魅力所在。

（1）巧妙运用串联词 串联词包括内容提要、导语、编前话、编后话、小言论等，每一条新颖别致的串联词都是巧妙衔接新闻的一座桥梁，它犹如一位称职的导游，引领观众揽奇猎胜。设计一些精美的串联词还能使分散而独立的新闻巧妙过渡，前后呼应，形成一个有机的整体。导语分为叙述式导语、提问式导语、背景式导语、悬念式导语等。

（2）选准内容提要 从整组最重要的时政、经济、民生等新闻中提炼几条形成内容提要在节目开头播出，以激发观众的观看兴趣。目前，新闻提要大致分为两种：一是放在一档节目开始时的总提要，简洁明了地告诉观众本次节目的重要内容，以指导和吸引收视；二是在新闻播出过程中，起提示、强调作用的提要，如有些电视新闻节目中间穿插广告，主持人通常会在广告之前预告下一节新闻的主要内容，吸引观众广告之后继续收看。

（3）反复推敲，起好标题 标题好比新闻的"眼睛"，电视新闻标题要求言简意赅，字小句短，高度概括，通讯员和记者送上来的稿子，经常有过长的，词不达意、标题与内容不符的，对于这些问题，编辑应反复推敲，进行二次创作，拟出一个既"醒目"又与内容相符，而且使主题更加突出的标题。

（4）选择头条，突出重点 头条新闻很重要，它是节目的旗帜。头条新闻选择得当,既能突出宣传重点、凸现出头条新闻的强势,又能给观众深刻的印象,为整档新闻质量奠定基础。电视不同于报纸,具有瞬时即逝的特点。选择头条新闻是整档新闻的重头戏,头条新闻的好坏,关系到一档新闻节目分量的轻重,在一定程度上反映出新闻节目的水平。选择头条新闻的标准有两个:一看新闻价值,二看观众的兴趣爱好。选择头条就是选择当天所有新闻中新闻价值最大的新闻。新闻价值是能够构成新闻的信息中所有含有引起受众普遍兴趣的各种要素的总和。新闻界普遍认为,构成新闻价值的要素有五个:一是及时,新闻是"易碎品",时效性越强越有生命力;二是接近,事件发生的地点离观众越近,新闻价值就越大;三是显著,显要人物引起的注意高于非显要人物;四是重大,新闻事件对现实和未来的影响程度越大,新闻价值就越大;五是趣味,大多数受众对新奇、反常、变态、人情味浓的东西更有兴趣。

(5)优化组合,注重结构 新闻节目的总体编排包括新闻选择、分类、编排、栏目设置、栏目之间的协调平衡等。具体到一档新闻节目的编排,则要依据报道思想对每条新闻进行取舍和分类编辑、选择播出形式以及背景处理等。一般来说,新闻节目多是板块式结构,各个板块之间或由主持人串接或由特技画面转换。新闻节目的优化组合就是将几条不同侧面、不同角度但有一定内在联系的新闻集纳编排,使一档新闻节目在有限的时间内承载更大的信息量,从而增强新闻内容的密度、力度和信度。

(6)层次分明,灵活多样 新闻节目不宜从头到尾都是快节奏或严肃性的新闻。在编排新闻时应注意搭配,层次分明,长短新闻相互调节,解说与同期声相互协调,使之灵活多样,有张有弛,消除观众收看电视的疲劳感;其次,运用口播与图像相结合的方法,充分发挥口播新闻的作用,使口播新闻与图像新闻合理搭配、有机结合;另外,把社会新闻与各类新闻串接搭配,使之有张有弛,相得益彰,最大限度地保证节目的信息量,提高电视新闻节目的收视率。

(7)加大信息量,控制单条新闻的长度 当今,各媒体间的竞争尤为激烈,新闻信息的新、快、多成为竞争的主要内容,随着生活节奏的加快,观众希望在较短的时间内了解更多的国内外大事和各种信息,因此大多数观众要求消息短,简明扼要,同时,消息短了,整组新闻的数量也就多了,就可以多传递一些信息,保持新闻的时效性和新鲜感,这也正是观众所希望的。

(8)注意节奏,运用峰谷技巧 峰谷技巧是美国电视新闻人提出的概念。就是说在电视新闻节目中,不可能每一条新闻都能使所有观众产生兴趣,所以必须把一系列的电视新闻节目想象成山峰和峡谷,高低不平、错落有致,就可能不断地刺激观众的注意力和兴趣点,使其保持旺盛的收视状态,达到良好的传播效果。应该说,新闻编排从内容到形式的变化越大,观众的注意力就越集中,新闻传播的效果就越显著,这就是电视新闻编排中另一个值得重视的问题——蕴含在相对时空中的"节奏"。长新闻与短新闻、时政新闻和社会新闻互相兼顾,让整组新闻节目节奏鲜明、形式活泼,错落有致,刺激观众的兴奋点,让观众在轻松愉悦的氛围中观看节目,提高收视效果。要做到这一点,一是采用新闻提要与新闻回报的方式,突出主要新闻事件,加深印象,补偿有效信息;二是在每一新闻段落的开端或末尾安排新闻价值较强或与百姓生活相关的新闻;三是加大信息量,控制新闻长度;四是导语、图像新闻、口播新闻、现场报道、录像资料、记者专访交替出现;五是硬新闻与软新闻、长新闻与短新闻合理搭配;六是增加新闻的花色品种,使体裁呈现多样性;七是男播音与女播音语速快慢相间,交叉出现;八是以社会新闻或软新闻敞开性结尾,为观众留下有效的思索和回味的空间;九是字幕和图表的应用。

(9)配好资料和评论,深化信息传播效果 恰当的资料和评论可以帮助观众更好地接受和理解新闻,深化信息传播效果。资料是深化新闻的重要手段,当一个重大事件发生之后,人们往往不满足于仅了解事件本身,还希望了解与事件有关的方方面面,这时就需要编辑对新闻加以深化,其中一个重要办法就是配资料。资料包括两方面:一是纵深的发展,即对新闻中的人物、事件的历史、新闻事件的背景作介绍,让观众了解来龙去脉;二是横向的发展,即对新闻中的人、地、事的概况作必要的补充交代。资料一般可分为新闻背景、新闻人物、新闻地理、科学知识、名词解释等。

(10)适时加播编前话、编后话 用编前话调动观众的思维,编后话则以短评的方式,提示和深入图像新闻,以引发受众对新闻内蕴的理解和把握,引起受众的思考。

(11)活用画面 这里应注意两点。一是要选择与报道内容相符的、真实生动的画面;二是要注意选择的画面质量一定要清晰,两者缺一不可。电视新闻节目中的画面选择,不仅在记者拍摄镜头时要用心处理,后期在编排制作节目时还要进行复选复查,这样才能使节目编排风格真实、自然,达到和谐统一。

编排是电视新闻节目采制过程中的重要环节,电视新闻工作者的辛勤劳动要通过节目编排播出才能转化为社会效果,编排工作也是新闻价值的最终体现。电视新闻编排既要有规矩,又不能墨守成规,编排水平的高低体现了整个电视台的水平和风格,在目前电视节目百花齐放、百家争鸣的现状下,新闻节目的编排必须从思想上、形式上、内容上都加强改革,走创新之路。

第二节 电视新闻节目制作

电视新闻节目制作,一般先由记者拍摄图像和采集声音,再由编辑根据节目要求进行合理的剪辑,形成可以播出的新闻节目。

一、电视新闻节目拍摄技巧

1. 电视新闻画面拍摄的原则

(1) 真实性原则 在拍摄过程中,首先应遵循电视新闻的真实性。要求被拍摄对象具有不以人的意志为转移的客观实在性,拍摄的任务就是将这种客观事实形象直观地传递给观众。为满足观众眼见为实的心理需求,应通过现场采访展现新闻事件的真实场景,通过对背景的介绍、相关人士的口述以及现场形象声音的采集让事件在观众面前重现。

(2) 典型性原则 应抓取典型性的新闻画面,以充满特色和张力的画面语言感染观众。摄像机应聚焦在观众最为关切的新闻主体上,突出现场气氛,再现事件过程。要实现电视新闻画面的典型性特征,必须杜绝电视新闻"见物不见人"的顽疾,给人物画面以合理的空间位置,使新闻人物的形象丰满起来,以人物的特色去塑造新闻的代表性。

(3) 流动性原则 动态镜头的运用是电视新闻有别于其他平面新闻的重要特征,因此拍摄中必须注重镜头的流动性原则,通过连续而富于变化的画面延伸动作及时空,从而实现对生活场景的还原。镜头的调度应与新闻主体密切配合,合理选择人物动作与心理活动的最佳剪接点,并通过镜头的推拉和摇移使画面自然、深沉,且富于节奏变化。如镜头由全景推进至特写可得到突出主题的视觉效果;拉开镜头则可以表现出现场的规模和气势;而移动镜头则可以强调画面的运动效果等。

除以上原则外,在电视新闻画面的拍摄中,还需遵循思辨性、艺术性等原则。有些电视新闻节目平铺直叙、缺乏活力,其原因在于忽视了画面语言的思辨性原则与艺术性原则。画面的思辨性原则就是通过拍摄环节的构思传达出画面语言中蕴含的生活哲理,引导观众进行联想和思考。新闻画面的艺术表达主要体现在追求画面的感染力,以镜头时空为介质,营造或悲或喜,或欢欣或愤怒的情绪氛围,让摄像、观众都随新闻人物一起喜怒哀乐。在色彩的运用上,新闻画面不能过于浓艳花俏,而应以质朴自然的画面给观众以亲切的视觉感受。此外,拍摄中还必须重视新闻的及时性、综合性等特征的体现。

2. 提高电视新闻画面拍摄质量的具体技巧

（1）满足拍摄的基本要求 电视画面拍摄的基本要求是对摄像机的熟练运用。首先，必须确保画面的稳定性，始终保持画面基本线条"横平竖直"。由于每条电视新闻长度有限，为了提高单位时间的信息含量，可多用一些固定镜头，使信息更容易被观众理解和接受，在没有三脚架而肩扛摄像机运动拍摄时，两腿最好走直线、迈小步、腿弯曲，尽量使摄像机与肩保持一定距离，双臂展开并离开左右胸；其次，必须掌握轴线规律，统一拍摄方向，使观众的视线完整、连贯。由于电视新闻画面更注重方向性和逻辑性，因此在拍摄一组相连的新闻电视画面镜头时，应将摄像机拍摄总方向限制在轴线同侧，否则就可能破坏空间的同一感，造成观众对画面的误解。

（2）合理设计画面布局 在画面的布局环节，要处理好新闻主体与背景之间的关系。在电视新闻画面中，主体是指引起新闻事件发生的最重要的人或事物，也是新闻报道的重点。因此拍摄时首先要确立新闻事件的主体，通过其达到反映新闻事件主题思想的目的。而背景则可以发挥出环境表现的功能，对主体起烘托的作用，拍摄中要细心地安排好新闻主体所处的环境，使观众可以清晰地了解到新闻事件发生的特定地点和场所。

（3）声音和光线元素的运用 现场同期声既包括新闻现场的完整讲话声、音乐效果、鼓掌声、口号声等特殊声音，也包括一般的、不是很清晰的背景声音，为减少后期剪辑的复杂性，应尽量少录与主题无关的现场音，而将能突出主题的现场声音尽可能清晰完整地记录下来。在拍摄中尽可能先了解新闻活动的流程，在备份发言稿等材料的同时预先检查好摄录器材，并在讲话的始尾做到提前开机，延后关机。光线的选择也是决定电视摄像和画面构图质量的关键因素，光线不但是艺术氛围的表现，也可以从一个侧面反映出新闻事件发生的时间、地点、场所以及气象条件等，因此用光线来交代时间在新闻画面中的呈现尤为重要。

（4）电视新闻摄像的编辑意识 目前，传统的编辑和播出方式已经不能适应时代发展的要求，这就要求在电视新闻画面的拍摄中要具有强烈的编辑意识，在拍摄过程中，就要考虑镜头如何组接，注意每一个镜头的长短，以不进行后期编辑直接播出为最高目标。如果单独拍摄，就要与预想的解说词或新闻稿紧密结合；若是两个人合作拍摄，则需要及时对拍摄的内容和顺序进行沟通，确定好所拍摄镜头的长短及整个素材的长度。

总之，电视新闻画面的拍摄要在理解主题的基础上，把握好拍摄的各项原则，并通过不断提高拍摄技巧，将摄影的技术性与艺术性相结合，在传播真实、可靠信息的同时,为观众带来具有冲击力、富于变化的节目画面,以充分展现画面语言的魅力,发挥电视新闻的最大优势。

3. 电视新闻节目的拍摄手法

(1) **抓拍**　抓拍是在采访的基础上,根据事实和传播意图的需要,灵活采用挑(挑选、选择,即挑选最能反映新闻本质的典型画面和拍摄时机,精心选择最能说明问题、最能反映事件本质的事物和典型场景以及有特点的语言、动作、表情等)、等(等候,在勤于观察、随时做好拍摄准备的前提下,要耐心守候到该事件发展到最富有表现力、最有价值的时机再开机拍摄,当然,这种守候不是盲目的,它是有预见性的择机而动)、抢(就是在事件发展过程中当机立断,把典型的、感人的现场情景和瞬间活动抢拍下来)的方法,从客观现实生活特别是新闻现场中抓取相关的镜头,记录和再现新闻事实。抓拍需要摄像师在现场审时度势、灵活机动地处置现场情况,以快速敏捷的动作摄取真实、自然、生动、有说服力的画面。

(2) **补拍**　补拍在新闻专题的拍摄中有时会用到,一般用于静态新闻的拍摄。电视新闻的补拍一般有以下几种情况:一是技术性失误,如设备故障,造成画面没拍摄上或画面信号不好;二是人为失误,如技术不熟练或其他意想不到的问题,应该拍摄到的内容没有拍摄好;三是在后期制作和编辑中发现新的内容需要补充。补拍是不得已而为之,补拍一定要注意补拍内容与原来拍摄内容的统一。

(3) **偷拍**　偷拍是抓拍的一种特殊形式,它是应用隐性采访的拍摄手段,具体地说,就是在拍摄对象完全不知道被摄录的情况下记录其言行的一种拍摄方法。这种方法在反映社会问题题材的新闻中运用较多,如揭露犯罪、批评不正之风等。在隐性采访中,电视新闻记者一定要有底线意识。

① 法律底线。任何暗访行动都不能突破法律底线,这是一个最基本的界限。揭露犯罪不等于可以"参与"犯罪,隐性采访只是在暗处拍摄,在不推动事情发展的同时,掌握证据,揭露阴暗面。

② 职业底线。要尊重客观发生的事实,而非人为的导演。

(4) **长镜头拍摄**　长镜头拍摄加大了单个镜头画面表现的容量,可以将被摄人物、人物的动作、人物与周围环境以及事物之间的关系等新闻形象表现在一个镜头中。更为重要的是,可以通过摄像机的连续记录,充分地表现新闻形象处于同一空间的空间统一性,也可以保持情节、冲突和事件的时间进程的连贯性和连续性,再现现实时空的自然流程,使画面的造型表现更具有真实感和客观性。

二、电视新闻节目采访技巧

电视新闻节目主持人（记者）的出现是我国电视新闻事业发展的必然产物，日益复杂的新闻现场也迫使新闻节目主持人（记者）频频出镜采访，以满足电视观众更高层次的信息需求。电视新闻报道的成功与否，与新闻节目主持人（记者）在现场采访的技巧、出镜表达水平的高低有着直接的关系。电视新闻采访中主持人（记者）的采访技巧是针对不同的采访对象，通过语言表达的形式来进行体现的。电视新闻采访中常用的技巧有：

1. 采访之前找准角色定位

新闻节目主持人（记者）在实地采访过程中，应该具备怎样的职业素养从而为自己找到准确的角色定位呢？一是要有令人信服的真实感。真实是新闻的生命，每一条新闻都必须真实，采写、编稿不能漫不经心，不能凭空想象，更不能虚构杜撰。二是要有较强的现场感。外景主持人（记者）在现场进行描述，要求观察仔细、采访具体，注重情景交融，给人形象鲜明的感觉。三是要与采访对象之间建立一种亲切感。在提问之前，应该有充分的准备。一般来说，在时间允许的情况下可以和采访对象先闲聊几句，来缓解现场的紧张气氛，使对方有一个适应的过程，拉近两人之间的距离。对问题的筛选和表达，一定要符合采访对象的学识范围，换句话说，要用较通俗的语言表达出你的意思，深入浅出，尽量避免一些专业性太强的词汇。

2. 选择正确的采访方式

在新闻采访中，不同的事件、不同的采访对象要采用不同的采访方式，常用的采访方式有等候采访、集体访问、个别访问、交叉采访、蹲点采访、同步采访、巡回采访、预约采访、调查采访、书面采访、易地采访、隐性采访、目标访问等。比如一场大型活动，有许多内容可以报道，有许多人物需要去采访，而现场主持人（记者）只有一人，这种情况主持人（记者）就需要采用交叉采访的方式。通过正确的采访方式，提炼主题，认识事实。如在《长大未成人》这期节目中，主持人通过"跟男孩子接触的时候要注意什么？""什么是过分的事情？""什么是越轨？""怎么样算近距离接触？""女孩子怎么才能够避免怀孕，怎么才能够保护自己？"这样一连串的追问，在不伤害采访对象尊严的基础上，获得了需要的信息，而且这期节目也将采访对象的形象用马赛克进行了遮蔽，很好地保护了采访对象。

3. 抓住稍纵即逝的细节

一个好的细节画面，不仅能准确地反映新闻事实，而且能生动地传达新闻价值，从而增强电视新闻报道的可看性和信息量，甚至升华电视新闻报道的主题。

细节的把握是电视新闻采访中必须要注重的环节。在采访过程中必须要对那些细微之处的闪光点进行挖掘，对素材进行积累、丰富。

4. 掌握与采访对象的谈话技巧

在与采访对象进行交谈时可以使用以下几种技巧来获取有效的信息。

（1）充当采访对象的对手 对有着不同思想观点的采访对象进行采访时，通过讨论往往能获得有深度的采访信息，这种技巧适合用于思想观点的采访。

（2）用语言抛砖引玉，唤起采访对象的回忆 在采访的过程中往往都会涉及当事人对往事的追溯，有的人能自然地倾吐，但有的人则不愿意去进行回忆，面对这种情况，如果能够选择一些可以触动采访对象情感的事情进行抛砖引玉，就容易获得需要的信息，这种技巧适合于个性专访。

（3）探索寻问，并留有余地 在采访的过程中选取一些具有一定伸缩性的问题来进行提问，让采访对象可以有余地地对某人或某事的看法与评价进行探讨，在表态、反映性的报道中可以使用这种方法，因为这能够避免出现绝对化的倾向。

（4）对采访对象进行恰如其分的肯定，鼓励其继续讲下去 在采访的过程中需要对显而易见的成就进行恰如其分的肯定，让采访对象能够感受到记者对他的事业的理解，这样就会愿意将其所做、所经历的事情说出来，这种技巧适合对新闻人物与名流的专访。

（5）不断地提出疑问，"激怒"采访对象 让采访对象全盘托出，如果采访对象的某些做法不被人们所理解，或者是社会上有着不同的议论，那么主持人（记者）在采访的过程中就可以对其中的某些否定性的议论进行引用，通过疑问的口气提出来，这个时候对方往往会为了对事实进行澄清，而将事情的原委吐露出来。

5. 善于提问和倾听

善于提问和倾听是新闻节目主持人（记者）采访现场把控能力的关键，电视现场报道除了给予观众看什么之外，还有一个重要因素就是想知道当事人是怎样解释这个正在发生的事情的，因此，现场报道中新闻节目主持人（记者）的提问相当重要。新闻节目主持人主持采访，不但可以提高电视新闻节目编排的思想性，还能将观众直接带入现场，引导观众收看，使观众感到亲切、自然、流畅并乐于接受。新闻采访的成功与否直接关系到新闻报道质量的优劣，而所有的新闻采访都要靠人与人的沟通来实现，因此，主持人（记者）首先要做一个有思想的人，在这个过程中，提问的技巧和风格成为关键。提问的注意事项有：

（1）提问要做好准备 访前准备是采访中很重要的一环，为赢得采访机会，主持人(记者)不但需要做精心准备,有时候还要根据现场情况,灵活机动地运用心理战术,把采访对象的积极性调动起来,另外,在非突发事件采访前,还要把采访的目的、要求告诉采访对象,请他们做好准备,必要时,把采访提纲交给采访对象。

（2）提问宜简洁　主持人(记者)对每个要提的问题,事先在其长短上均应精心设计、推敲,原则是宜短勿长。

（3）提问宜具体　如果主持人(记者)所提问题笼统、抽象,采访对象往往会感到茫然无措,不知从何谈起,所以提问要具体,具体的问题才能得到具体、有意义的回答。

（4）提问要把握主线　主持人(记者)在采访中要注意引导采访对象说出事实真相,而不是把采访对象的思维禁锢在他所设定的范围内,由于时间和环境的限制,采访者和采访对象之间不可能像拍摄纪录片和写人物通讯那样可以长时间地共同生活、工作,所以要抓住关键问题,一旦采访对象的谈话偏离了主题,一定要及时将它拉回到主线上来,切勿跑题。

（5）提问要"口""眼"并用　在采访的过程中不仅要用到口,也要用到眼,做到口眼结合,密切观察被采访者的情绪及心理变化,根据采访对象、采访内容及所处环境的不同,见机行事,保持采访活动现场的和谐氛围。

三、电视新闻节目编辑技巧

一档完善的新闻节目来自方方面面的精细操作,而新闻编辑对题材的精心组织,对稿件的细致处理,对编排的巧妙设置,则是提高新闻节目质量的前提,编辑应充分考虑特技、图像资料、动画等诸多元素在节目中的应用,使电视新闻节目的表现力更加丰富。

1. 遵循电视新闻画面编辑的特有规律

（1）遵循电视新闻画面编辑的真实性　电视新闻画面的组接也应遵循蒙太奇技巧。电视新闻画面的编辑主要涉及蒙太奇中声画合成的具体技巧和技法,这些技巧和技法在第三章已有详尽描述,这里不再阐述。需要强调的是,一定要防范蒙太奇技巧的巨大表现魅力对新闻真实性的伤害。电视新闻的画面编辑,就是根据新闻内容的实际,运用画面的合理排列,客观、准确地佐证某一新闻信息,因此,编辑一定要遵从真实性原则,以新闻的客观事实为依据组接,使剪接出的画面在最大程度上反映客观事实的真实情况,在时间、空间上尽量与实际的情况接近,使编辑成的画面不产生远离事实的歧义。朴实无华的画面、天衣无缝的剪辑、真实客观的效果是电视新闻画面编辑所必须做到的。

（2）遵循电视新闻画面编辑的特有规律　电视新闻画面的不完整性这一传播特性，决定了它有自己的画面组接规律，主要体现在：一是不必拘泥于镜头组接的特有规律，电视新闻时间短，画面个数有限，不可过多地考虑"过渡"镜头的使用，单个画面信息含量是否饱和，是传者和受者所关心的；二是强化细节，充实画面的信息含量，给观众更多可看的内容和想象的空间，一条电视新闻仅有几个画面无法形成情节，其传播魅力的体现，全在于对细节的运用，靠细节对人、事、物进行具体形象的描绘和刻画，发挥非语言符号的诸多优势，充实画面内涵，在编辑时，要有单位时间中的"细节数量观"，通过数量的控制，达到质量的完美。

2．强化固定镜头意识，少用运动镜头

运动镜头在纪录片和电视剧中运用较多，因为纪录片和电视剧有时需要用运动镜头叙述故事情节，营造氛围情趣，提供转场视角，揭示人物心态等。在消息类电视新闻报道中，因受传播符号特性、时间长度的限制，就需要多用固定镜头，少用运动镜头。电视新闻消息，只有一两分钟，甚至几十秒钟，如果用上几个运动镜头，观众会感到画面老是动来动去，停不下来，从而分散观众对新闻内容本身的注意力。

3．运用好同期声，力求真实、生动、精确

同期声的使用能增加新闻的准确性和权威性。同期声把事件现场的声音和人物的讲话直接传递给观众，减少了记者转述的不确定性。同样，重要的新闻事实通过新闻人物直接传递向观众讲述，未经任何扭曲或加工，就会显得真实，具有说服力。编辑同期声时应注意：一是同期声不是一种点缀，不是所有的同期声都是必需的；二是同期声应忌冗长与杂乱；三是淡化记者的"上镜"意识，删除记者的提问过程，只将被采访者的同期声编入播出稿，可有效压缩单条新闻所占的时间，提高传播质量。

4．将旁白、屏幕文字和音响纳入整体布局

电视新闻节目可以适当运用多种电视的表现手段，如画面和声音的蒙太奇、旁白、屏幕文字、特技、动画等。因此，作为编辑，有必要研究各种表现手段的优劣，努力探寻它们之间的组合形式以及由此产生的效果，使报道具有更强的表现力。电视多种表现元素的综合使用，并不是这些手段的简单相加，而是有机地融合在一起，只有这样，才能真实、完整、准确地再现新闻事实，给观众提供纯粹电视化的新闻节目。

5．突现"细节"意识

细节是指能够突现事件新闻价值的语言符号和非语言符号的语言，它不仅指有冲击力的图像，还包括现场语言、播音、音响、屏幕文字等有吸引力的要素。

通过细节的刻画,可以将人物和事件的特点加以突出,从而更加显现出形象的生动性和真实性,揭示生活的本质。细节的描绘可以通过多种方式来完成,可以运用电视的所有表现方法去进行细节描写。一般来说,电视新闻节目的细节表现形式有画面、播音语言、屏幕文字、画面与现场音响结合、画面与音乐结合等多种形式。

6. 适当编配音乐

音乐重在表情达意,一般来说,消息类新闻节目中不使用音乐;在专题新闻类节目中,适当地配上一段音乐,能够增加新闻的综合效果。

7. 把握好新闻标题、导语和结构

电视新闻编辑既是一门艺术,也是一门科学。作为电视新闻的编辑人员,不仅要树立正确的舆论指导思想和具备敏锐的新闻感觉,同时还须掌握一些必备的技巧,要通过合理巧妙的搭配、排列实现整体优化,在编辑时必须注意研究听觉规律,在明确、有趣上下功夫。电视新闻的标题不仅要生动、形象、让人有回味的余地,同时还必须醒目和鲜明,如果能在观众换台的空档凭借标题字幕把他们吸引过来的话,这样的标题无疑是成功的。导语作为一条新闻的开头部分和核心环节,其吸引力决定着观众是否对该条新闻加以关注,因此电视媒体必须写好新闻稿件的导语。电视新闻的导语要求开门见山、简明扼要、中心突出、形象具体。但电视新闻往往因篇幅所限,其导语一般只突出最重要的新闻事实,而把其他的详细内容放到后面的新闻主体中进行交代,所以电视新闻的导语相对较短。

8. 电视新闻画面的编辑

伴随着电子技术的飞速发展,非线性编辑系统的出现,为修正前期拍摄的不足提供了可能,为制作特殊效果提供了方便,也为差别较大镜头间的连接提供了多种过渡方式。电视新闻以消息类为主,消息类新闻制作周期相对较短,要求反应迅速,用最简练的语言与最典型的画面传递尽可能多的新闻信息,有效地利用拍摄到的新闻画面,精心选取可充分传达新闻事件信息的画面进行编辑就显得至关重要。要做出具有丰富图像资料的深度报道,就需要收集和掌握大量的资料与素材。画面中插入丰富的图像资料,能有效增加电视新闻节目的可视性。在制作新闻报道的过程中,充分利用已有的新闻资料,使电视新闻更具权威性与准确性。电视新闻虽然与文艺作品有所区别,但不同主题的新闻应当拥有不同的画面节奏。例如新闻节目政治性较强、抽象理论较多的部分,宜使用沉稳、舒缓的节奏,以利于观众思考和消化新闻内容。新闻类节目镜头组接中合理运用电子特技会产生新的过渡。当然,在剪接的过程中需要注意环境依据和人物交代的合理性,还应注意控制画面的节奏变化,以调节观众的视觉心理。和其他媒介的报道方式相比较,电视新闻报道因其独特的构成要素,想要有效提升新闻节目的质量,就必须通过画面把新闻事件的现场环境和气氛直接呈现在观众面前。电视新闻画面的意境还表现在情感上,电视新闻要用真实感人的画面准确反映事物的本质,每一条电视新闻都是由若干个电视画面组合而成,电视创作者必须要具有较高的综合素质,并掌握好画面的编辑要求、原则和技巧,只有这样,才能真正创作出优秀的电视新闻作品,真实地再现现实生活。

9. 编辑要在串联词上下功夫

串联词要尽可能口语化,可以套用一些俗语、俏皮话,甚至是小品或电影里的语言,让观众产生亲切感,要避免把串联词完全变成下一条新闻的导语,尽量在每条相邻新闻间找到一个共同点,将其关联上,这样才能保持新闻的连续性,让观众看了不至于太累。

10. 以丰富的图像资料增加电视新闻的可视性

要使新闻画面丰富,仅仅使用当前采访的画面是不够的,还必须借用过去的资料。为了使资料与当前采访的画面有所区别,必须采用适当的特技形式进行处理,例如划像出入、加边框、色调反差处理等,借助于丰富的图像资料解读抽象的新闻内容,以增加电视新闻的可视性,丰富新闻节目的画面语言。

11. 适时配发评论

对于重要的消息、焦点话题,在编辑稿件时,最好配有编前编后话,予以适当的评论。编辑在配发评论时,一要选准角度,找好切入口;二要言之有物,切不可脱离群众;三是评论要深入浅出,语言平实,做到言简意赅,浅显易懂;四是评论要把握尺度,不能因为一时的冲动,使观点过于偏激,给新闻带来负面影响。

12. 注意画面的逻辑关系和节奏变化

要提高新闻节目的质量,不仅需要摄像记者善于捕捉有典型意义的画面,而且要求后期制作人员不断提高画面编辑水平,把握好画面的内在联系,注意画面内部形象组织的逻辑性及时空变化的合理性给观众带来的冲击力,以一定的角度、景别将它们组合起来。上下镜头之间要合理衔接,不同主题的新闻应有不同的画面节奏,画面剪接要与事物发展进程合拍,不然就会让人看着很不舒服,严重时还可能犯政治错误。

13. 对民间DV视频素材的编辑处理

不少行业和部门都很重视媒体的宣传作用,比如公安、消防、工商、质监等部门,有的还在内部设置了专门的机构或者人员,如宣传科、宣传员等,负责拍摄、整理和保存本单位活动的资料,并部分提供给新闻媒体使用。这些机构及其人员与电视台的联系密切,并逐渐形成一支通讯员队伍。他们提供给电视台的新闻素材,往往具有独特优势,代表单位提供新闻素材,真实性有保障,可信程度较高,在所报道领域较为专业、内行,在表达上不容易出现常识性错误,拍摄及时、全面,特别是一些执法现场的镜头捕捉,常常能够提供记者赶到现场之前的精彩画面,得到意想不到的效果。同时随着数码技术的不断发展,摄像设备也越来越普及,越来越多的群众有条件加入到电视新闻素材的拍摄队伍之中,成为"拍客"。目前,已经有不少电视台采用民间"拍客"通过 DV 或者手机拍摄的画面,编辑加工成完整的新闻播出。这部分视频素材作为新闻资源的有效补充,今后在数量上将会逐渐增多,为主流电视媒体扩大节目来源和提升报道空间提供了一方"富矿"。但从另一方面来看,由于提供视频的大多数民间"拍客"未受过正规的专业训练,在拍摄和题材把握等方面难免都存在一些不足,对于他们提供的素材,从画面组织到文字措辞、叙事逻辑,都需要编辑认真地加以重新改造。

14. 新闻编辑的模糊化处理

在新闻节目的编制和记者新闻稿的写作中,很多时候都要对新闻进行模糊处理。新闻编辑工作者必须掌握什么新闻需要模糊处理以及新闻模糊处理的技巧等。

在采编工作中会遇到一时无法搞清楚的突发事情或问题,而稿件又必须及时播发,这时就不能盲目确认事实,而应当对新闻加以模糊处理,这样做既保证了新闻的时效性,又可以避免新闻失实。对新闻进行模糊处理时,必须遵守法律规范,尊崇社会道德。新闻报道中出现的"据权威人士透露"模糊语言,就比用精确的语言表述更合适。在新闻报道中,涉及违法犯罪的未成年人肖像、姓名、家庭住址等信息,性犯罪案件中的被害人姓名,可能引起名誉纠纷的事件和人物姓名,军事报道中有关某驻地、某部官兵及科技报道中的一些技术数据等,这些需要保密的内容,都应该进行模糊处理。另外,出现当事人清晰图像的,往往需要打上马赛克或采取侧面拍摄方式模糊处理。凡是涉及个人隐私的报道,新闻工作者都应慎重处理,不能违背法律和社会道德。

15. 注重监督,提高新闻节目公信力

(1) **一是坚持建设性监督** 舆论监督要始终坚持站在党和人民的立场上,以重在建设、改进工作、解决问题、增进团结、维护稳定为出发点,要服务大局,紧紧围绕党的中心工作,抓住那些群众关心、政府重视、具有普遍意义的问题,有针对性地开展舆论监督,要注重舆论监督的社会效果,重点推动问题的解决,这样的新闻报道才能够得到各方支持,并建立起广泛的社会公信力。

(2) **坚持科学监督** 开展舆论监督,应当有科学的态度,用科学的方法做到事实准确、客观全面、以理服人。

（3）坚持依法监督 舆论监督受法律保护，也必须在法律规定的范围内进行，严格依法办事，舆论监督报道的内容必须符合宪法和法律，不能违背党的路线、方针、政策，不能泄露国家秘密，不能干扰和妨碍政法机关依法办案，不能侵犯公民、法人及其他组织的合法权益。舆论监督的手段、方法必须符合法律规定，获取新闻素材、核实报道内容都要通过合法的途径、程序和正当的方式，不能采取非法和不道德的手段进行采访。

16. 做好对后期的控制指挥

在电视新闻直播节目中，要确立导播（电视新闻直播节目的控制者）的绝对领导地位。直播节目的播出过程非常严谨，节目主持人、技术人员、栏目编辑乃至该时段准备发布的消息，都必须各就各位，随时听从导播的调遣。重视新闻节目的编排，向编排要创新、要效益。编辑工作千头万绪，但电视新闻节目的核心就是节目的编排。与报纸排版相比，时间就是电视的版面空间，在单位时间里尽量丰富、活跃版面空间是电视编辑追求的目标之一，单位时间要服从于整个电视的版面安排。根据电视制作所需要的时间，确定已经制作成片的新闻、突发新闻以及播出之前来不及制作的新闻，可在节目播出过程中适时插播；由微波接收或记者传回的消息，如果是重要新闻，也可由导播及时切入。插播消息，意味着打乱原来拟定的节目顺序，插在什么位置、何时插入，都需要经过缜密的考虑和精确的计算，否则就有可能乱了方寸。在一天的新闻节目中，消息、新闻专题以及现场直播、现场录播节目往往不在一个时间段播出，因为不同时段有不同的观众群，但是新闻类节目可以相互呼应。只要注意其互相之间的衔接和关联，充分重视电视新闻节目编排的多样性、连贯性和灵活性，就一定能提高电视新闻节目的收视率。

总之，编辑水平的高低，直接影响着新闻节目的整体质量，关系到电视新闻节目的收视率。因此，在竞争日趋激烈的当下，电视新闻的编辑工作必须要做好、要创新。作为电视新闻编辑工作者，只有端正思想、脚踏实地、提高业务素质，才能更好地吸引观众眼球，确保电视新闻节目与时俱进，不断发展。

复习思考题

1. 简述新闻节目的基本形态。
2. 简述电视新闻节目编排的原则、方法、思想和技巧。
3. 简述电视新闻节目拍摄的技巧。
4. 简述电视新闻节目采访的技巧。
5. 简述电视新闻节目编辑的技巧。

6. 以小组为单位,组织策划 3~5 分钟的校园专题新闻节目,写出策划方案,并实施该方案。

参考文献

[1] 詹青龙,袁东斌. 数字摄影与摄像. 北京:清华大学出版社,2011,9.

[2] 黄著诚. 实用电视编辑. 北京:中国广播电视出版社,2000,8.

[3] 黄匡宇. 电视节目编辑技巧. 北京:中国广播电视出版社,2002,10.

[4] 季兴帅. 电视新闻节目编排策略研究[D]. 陕西师范大学硕士论文,2013(5).

[5] 周倞斌. 电视新闻节目的拍摄要点[J]. 新闻窗,2012(2).

[6] 张晓锋. 电视节目制作原理与节目编辑[M]. 北京:中国广播电视出版社,2004.

[7] 李晓桃. 电视新闻编排思想、策划和技巧探析[J]. 海南大学学报人文社会科学版,2000(6).

[8] 张静. 浅谈电视新闻画面剪辑的要点[J]. 新闻传播,2014(1).

[9] http://3y.uu456.com/bp-8e4f35186c175f0e7cd137ce-7.html.

[10] http://www.doc88.com/p-3932260466571.html.

[11] http://zhan.renren.com/wanmeidongli?gid=3602888498040678617&checked=true.

[12] http://www.doc88.com/p-9912672495664.html.

[13] http://www.xzbu.com/6/view-3886121.htm.

[14] 阮艳. 编辑电视新闻应注重提高节目的整体形象[J]. 今日科苑,2011(8).

[15] http://www.docin.com/p-248954613.html.

第八章
电视专题节目制作

【学习目标】

学习完本章,应该能做到:
- 知道电视专题节目的类型和特点。
- 理解电视专题节目的创作特点和观念。
- 理解电视专题节目的叙事风格。
- 掌握电视专题节目的选题技巧和选题报告撰写技巧。
- 掌握电视专题节目的构思方法和技巧。
- 掌握电视专题节目的拍摄要领。
- 掌握电视专题节目的编辑技巧。

电视专题节目是指主题相对统一,能对主题作全面、详尽、深入的反映,与综合节目相对应的一种电视节目。在电视三大支柱节目——新闻节目、专题节目、文艺节目中,专题节目兼有新闻节目的真实性和文艺节目的艺术性;内容上包罗万象,涵盖大千世界;形式上广收博取,集电视各种表现手法、技法之大成;功能齐全,被称为"信息窗、知识库、百花园、服务台"。总之,电视专题节目能充分发挥电视优势,极具电视特色,是荧屏上主要的节目形态之一。

第一节 电视专题节目概述

20世纪90年代后期,随着电视技术的发展,人们思想观念的更新,我国电视专题节目在创作观念、创作技法等领域都发生了巨大的变化,显示出其独特的魅力。

一、电视专题节目的界定和分类

1. 电视专题节目的界定

我国对于电视专题节目的称谓五花八门,如电视专题节目、电视纪实性作品、电视纪录片、电视专题片、电视专栏节目，还有电视系列片等。20 世纪 70 年代中期，我国电视界提出了电视专题节目这个名称，有关电视专题节目争论的焦点主要表现在电视纪录片和电视专题片二者的关系上，在这个问题上，国内电视界主要有四种说法：一是"等同说"，认为电视纪录片就是电视专题片，二者是同一节目形态的两种不同称谓；二是"怪胎说"，认为"专题片"的提法是中国电视事业出现的怪胎，因为国际上大都采用电视纪录片的提法，所以，电视专题片的提法应予以取消；三是"从属说"，认为电视纪录片与电视专题片是包含关系，或者是电视纪录片包含电视专题片，或者是电视专题片包含电视纪录片；四是"独立说"，认为电视纪录片和电视专题片是风格不同的两种节目类型，二者存在着明显的界限。由于理论上的困惑和实践中的混乱，中央电视台三度组织召开"中国专题节目界定研讨会"，本着"涵盖周全，分类准确，界定周密，表述精当"的原则，对纷繁复杂的电视专题节目形态做了归纳和整理，并于 1995 年拟定了《中国电视专题节目界定分类条目》，具体内容见表 8-1，将电视专题节目分为报道类、栏目类、非栏目类和其他，并明确指出：纪录片是电视专题节目的一部分，被涵盖于其中的报道类，是报道类节目的主要形式。

表 8-1 中国电视专题节目界定分类条目简表

一、报道类（含纪录片）				
（一）纪实型	（二）创意型	（三）政论型	（四）访谈型	（五）讲话型
1. 新闻性；2. 文献性；3. 文化性；4. 综合性	1. 抒情性；2. 表现性；3. 哲理性；4. 愉悦性	1. 评述性；2. 思辨性；3. 论证性	1. 对话性；2. 专访性；3. 座谈性	1. 报告性；2. 发布性；3. 礼仪性
二、栏目类				
（一）对象型	（二）公共型	（三）服务型		
1. 军人节目；2. 青少年节目；3. 老年节目；4. 妇女节目；5. 残疾人节目；6. 少数民族节目；7. 港澳台胞节目；8. 对外节目	1. 社会节目；2. 经济节目；3. 文化节目；4. 体育节目；5. 科技节目；6. 卫生节目	1. 公益性（1）天气预报；（2）股市行情；（3）寻人启事；（4）广而告之；（5）节目预告	2. 指导性（1）示范节目；（2）时令节目	
三、非栏目类				
（一）特别节目型	（二）系列节目型	（三）连续节目型	（四）竞赛型 1. 益智类；2. 娱乐类；3. 技能类	
四、其他类				
（一）主持人节目		（二）节目主持人		

2. 电视专题片和电视纪录片

电视纪录片和电视专题片是电视专题节目两种主要风格样式，但又不是界

限非常分明,二者之间既有共性,又有个性,是相对独立而又互相联系的,其区别和联系主要表现在以下几个方面:

(1) 反映生活的方式不同　电视纪录片是社会生活的客观"再现",主要是再现生活的具体情境,较多地采用长镜头或同期声展现生活的真实,让事实本身说话。因此,电视纪录片是一种"以事传人"的电视节目形态。电视专题片在反映社会生活的时候,具有较强主体意识的渗透,它直接表现创作者对生活的看法和主张,允许采用"表现"的手段,艺术地表现社会生活。因而,电视专题片多是一种"以情感人"或"以理服人"的电视节目形态。

(2) 表现生活的手段不同　电视纪录片更多地属于"新闻"的范畴,所以纪实手法较为单一,主要以新闻镜头记录社会生活,它的艺术性主要体现在挖掘声、光、色、画面、剪辑、音响的内部艺术潜力,因而,电视纪录片具有较强的"新闻属性"。电视专题片,由于"表现"生活的需要,允许较多地运用象征、隐喻、联想、对比、渲染等艺术手法表现社会生活,根据特殊的创作需求,甚至允许一定程度上的扮演、补拍、追述和摆拍。因此,电视专题片具有较强的"纪实属性"和"艺术属性"。

(3) 时空处理不同　电视纪录片在时空的处理上一般是"现在进行时",也就是记录"正在发生的生活",甚至是未知最终去向的生活,所以有人说纪录片是跟随、跟随、再跟随,也就是跟随正在进行中的事件。电视专题片在时空的处理上比较自由,它既可以表现"现在时",也可以表现"过去时",甚至可以表现"将来时"。

(4) 镜头运用不同　电视纪录片主要是记录"现在进行时"的生活,所以只能运用表现现在的镜头,诸如跟拍、抓拍、偷拍等。而电视专题片,不仅可以运用表现"现在进行时"的镜头,而且可以运用表现"过去时"的镜头,诸如追述镜头、摆拍镜头、补拍镜头、扮演镜头,甚至可以运用"将来时"的镜头,诸如幻觉镜头、梦境镜头等。

(5) 思维方式不同　电视纪录片和电视专题片创作的以上不同点,集中体现在创作的思维方式不同。电视纪录片的基本思维方式是——展现生活,纪录片的思想是渗透在对生活的展现之中。电视专题片的基本思维方式是——揭示思想,专题片的生活是被思想统帅着,一切生活画面都是为说明某种思想服务的。

从上述分析、比较和鉴别,可以对电视专题片和电视纪录片作如下概括:

① 电视纪录片。用自然朴实的手法,最大限度地追求纪实性特征,注重客观地再现社会生活原生形态的纪实性专题节目。这个定义,首先明确了电视纪

录片与电视专题节目二者之间是包含关系,电视纪录片是专题节目的一种类型;其次,阐明了电视纪录片的个性特征——客观地再现社会生活,以纪实性为主要特征。

② 电视专题片。最大限度地追求多种艺术手段的表现力,注重创作者直接抒发主观感情、阐明观点和写意性电视专题节目。这个定义,除了明确电视专题片是电视专题节目的一种类型之外,还阐明了电视专题片的个性特征——注重创作者的主观表现手段,风格上以写意为主。

3. 电视专题节目的分类

电视专题节目被认为是最具有电视特点的一类节目。从内容上看,电视专题节目可以涵盖政治、经济、历史、地理、音乐、美术、科技、卫生、体育、教育等各个方面;就形式而言,集电视各种艺术表现手法于一体。电视专题节目的分类是比较复杂的,必须运用电视的思维,全方位、多视点、多标准地考察电视专题节目,在这里,我们从实践创作的角度出发,列举了按题材内容、创作手法、创作实用分类三种方法。

(1) 按题材分类 按题材大体可以分为人文类、社会报道类和自然环境类三大类,每大类又可以细分为一些小类。人文类专题节目,如《百姓故事》《南京大屠杀》等;社会报道类专题节目,如《共同关注》《新闻调查》等;自然环境类的专题节目,如《话说长江》《望长城》等。

(2) 按照创作手法分类 按创作手法的不同可以分为纪实类、纪实风格类、艺术风格类、艺术类专题片。其中纪实类专题节目也可以被称为纪录片,例如《远在北京的家》《最后的山神》等;纪实风格类专题节目,如《沙与海》《两个孤儿的故事》等;艺术风格类专题节目,如《半个世纪的爱》《朝阳与夕阳的对话》等;纯艺术专题节目,如《西藏的诱惑》等。

(3) 按创作实用分类 为了能够让学习者尽快地掌握电视专题节目的创作方法,从电视专题节目的表现对象出发,以编导的思维看待电视专题节目的创作,可以将电视专题节目制作解读为人物、事件、风光三种类别。这种分类方法可以让创作者迅速找到专题节目的表现主体,进而更容易通过把握拍摄对象而把握主题。深入学习人物、事件、风光三种类别专题节目的创作特征和创作技巧,达到事半功倍的学习效果。

电视专题节目的分类方法还有很多,如按功能可以划分为新闻类、教育类和娱乐类;按风格样式可以分为纪实类、表现类和思辨类;按文化形态可分为主流文化类、精英文化类、大众文化类和边缘文化类等。还有其他分类方法,这里不再一一详述。

二、电视专题节目的特点

1. 电视化

电视专题节目是电视媒体的一种节目形态,要做到内容与形式相统一,在创作手法上要符合电视的艺术规律。因此画面优美、剪辑流畅就成了衡量电视专题节目的重要标准。同时由于电视是大众传播媒体,电视专题节目具有一定的新闻性、时效性,专题节目的选题往往都可能成为社会的热门话题。

2. 选题专

电视专题节目必须要专—,即围绕专门话题进行取材,一山一水、一人一事都要集中内容,反映个性,表现特点。但是选题专不是指专业性很强,相反电视专题节目往往要求深入浅出,雅俗共赏。这种专一性,从表现形式上要求采编人员惜墨如金,开动脑筋,通过主观意识发掘本质意义的客观报道对象,同时,由于客观对象受到表现形式的限制,不能面面俱到,只能突出主要的、重要的内容。

3. 主题深

电视专题节目要兼顾电视的基本属性和基本功能。电视是党和政府的喉舌,是党和政府联系群众的桥梁,是建设社会主义物质文明和精神文明的现代化舆论宣传工具。电视专题节目正是电视节目中反映现实最深刻、主题最鲜明、感染力最强的节目形态,主题思想是电视专题节目的灵魂,所以一定要认真挖掘主题的深刻含义。

4. 纪实性

电视专题节目取材于现实生活中的真人、真事、真情、真景,有强烈的现实感和时代感,是反映社会生活的一面镜子。真实性构成了电视专题节目的生命,这种真实性主要表现在使用纪实主义的创作方法,强调生活的真实,也就是创作者在提炼生活素材的过程中,需要尽量保持其自然形态,不能做过多的变形处理。

5. 持续性

电视专题节目的连续性和系列性统称为持续性。电视专题节目持续性的产生一方面来自客观世界内容浩瀚,另一方面是报道形式需要扩大载体的容量。为了更清楚、透彻地把报道对象的背景分析、发展过程及其评说展示给广大观众,把报道对象所反映出来的意义为观众揭示得更深刻,更明白,一种新的报道形式——持续报道形成和产生了,持续报道在电视宣传中,得到大量使用和发展。

6. 直接性

电视专题节目的直接性表现在电视专题语言的直接表达上,为使报道更具真实感,更有深度,一方面电视专题语言使用电视镜头语言记录和展现报道客观对象,使客观对象真实地呈现给观众;另一方面电视专题节目解说词直接达意,同时用剖析的方式揭示报道对象的内在事理,让观众不仅直接认识报道对象的表象,而且能理性地认识报道对象的本质,从而得出应有的规律性认识,真正完整地理解电视专题报道的教化作用。

三、电视专题节目的创作特点

电视专题节目是运用"现在时"或"过去时"的纪实,是对社会生活的某一领域或某一方面,给予集中的、深入的报道,内容较为专一,形式多样,允许采用多种艺术手段表现社会生活,允许创作者直接阐明观点的纪实性节目,是介于新闻和电视艺术之间的一种电视文化形态,既要有新闻的真实性,又要具备艺术的审美性。

1. 纪实的拍摄手法

电视专题节目的纪实拍摄手法是指专题节目要真实地展现生活的情景和过程,取材于现实生活中的真人、真事、真情、真景,有强烈的现实感和时代感。电视专题片的纪实美主要体现在"以事信人",通过采访者和被采访者的语言和行动所表现出来的主题,比解说词更有说服力。实现电视专题节目的纪实手法主要通过以下四个方面:

(1)注意捕捉过程中表达因果的微妙的东西 人的情感有一个酝酿、发展、表露的过程,如果要真实记录人物情感,就要记录这个情感变化的过程,而不仅仅是结果。在实际拍摄中提前开机,延后关机,特殊情况不关机,这样有可能取得可遇而不可求的效果。

(2)恰当运用分切镜头与长镜头,使得过程完整而简约 长镜头是一个连续的镜头段落,记录下完整时空中时间的发展,事件的过程,长镜头拍摄无法掺假,镜头本身的真实感强,感染力大,但也要注意适当使用分切镜头,为编制专题节目形成适当的节奏奠定一定的基础。

(3)不能人为制造戏剧性 生活本身就充满了戏剧性,如果遇到事件产生了极大变化,就应该真实地体现这种戏剧性,这正是纪实性专题节目的可视性。但是如果事件的发展变化并不同于事先的构想,也不能随意扮演。关键在于在事件的记录中找到戏剧性,或者通过后期剪辑增强戏剧性。如《潜伏行动》中,公安战士潜伏、追击、剿灭匪帮的过程中就充满了戏剧性;《走进科学——征婚启事》更是借用征婚过程介绍"酶",利用征婚行动使整片充满了戏剧性。这些戏剧性来源于生活本身,有时甚至胜过欣赏电视剧。

（4）淡化解说词　拍摄电视专题节目应尽量使用电视画面语言的思维，淡化文学思维，解说词处于被动地位，完全从属于画面。在纪实性纪录片创作中，解说词可以运用简单陈述的形式，抛弃以往充满浓厚感情色彩的语句，或者让主持人现场讲解，突出纪实风格。较为极端的做法是整个片子不使用解说词，只让镜头说话，当然这种情况较少，为防止观众对画面表现的意义产生歧义，可以使用字幕讲解内容。

2．艺术的创作方式

电视专题节目在保证真实的前提下，允许采用象征、隐喻、联想、对比、渲染等表现手段艺术地表现生活。根据创作的特殊需要，甚至允许有一定程度的扮演、补拍、追述和摆拍。在时空的处理上也比较自由，它既可以表现现在时，也可以表现过去时，甚至可以表现将来时。只要对展现思想有好处，什么样的表现手段都可以运用。艺术的创作方式主要有：

（1）**画面加解说**　一般的电视专题片多以横向结构表现生活，直接表达创作者对生活的看法和主张，往往是镜头短、节奏快，而纪实性专题片则是从纵向表现生活，需要的是对生活的客观记录，因此使用长镜头更能达到表意效果。但是在剪辑专题节目时主要是靠截取生活横断面的画面配以解说词来进行叙事，浓缩了生活原有的时间进程，提炼出生活的深刻含义。专题节目无论是画面还是解说词都要求尽善尽美，悦耳悦目，画面和解说相辅相成，和谐一致。

（2）**艺术表达**　电视专题节目在叙述一个客体对象时，强调表达的艺术性，强调构思的精巧性，追求意境，追求解说、字幕、构图、影调、色彩、音乐的艺术之美。对于现实生活的记录，允许创作主体在基于真实展示现实生活本质的基础上进行的艺术"加工"和"创造"。不仅要真实反映一个人的生活环境，还要为观众营造一个人物活动的意境。这就要求解说词具备很强的文学性，包括象征、比喻、联想、对比、排比、渲染等手法的运用。注重画面形式美，画面的形式美主要通过构图、色彩、造型、用光、音乐等表现出来。

（3）**主观介入**　在运用艺术的创作方式时，创作者以真实事物的画面来反映自己对外界事物的思想情感，直抒胸臆，不隐讳自己的情感和看法，让观众通过观看去领会和认同作者的情感和观点。

（4）**使用音乐**　电视专题节目可以使用音乐，而且音乐的作用十分重要。它是表达内容、深化主题的重要因素，是渲染情绪、烘托气氛的重要手段，又可以用来衔接镜头，转换段落。音乐可用与主题有关的现成音乐，也可另行创作。

（5）**蒙太奇的艺术表现**　电视专题节目为了达到纪实性要求主要使用长镜头，也可以使用叙事蒙太奇和表现蒙太奇省掉多余的过程，压缩屏幕时间，增加单位时间的信息量,同时还有助于创作者的主观介入。

(6) 使用表现性材料 这些表现性材料包括照片、图像、书信、文字档案、文物、遗址、遗物、音像资料以及影视资料和情景再现等等。电视专题节目中的情景再现有两种。一种是由人扮演,但一般均取中、远景,如取近景也不对面部进行拍摄;另一种则是通过制作三维动画还原场景。影视资料和情景再现在电视专题节目中出现时,应注明"影视资料"或"情景再现",以免让观众误以为是真实记录的画面。

3. 直接的主题表达

电视专题节目反映社会生活的时候,具有较强主体意识的渗透,往往通过解说词直接表现创作者对生活的看法和主张。对于丑恶现象会毫不留情地批判,对于高风亮节、好人好事也不吝啬赞美之词。专题节目能够启迪观众也能教育观众,也可以引导社会的舆论走向,正因为专题节目拥有这样的特性,因而已成为电视台宣传的重要工具。但是创作者在进行专题节目构思的时候,不仅把情感、思想渗透在对作品的整体构思里,同时也把自己的思想情感渗透在纪实和艺术的所有表现手段中。可以说每一个镜头既真实记录生活,也在展示自己,倾诉感情,每一个镜头、每一个画面中都包含着创作者的思想。创作者可以直白地说出来,也可以不用语言,而只用镜头去说话,但是观众最后一定能够感受到专题节目的主题思想。直接的主题表达主要通过解说词来完成:

(1) 表述思想的解说词 当专题节目要突出思辨色彩时,用现在时态的电视画面和解说词来表述某一种思想观念,或者说明、印证某一种思想观念,发表一种主张,提倡一种精神。这种思想表达就是专题节目的主题,例如《让历史告诉未来》《使命》等。

(2) 抒发情感的解说词 在一些专题节目中,创作者的情感常常通过解说词直接流露出来,解说词的情感倾向也就是这部专题节目的主题,例如《共产党宣言》等。

(3) 富于哲理的解说词 有些专题节目往往通过解说词追求人生的精神家园,探讨人生价值,诉诸人生哲理,其主题往往阐发哲理、引人思考,例如《让历史告诉未来》《苏园六记》等。

四、电视专题节目的创作观念

电视专题节目的创作观念应集真实性、艺术性、选择性、启发性于一身,并能根据不同类型、不同题材去选取恰当的切入点和表现手段,也就是说在创作之初就要找准定位。专题片是真实生活的记录,但又是高于生活的艺术作品,在专题片创作中要善于把生活素材进行创造性的艺术加工,使之更有典型性,更加传神地反映生活,深入地揭示表象之下深刻的内涵,这样才能使片子成为形神兼备的佳作。

1. 人的主题——世俗化

人是专题节目的主体,也是主题,没有人物,也就没有情节。因此在创作专题节目时,必须要考虑到人在专题片中的位置,人物与人物之间的关系,人物与事件之间的关系,这些关系所带出的故事和深层次的内涵等。由此可见,无论是人物性、事件性专题片,还是动物、风光类专题片,历史题材专题片,往往通过对事件的叙述来表达主题,而没有人参与的事件是枯燥无味的,因此,人永远是专题片中关注的焦点。如《沙与海》展示人在艰苦环境下的生活状态;《龙脊》呈现贫困山区人们对知识的强烈渴求等。

电视专题节目世俗化的具体表现为平民化、生活化和日常化。平民化即专题节目中的主人公绝大部分都是名不见经传的平民百姓,如《沙与海》中一家是沙漠中的牧民,一家是海边渔民;《龙脊》中是一群生活在偏僻农村的孩子及其家长;《远在北京的家》是一群到北京打工当保姆的乡下姑娘;这些人再普通不过。即便是有着不平凡事迹的主角,观众也更愿意将视线投注于他们的日常生活中,愿意从日常生活的影像中观察到人物复杂的心态和丰富的内心世界,最关键的是要表现原汁原味、未经雕琢的生活,平平常常、普普通通的生活,美也好,丑也罢,生动也好,乏味也罢,只要是真实的生活。但是平民化、生活化和日常化又不等于平铺直叙,或将生活素材不加选择地直接搬上荧屏。而是要去粗取精,以独特的视角和新颖的理念,既关注重大事件的亲历者、目击者,也关注为我们珍藏文化与传统的普通人。力图使每个人物都有个性、有亮点,以此来满足有不同兴趣爱好、不同关注重点、不同收视心理和不同信息要求的观众的收视需要。

2. 情感——风格化

情感是电视专题节目的生命线,也是创作的核心。一部优秀的电视专题片一定是外在形象真实和内在情感真实的完整统一体。创作者必须带着神圣的使命感和责任感尽力深入生活、贴近生活,做到"身入、心入、情入",深刻体验和发掘情感,以事实说服人,以真情感染人,才能让观众产生情感上的共鸣。在专题片中,有些场面和场景可以进行艺术的加工和再现,但人物情感必须是真实的、自然的,不允许有丝毫造作的成分,否则就背离了电视专题片创作的规律和原则。在电视专题片中,情感的表达方式有很多,主要有细节描写、空镜头画面、特写、慢动作与定格等。

专题片的情感表达直接影响到专题片的风格,而风格又不可避免地受创作主体和时代的影响而呈现出多样性。创作者采取什么样的方式观察生活,反映世界,也就是创作主体对生活和世界的关注方式,铸就了专题片的风格。当今的电视专题节目无论是在题材还是在表现手法上都呈现出多元化的态势,这来源于创作者和媒体的开放态度,这种题材选择、情感表达的多元和复杂形成了丰富多样的、完全不同的风格。专题片的作品风格体现在内容与形式上,根据表现内容的不同,其风格也有差异,可以写实也可以写意,或者写实写意兼而有之;可以完全纪实也可以艺术再现,或者纪实与再现穿插进行;可以大气磅礴也可以细致入微,或者宏观与微观共融一体。这些风格的变化不仅与主题和表现内容有关,和创作主体的关注世界方式、时代的影响等更是有着不可割裂的关系,而风格化往往和个性化联系在一起,只有具有独特风格的作品才具有生命力。

3. 文化意识——思辨精神

电视专题节目如果没有文化的底蕴和基础作支撑,是无法成为高品位电视文化的代表的。一部文化意识和文化蕴含匮乏的电视专题节目如同空中楼阁,必然缺乏生命力和坚实的立足点。电视专题节目被称为"时代的立体档案""历史的备忘录",这表明它不仅仅是人类现实生活的"自审"窗口,而且应当是人类多重信息的最丰富、最生动的历史著作和文化史,只有具备了文化的深度和广度,我们的作品才能成为"人民的记忆"。当然专题片并不是知识的宣讲,而是将文化内涵化解在语言、音乐和画面当中,让观众在观看节目的过程中受到潜移默化的文化浸润和熏陶。

另外,越来越多的专题片体现出一种思辨精神,思辨意识使专题节目有重量、有思想深度,无疑,观众也是需要在观看节目的过程当中进行思考的。思辨精神应该成为专题片追求的又一高层次目标,但是不能因此使得专题片流于阐述哲理而空发议论。首先创作者要以平等的身份出现,虽洞察世事,却平易近人,充满热情,不冷漠,不高高在上;其次必须寓思辨、哲理于形象中,让画面说话;再次要将哲理与情感结合起来。这就需要创作者不仅要对事物有着敏锐的洞察力和较深的思辨修养,还能注重发挥电视视听兼备、声画合一的优势,用生动感人的语言,配以形象的画面,即以情感取胜,又以哲理见长;既富有文化意蕴,又有思想深度;既有对当代社会的思索,又有对历史经验的回顾。而观众也在对专题片的欣赏过程中,完成对人生对生活的思索。

4. 情景再现——故事化

在电视专题片创作中,故事化无疑是近年影响较大的一种观念。专题节目使用故事化的叙事方式,大胆借用影视剧的情节、冲突、悬念、铺垫等手法,在故事中刻画人物、展示事物、承载思想、揭示情感。故事是人物、事物、思想与情感的存在方式和载体。专题节目创作中必须是有真实的故事,不能因追求娱乐、好看破坏了真实的基本原则。

与故事化相关联的另一个常见词汇——情景再现,也是故事化的重要手段。情景再现出现的背景是文化与历史题材纪录片的兴起,需要表现过去的历史人物与事件时,纪实手法无能为力,情景再现解决了这一难题。情景再现解决了专题片的表现空间,在面对历史题材时也能够让"画面说话",情景再现不仅弥补了影像资料的不足,更是为了强化作品的故事性,是故事化叙事的重要手段。当然,情景再现的目的是展示真实人物与事件的鲜活,它与虚构的电影、电视剧中的表演有着本质的区别,专题片的情景再现、扮演必须以真实为依据,不能违背真实性原则。

5. 审美意识

电视专题节目以纪实为主,它体现的是一种纪实的美,这种纪实美体现在两方面,一是人物和事件的真实性,另一个是创作者要有客观、科学的创作意识。我们评判一部电视专题片的审美意识,要从内容和形式两方面进行考察,可以说内容美是内在的、本质的,形式美则是人的本质力量的对象化。电视专题片在内容上求真求实,在形式上更能够充分利用电视的直观性使自然和生活的美得到最直接的表现。电视自身的声像优势,使得电视专题片在形式美的表现上拥有更灵活更广阔的时空和更直观更具冲击的表现力。电视专题片《故宫》就是充分调动了电视的表现手段,将丰富的历史、文化、建筑等知识,用突破时空限制的表现形式展现在观众面前,使得该片既有厚重的知识和文化底蕴,又在形式上充满了美感,达到了内容美和形式美的高度统一。

五、电视专题节目的叙事风格

电视专题节目不同于电视剧,不一定有离奇曲折的情节,甚至很多优秀的电视专题片都以平淡中见真情,但这个平淡并不等同于无味,反而是在朴实无华的风格中体现出独到的韵味,专题片的情节虽然不见得跌宕起伏,但是也同样需要叙事手段将故事完好地呈现在观众面前,这就需要创作者精心地安排专题片的情节结构,完成好专题片的叙事。

1. 本体追求——记录真实时空

在电视专题片(纪录片)的发展过程中,出现过多种风格样式。有画外音——解说词配合专题片的活动画面并压倒画面的"格里尔逊式";有只拍摄加上同期录音而不加解说的"真实电影";有以当事人、见证人、权威发言人的访谈配合画面和解说、实况录音的"访问谈话式"等。由于人们对真实性的渴求,纪实风格已经成为今日电视专题节目的主流,真实性是电视专题片的生命。记录真实时空是电视专题节目的本体追求。电视专题片中的纪实性要求创作者不得随意想象,不得虚构情节,不得任意拔高,但是允许穿插闪回,渲染情绪,引申抒情等等。

任何事物都存在和运动于特定的时间和空间中,确保真实时空的第一个要求就是时空的确定性和具体性,也就是在专题片当中必须有具体的时间、具体的空间和具体的情景。对于专题片的制作者来说,必须要注重现场纪实,客观完整地展示世界,最大限度地保持生活原貌,不刻意追求构图上的造型,忠实地记录现场的场景、音响和氛围。由此可见,跟踪拍摄是电视专题节目创作的必由之路,被拍摄对象和事件每天都会遇到不可预测的新情况,如人物纷繁复杂的心理变化、事件向什么方向发展,摄制人员如果不在现场跟踪的话,就极有可能漏掉重要的情节,难以确保对真实时空记录的完整性。因此,现场素材的大量积累才能保证对专题节目真实时空记录的这一本体追求的实现。

2. 叙事特征——记录过程

电视专题节目的本体追求是对真实时空的记录,那么记录的是什么呢?观众希望看到事件的结果,但是更愿意关注一个客观展现出来的完整世界,也就是事件发展的过程。这个过程是连续的,包括起因、发展、高潮、结果,因此,专题片的叙事就是要完成过程的记录。

对于专题节目创作者来说,对过程的记录,在客观上本身就是一个充满矛盾和冲突的发展过程,当把这种矛盾和冲突进行提炼和概括时,叙事就变成了有起因、有发展、有高潮、有结果的叙述过程。过程记录能展示原汁原味的生活,并且带有浓厚的生活气息,给观众以真实感、亲切感;过程记录,观众可以从不同角度获取不同的信息,由于时间的连续性,使人物情绪得以充分酝酿、暴露,从而有利于揭示人物的心理和性格,深度开掘主题,增强所展示事件、情节的可信性,更有利于增强叙事的个性化,赋予专题片独特的视角和生命感。总之,记录过程不仅是专题片的叙事特征,它也成为一种结构全片的制作方法。在对过去的展示、当下的记录和未来的展望的叙述当中,让观众尽可能丰富地获取与事件同行的共时性审美体验。

3. 叙事手段——长镜头、同期声、人物述说

在以对真实时空的记录为本体追求的电视专题节目中,长镜头、同期声、人物述说是最主要的叙事手段。

(1) 长镜头 长镜头是纪实风格最重要的表现手段。过程的记录、时间的连续性、空间的整体性,只有长镜头能够完成。长镜头是指在一个统一的空间连续不断地展现一个完整的动作或事件的镜头,是人对世界观察、思维的一种方式。它往往用一个比较长的镜头连续地对某一对象进行拍摄,形成完整的镜头段落,保持了被摄体时空的连续性、完整性和真实性。适时地运用长镜头可以表现出强烈的现场感,在未经粉饰和渲染的时空里可以令观众有更多独立思考的机会,其特有的叙事、抒情、造型功能也是其他镜头语言所无法替代的。但是电视专题片往往受到时间和篇幅的限制,而长镜头是不间断地拍摄,过程和时间相对来说都要长,因此要恰到好处地运用长镜头,把握好镜头节奏,以免造成拖沓冗长之感。

(2) 同期声 同期声是时空真实、生活真实不可缺少的因素。同期声使得电视可以与世界同步,保留了现实生活的环境氛围,真实地传达出人物的思想情感和性格特征,能够增强电视专题节目的可信度和亲和力。关于同期声的内容我们在第五章电视节目配音艺术已做过详细介绍,这里不再赘述。

(3) 人物述说 人物述说是专题节目叙事的另一个重要手段,通过人物的口述,可以表现电视纪实最难表现的"过去",可以表现出人物自身的个性特点,反映真实的心态,通过采访者与被采访者的问答可以引出全方位的、立体的与主题相关联的信息。人物述说不仅可以使完整的情绪氛围、生活氛围得以展现,而且可以虚拟成一种精神的寄托,升华为一种新的境界。如《高端访问》就是以高端人物述说为表现主体的电视专题节目。人物的述说,能够把观众从现在引向遥远的过去,从而扩展时空。人物述说的叙事手段与记者、主持人的功力,采访对象的选择,编导的素质密切相关,因此要注意选择采访的格调、话题切入的角度、采访对象的典型性和表达能力等等,才能保证叙事的成功。

4. 记录真实细节

电视专题节目中的细节,指的是电视屏幕上构成人物性格、事件发展、社会情景和自然景观的最小组成单位。如果说情节是构成电视专题片的肋骨,细节就是构成专题片的血肉,二者缺一不可。通过对细节的记录,可以将人物复杂的心理活动外化,电视观众可以通过细节来洞察、理解、认识人物复杂的内心世界,从而增强人物形象的真实感和可信性。另外,也可以将人物的情感变化以生活细节的方式展现出来,从而使电视观众能够清晰地把握其情感变化的脉络。电视专题片的创作,难以依赖情节取胜,它更强调通过生活中的细节来完善叙事、表达感情、塑造人物。真切生动的细节是塑造人物性格、丰富情节因素、增强感染力和表现深度的重要手段,这些细微的生活情状,通过视听形象细腻地展现在屏幕之上,可以起到小中见大、以一当十的重要作用。在运用细节的时候,不是将细节进行简单的叠加,这样展现在屏幕上的细节只能是一盘散沙,而要注意对细节内涵的开掘和表现、合理取舍和编排,这样才能让细节更好地为整体服务。

第二节　电视专题节目创作

电视专题节目创作是一个复杂的过程,其创作流程一般包括前期拍摄和后期编辑两个阶段。前期拍摄阶段包括选题、采访、定位、提纲编写、制订拍摄计划和素材拍摄;后期编辑阶段包括编辑准备、剪辑和成片检查。其中,各环节中的核心因素又包含了创作和技巧两个方面。

一、电视专题节目的选题

电视专题片创作的第一步是选题,即思考"拍什么",这个"拍什么"就是专题片的选题,拍摄的对象构成了选题的内容。选题是指对题材的选择、加工与提炼。"正确的选题是成功的一半",电视专题片的选题一方面受到时代和社会生活的客观制约,另一方面受到创作者主体思想、修养、审美情趣的制约。电视专题片选题范围广泛,涵盖了社会、政治、经济、历史、地理、军事、科技、自然、环境、教育、人文、体育等各个方面。

(一)选题来源

对电视台来讲,要发现好的电视专题节目选题,除了编导个人的悟性外,建立稳固而庞大的信息源非常重要。从国内的情况来看,电视专题节目选题的来源主要有以下几个方面:

1. 来自上级的布置

电视是舆论宣传的重要工具,在特殊时期有其要完成的特殊任务,这部分任务可能由各级新闻宣传主管部门下达,也可能是电视台出于整体宣传的考虑而提出的节目制作任务,这种来自上级的选题任务并不会经常出现,但在编导的工作中占有重要地位,不能忽视。如《几代女人一个梦》就是中央电视台的"女性·社会"栏目承担的、由中国妇联发起、中国儿童少年基金会实施的"春蕾"计划的报道任务。目前,各省级电视台每年都要拍一些汇报片,该选题就是由当地党政领导部门下达的。在国外,由出资人委托制片人制作专题片的也屡见不鲜。

2. 来自其他媒体

在一个媒体大发展的时代,电视已不再是信息反映最全面、最快速的媒体。因而电视专题节目的选题很大程度上都来自其他媒介,如网络、报纸、书籍、手机短信、广播等媒体及其他电视台同行。

3. 来自生活中的发现

好的题材往往是编导本人在生活中发现的。编导从生活中汲取知识,关注社会变化,关注时事动态。我们生活环境的变化、人物和事件的变化、优美的景物、深厚的人文历史等都可以成为非常好的选题。

4. 来自观众

电视编导不可能掌握所有的选题信息,而电视观众经常关注节目动态,了解节目基本的选题方向,他们对电视台有一种特别的信任,特别愿意把自己的心愿告诉电视台,也特别愿意向电视台提供拍摄的线索。他们提供的选题具有时效性、新颖性、地域接近性,有时还能保存第一手资料,对节目制作有很大的帮助。电视编导要认真对待观众提供的选题信息,积极沟通,但也要严格筛选,避免出现虚假或重复选题。

5. 来自共同策划

共同策划的选题包括两个方面:一是栏目组策划团队的选题;二是指专门为了某一重大事件或重要事由,特地组织一些人进行的策划选题。

(二) 选题原则

电视专题片选题的广泛性决定了不同类别的电视专题片有着相对优先侧重的选题原则。除了要遵循电视专题片所在栏目的选题要求外,还应遵循一些共性的选题原则。另外从电视专题片的题材价值因素考虑,还需要思考所选题材是不是具有新闻价值、功能价值、视觉价值和审美价值。

1. 思想性原则

电视专题节目的选题首先要注重思想性原则。在选题过程中,要优先考虑代表着先进思想、先进文化和先进生产力的真人真事,优先考虑对国家和人民的命运起着至关重要的作用或影响力巨大的重大事件、重要人物等;还有在当代背景下,对国家健康发展和中华民族全面振兴有所贡献的社会课题、国家政策解读、国家阶段性发展成就总结等。

2. 真实性原则

电视专题节目选题的真实性原则体现在三个方面:一是人物真实,电视专题片所表现的人物绝对不允许虚构,不能张冠李戴,不能无中生有;对表现人物的言行也要严格遵循真实性选材原则,不能编造,不能夸大其词,只有取材真实,人物塑造起来才可信。二是事件真实,电视专题片所表现的事件必须是真实的,用事实说话是专题片的魅力所在;但是事件的真相有时并不容易获得,编导必须反复核对,认真探索事件真相。三是资料真实,电视专题片有时需要表现过去发生的事情,涉及一些历史资料,这里的历史资料必须是真实的,专题片并不完全排斥"情景再现",但是不能扭曲史实。

3. 价值性原则

电视专题节目选题的价值性原则包括新闻价值、功能价值、视觉价值和审美价值。新闻价值主要是从新闻性角度来判断选题是不是最近发生的或者正在进行的事件,是不是正在被谈论的事件或社会问题,是不是很可能影响很多人的事件,是不是涉及著名人物和机构的事件,是不是发生在传播或广播地区的事件等;功能价值是指电视专题片除了新闻价值外,还具有教育和娱乐的功能,电视专题片能够传递知识、保存史料、宣传科学,专题片的教育功能是通过寓教于乐的方式完成的,观赏专题片要能使观众放松,心情愉快;视觉价值是指以完美的声音和画面共同营造的氛围感染观众,给观众以极致的视听享受;审美价值是指专题片应能引发观众审美的思考,带给观众审美享受。

4. 市场性原则

电视专题片的编导要培养成本意识、推广意识和市场意识,使专题片走上市场化道路,很多企业和投资人也愿意出资拍摄电视专题片。所以,在面对选题时,编导首先要用市场化原则衡量这个题材的可行性,对选题所需要的人员、设备和资金有基本的预算,尽可能合理配置资源,取得经济效益和社会效益的最大化。

(三)专题片选题应注意的问题

1. 受众的普遍性

除了个别专业性、针对性强的专题片外,大多数专题片选题应该拥有尽可能多的观众,尽量大众化,不能仅仅是某个行业、某个地区、某些观众感兴趣,而应该是能引起大多数观众的兴趣。选题应来源于大众、来源于生活、来源于现实,这正是"三贴近"原则的要求,总之,专题片的选题应该与大众关系密切。

2. 内容的科学性

选题一定要选大多数人不了解而又感兴趣、能引起共鸣的人和事。如果是大多数人都知道的,即使选材再好,也无须去做。另外,没有定论、有争议的、不确切的选题也不要做。

3. 生活、生产的适用性

选题一定要选实用性强、具有普遍意义的题材。

4. 艺术的鉴赏性

拍摄专题片尤其是风光专题片时,一定要考虑与内容相匹配的画面素材是否具有可视性,否则应在具备条件之后,再报选题,再进行摄制。

拍过许多优秀纪录片的刘效礼、冷冶夫在他们的著名文章《纪实论》里,曾对专题片的选题提出过很有价值的八个基本条件,兹引出来,供大家思考:一是现场环境具有可视性和新鲜感;二是事件、人物、细节有利于镜头表现;三是拍摄现场有利于机位变化和多机拍摄;四是人物形象有特点,个性比较鲜明独特;五是人物职业和活动有较丰富的视觉特点;六是人物经历和事件比较曲折丰富;七是所反映的事件具有一定的故事性;八是人物和事件的内容较为深沉,具有一定的思想意义和美学价值。

(四) 选题的题材内容

电视专题片的选题内容按题材可分为人文类题材、社会报道类题材和自然环境类题材,这种题材划分方式是出于内容以及表现手法、入手角度等多方面的考虑,对于构思创作很有帮助。

1. 人文类题材

人文类题材指的是表现和记叙人类历史、文化的一类题材。人文类题材是电视专题片题材的主要组成部分,其所承载的人文内涵十分丰富,拍摄精致,技术手段要求较高,具有很高的审美价值。人文类题材从时间上可划分为人文类历史题材与人文类现实题材两类。

(1) 人文类历史题材 人文类历史题材从时间上可划分为历史遗产题材和历史文献题材。其中历史遗产题材包括了物质遗产题材和精神遗产题材;历史文献题材又分为历史事件和历史人物题材两种。

① 历史遗产题材。分述如下:

物质遗产 主要指遗址、遗物。这种题材是从历史遗留下的遗产入手,解读历史事件、探索历史事实。记录生动的考古过程往往是一种很好的表现方式,片中可模拟再现历史情景,让已逝去生命的遗址、遗物鲜活起来。这类专题片有《考古中国》《新丝绸之路》《秦始皇陵》《故宫》《话说运河》等。

精神遗产 精神遗产主要指意识形态层面的遗产,内容涉及我国传统文化,诗词歌赋,民间婚礼、葬礼、祭祀、宗教等文化仪式,以及手工艺品的工艺技术等。这类的专题片有《远山的瑶歌》《祖屋》《东阳木雕》《最后的山神》等。

② 历史文献题材。历史文献专题片是特殊的品种,观众对这类题材有很高的兴趣。这类专题片往往阐述一种观点,发表一种主张,提倡一种精神,给人以强烈的精神激励,注重人文关怀。此类专题片重在对历史资料的收集和开掘,特别是那些过去一直不为人知、今天才被发现的资料尤为珍贵,其往往成为这类专题片的兴趣点。

历史事件题材 主要记录历史上的政治制度或政治现象的演变,例如《让历史告诉未来》《使命》《百年中国》等。

历史人物题材　表现名人、伟人的生命历程。例如《毛泽东》《周恩来》《刘少奇》《朱德》《邓小平》《李大钊》《孙中山》《宋庆龄》《陈云》《百年巴金》等。

（2）人文类现实题材　与人文类历史题材相对应，人文类现实题材是从人类文化和人性的视角来关注现实生活的题材，注重现实性。主要分为少数民族题材、边远地区生活题材和人性题材。

① 少数民族题材。表现少数民族文化、奇风异俗的题材，发现和记录少数民族有别于当代社会主要形态的特点，例如《桃坪山寨我的家》等。

② 边远地区生活题材。边远地区生活题材是指记录和展示生活在社会边远地区的人们的生活状态，以及人在顺应自然环境时，对自然环境的抗拒与改造，显示出人的尊严与生命的价值，如《藏北人家》《沙与海》《最好的马帮》《龙脊》等。

③ 人性题材。人性题材其实是一种取材角度，是指对生与死、对生命的关注与思考的题材、对人类心理和情感的探讨题材以及关注人类伦理价值及其存在的题材。在今天有关家庭伦理的情感类专题片在屏幕上占有相当大的比重，也往往能引起较大的社会反响，这类专题片有《壁画后面的故事》《舟舟的世界》等。

2. 社会报道类题材

社会报道类题材分为社会事件题材和战争灾难题材。社会事件题材分为重大社会事件题材、重大社会问题题材、重大社会改革题材、社会黑幕揭露题材；战争灾难题材分为战争题材和灾害事件题材。

（1）社会事件题材　分述如下：

① 重大社会事件题材。重大社会事件题材是指在当今社会的政治生活领域、经济生活领域、文化生活领域等发生的重大事件。如《质量万里行》《中华环保世纪行》《非凡24小时》《三峡移民》《下山》等。历史上的重大事件一般列为历史文献类题材，个别历史事件在当今引发新的社会事件的除外。

② 重大社会问题题材。重大社会问题题材一方面是指当今国内社会的热点问题，如《土地忧思录》《住房见闻录》等；另一方面是指关注弱势群体和司法公正的问题等，如《深度105》；还有一种典型的社会安全问题的题材，如反恐问题、禁毒问题、打击犯罪问题等。

③ 重大社会改革题材。重大社会改革题材既可以记录改革的过程，也可以记录改革给社会、给个人生活和心理带来的影响，如《见证·时间的质量》《西藏行》《迎接挑战》《房子》《与汽车同行》《人在单位》《海选》《村民的选举》等。

④ 社会黑幕揭幕题材。黑幕解密出的真相呈现出两种状态，一种是属于通

常所说揭露黑幕与内幕,例如《透视运城渗灌工程》《楷模》《绰县经验》《海灯的神话》等;另一种是探讨道德与法律矛盾的复杂状态,如《眼球丢失的背后》《一村二主》《死亡可以请求吗?》等。

(2) 战争灾难题材 分述如下:

① 战争题材。战争是政治的变异和延续,战争给人类带来深重的灾难,也给全球经济带来巨大的影响,这类片子有《西班牙内战》《四万万同胞》《第一次杀戮》《车臣让步》《战地摄影师》等。

② 灾害事件题材。灾害事件题材是指那些描写地震、海啸、火山、龙卷风、沙尘暴等自然灾害造成人类生命财产巨大损失的题材,还有疯牛病、"非典"、禽流感、埃博拉等流行性疾病对人类形成严重威胁的题材。这类片子有《唐山地震十年祭》《西寻沙尘暴》《非凡抗击》《七天七夜》《万众一心抗击"非典"》等。

3. 自然环境类题材

自然环境类题材主要包括地理风光类、自然生灵类和人与环境类三种题材。

(1) 地理风光类题材 地理风光类专题片是对自然景物景、情、形的描摹。20世纪80年代是我国地理风光类专题片的兴盛时期,我国所有的名山大川几乎都有相应的专题片,如《长白山》《庐山独秀》《飞红滴翠记黄山》《井冈山》等。早期的自然风光片一贯表现为写景、状物、抒情,后来发展到与历史文化结合在一起,体现出自然环境的深厚文化韵味。

① 聚焦区域风光风俗。区域风光风俗片往往融写实与写意于一体,展示的是某一地域的"人文山水",一种充满独特灵性人文的山水,这类片子有《江南》《苏园六记》《同里印象》《徽州》《高山》等。

② 展示城市风光风情。这类专题片展示了各个城市所特有的魅力和风情,也表现出"人在城中,城在心中"的人文精神,传递出城市是文明的标志、是人们的精神家园的深刻哲理。这类片子有《我最喜欢的西部名城》《魅力城市》等。

③ 探索地理风光。地理风光专题片在新世纪发展到探索鲜为人类涉足的地理风光,展现大自然的美好风光和宇宙的神奇景象。例如《2003·站在第三极》《宇宙和人》等。

(2) 自然生灵类题材

① 动物类题材。动物类题材主要介绍世界各地的动物资源,普及动物知识,思考人与动物之间的关系等,如《动物世界》《云南野生动物集锦》等。动物类专题片除了表现人类已知的动物外,也在探寻人类未知的动物,如《野人之谜》《野人探秘》《野人寻踪》《中国神农架野人报告》等。在国外,动物生灵类专题片的题材范围拓展得很宽,从大型动物到昆虫到细菌无所不包,如《神奇的蜘

蛛丝》《微观世界》《迁徙的鸟》等。动物类题材还有一类是表现人类抢救濒危动物的，如《回家》《回家的路有多长》《抢救大白鲟》等。

② 植物类题材。植物类题材主要展现植物形貌，结合表现环境状况和生物生存历史，揭示植物的特异功能和人类对这种功能的探索发现，如《摇曳的古树》《探索银杏杀菌的秘密》等。还有一类是表现植物与人类的关系和人类对植物的利用的，如《经典人文地理·寻找普洱茶》等。

③ 人与环境类题材。人与环境类题材主要表现人与自然的和谐相处，如《家在向海》《孤岛护鸟人》等。还有一类是展现破坏环境给人类带来的负面影响，如《绿色与环境·战争与环境》等；或展现经济建设中对环境的严重破坏，如《我们的河流》《打捞皮铁的渔民》等；也有一些是展现人类与破坏其生存环境行为的斗争，如《绿色空间·2003——春天》《平衡》等。

二、电视专题节目的构思

在电视专题节目创作中，构思贯穿从前期准备到创作完成的整个过程，这个过程首先是一个思维的过程，是一个创造性思维形成与发挥的过程，同时也展示出编导对题材的理解、把握和处理，体现着编导的艺术构思和追求。所谓构思，就是编导对所拍电视专题片的构想。通过这种构想，来完成叙事的进程、主题的聚焦、特色的展示，从而完成电视专题片的任务。因此，构思的重点是在了解客观内容的基础上，运用自己的综合知识和能力组织艺术语言的工作，是为自己的思想和情感选择表达方法的工作，所以说，它是具体的、有个性化的和有创造性的。

（一）电视专题片的思维方式

电视专题片的思维方式决定编导如何去创作专题片，如何构思直接影响着专题片的效果。专题片的思维方式体现在选择角度、结构安排、再现方式、表现方式、细节捕捉、节奏把握、意境营造、哲理开掘等八个方面。

1. 选择角度

选择角度是指创作者站在什么位置，选择什么方向去观察和反映社会生活。同一创作题材，同一生活形态，可以从不同的视点加以观察和表现，但是选择独特的视点，则可以更生动地反映社会风貌、时代气息、生活氛围和人物心态。根据电视专题片不同的题材构成、思想情感、创作风格和表达方式的要求，选择专题片的创作角度大体有如下四种方式：

（1）主观视角 用"第一人称"作为表述的方式。它是以创作者的口吻或作品人物的眼睛，直接观察生活和抒发情感，采取自述体的风格或主观式的叙述方式，使作品具有鲜明的主体性和感情色彩，容易将观众带入特定的情景当中。

(2) 客观视角 用"第三人称"作为表述的方式。它是一种站在旁观者的立场,依据事物的本来面貌再现社会生活的视角,它不是创作者主观感受的直接显露和抒发,而是具有较强的客观真实性和表现形态的自由性,具有较强的纪实感,也是一种适宜讲故事的方式,以这种视角创作入手简单,应用广泛。

(3) 主客观交替视角 主观视角和客观视角相结合的特殊角度,在客观视角中插入主观表现,在主观视角中插入客观叙述,从而使片子兼有客观叙述性和主观抒情性的双重特征。这种视角在把握中有一定难度,应用较少。

(4) 多角度表现 它是一种站在创作者或作品诸多人物的不同角度上,阐述同一对象的本质特征。由于每个叙述者都是从各自的角度来观察、认识和评价,因此形成了同一对象的多侧面描述,从而有利于对事件或人物的完整刻画,符合辩证唯物主义观念。

2. 结构安排

电视专题片属于开放型结构方式。从纵向来看,只是截取生活长河中的一段,既无头也无尾,观众可以通过各自的联想和想象主动探求生活的来源和去向,从而展现作品的历史深度;从横向来看,它的每一个情节点都是断续的、不连贯的,观众的思维触角可以伸向四面八方,从而扩大作品反映生活的广度。电视专题片的结构形式常见的有:

(1) 遵循规律式结构 是一种按照事物的发展规律来安排段落层次的方法,多用于科学性、逻辑性较强的题材,内容与内容之间、段落与段落之间,都有比较严格的内在联系,段落之间不能随意调换顺序,段落内容之间紧密相关,相互依存。优点是便于理解、叙述流畅、重点突出,常用于知识性、专业性强的科普类专题片和技术推广片。

(2) 导游式结构 是以第一人称来叙述事件的发展,像导游一样带领观众去认识事物的结构方式。通常以出镜记者亲临、亲历的方式或由一位主人公"我带您去……"来引领观众。

(3) 层层推理式结构 也叫"悬疑式"结构,从开头抛出的一个悬念中,层层求证推理出正确的结论,可以说是最"时髦"也最"吊胃口"的一种结构方式。好奇、探知是人类的本能,悬念总能勾起观众的探知欲和兴趣。把整个知识包裹在一个悬念里,像剥笋般层层揭开,让观众在最后得到"真相",不但能增加观众的收看兴趣,也能在过程中参与节目,共同分析感受,这就是"层层推理式"结构的魅力所在,这种结构多用于讲述故事和事件。

(4) 横断面式结构 这种结构常用于讲述一个人物,方法是截取人物一生中最具有代表性、故事性、转折性的片段,放大这个片段来详细讲述,说明他的重要贡献或者折射出这个人的性格与情操。这就好比是医生为化验所做的"切片",这种结构最大的好处就是切入点新颖、事例典型、主题集中、说服力强。

(5) 交叉式结构　　指由两条或两条以上的线索平行交织在一起,共同深化一个主题的结构方式。在社会性题材和故事性题材的专题片中常用这种结构,优点是人物和题材表现较充分,作品的艺术感染力极强。

合理、精巧的结构一直是电视人所追求的,随着观众审美情趣的提高和电视人的不断探索,将会产生更多更好的结构方式。不管采用哪种结构形式,结构创作都应遵循以下几个原则:一是主题是全篇的灵魂,结构要为内容服务,用以表现一个完整鲜明的主题;二是结构必须具有本身的完整性、同一性,要注意前后呼应,保持各部分有机联系,使之成为一个和谐的统一体;三是结构要与片子体裁相适应,根据内容选择体裁,然后根据内容与体裁确定一个细致、贴切的结构安排;四是安排结构要考虑观众的接受心理,采用群众喜闻乐见的形式,而不是生搬硬套。

3. 再现方式

采用纪实主义的手段,在电视屏幕上再现生活的具体过程和真实情状,尽量还原生活的原有形态,明确地告诉观众,生活就是这样。

(1) 再现时间流程　　再现时间的基本要求是将一切的生活流程真实地展现在电视屏幕上,一般运用长镜头较为完整地记录事件和人物行为动作的过程,使屏幕展现的生活情景更像客观世界的自然流程。

(2) 再现空间全貌　　将真实的生活环境展现在电视屏幕上,也是"再现"的重要任务,这就必然需要以全景、细节相结合来表现环境,将客观世界作为一个完整的整体展现在屏幕之上。

4. 表现方式

表现就是调动电视的一切技术和艺术手段,集中表现某种意念、情绪、感情或思想,通过这种表现,揭示生活中那些最有诗意的深刻情感内涵。

(1) 运用象征性、隐喻性、烘托性画面　　运用象征性画面,就是通过特定的屏幕声画形象,借以表现与之相似或相近的观点、思想或感情,目的是使画面更有韵味,更具诗情。隐喻性画面,就是运用画面语言,将抽象的思想意念化作观众可以直接感受到的具体事物,或将只能意会不能言传的思想感情化作真实可见的屏幕画面,目的是引起观众的联想,领会其中的寓意和情绪色彩,从而深化并丰富形象,产生深厚的情绪感染力。烘托性画面,主要指浓墨重彩地将主体外部轮廓加以渲染和衬托,以收到绘画艺术的审美效果,从而将观众带入优美的诗情画意之中,感受创作者饱含的深厚情感。

(2) 运用音乐 音乐作为一种具有独立表现能力的艺术形式,在视听艺术中有着积极的、多方面的表现作用。它用自己极具魅力的独特手段对画面进行补充、深化、烘托和渲染,是电视专题片中的重要创作手段之一。它不仅善于表现客观事物在人的意识中引起的各种体验,传达出多种复杂的情绪状态,还能表现出它们最细微的变化及这个变化的动人过程,来体现作品的节奏和情境氛围。

5. 细节捕捉

细节是指电视屏幕上构成人物性格、事件发展、社会情境、自然景观的最小组成单位。社会情境和人物性格的完整屏幕体现,往往是由许多富有生命力的细节所组成的。细节的表现要服从屏幕形象的塑造和主体意念的表达。因此,电视专题片的创作,应该调动电视的一切技术和艺术手段,通过富有生命力的细节,竭力渲染意念情绪,追索生活底蕴,以充满诗情画意的、深沉含蓄的生活细节,来使观众的灵魂得到震撼和净化。

(1) 选择典型细节 所谓典型细节,就是最有代表性、最能说明问题本质的细节,典型细节一般有蕴藏力和折射力,具有普遍性和代表性。细节的运用能使作品的内容更突出、更鲜明、更深刻。作品要想打动观众必须是采访者自己首先被感动,有了自己真情实感的投入,与被采访对象产生共鸣,才能发现和及时捕捉到精彩感人的细节。

(2) 围绕主题选择细节 细节刻画是专题片中纪实美的重要体现。一个细节能否运用,先要放在主题背景下加以考察,要选择那些能说明主题、深化主题的细节。

(3) 画面细节与解说细节并存 画面细节就是形象细节,是一个事实中视觉形象的具体描写,它通常是通过特写镜头来实现,能够最大限度地表现人物的情感,使作品具有强烈的冲击力。如果一部专题片或艺术片中,能够捕捉到3~4个形象细节,那么,这部专题片就有可能成为佳作。

电视专题片如果是一首歌,那么细节就是一个个跳动的音符,应从小处入手,用心去体察,去发现,去捕捉,生活中闪光的细节定会为专题片增添光彩。

6. 节奏的把握

节奏就是电视专题片的编辑章法,包括和谐的内在旋律以及内部组合的艺术规律,它体现为时空处理的长短、快慢、张弛的有机组合。电视专题片的节奏是时间的运动、空间的运动以及时空交融的运动状态。外部节奏,主要指由画面上一切主体的运动以及镜头转换而产生的节奏,也就是观众可以直接耳闻目睹到的节奏形态,如画面转换频率、解说词快慢、音乐旋律节拍等,这些节奏形态有机地交融在一起,构成了作品的外部节奏。内部节奏,主要指由情节发展的内部联系或人物内心情绪起伏以及创作者的思绪起伏而产生的节奏。当然,也包括适应观众欣赏的情感接受节奏。

(1) 时间运动节奏 一部电视作品是由很多镜头编辑、组合而成。作品中的每一组接,相当于音乐中的旋律或诗歌中的韵脚,这是构造作品节奏的基本方法。简单地说,一个镜头在屏幕上停留的时间越短,作品的节奏越快,一个镜头在屏幕上停留的时间越长,作品的节奏越慢。即短镜头造成快节奏,长镜头造成慢节奏。

(2) 空间运动节奏 除时间节奏(镜头长度)外,节奏还表现为空间形态,也就是动态的镜头本身所体现出的动作内容,如画面上奔跑的马群、庄严肃穆的送葬队伍,均形成了空间运动的节奏(前者为快节奏,后者为慢节奏)。

(3) 时空交融的运动节奏 事实上,一部专题片不可能只有单一的时间运动或者只有单一的空间运动,必然是两者交融在一起所形成的时空共同运动形态。也就是时间因素和空间因素融为一体所形成的和谐运动形态——旋律。

7. 意境的营造

意境就是一部电视专题片给予观众的总体艺术感受。即指创作者在进行总体构思时,对他所描绘的生活场景和所表现的思想感情相互交融而形成的一种独特的艺术境界,也就是电视专题片所体现出来的气氛、情绪、格调、韵律所确定的协调一致的基调。由于电视专题片的题材不同、创作者表达情感的方式不同、观众的审美需求也不同,这就要求电视专题片的意境应各有特色。如何产生电视专题片的意境,需要从多个方面进行考虑。例如电视专题片所选择的拍摄主体形象是否真实,电视专题片的构思是否完整,拍摄的手段和对内涵的表述是否有新意,细节的把握是否到位,还有就是一些外部的音乐配置是否合理和协调,这些因素都是影响意境美的重要因素。

意境的营造要遵循以下三个原则:一是通过情与景的交融创造意境;二是运用造型语言营造意境;三是要有鲜明的个性。创作者丰富的情感是提供意境的基础,只有把创作者的情感融入电视专题片的创作中,才能激发观众的联想和想象思维,使其能够真切地感受到屏幕上并没有直接表现出来的内容和情感。所以,在进行专题片创作的过程当中,感情愈丰富,所要表现的意境就愈丰满。

8. 哲理开掘

哲理也就是深沉、含蓄而不外露的思想。有了哲理,电视专题片的思想深度就得以加强,从而进一步引起观众对时代、社会和人生的探求,使其潜移默化地、不知不觉地受到作品思想的启迪和教益。哲理内涵应该寓于屏幕所展现的自然风貌、生活画面、人物心绪的美感之中,让哲学的思考渗透着美学的理念,形成富有形象性的哲理美。要善于将诗的意境与哲理的探求熔于一炉,要富有暗示性和象征性,不仅将观众引进专题片所创造的深远意境,而且使人联想得更深更远。

(二)电视专题节目的构思方法

电视专题节目的构思实际上是对未来电视节目形成的整体思考,是在分析材料、理清创作思路的基础上对节目的总设计,因此要求一要完整,二要新颖,三要科学,这是最基本的要求。电视专题片制作工序比较复杂,包括标题拟制、画面剪辑、音响合成、字幕设计以及所有构成这些要素的子要素。在制作过程中,要本着形式为内容服务的宗旨,在"以视为主,以听为辅"的原则指导下,协调和处理好画面、同期声、字幕、解说词等各方面的关系,使电视专题片诸要素及构成诸要素的子要素之间优势互补,形成合力,共同为突出主题服务。只有电视专题片构思精巧、制作精良,才能制作出内容和形式俱佳的电视专题片。

1. 大处着眼,小处着手,体现个性

(1)要从大处着眼　要从作品的总体构想入手,确立作品的基调和大轮廓。比如,根据题材性质决定是什么样的立意,根据素材情况来考虑选择什么样的结构形式,根据内容的表现需要来考虑采用什么样的风格等。

(2)要从小处着手　就是要选择新的角度、新的方式、新的形式去叙述他人所未述之事,去言他人所未言之理。构思是否新奇独特,是衡量一个创作者是否摆脱了模仿和平庸的标志,也是衡量他是否成熟的标志。

(3)注意表现创作者的个性特征　电视专题节目的创作不只是简单地反映现实生活,而且要通过构思表现出创作者对现实生活的独特认识和思考,也就是要表现出创作者独立的见解,这样的作品更容易引起观众的注意和为观众所理解。

2. 构思的内容方面

电视专题片构思的内容包括了选取典型,构思纪实段落、故事化、结构、兴奋点、解说词写作和结尾方式等方面。

(1)选取典型　所谓典型就是所选取的人或事在一个时期、一个地方具有普遍性、现实性、代表性和时代性。雷锋、孔繁森等人物都是具有鲜明时代特征的典型人物,他们之所以能成为时代大潮中的先进典型,不仅是因为他们具有勇于吃苦、甘于奉献的精神品质,更因为他们的价值观念、行为方式等都符合建设中国特色社会主义的时代发展需要,具有深刻的现实意义,体现出鲜明的时代风采。挖掘出事件中的典型人物,事件就有了拍摄主体。同时也要找出事件中的典型事件,作为主要叙述的内容。

(2)构思纪实段落　纪实段落必须有相对明确的主题,有相对完整的事件或行为；必须有同期声，声音空间完整而连续；镜头必须有所选择，不可忽略细节，可以用解说词压缩不必要的过程，交代需要交代的事情。纪实段落要选取有价值的段落，有的是观众必须了解的，如《龙脊》中的淘金段落；有的是意料之外又在情理之中的，如《幼儿园》中小孩面对镜头的回答段落；或者是能满足观众审美需求的且可以找到合适的切入点的镜头，如《藏北人家》中的放牧一段。

（3）故事化构思　故事化是一种叙述策略，是专题片创作常用的方法，也深受我国观众的喜爱。创作故事化的专题片要注意将主题事件化，在事件中体现主题、提炼悬念、卖关子，用平凡的事件吊起观众的胃口。将拍摄人物塑造得故事化，用细节表现人物，把细节通过可感的方式表现出来。如《崛起》中充分运用"事件人物化，人物故事化，故事情节化，情节细节化"的叙事策略，使作品聚焦地震中有着感人故事的人，通过对细节的捕捉，栩栩如生地刻画出了许多个性鲜明的人物形象，增强了作品的艺术感染力。

（4）构思专题片结构　电视专题片结构的基本要求是与内容相适应、统一、完整、巧妙和新颖。如何构思结构取决于生活事件本身、现场的取材方式、节目主题以及编导固有的结构观念。专题片结构按时空划分，分为横向结构与纵向结构，也可以设计蒙太奇结构，增加戏剧性，可以采用单线索结构，也可以双线索对比同时进行，例如《沙与海》就属于线性结构的专题片。如果遇到互相没有直接联系的人物，或互相不贯穿的事件，或空间上隔离的地区，可以考虑用板块结构，比如片子按不同的人物、地域、事件、年代、主题等分为几个大的块，各个块可以独立成篇，块与块之间不一定构成起承转合的关系，这样的结构方式称之为板块结构。无论线性结构还是板块结构，都可以借助某些表现手段作为贯穿因素，最常用的就是音乐、物件、细节。

（5）构思兴奋点　兴奋点一般来说是指新的环境、新的人物和新的事件。凡是含有冲突、和解、情节的变化或转折的内容都是兴奋点；生动的细节、信息量丰富的内容、有视觉冲击力的画面，也是兴奋点。总之，凡是能激起观众兴趣的，都是兴奋点。电视专题节目要吸引观众，在叙事中应当不断有兴奋点。兴奋点的出现，可以使观众不断得到新的信息或受到新的刺激，激发和维持观众的观看兴趣。如果没有兴奋点，讲述就会显得枯燥，不吸引人，观众的兴趣下降，叙事就会失败。在拍摄中，摄像要拍兴奋点；在构思结构时，编导要使用兴奋点。兴奋点的使用，不是重复，而是上升或深入，也就是说，如果一部电视专题节目情节性较强，那么在情节上要不断有变化，要层层推进。情绪的推进和编导对人物内心情绪的掌握是分不开的。

（6）构思解说词写作　电视解说词叙事应干净利落，语言通畅明白，词句短小简洁,语言力求口语化、形象化。解说词不是画面的简单说明,而是画面及同期声的概括、评价、补充、延伸和深化,以传达画面及同期声没有传达或无法传达的信息。电视解说词像一根链条,把电视画面与同期声连接起来,使其形成一个完整的集合体。写作电视解说词时应尽量用通俗、生动的语言来解释现象、阐明道理。在论述时应透彻、深刻、富有思辨色彩和哲理,解说词切忌空话。

(7) **构思专题节目中的结尾方式**　电视专题片的结尾,一般来说是非常重要的,有时也是需要编导人员煞费苦心的。一部片子可以有多种不同的结尾,好的结尾可以让观众感到有提高、有余味、有意思,不同一般。结尾方式有:自然结束、呼应开头、点明主题、用主人公自己的话作结尾、营造意境、精彩场面回放、哲理升华等。电视专题片结尾的形式很多,比如有的在情节达到高潮时戛然而止;有的在事情的结果已经完全清楚以后,还要再拖一段以增加余味;有的在结尾时留下悬念让观众去猜测,或留下问题不予解答,让观众自己去揣摩;也有的出乎意料,使观众感到惊讶。

3. 构思注意事项

电视节目的创作不仅要有构思,而且要把构思变成活生生的画面与声音,这是电视节目创作的基础,也是电视艺术有别于其他艺术形式最突出的特征。实现构思视听化主要借助于音响、解说、画面、字幕等因素。

(1) **综合各要素,实现构思视听化**　电视节目从开始到结尾,从前期拍摄到后期剪辑都要考虑整体构思和布局,而不能被个别的或局部的画面所迷惑。在专题片创作中要有声画一体的构思,在各个具体节目的制作中,图像可以表现什么,表现到何种程度,语言可以表现什么,运用到何种程度,哪些应突出图像的功效,哪些应发挥语言的力量,以及如何运用音响、音乐来增强节目的感染力等,不仅编导要有个全盘的谋划,而且参与该节目制作的有关人员也应有全局观念。电视节目的主题思想和艺术效果,来源于图像和语言、音响、音乐的协调统一。因此,节目制作者都要善于综合运用图像、语言、音响、音乐等各种要素,以声画一体的构思来处理整体与局部的关系。

(2) **重视声音的作用**　除了空间上的造型作用外,在电视专题节目中要重视同期声、音效和音乐的运用。声音具有纪实性,画外音能有效地延伸、拓展画面的意义,音响既能写实也能写意,可以借助于音响描述过去。

(3) **重视字幕的使用**　字幕能够确切地表意传情,擅长表达理念,揭示微观变化,具有强化重点内容的突出功效。为了让字幕引起观众注意,可以使字幕在画面上占据相当的比例,停留相对长的时间;或者使字幕运动,在画面上有一定的亮度或加入一些闪光的效果。

（三）电视专题片入手角度分析

一部成功的电视专题片，必须有一个成功的角度切入方式来引导。角度切入的好坏与否，关系到节目的社会效果，切入角度选择得好，片子也就成功了一半，一部片子有了一个好的选题，也仅仅是采制过程中有了一个明确的方向，要想把这个选题摄制成一部好的片子，就得冲破入手角度这个难关。以下提供一些入手角度切入的方法：

1．从事件中寻找富有特别意义的场景和片断作为入手角度

在电视专题节目的摄制过程中，有时很多精彩的场景已经结束，而特别的场景和片段并不那么容易碰到，这就要求创作者细心观察、深入挖掘，一旦你捕捉到了，整部片子的角度切入问题也就迎刃而解了。如《水中情》节目，摄像记者成功地捕捉到了一段稍纵即逝的感人场景。主人公冒着刺骨的寒风跳进齐腰深的冰水中疏通涵洞，他上来时浑身哆嗦，手臂被冰碴划伤多处，鲜血直流，节目把这段感人场景放在片头，作为角度切入，没有一句解说，没有一点音乐，只有现场效果声，然后迭出片名《水中情》。这个先进人物的事迹由此得以顺利展开，从这个角度切入，把一个忠于职守的水管工作者的形象推到了观众的眼前，留在了观众的心中，同时也调动了观众对这一人物进一步了解的急切心情，为观众审美需求的情感延伸创造了条件。

2．开门见山，再现特定情景

电视专题片有很多是当日或近日重大事件新闻动态的综合补充和深化，较重视时效性，因而在选择角度切入时多采用开门见山，集中再现特定情景，也可以从关键事物、关键场景展开回忆。

3．以鲜明生动的个性形象为切入点

电视专题片相对其他节目片种而言，以捕捉富有个性特征的鲜明形象取胜。电视是形声兼备的传播媒介，电视专题片主要是靠画面来描述已发生和正在发生的事实。但这并不等于说它自然而然就有了鲜明的形象，其实，相当一部分摄取的画面只是一些不能反映生活本质的一般性画面，若要想拍摄到寓意深刻、形象生动的画面，则要深入生活的第一线，去细心观察、体验，因为形象生动的画面有可能就是一个好的角度切入点。鲜明生动的个性形象是挑、等、抢甚至是借来的，以此为角度切入主题，当然会为整个片子增色不少。

4．选取事件的某个侧面或侧面的一点为切入点，引发开去

专题角度切入类似于打仗选择突破口，口切得越小，材料越集中，越容易把问题说透，专题片虽然容量大，但也不可能对事件的采制面面俱到，它只能选取某个侧面，或者某个侧面上的点，引发开去。然而世间任何事物又都不是孤立的,有好多个面,这时,我们只能在若干个面中进行精选,从最能展现事物特点的那一点去切入主题,古语说"伤其十指不如缺其一指",一点切入往往成功系数较大,而面面俱到则常常是面面不到,啥都想说,结果是啥也说不透。以某一侧面或一点为切入点,往往能使片子结构紧凑,简洁明了,吸引观众。例如只是拍摄一个十五分钟的反映新中国六十年来变化的专题片,不可能拍摄得很宏观,可以从一个人的经历讲起,慢慢扩展成国家变化的缩影,最后引申到国家的巨大变化。

5. 平中觅奇式角度

有些选题并不重大,但只要有一个比较奇特的切入角度,也能够成为优秀的电视专题片,从这个意义上说,重大的题材不是人人都能遇到和发现的,但是抓取好选题的机会对每个创作者来说都是均等的,一些看似寻常、司空见惯的题材,只要肯下功夫找出一个好的切入角度,就能发掘出独特的思想意义,同样能平中见奇。平中觅奇式角度切入方式关键在于"平常事、细观摩",这"细观摩"三个字,便道出了觅奇之"秘诀"。

6. 逆向思维式角度

客观事物常常是一种倾向掩盖另一种倾向,宣传有时也往往是一阵风,说搞什么,大家一窝蜂都搞,选题雷同,只是改一改时间、地点、数字而已。事实上,在选题上用逆向思维,反其道而行之,往往能新意迭出,取得意想不到的效果。当别人选择这方面的题目时,看看能不能选另一方面的题目,别人的题目从正面选,看看能不能从反面选,从正反两个方面做文章,选择一个逆向思维中典型的点切入,使用欲扬先抑或者欲抑先扬的入手角度。比如拍摄反映繁荣都市的风光片,多数片子都是直接将镜头对准了繁华的都市,不妨考虑从多年前破旧的城市样貌入手。另外都市中都是繁华吗?也不尽然,可以拍摄繁华城市中的弱势群体、需要改革的地方,找出与众不同的角度。

三、选题报告的撰写

电视专题节目的制作是一种高投入的创作,为了保证节目的质量和播出效果,主管部门的负责人必须看到足以令其信服的选题报告,才能下决心付诸行动,投入拍摄和制作。

(一)选题报告的基本要求和内容

1. 选题报告的基本要求

在所有的电视文本中,节目选题报告是出现最早使用量最大的一种文字形式。节目选题报告写得如何,是否有足够的说服力和吸引力,是打动决策者和投资者进行节目摄制的重要依据,也是节目创作中的第一个重要环节。撰写电视专题片选题报告的基本要求是将选题大纲论述得简明扼要、清晰明确,选题应该有一定的创新,并具有操作性,在论述选题时要具有足够的说服力。

2. 选题报告的基本内容

① 本期节目的标题名称(所创作的专题片标题名称)、副标题以及可供选择的标题。有时一个频道或电视台策划特别专题节目时,还需要写出节目所占用的频道和栏目、播出的时段和节目时长。

② 对拍摄对象和内容的情况进行简要介绍,分析选题意义,分析节目的收视对象,介绍选题的相关背景、拍摄本节目的目的和预期目标。

③ 写出选题大纲,包括节目内容的基本结构和表现方法等。

④ 写出选题的创新之处,即本期节目的创新点在哪里和收视率预测。

⑤ 拟出拍摄计划,写出拍摄地点,所需要的设备、人员、经费以及拍摄制作的周期等。

⑥ 将选题报告提交以后,栏目制片人和主管领导会对选题报告进行研究讨论,最后给出意见结果,一旦选题通过,就可以进行电视专题片的策划拍摄和制作了。(选题申报单如表8-2)

表8-2 选题申报单

年　　月　　日

选题名称						
作者						
选题来源	□自采	□来稿	□指令	□对外合作	□其他	提供人
选题意义						
计划拍摄时间	年　月　日至		年　月　日	计划播出时间	年　月　日	
本选题特色及创新						
选题大纲						
拍摄计划						
制片人意见						
专题部意见						
处理结果						

由于节目的类型和形式不尽相同,选题报告的内容和详略程度也会有较大的差异。比如中央台每年的春节联欢晚会或大型社会活动的电视现场直播,选题报告一定要详尽,当然也比较复杂。但无论如何,以上的基本的内容都不可或缺。其中最重要的,就是通过选题报告,使决策人能够了解未来节目的基本雏形和大体轮廓,不要让人看过之后,依然是"丈二和尚摸不着头脑",不知道将来的节目究竟是何等模样。同时,不能留下许多疑点和问题,使决策者顾虑重重难下决断。

在节目选题报告中,最为重要的是"说服力"三个字,要想使选题顺利通过并付诸实施,必须在"说服力"上下一番功夫。在一定意义上,争取选题通过的过程,也是争取未来观众的过程。能够让决策者看过之后觉得眼睛一亮、怦然心动的选题报告,就是一份实现了选题报告基本诉求目标的好的选题报告。

3. 电视专题节目拍摄提纲的编写

电视专题节目的拍摄提纲根据题材内容的不同和各人爱好的不同会有各种各样的编写方法,但大致有两种情况:

一种是有完整细致的构思甚至分镜头计划。如历史题材、歌舞或风光等题材,它们的内容已相对定型,不会有新的变化,这样就有条件在拍摄前进行仔细的构思和具体的设计,写出分镜头剧本。

但大多数情况则不可能如此。因为拍摄的事件如果是正在发生的或尚未发生的,再高明的创作者也不可能知道事件发展过程中的具体细节,只能对事件的发展趋势有个大致的预测。对这类题材,提纲的写作就不能过于具体,只能是一个大致的方案,随着事件的发展变化来进行切合实际的调整。在拍摄提纲的写作中,一般要求做到以下几点:

(1)**阐明主题** 通过提纲可以看出作品的主题是什么,它要向观众说明什么样的问题。主题是节目整体创作中所必须遵循的基本出发点。只有主题明确,才能使创作者在创作中始终保持清醒的思路,及时纠正失误与偏差。

(2)**确定主要内容** 根据主题要求,决定选用哪些内容来表现它。这些内容是选择形象素材的依据。

(3)**形成大致的段落层次** 根据内容的性质,考虑具体的结构形式,哪部分应在前,哪部分应在后,内容之间如何过渡,形成作品的雏形,这个雏形是后期编辑的依据。

(4)**确定风格样式** 根据题材性质,决定作品的表现风格,是用纪实的方法,还是用表现的方法;加强文学性,还是加强新闻性;是以叙事抓人,还是以情感人等等。风格的不同决定了内容性质和结构方式的选择。

确定综合处理方式——在提纲中要体现出同期声、音乐、音响和解说词综合处理的设想,特别是重点段落和高潮部分,如何发挥综合效果的作用要尽量有所考虑。

(二) 常见电视专题节目选题的撰写

由于专题节目性质的不同,选题报告也有很多区别,本节中介绍特点比较突出的人物类、事件类和风光类电视专题的选题报告的撰写。

1. 人物类电视专题片的选题

人物类电视专题片是指以社会生活中的各种人物作为主题,主人公可以从凡人到伟人、从普通百姓到专家学者,是以记述和表现他们的人生历程、思想品德、道德情操、卓越贡献为主的电视专题片。人物类电视专题片主要应用纪实手法进行创作,通过展示人物精神面貌、生活经历,进而揭示时代背景、历史潮流和社会全貌。

(1) 人物类电视专题片的创作特点 分述如下:

① 通过记述人物事迹,塑造人物形象。人物类专题片在表现人物的时候,要将人物的具体事迹展现给观众,正是因为拍摄的人物作出了不平凡的事迹,才能充分体现出他的人生价值,所以,只有具体地展现出人物的事迹,才能将人物描绘得有血有肉,活灵活现,感人至深,从而塑造出典型人物形象,使观众获得思想上的启迪和教育。

② 深入挖掘,揭示心理。人物类专题片不仅要具体地表现人物的生活状况,更需要深刻地揭示出人物复杂的心态和丰富的内心世界。也就是说,不仅要具体展现出人物是怎么做的,而且要揭示他是怎么想的,是在什么样的思想支配下这样做的,只有这样,才能为人物不平凡的行为寻找到心理依据,从而达到令人信服的目的。

③ 意境提升,展现精神。人物类专题片不仅要记述事迹,展现心理,更重要的是通过事件和心理揭示,开掘出人物崇高的精神境界。应当说,提升意境、展示人物精神才是人物类电视专题片创作的根本目的和最终归宿。对人物精神境界开掘的深浅,也就决定了人物专题片品味的高低。

(2) 人物类电视专题片的选题要求 人物类专题片的选题要求主要看所选人物是否具有鲜明的性格、是否具有传播价值,以及是否能给观众带来启迪和教育;或者这个人物是一个群体中的典型人物,能够通过记述这个人物关注到一个社会群体,具有社会意义。

在进行人物类专题片选题策划的时候要注意判断以下几个方面:一是已经发生的人物事迹还能否被重现,是否有足够的影像资料;二是拍摄时接触到的人物能否表现出专题片想要表现的主题,是否具有一定意义;三是选题角度能否表现人物情感,是否具有个性;四是人物是不是一个好的采访对象,是否能够说出心中所想;五是人物是否具有新闻性,或者通过本片能引起社会反响;六是是否可以达到情景交融的情境。

2. 事件类电视专题片的选题

事件类电视专题片是指记述瞬息万变的社会生活中层出不穷的新生事物、展现事件的发生和发展过程及表现具体生活状况的电视专题片。事件类电视专题片通过对社会生活和实际工作的综合分析,可以得出经验教训和规律性认识,也可以通过对重大事件的展现,引起观众注意和思考。

(1) 事件类电视专题片的创作特点 分述如下:

① 记述过程,展现意义。任何事件都有一个发生、发展、高潮、结局的生活流程,因此事件类电视专题片首先应该将事件的原委和过程真实地展现在观众面前。在对事件发展过程的记述中,要进一步开掘事件的社会价值和意义,只有这样,事件本身才会超越就事论事的浅层次,焕发出崇高的思想光彩。但是任何过程都是枯燥的,因此制作专题节目时就要尽量简洁洗练。

② 详细描述情状。事件类电视专题片在记述事件的发展过程中,还应具体展现生活的特定情状,只有这样,才能把枯燥的过程转化为有血有肉的生活,渗透进创作者的真挚情感,达到真切、感人的创作目的。对于情状的描绘应该浓墨重彩地加以表现。

③ 捕捉细节。事件类电视专题片在记叙过程、描述情态时,需注意细节的捕捉。正是由于一个个生动感人的细节体现,使专题片具有了鲜活的血肉,促使观众的情感上升至顶点。细节使电视专题片超越了一般的电视新闻报道,成为屏幕上的电视艺术作品。

(2) 事件类电视专题片的选题要求 事件类电视专题片的特征是以事实为基础说理,事实叙述要有目的性;要理性思维,逻辑性强,结构有力,以理服人;对主题的开拓要透彻、有深度、有预见性。

在进行事件类专题片选题策划时要注意判断以下几个方面:一是事件本身是否具有传播价值,是否能够成为社会话题,是否能够起到教育和启迪作用;二是事件叙述能否根据主题需要,交代来龙去脉;三是事件中是否包含记述、访谈、评论;四是事件的叙述中能否勾勒出人物群像;五是事件的叙述中,应恰如其分地展现丰富的现实生活,切忌模式化、公式化。

3. 风光类电视专题片的选题

风光类电视专题片是指从历史和文化的特殊视角和背景出发,对地理风光进行展示的专题片。今天的风光专题片已经不只是停留在事物的表面,而是更多关注民族的历史和文化,诸如地形地貌、文物古迹、土木建筑、宗教医道等,在展示风光的同时给予深沉的历史反思和文化关注。风光类电视专题片追求较强的科学性、知识性和观赏性,具有深刻的认识作用和审美价值。

(1) 风光类电视专题片的创作特点

① 要抓住环境特点,突出新意。中国地大物博,幅员辽阔,风景秀丽,美景比比皆是。但是不同的风景都可以找到自己独具的特色,这才是风景的价值所在。特色的表现可以揉进编导的见闻感受中,突出创造的独特性,也可以将目光着眼在小事、小物、小细节的基础上,以小见大。

② 善于纵横对比,着力写变。风光的独特价值还包括对历史与现在的对比,变化本身蕴含了历史和文化的价值,也可以成为景物的亮点。

③ 宣传文化,挖掘文化内涵。很多时候景物是因为蕴含了深刻的历史和文化内容才具有了欣赏价值。所以对一个特定地点、景物的描绘要通过深挖历史人文内涵的形式表现出来,用专题片的形式将其讲述出来,这就成为有一定历史文化性的故事了,就值得很多人去探讨、去挖掘、去体验。

④ 画面与解说词富有美感。风光类电视专题片区别于其他专题片的最大特征就是重视美学价值,重视观众在欣赏过程中的审美感受。要求编导要有意识地寻找美,发现美。在形式上表现为画面取材美,构图美,声音美,解说词富有极强的文学意韵,整体给观众以极强的美感。增强风光片抒情性的最好方式就是将画面按照音乐节奏剪辑,配上解说词,这样能够立刻达到抒情性要求,营造出优美的意境。

⑤ 结构完整,层次分明,环环相扣。风光类电视专题片注重结构创作,有时也采用一般的专题片结构,产生故事化效果,也有时形散而神不散,运用开放式结构,但要组织严密。

(2) 风光类电视专题片的选题要求 风光类专题片主要是通过对一定地区风光的概貌性介绍,选取特定的、有特殊价值的对象进行具体表现,在创作过程中不仅要注意拍摄画面的美感,同时还应收集人文、历史资料。现代风光片不仅要好看,更重要的是应体现出了特定的人文内涵。

风光类专题片选题策划时要注意以下几个方面:一是选取风光美丽的拍摄景物;二是对有代表性的特定景物和物体,进行深入描述;三是描述景物富有的人文或者历史价值;四是平中觅奇,选题成功的关键在于角度。

四、电视专题节目的拍摄要领

拍摄是电视专题片制作过程中最重要的一个环节。摄像人员要根据电视专题片的构思和预先考察的情况,结合现场实际布好光、架好话筒,按照事件发展的进程和专题片要表现的艺术特点,有针对性地进行取景和构图,获取真实的图像素材和声音素材,为表现主题拍摄丰富的有效镜头。

1. 电视专题节目的拍摄以真实为底线——拍摄真实的素材

电视专题片要求"真实地再现真人真事",真实性是其本质特性。在专题片的拍摄中,拍摄者应根据事先确定的主线进行取舍,选择一些与主题密切相关的事件,抓住富有揭示意义和价值的镜头,对一些必要的事件进行深入地拍摄,用画面反映拍摄对象的内心世界,表现事物的独特个性。从拍摄角度出发,应该注重两个方面的真实,即主观真实和客观真实。主观真实,主要是指专题片创作者对现实和人生的观察和思考方式以及创作者在片子中流露出的情感,专题片在传递信息的同时,也在表达和抒发创作者的态度和观点。客观真实,是指专题片中传递的信息必须是真实的,时间、地点、人物以及事情的来龙去脉必须准确无误。尽管电视专题片在表现手段和方法上有较多的艺术创造,但无论是纪实的或是表意的,长镜头的或是蒙太奇的,现场声的或是解说词的,都只是创作者对现实的物质存在进行艺术描述时,所采用的组织类型和方法,在表现、描绘实际生活和实际生活中的人物及其相互关系上,不应失去它的根本属性——真实性。因此在拍摄的过程当中应牢记拍摄真实的素材,讲述真实环境中的真人真事。

2. 注重捕捉细节,以细节为诗眼——拍摄细节素材

细节在叙事、写人、描景、状物等各方面都有不凡的表现力。因此,电视专题片的创作,应该调动电视的一切技术和艺术手段,通过富有生命力的细节,竭力渲染情绪,追索生活底蕴,以充满诗情画意的、深沉含蓄的生活细节,来震撼观众的心灵。拍摄过程中要认真落实拍摄剧本,注意拍摄神态细节、动作细节、物件细节、环境细节、声音细节等,同时要注意观察,随时捕捉生动感人的细节。拍摄过程中要格外注意以下两个方面:首先要注重选择具有感染力的典型细节,所谓典型细节,就是最有代表性、最能说明问题本质的细节,典型细节一般有蕴藏力和折射力,具有普遍性和代表性,一经运用,就能使作品的内容更突出、更鲜明、更深刻。其次要围绕主题选择细节,细节刻画是专题片中纪实美的重要体现,一个细节能否被运用,先要放在主题背景下加以考察,要选择那些能说明主题、深化主题的细节。

3. 重视拍过程而不仅仅是拍结果——拍摄过程性素材及偶发事件的素材

向观众展现一个事件的完整过程,而不只是一个简单的结果。电视专题片中最重要、最生动的部分就是事件的过程,没有过程,就没有了魅力。过程的意义在于不仅向观众展示现在是怎么样的,还向观众展示这一切是怎么发生的,怎么发展过来的,在事件的过程中有许多微妙的东西,从观众的角度来说,观看事件发生的过程远比简单地被告知结果更有味道。拍摄过程可以从以下几个方面着手:

① 对拍摄的内容要十分熟悉,拍摄什么,如何去拍摄?拍摄者在开机前一定要做到心中有数,只有这样才能向观众交代清楚你所要表现的东西,才能够让观众看得清、看得懂。

② 拍摄时要做到提前开机,延后关机,特殊情况不关机。

③ 对过程的展现要条理清楚,拍摄时要交代好因果关系,对事件的讲述要条理清楚、符合逻辑,要让观众能够看得懂。

④ 合理使用长镜头,长镜头能够比较完整地记录生活的原形,平实质朴,让观众有一种生活的亲近和参与感,因此,在拍摄过程中合理地使用长镜头,对专题片的创作会有很大的帮助。

⑤ 在保证过程完整的情况下要力求简洁,强调拍摄过程并不是说无论什么素材都去拍摄,应当在保证全面的情况下最大限度地减少拍摄的时间,这样既省时、省力又节约成本,同时也为后期的工作减轻了不小的压力。

⑥ 在拍摄过程中还要格外关注对偶发事件的拍摄。在拍摄过程中随时会出现编导事先估计不到的意外情况和新的东西,这些事先根本没有预料的东西,往往是最可贵的,往往会成为一部片子中的精彩内容,所以在专题节目的拍摄中,要有随时准备捕捉新东西的思想准备,要有抢拍意识。

⑦ 除了要拍摄好有利的偶发事件外,还要处理好一些不利的偶发事件。在专题节目的拍摄中,常常会遇到现场情况突然发生变化使得预先制订的拍摄方案无法进行的尴尬情况,这就要求拍摄者在拍摄过程中要有随机应变的能力,遇事沉着冷静,随时能够掌控大局。

4. 合理拾取同期声素材

电视节目中的同期声是指拍摄画面过程中的人物语言、环境音响、现场音响等多种声音。由于同期声有利于增加电视传播的信息量,增强画面内容的真实感、活跃画面以及表现环境特点等等,因此它是电视节目不可缺少的重要表现元素。在拍摄电视专题节目素材的同时一定要注意同期声的录制,录制同期声时可以从录前准备和现场录制两个方面入手。

（1）录前准备 需要在录制前制订一个好的录制方案,这首先要了解节目内容、节目录制现场的自然环境和声学环境、节目所表现的主题等;其次要分析拾音对象的声音构成,抓住声音主体,兼顾其他。

（2）现场录制 在现场录制过程中首先要正确使用话筒,这需要根据同期声声源的特点选择不同特性的话筒,同时在使用的过程中要正确把握话筒的拾音距离,不要出现声音过小或者过高;其次,同期录音时,对拍摄现场的声音要有选择性地拾取,只有那些与画面内容相符合、为节目内容的表达所需要的声音才需要拾取;如果不得不面对环境噪声时,可以通过一些技术手段来减少环境噪声。此外,在具体的同期声录制现场中,除了要求语音的拾取要清晰以外,还要注意及时和被摄者沟通,尽量使讲话的人被拍摄时不紧张,保持原来的自然状态;画面拍摄要服从语言的完整性,完整性是指画面的总长度必须长于实际使用的同期声讲话的时间总长度,切忌讲话开始机子没开机或话说到一半就停机;要充分考虑到同期声剪辑的需要,有些同期声语言在后期编辑时要进行删节,这时虽然声音可以做到天衣无缝,但是观众会明显地从画面上感觉到讲话被删节了,为了避免这种情况的产生,摄像师应该专门拍摄一些备用镜头用来修补删节的痕迹。比如可多拍一些看不清讲话者口型变化的全景镜头或讲话现场一些与讲话内容有关的景物特写镜头,编辑时把这些镜头插入在删节的衔接处,可以使观众感到同期声讲话是一气呵成。要注意,这些备用镜头最好在拍摄同期声讲话之前或是之后拍摄。

5. 拍摄和收集全面的、高质量的视频素材

一部专题片需要大量的素材,为了避免在后期编辑时出现"无米下锅"的困难局面,在拍摄时要尽可能全面地拍摄素材,也就是要拍摄足够完成片子所需的素材。当然,强调素材的全面并不是看到什么就拍摄什么,更不是没有目的地胡乱拍摄,而是需要有选择地拍摄,确保拍摄的每一个镜头都是成功的,每一个镜头在后期编辑时都可以使用。还有一些专题片中经常会提到过去的一些重要场景、重要人物、重要事件,但由于当时条件的限制,没有视频资源,或当时的视频资料信号质量太差,这就需要借助照片来弥补缺憾了。总之,为了更好地制作一部专题片,就要开动脑筋,千方百计地拍摄和收集全面的、高质量的视频素材。

6. 拍摄理性素材

在采访中,现场的大量画面都是感性的、多义的,而少量的形象,例如图表、账本、书籍、文稿、文件、法律条文等都属于经过理性加工过的信息,它们直接以秩序化、组织性的形态存在。在《焦点访谈》等类型的电视节目中,理性素材频频出现,在评论中发挥了重要的论证作用,它们包括国家政策法规、文件通知、

发票单据、地图等。电视记者在采访中有必要搜集记录下这些理性素材,因为它们对报道的节目内容具有不可替代的作用。

7. 拍熟悉中的陌生

在拍摄中,特别是拍现实的都市生活和老百姓的故事,最常见的问题是雷同、似曾相识、没有新鲜感,要避免这一现象,很重要的一点就是要从熟悉的生活和熟悉的环境中发现陌生的东西,造成陌生化的效果。如同样是吃饭,拍摄对象的吃饭有什么不同?这就是要拍的东西,如果和大家一样吃饭,就没有拍摄的必要,也就是要拍到对于观众来说是比较陌生的东西。有一部片子反映一位残疾人和他的妻子,拍了这家人的一顿饭,用长镜头拍下了这位工人从捡菜、洗菜、切菜到炒菜,还有一家人和面、揉面、切面、搓面、拉面直到吃饭刷碗等一顿中午饭的全过程,纪录得很真实,但不吸引人,原因就在于只是拍了观众很熟悉的一般过程。而《生活空间》在拍摄《一个真实的故事》时,就拍到了一个不一样的镜头。当万晶一家收到为女儿治病的捐款时,父亲悲喜交加地与女儿抱头痛哭。当送捐款的领导和邻居相继离去时,万晶父母手里拿着红包有点发呆,摄制组劝他们不妨点一下钱的数量,一开始他们总有点不安,于是编导和摄像就退到门口,还点上了烟。这时一位邻居一面打招呼一面走进门来。摄像的镜头并没有转向来人,而是继续盯住了父亲,只见父亲忙回身,用报纸把床上的一堆钱盖上了。这个镜头就在真实的生活情景中拍到了陌生的东西,而且镜头所包含的意思极为丰富。

要发现陌生的东西,观察者的眼光要有陌生感,即把熟悉的东西当成陌生的东西来观察。如果编导和摄像没有这种敏感意识,没有任何疑问,对眼前的一切都视为平常,也就很难从差不多的环境和生活中发现不一样的东西。

8. 关于组织拍摄

拍摄时比较容易犯的毛病之一就是摆拍,也就是编导按照自己的想法摆布被拍摄对象。比如让工人如何拿工具、让农民如何干农活、让人物装模作样地与群众谈心、让知识分子拿一本书做手不释卷状等,结果拍下来的画面十分做作。这种由导演来摆布被摄对象,并使被拍摄对象配合片子拍摄的做法,被称为"摆拍"。专题节目拍摄的是真实的生活而不是虚构的故事,片中的主人公也不是演员,但不少编导和摄像在拍摄时往往忽视了这一点,把生活拍成了表演。摆拍的原因来自两个方面。一方面是拍摄者自以为是;另一方面是被拍摄者没有经验,希望拍摄者指导一下,而编导或摄像也就顺着拍摄对象的要求或告诉他们应该怎么做。摆拍出来的画面往往会被电视观众基于生活的经验而识破,并产生虚假感,其效果证明,这些手段往往是失败的。

组织拍摄的正确做法应当是:设定一定的场景让人物自己行动,也就是说组织一个适合人物自然流露感情的场所,引他们进入某种自然状态中去自然地行动,该做什么做什么,给对象提供一个真实的时空让其自然地表现自己。

在拍摄中,只要是符合事物发展的自然趋势,符合人物的真实情况,人物表现出来的确实是自然流露的真实感情,组织拍摄和适当诱导应该是允许的。反对摆拍不等于导演和摄像的无所作为。

五、电视专题节目的编辑技巧

电视专题片具有"一短四多"的特点,一短就是时间短,一般为 15~25 分钟,最长不超过 30 分钟;四多就是镜头多、语言多、特技多、字幕多。针对这"一短四多"的特点,剪辑师要在符合观众思维方式的基础上发挥创造性,来达到完美的艺术效果。在编辑过程中应注重以下技巧:

1. 剪辑风格

电视专题片剪辑的要领,概括地讲,有以下几个方面:

(1)主题明确,条理清晰 由于专题片的篇幅有限,没有抒发闲情的余地,要想在短时间内完整地展示片子的内容,专题片的剪辑通常要开门见山,直接进入正题,让观众一开始就明白专题片要说明的内容。专题片的开场要新颖别致,与众不同,树立自己的风格。力求做到有特色,能吸引人。专题片的叙事要条理清晰,有明确的主线,切记不要脉络不清。内容繁杂、没有明确线索的专题片观众会觉得拖沓冗长、平淡无味。

(2)视听语言简洁优美,蒙太奇运用准确通顺 专题片的视听语言要具有很强的表现力和艺术性,力求做到简洁优美。注重对视听语言的雕琢,可从以下几方面入手:在选择素材时,要严格苛刻,对画面的构图、色彩、清晰度、内在张力等方面作全方位考虑,精心挑选素材;镜头间组接要自然顺畅,合理运用镜头的运动规律和画面内主体、陪体的运动规律组接镜头,上下镜头间要做到逻辑连贯,给观众提供不同的信息内容;专题片的声音组合层次要清晰,解说、配乐、音响混音要合理,要能体现出专题片的风格和节奏;声音和画面要做到相互补充,节奏一致,和谐统一。

(3)合理使用特技 特技、特效多是专题片的显著特点,特效在使用时要与人物动作、镜头动作、画面造型特征以及专题片内容紧密结合,结合得好特效才能起到为专题片增色的作用,特效的应用不能盲目,不能为了特效而特效。做片子的基本原则是内容决定形式,不能用形式去框内容,为了用特效而影响了片子的内容,特效就起了反作用。

(4) 字幕规范，制作严谨 专题片的字幕文字要规范，表现形式应简明扼要；字幕的排列和字幕的运动要符合专题片的总风格；字幕的制作要考究，而不能将就，力求做到技术精良，艺术精彩。

2. 剪辑元素

专题片剪辑的基本元素是：时间、节奏和速度、视觉和听觉的相互关系。剪辑人员应把握好剪辑基调，注重对这些元素的表现，处理好各元素之间的关系。

(1) 时间 时间是剪辑艺术中主要的因素，剪辑人员支配着时间。剪辑人员能把应当在一分钟内发生的动作扩展为仿佛是一个小时的场面，即时间的延长；也能通过片断的闪切，把一小时的动作压缩成一分钟，即时间的缩短。剪辑人员常以两种方式控制时间：一种方式是利用交叉剪辑来拉长或压缩一个动作的时间，例如在镜头中插入没有跳动的秒表指针或一支闪烁不定的蜡烛，来表现时间延长；另一种方式是利用特技效果来连接场面和段落，这些附加技巧能使画面在几秒之内从一个场面转换为另一个场面，并迫使观众及时进入另一个空间，实现时间的跨越。

(2) 节奏和速度 影视片都有独特的内在和外在节奏，实际上，片子的质量和性质在许多方面取决于这些节拍或节奏。节奏分为内在节奏和外在节奏，处理节奏是剪辑人员的重要工作。对剪辑人员来说，节奏的处理可以分为画面节奏和声音节奏。画面节奏主要体现在镜头的长短、景别的大小、镜头的运动速度、镜头中主体的运动速度、镜头中前景和背景的运动速度、转场的应用等方面。如果镜头组接都是短镜头的连接，不使用转场效果，镜头的景别都以近景和特写为主，配合主体的运动和适当前景的运动，影片的画面节奏就快。声音节奏主要受背景音乐的节奏、音效的节奏和解说节奏的影响，通常是这三种节奏相互配合，共同营造出声音节奏。声音节奏和画面节奏要协调一致，舒缓的音乐配合紧凑的画面会给观众不舒服的感觉。声音节奏和画面节奏统一构成影片的外在节奏，而影片的外在节奏由内在节奏决定。有什么样的内在节奏剪辑人员就应该表现出什么样的外在节奏，这样节奏才能配合情节，才能起到为影视作品增色的作用。

(3) 视觉和听觉的关系 专题片中视觉和听觉关系紧密，相互关联，相互影响。每一种音响都影响着观众对所看见图像的反应。一个人在城市大街上行走的普通场面，在增加了混乱的交通噪声后可以使人产生一种强烈的、神经紧张的、喧嚣的感觉。如果去掉所有真实的音响而只让观众听到呼呼的风声，此时就给人一种凄凉、悲伤感觉。每一个图像都决定着观众对所听到的声音的反应。战场上打杀的声音，配合战场上厮杀的画面，给观众紧张、血腥的感觉。如果配合一对情侣在影院中观影的画面,就会给人温馨、浪漫的感觉。

3. 强化视觉和听觉效果

数字技术的出现给影视后期制作提供了广阔的空间,很多手段可以用来强化视觉和听觉效果,让影视作品在视觉和听觉上得到加强,达到为作品增色的作用。专题片制作中常用于强化视觉效果的手段有视频特技、色彩校正、画面合成等;常用的强化听觉效果的手段有调音和混音。专题片剪辑不是简单的素材堆砌,而是精华的提炼,是画面、声音、动画、文字等的完美融合。

电视专题节目制作是一项具有高度创造性的创作活动。编辑思路应该贯穿于电视节目创作始终,一部好的电视专题片能否完美地奉献给观众,最后的编辑工作起着至关重要的作用。电视编辑是一个复杂的综合性工作,它包含着影像、声音、音乐等多项内容。只有把前期拍摄到的视音频资料按照一定的主题、结构及要求,对画面素材和声音进行选择、加工、排列和组接,才能最终完成电视专题片的制作。

复习思考题

1. 简述电视专题节目和电视纪录片之间的异同。
2. 简述电视专题节目的特点。
3. 简述电视专题节目的创作特点。
4. 简述电视专题节目的叙事风格。
5. 简述电视专题节目的创作观念。
6. 专题片选题的来源有哪些?选题的原则是什么?要注意什么问题?
7. 专题片选题的题材内容包括哪些?
8. 专题片创作的思维方式包括哪几方面?
9. 专题片创作的构思方法是什么?
10. 自选题目,完成人物、事件、风光三种类型电视专题片的选题报告。
11. 简述电视专题节目的拍摄要领。
12. 简述电视专题节目的编辑技巧。
13. 以小组为单位,组织策划一个电视专题节目,写出策划方案,并实施该方案。

参考文献

[1] 高鑫,周文.电视专题[M].北京:中国广播电视出版社,2008.
[2] 任德强,王健.电视专题摄制[M].重庆:西南师范大学出版社,2010.

[3] 王红叶.电视专题节目制作[M].北京:中国商业出版社,2003.

[4] 高鑫.电视纪实作品创作[M].北京:北京学苑出版社,2005.

[5] 郑向荣.电视文艺专题节目创作[M].北京:中国传媒大学出版社,2008.

[6] 高鑫.电视纪实作品创作[M].北京:北京广播学院出版社,2000.

[7] 贾乐.浅谈电视专题片的结构[J].农民科技培训,2012(2).

[8] 万玉广,丛春雨.谈电视专题片的结构形式[J].中国广播电视学刊,1993(3).

[9] 黎伊.浅谈电视专题片中细节的捕捉[J].琼州学院学报,2008(增刊).

[10] 田连友.塑造电视专题片意境要素的探讨[J].中国传媒科技,2012(11下).

[11] 纪实性专题片的创作研究 http://www.xzbu.com/4/view-3299007.htm.

[12] 田华凯.人文题材电视专题片意境的营造[J].记者摇篮,1999(10).

[13] 《崛起》的故事化叙事策略 http://www.xzbu.com/7/view-2984575.htm.

[14] 常彬.浅谈电视新闻专题片的角度切入方式[J].科学中国人,2004(7).

[15] 贺从周,赵芬烂.浅析电视新闻专题片的选题原则[J].影视与传媒,2010(5).

[16] http://www.docin.com/p-406947429.html.

[17] http://qnjz.dzwww.com/zt/201306/t20130603_8454837.htm.

[18] http://3y.uu456.com/bp-40bs4ff37c1cfad61qsfa766-1.html.

[19] http://blog.sina.com.cn/s/blog_600ec33f0100j03z.html.

[20] 专题片拍摄:http://www.docin.com/p-223641012.html.

第九章
社教类电视节目制作

【学习目标】
　　学习完本章,应该能做到:
- 知道社教类电视节目的含义。
- 掌握社教类电视节目的类型。
- 了解社教类电视节目的特点和传播特性。
- 理解社教类电视节目的叙事方式。
- 掌握社教类电视节目的策划技巧和流程。
- 掌握社教类电视节目编制的特点和技巧。

　　普及科学知识,传播技术技能,倡导科学思想与方法,是电视这一大众传播媒介义不容辞的职责,以电子声像为传播媒介的广播电视教育逐渐成为社会教育中最为活跃、最为生动、最为普及、影响最大的一部分。社教类电视节目(亦称电视社教类节目)以广泛的内容、多样的形式,针对不同年龄、不同职业、不同文化程度的电视观众深入浅出地普及和宣传理论、政策、法规、道德、文化、生活等方面的知识,以及进行系统正规的学科教育。在国外,社教类电视节目又被称为"公众利益服务节目"或"公共教育节目"。在各类节目中,社教类电视节目是一个相对年轻的节目类型,但是经过一段时间的发展,它已经成为一个非常重要的节目类型,中央电视台播出的总节目量中,社教类节目就占据了30%,它和新闻节目、文艺节目并列为媒体节目中的三大支柱。

第一节　社教类电视节目概述

　　社教类电视节目,是用电视传播的形式对电视观众进行社会、文化教育的一类节目形式,即面向整个社会传播科学文化知识,进行社会教育节目的总称。其主要功能是传授知识、疏导理念、修正思想和指导行为。

一、社教类电视节目的含义

社教类电视节目题材广泛，节目设置、编辑、播出手法灵活多样，是集中体现电视特色和电视台水准的一类节目，它比较全面系统地担当了电视传媒所具有的"新闻窗、百花园、知识库、服务台"等多种社会功能。关于社教类电视节目概念的界定，理论界一直以来有很多不同的说法。《中国电视论纲》是一部全面系统论述中国特色电视理论的著作，它对中国电视的历史和现状进行了深入细致的考察，其理论成果应该说是很有权威性和代表性的。该书中对社教类电视节目是这样界定的："电视社教类节目是充分发挥电视的传播功能，运用电视的技术和艺术手段，面向整个社会传播科学文化知识，进行社会教育的节目的总称。"多年来，社教类电视节目已经从以电视讲座、专题片、纪录片、知识性节目、对象性节目为主要体裁的传统社教节目，孕育成独具特色的媒体文化，成为信息社会大文化环境中不可缺少的一个分支，它对形成正确的社会舆论导向、倡导具有中国特色的价值观念、建立符合时代要求的道德行为规范、弘扬人文关怀和科学精神、创造先进的推动生产力发展的文化条件都产生了不可替代的巨大作用。

二、社教类电视节目的分类

社教节目同新闻节目、文艺节目一样，是构成电视宣传的三大支柱之一。中央电视台的洪民生曾说过，社教电视节目就是电视百科。社教节目的内容非常广泛，几乎无所不包，政治、经济、军事、文化、教育、历史、地理、音乐、美术、科技、卫生保健等各个方面的内容都是社教节目可以表现的范围，它承担着记录文化文明和展示社会生活的高尚使命，其形式也是多姿多彩的，如纪录片式、讲话座谈式、科教片式、知识问答竞赛式、系列专题式、小品表演式、采访报道式等。目前关于社教电视节目的分类可谓是五花八门，至今也没有一个公认的分法，下面从不同角度对社教类电视节目的分类进行叙述。

1. 按节目功能分

（1）知识性节目　社教节目的主要作用是向广大观众传授维系社会发展所需的社会规范和知识，承担起个人社会化的功能。这一作用比较集中地体现在其政治、经济、文化、科技等各类知识性节目中。如中央电视台的《经济半小时》《法制园地》《人与自然》《迎香港回归知识竞赛》《科技苑》等，都是深受观众喜爱的社教类电视节目。

（2）对象性节目　对象性节目是指为特定的对象服务，按照社会的需要来教育、塑造一定层次的社会群体,使之担负起相应的社会责任。我国电视传媒中已经产生的对象性节目主要有少儿节目、青年节目、农民节目、军人节目等。少儿节目对开发儿童智力,培养少年儿童爱祖国、爱科学、爱人民的高尚情操起着不可估量的作用,如《大风车》《动画城》《芝麻开门》等。青年节目既有当代青年的生活写真,又有青年朋友的理想追求,如湖南卫视的《新青年》、湖北电视台的《风华正茂》。农民节目以为广大农民服务为宗旨,播出内容有农村发生的各种新人新事、农民所需的各种信息,以及有关农业生产的各种科技知识等,如中央电视台的《聚焦三农》《每日农经》等。

(3) **服务性节目**　服务性节目生活气息浓郁,题材广泛,内容丰富,深为观众喜闻乐见。它向观众介绍烹调、保健、美容、栽花、养鱼等充满家庭生活乐趣的知识,常采用节目主持人与观众促膝谈心聊家常的形式播出,家庭气氛浓烈,传播效果好。如中央电视台的《为您服务》、湖北经济电视台的《何嫂五分钟》、广东电视台的《家庭百事通》等节目一直受到观众的喜爱。

(4) **教学节目**　教学节目是系统地传授某一类文化科学知识的电视节目,它是课堂教学的扩大和延伸。将电视这一现代传播手段运用于教育领域,是教育手段的一次飞跃,它突破了传统课堂教学的时空局限,一人讲万人听,把教育面扩大到整个社会。在我国这样一个地域广阔、人口众多、教学设施又比较落后的国家里,办好电视教学节目,是一条多快好省地培养各类人才的有效途径。

2. 按节目题材分

(1) **社会政治类**　以一个时期内的重大社会政治问题、法律问题、社会现象、历史事件等为题材的社教类电视节目,如《今日说法》《社会经纬》等。

(2) **经济民生类**　以经济信息、经济政策、经济活动、经济服务和国计民生为中心内容的社教类电视节目,从广义上看,有时很难将新闻性、文艺性、服务性和社教性节目的界限划分得非常清楚,但谨记栏目的社教作用是显而易见的,尤其是在经济专题栏目中更为突出,如《经济信息联播》《经济半小时》《卫生与健康》等。

(3) **科教类**　即以普及科学技术、关注科学问题、贴近科技生活、阐释科技现象、弘扬科学精神、展现科学魔力为题材的社教类电视节目,如中央电视台的《科技博览》《走进科学》及科教频道的节目。

(4) **文化类**　以文学、艺术、音乐、舞蹈、美术等方面的人物和事物为主要题材的社教类电视节目,如《文化视点》《读书时间》《环球》《电视诗歌散文》等。

(5) **人物类**　以人物事迹为主要内容,反映人物精神面貌、性格特征和思想品格的社教类电视节目。这类节目都是表现生活在不同时代、工作在不同岗位、做出不同贡献、体现出时代风貌的各类典型人物,如《老夫老妻》《特殊家庭》等。

3. 按节目形式分

(1) 讲演型节目　讲演型又称讲授型、讲座型或主持人型,用于社教目的的电视讲话、电视访谈、电视课堂实录(俗称"课堂搬家")等多采用这一形式。这种表达形式的社教节目由主讲人(教师、专家学者或主持人等)在演播室或特定的环境里,通过自身的语言、形体动作、表情来分析事件、讨论问题,传授知识等。讲演型社教电视节目制作简单,成本也较低。画面主要以主讲人为主,声音是讲解人的同期声;环境可安排黑板或有助于烘托主题内容的背景,以达到电视教学的综合视觉效果和信息传递的目的。这类节目一般只需现场录制,无须进行后期编辑和配音。有时为了突出电视化特色,加强形象性和直观性,插入外景图像,便于观众理解和接受。

(2) 戏剧型节目　戏剧型又称表演型、小品型。目前,我国的外语教学、普通话教学、法律法规教育、社会伦理教育等多采用这一形式。这种表达形式通过小品或人物表演把一些抽象的知识概念变成形象化的事例、情节,将知识信息及主题思想设计在一定的剧情里,通过演员的表演表达科学内容、传递科技信息,适于表现情节性和故事性强的社教节目。戏剧型社教电视节目不仅充分利用了电视的形象化手段,具有演示和图解的作用,而且还借鉴了电视剧或文艺节目的某些形式,使知识内容更生动、活泼、有趣,可视性更强,观众易于欣赏、理解和接受其中的道理和知识。在内容方法处理得当的情况下,常能收到令人满意的教学效果。

(3) 专题纪录类节目　专题纪录类节目是介绍和表现自然科学内容和人文、地理知识内容为主的专题纪录片。其特点就是围绕某一专题拍摄和编辑节目,向观众展示该专题的各方面内容,以满足观众的好奇心和求知欲,制作精彩的专题纪录类节目具有很强的娱乐性。当然这类节目大多都融入了人的参与,有的节目穿插有主持人的串讲,有的则干脆在表现的侧重点上抛弃了科学、人文知识的介绍,而侧重表现科学探索的过程和探索的精神、事迹。如中央电视台的《走近科学》《探索之窗》《发现之旅》《科技博览》《科学世界》《地球故事》以及凤凰卫视的《纵横中国》《极度艰险大挑战》等都属于此类节目。

(4) 访谈类节目　访谈类节目是围绕一定的话题组织起来的节目,此类节目都是以对话、专访和座谈的形式展开叙述、表现主题的。它包括以科学现象为话题,请专家讲解、观众提问的形式;也包括以科学界人物为对象,介绍其生活、情感、事迹等内容,同时也伴有该人物的生活记录片段和演播室的评述、访谈、观众提问等。目前这类节目的表现形式也十分丰富,常常既有外景拍摄,又有观众互动,但总体上还是以话题贯穿其中,如《历程》《公众与科学》《大家》《大话养生》等节目。访谈类节目大都带有较强的主观色彩,有比较明确的目的性,内容海阔天空,可以从地球到太空。节目构成的形式,除了以访谈为主体,还兼容了纪录片、新闻节目、演出实况等样式。

（5）**新闻信息类节目** 新闻信息类节目主要向观众传递科技信息,它包括报道科技新闻和介绍国际国内科技动态、事件的节目;也包括就某个重大科学事件、现象进行现场跟踪报道和描述性记录的节目;还包括就某些热点的科学问题、现象或事件进行深入报道的节目等。如中央电视台的《科学调查》、凤凰卫视的《完全时尚手册》之《科技宽频》以及中央电视台近年来对漠河日全食、阿尔法磁谱仪升空、南北极科学考察等热点科学事件的报道等。

（6）**益智互动类节目** 益智互动类节目一般是以知识竞赛、智力问答等方式,邀请普通观众作为嘉宾直接参与场内角逐,场外观众也可通过热线电话等实时参与的一类互动节目。这类节目一般给获胜者设有丰厚的奖品。益智互动类节目将游戏与知识普及有机地结合起来,充分调动观众的参与热情,融知识性、游戏性、竞赛性、娱乐性为一体,是广受观众喜爱的一类社教电视节目。这种节目的最大特征在于从开始到结束,参赛选手、主持人及游戏内容等节目要素都围绕一套精心设计、相对固定的游戏规则形成互动,制造一种让观众身临其境的现场氛围,调动其参与欲望。参赛选手激烈角逐,节目主持人和特邀嘉宾穿插在游戏中,轻松调侃,妙语点评,使节目摆脱了知识类节目的生硬说教方式,观众在愉悦的观看过程中获得了历史、文化、地理、科技、习俗等多方面的知识。

（7）**综合类节目** 综合类节目就是综合使用上述六种形式中两种以上形式的社教电视节目。这类节目中,可能既有讲演,又有访谈,还可能穿插新闻、专题、纪实等,一般是一些大型的社教电视节目。由于节目内容繁多、线索复杂,必须采用多种表现形式才能更好地处理节目的结构、表达节目主题。中央电视台制作播出的《话说长江》《再说长江》等节目均属此类。直播类的社教电视节目也往往采取综合形式播出,如神九载人航天飞行特别报道直播节目等。

4. 按受众对象分

（1）**按职业对象不同** 可分为工人节目(如《当代工人》)、农民节目(如《今日农村》)、军人节目(如《当代军人》)等。

（2）**按年龄对象不同** 可分为老年节目、青少年节目和少儿节目,如《夕阳红》《十二演播室》《第二起跑线》《大风车》等。

（3）**按性别对象不同** 突出表现为妇女节目,如《半边天》等。

（4）**按地域对象不同** 可分为港澳台节目和对外节目,如《天涯共此时》

《两岸关系论坛》《中国旅游》等。

也可按特定对象的生活习性、兴趣爱好等特殊需要划分节目,如少数民族节目、残疾人节目等。

5．按节目用途分

（1）**科普类、教学类、研究类** 这是从社教片的用途出发,分别用于科普(面向普通观众)、教学(面向专业学生)和科研(面向科研人员)。

（2）**专门类教学节目和社会教学节目** 专门类教学节目主要指各类专门的教学节目,包括综合教学节目、专科教学节目和各类应用、就业培训节目;社会教学节目就是通过各类具有教育意义的社会节目来传播知识理念的节目,其中又可分为理论型、知识型和对象型。

（3）**信息型和教育型** 信息型的主要用途是传递信息,以新闻、新闻性专题为主;教育型主要面向大众进行教育,一般较注重知识性、通俗性和趣味性,如中央电视台的《科技博览》和《走近科学》等。

三、社教类电视节目的特点

1．教育性

社教电视节目属于社会教育的范畴,以传授知识、疏导理念、修正思想、指导行为、普及科学知识、提高人们的科学素养为目的,观众观看这类电视节目首先是为了满足自身的求知欲望,但是和学校教育相比,它给人的影响往往是随意的、片断的、潜移默化的。通过社教电视节目,观众可以加深对客观世界的认识,加深对事物的理解,从而形成自己的价值和判断。社教电视节目必须坚持正确的思想导向,其教育对象不仅是普通观众,对社教电视节目创作者而言,也同样有着再教育的作用。

2．科学性

社教电视节目必须在理性上保证真实准确,在感性上保证具体真切,这是对社教节目最基本、最起码的要求。在理性上保证真实准确,就是在报道内容上要把科学性、客观性放在第一位。科学性不只是要准确反映科学现象、概念和知识,而且要揭示现象等背后的规律、本质、机理和方法。在感性上保证具体真切,这是社教电视节目表现规律和纪实风格的必然要求。社教节目要想取得理想的传播效果,就必须在保证内容真实准确的基础上,把声画表现进一步做实,即突出纪实风格,声画严格对位,并将那些精彩的细节、瞬间、声响、过程、变化等凸显出来,让人感到真真切切。

3. 艺术性

社教电视节目在做到表达准确无误、通俗易懂、形象生动的同时,还要努力把科学性和艺术性结合起来,而人们观看社教电视节目时,不仅能获得科学知识,而且能得到一定程度的娱乐和美的享受。社教电视节目的艺术性是由多种艺术种类与方式构成的综合体,是围绕对受众教育进行选题、提炼、加工、制作的一系列创作规律与方法的艺术,也是对形、体、光、色、语、音、效等视听感知因素在稿本创作思想支配下和谐结构与美感共振的艺术。正是因为传播对象的社会公众性,社教节电视节目必须具备丰富的艺术魅力来让受众主动参与节目,完成节目意旨。

4. 真实性

社教类节目必须在理性上保证真实、准确,在感性上保证具体真切,这是对社教类节目最基本、最起码的要求。在理性上保证真实准确,就是在报道内容上把科学性、客观性放在第一位。在感性上保证具体真切,这是社教类电视节目表现规律和纪实风格的必然要求。

四、社教类电视节目的传播特性

1. 传授对象的广泛性

社教电视就好像是一所"没有围墙的学校",一个"没有限制的社会大课堂",它运用先进的传播手段,将凡是具备电视这种视听工具的具有求知欲望的人都视为传授对象,他们不会受到各种制约,不会受到各种限制,对他们唯一的要求就是有一份好学的热情和求知的愿望。这种特殊的入学条件使它拥有更多的观众,使更多失去在校学习机会的人能通过这种形式学习知识,适应社会的需要。随着时代的进步和科技的发展,这个"空中课堂"不断地完善它的教学内容和改进它的传授方式,它已经从早期单纯的专类教学课程发展成为一个拥有多种形式、多种内容、多种渠道的社会教学体系,这种进步吸引了更多的社会大众,使他们可以结合自身特点寻找到各种有针对性的知识内容。

2. 传授内容的多样性

随着社教类电视节目的不断丰富,专类教育节目涉及的领域的日益广泛,包括语文、化学、物理、数学、考古、绘画、歌唱、舞蹈、乐器演奏、戏曲、雕塑、书法、计算机以及一些手工艺术等;综合教育类节目也不断拓宽,由原来单纯的技术知识传授、法律知识传授,发展到文学历史、政治经济、天文地理、金融证券、烹调服装、驾驶修理等。电视社教节目不仅将课堂上的知识传授搬到电视上,还结合社会生活中出现的种种问题传授许多学校里学不到的知识。社教节目传授内容的广泛性不仅表现为所传授知识的类型较为广泛,而且它还及时地针对社会上不同时期出现的思想、观念、伦理道德等问题进行交流、疏导和教育。一般来说,每当社会上出现引人注目的社会现象时,各大电视媒体都会聚焦于关键问题,积极挖掘,展开各种社会调查和讨论,通过各种途径寻找和传递正确的思想理念。

3. 传授渠道的权威性

传授渠道的权威性主要来源于两个方面:第一,电视作为一种大众传播媒体,面向大众传递事实是其义不容辞的社会责任,虽然电视的信息传播中依然有许多尚需改进之处,但是它对社会大众产生的公信力是很高的,对大部分人而言,电视已经成为人们生活中可信赖、可依靠的信息渠道;第二,传授渠道的权威性还来源于传授者本身,求学者对于学习的兴趣与热情很大程度上来源于传授者本身,一个优秀的传授者对于求学者的心理有很大的影响。社教电视是一个范围广泛的公共教育,出于各种因素的考虑,电视媒体常常请来全国知名的专家或者教师担当讲学任务,这些专家或者教师有很好的教学经验与技巧,可以深入浅出地将知识和理念传授给大众,而且大众在接受知识的同时就已经对他们的"权威身份"产生了认同,形成所谓的"名人效应",对于社教电视节目而言,这是一个非常普遍的积极的效应。

4. 传授形式的易受性

为了吸引更多的求知者,社教电视节目在发展过程中不断探索适合电视特点的教学方法,这些方法使得社教节目具有了更多教育优势。第一,电视教育不同于学校"灌输式"的教育;第二,社教节目具有多种节目类型和教学形式,这些都是它的传播优势。

五、社教类电视节目的叙事方式

目前社教类电视节目最大的传播优势在于运用故事化的叙事手段传播节目内容,这些故事化叙事策略的优化组合使得节目重新焕发了生机,赢得了越来越多的观众。

1. 设置问题情境,制造故事悬念,吸引受众观看

悬念是指作家或导演在处理情节、设置冲突、展示人物命运时,利用观众对未来剧情(影片故事和人物命运)的关切和期待心情,在剧作中所做的悬而未决的处理方式。社教类电视节目通过设置问题情境的方式制造故事悬念,增加节目的神秘感与趣味性,从而调动观众的求知欲与期待心理。按照悬念在社教类电视节目整体叙事结构中的不同作用,可将其分为结构性悬念和兴奋性悬念。

（1）结构性悬念 是指贯穿电视节目始终的总体悬念，是大悬念，其主要作用在于构建节目的整体框架，突出节目的总体构思，揭示作品主题和思想内涵。社教类电视节目往往在节目预告和导语中设置问题，节目将这些吊人胃口的问题作为引子，以讲故事的方式不紧不慢地向观众娓娓道来，而观众想要知道答案，就必须认真收看节目，所以节目开始的问题至关重要，它能够吸引观众锁定住节目。例如，央视社教类节目《讲述》中一期名为"乡村谜案"的节目就紧扣"谜"字大做文章，节目开头的内容提示就设置了"某地出现家禽离奇死亡"的问题情境，继而抛出"谁会是幕后真凶？"的震撼问题。节目通过这个问题成功制造了故事悬念，吊足了观众的胃口。

（2）兴奋性悬念 通常是小悬念，诸多的小悬念在节目中起到铺垫故事情节、烘托人物形象、提高观众收视兴趣的作用。由于观众注意力的持续时间是有限的，一旦问题被解决或者问题长时间得不到解决，观众可能会失去耐心，转移目标。因此，节目会将内容划分成若干单元，根据每个单元的内容设置相应的问题情境，并提出问题，制造故事悬念。随着节目的逐渐进行，当一个单元的问题被解决后，主持人随即又抛出下一单元的问题，从而引领观众以问题为引子进入到下一个节目单元。这样就保证了观众对节目长时间的关注，直到节目最终结束。例如，《乡村谜案》这期节目通过安插"有毒食物是幕后真凶吗？""瘟疫是罪魁祸首吗？""是村民口耳相传的鬼怪作乱吗？"等小问题成功设置了兴奋性悬念。节目通过循环却不重复的问题情境使观众在未知与真相中来回穿梭，通过一个个故事悬念促使观众在迷雾与猜想中思索。

2. 巧用影视结构，制造故事高潮

所谓影视结构，是影视创作者根据自己对生活的认识，按照塑造形象和表达主题的需要，运用电影思维——主要是蒙太奇思维，对动作等诸种艺术元素进行的有机的组织和安排。影视结构通常包括戏剧式、散文式、心理式和小说式四类。

（1）戏剧式影视结构的巧用 所谓戏剧式影视结构，又称传统式电影结构，是指按照戏剧冲突去结构影片，制造一连串的矛盾冲突，它移植戏剧手法中的悬念、突变、巧合、分场分段。从全剧来看，整体有起伏，每场戏也有起伏，故事紧凑。如央视《人与自然》中一期名为《狮子家族》的节目就采用了这种叙述结构。故事设计了几组矛盾，这些矛盾扣人心弦，充满了突变、巧合与悬念，还时不时出现闪回、插叙的叙事手段。

（2）散文式影视结构的巧用 散文式影视结构是日常生活元素的聚合体，它让每一个生活场景都去推动冲突的进程，摆脱戏剧式结构的要求，不以冲突去结构,不写冲突的过程,不集中几个大的场面去结构,一般都有一条情节的链环,从一人一事谈起,以造成中心事件的原因贯穿全片。散文式影视结构的叙事方式强调纪实性,自然真切,引人深思。

(3) **心理式影视结构的巧用** 心理式影视结构是指打破以现实事件顺序发展的逻辑,借鉴小说中依据人物的意识活动来进行结构的方式。根据人物的心理活动变化,把过去、现在和未来交叉去表现,追求叙述的主观性和心理性。根据人物的心境变化,用回忆倒叙的"闪回"形式。如央视《我的健康我做主》中一期名为《不完整的女人》的节目,就采用这种影视结构讲述了一位遭遇乳腺癌切除手术的女性是如何成功走出心理阴影、重获新生的心路历程。节目通过患者的亲身经历和真实的心路历程教育广大电视观众珍爱生命、珍惜亲人,也鼓励了一些有相似遭遇的人们能够像主人公一样成功走出心理阴霾。这种叙事手法因为真实复杂的人物心理而引人入胜,引领观众逐步进入故事高潮。

(4) **小说式影视结构的巧用** 小说式影视结构是指以叙事因素构成的较单纯的结构。它不以紧张的冲突去吸引观众,而是以对人物亲切、生动、细致的描写去渲染人物感情,激发观众的情绪,以刻画人物感情的细微变化为目的,通过人物感情的一个个场面的积累将剧情推向高潮。一些以人物为主题的社教类节目通常采用这种结构来叙述故事,节目更加关注人物情感的细微变化,注重人物表情、举止等细节的刻画,从而满足观众的移情心理,使故事更加生动饱满。央视《讲述》中有一期名为《留下眼睛守护你》的节目就以人物的感情为主线,讲述了一个患有肝硬化疾病的年轻母亲在离开人世前的一个心愿——把自己的眼角膜捐赠给别人。节目紧紧围绕主人公临终时的心愿展开,故事一波三折,催人泪下。

3. 借用情景再现,丰富电视画面

"情景再现"主要是指通过影视手段将已发生过的事件重新呈现出来的一种电视表现手段,它充分发挥电视"身临其境"的特点,使原本消失的现场,真实般地再现在观众面前,能极大地丰富电视画面,增强节目的故事性与可视性。此外,"情景再现"还可以弥补因采访条件、拍摄难度的影响而造成没有现场素材的缺憾。例如,央视《探索与发现》中一期名为《红楼疑案》的节目就多次运用了情景再现的方式,使得画面更加丰富,故事性更强。节目通过某地老人自家墙上的古诗引出了一段"红楼疑案",节目通过"情景再现"的方式讲述了老人如何发现墙上的诗以及发现后如何处理等故事,弥补了缺失影像素材的遗憾。这种"情景再现"的方式使得观众仿佛置身于真实的现场,既避免了单纯讲述的枯燥无味又巧妙地将故事背景、专家鉴定等信息通过故事化的叙述方式传达给受众,增强了节目的吸引力。

"情景再现"是建立在确有其事的基础之上的,它所根据的事实都是当事者或者知情人所提供的客观事实,所报道的事情也是真实发生过的,而绝不是对客观事情的不客观的随性和忘情的演绎。在运用"情景再现"这一手法时,虽然人物、环境都是模仿和导演摆布的,但反映的事实是真实的。因此,只要情景再现的内容是真实的,这种方式就不会影响社教类电视节目的科学性与教育性。

4. 擅用声音语言,营造故事氛围

声音语言包括音乐、人声和音效,其中音乐语言中的背景音乐是一种稳定的、说明性的描述性音乐,社教类节目合理运用背景音乐可以渲染故事的情感氛围,增强表达效果。社教类节目中的人声通常包括主持人的口播、解说以及同期声,主持人的口播与解说融入了自己的观点,这种观点是主持人感性与理性碰撞出来的智慧之音,这种融入自己思想的点评就像是调味剂,使得节目更加有味,更加具有故事性。

(1)擅用背景音乐营造情感氛围　电视节目的背景音乐必须依据特定主题思想的要求,把自身作为一种有意味的形式,与电视画面、有声语言、音响等有序地结合起来,做到互渗互补,融为一体,这样才能提高电视节目的整体效果。恰当的背景音乐能够辅助节目的表述,激发观众的感性细胞,使观众在音乐的美感中深刻体会节目的深意。背景音乐还是一个煽情能手,它能通过不同的节奏、不同的风格引发人们不同的情感,营造出不同的氛围。例如,《留下眼睛守护你》这期节目就比较多地运用了煽情的音乐,使观众在凄美的音乐声中深刻体会到一个病危母亲疼爱儿子的感人故事,渲染了故事的悲情氛围。

(2)知性口播与个性解说营造故事氛围　节目主持人主持节目的形式有:播报式、播讲式、串联式和主持式。前两种类型的主持人只是简单地播报节目内容,他们由于没有太多的"话语权"而不能自由发表观点。"串联式主持人"有一定的随机性,可以发表部分自己的观点,但是"自由空间"有限。只有"主持式主持人"才集策划与采编播一体,在规定的时间里报道事实,加以评论,进行分析。这类主持人具有很强的主体意识。早期的社教类节目主持人基本上是前两种形式的主持风格,他们只是单纯地播报和串联节目内容,很少表明自己的立场和观点,缺少个性思考。随着时代的变迁,有思想、有个性、擅点评的主持人越来越受大众的青睐。于是,社教类节目中主持人的主持风格也悄悄发生了变化,他们少了一份正襟危坐的呆板,多了一份平易亲和的灵动;淡化了循规蹈矩的播报,增加了独到深刻的点评;改革了传统的节目串联方式,创造了故事化的叙事口吻。总而言之,当代社教类节目主持人拥有了更多的"话语权"与自由发挥的空间,他们不仅能够用抑扬顿挫的解说点评和发表观点,还可以借助肢体语言与面部表情传达自己的立场与观点。例如,《百家讲坛》就是凭借讲演者声情并茂的演讲与独到深刻的见解而吸引了众多电视观众,无论是《易中天品三国》还是《刘心武揭秘红楼梦》,节目的主持者都是通过自己对名著的研究与理解发表个人的独到见解,在多元文化的社会背景下,这种个性思维与独到见解深受大众的欢迎。

5. 注重细节刻画,展现艺术魅力

影视界有句俗语:"故事好编细节难",这充分表明了细节的艺术价值。社教类节目为了使画面更具震撼力,思想更具感染力,对一些镜头进行细节放大,使观众从细微处收获内心震撼,在平淡中掀起情感波澜。生动的细节刻画不仅能塑造出鲜活饱满的人物形象,还能极大地提升故事的思想主旨,引发观众的情感共鸣,体现节目的艺术魅力。

(1) 人物的细节刻画 刻画人物细节的镜头有很多,比如人物的脸部表情、动作姿势……人物细节的刻画,不仅塑造了鲜活饱满的人物形象,而且将人物内隐的复杂心理生动直观地展现在观众面前,丰富了故事的艺术表现手法。如央视《讲述》中一期名为《留下眼睛守护你》的节目就以人物的情感为主线,大量使用细节刻画人物,表达人物的复杂心理。节目中病危母亲微微颤动的手、迷茫失望的眼神、怜惜儿子的泪水等细节的放大也含蓄地表达了人物内心的情感。节目即时捕捉这些平时不易察觉的细节,并对它们进行艺术性的放大,不仅渲染了节目的感人氛围,而且从细微处打动了观众,使观众化悲痛为行动,用更多的爱去关心、同情这对母子,极大地深化了节目的思想主旨。

(2) 故事环境的细节呈现 一些刻画环境的细节往往比解说词能更好地交代故事的时间与地点,有的甚至还是故事发展的重要线索。青蛙的同期声是故事发生在夏季的潜台词,门上锈迹斑斓的铜锁很好地诠释了此屋已无人居住的事实。这些看似平淡、可有可无的细节却是故事的点睛之笔,它们用一种以小见大的手法让观众去品味、思考,让观众体会细节的艺术魅力与所要表达的思想高度。例如《留下眼睛守护你》中吊瓶里下滴的药水不仅交代了病危母亲住院治疗这个事实,同时还通过药水下滴的细节暗示了主人公的生命正随着时间慢慢流逝,一下子就触及了观众内心深处的那根弦,于是观众同情与怜惜的心情与节目所要建立的情感基调达到了契合。

叙事方式不仅充分体现了创作者对节目主旨思想的传播导向,更是创作者与观众潜在交流的艺术形式。当代社教类电视节目通过对叙事结构、故事悬念、故事细节、情景再现以及背景音乐、个性解说等多种叙事方式的灵活运用,使节目更具故事性,也更具吸引力。事实上,作为一种面向社会大众的教育类电视节目,应该在注重教育大众、启迪大众的基础上充分考虑观众的接受心理,并在此基础上不断创新、变革,唯有如此,才能赢得市场,实现最佳传播效果。

第二节 社教类电视节目创作

在编制流程和编制人员组成上,社教电视节目与一般的电视节目并没有本质的差异。但由于社教电视在传播目的、传播对象、节目内容等方面的特殊性,使得其编制技巧有其自身的特点。本节将对社教电视节目的策划及编制技巧进行介绍。

一、社教类电视节目的策划

社教类电视节目在各级电视节目传播中一直都扮演着重要角色。社教类电视节目与其他电视节目相比显得抽象、枯燥,其不可避免的专业性和说教性,使不少观众对社教类电视节目敬而远之。那么,社教类电视节目靠什么来吸引观众呢?这是当前需要解决的一个大问题。目前,为了适应市场需求,满足现代观众的收视需要,社教类电视节目纷纷改版创新,并吸收叙事学、影视艺术中备受观众喜爱的传播方式,进行故事化传播,已经赢得了越来越多的市场份额,也让节目重新焕发了生机。社教类电视节目创新策划是提升传统社教电视节目市场竞争力和提高节目传播效果的关键因素。在进行社教类电视节目策划时,策划人要把握目前社教类电视节目的发展动向,将新的观念、新的技术、新的方法引用到策划工作中来。

(一)社教类电视节目策划策略

1. 加强对社教电视栏目的策划

所谓栏目,就是具有统一标志、统一时段、统一编排方式、统一节目串接方式、统一风格的节目组合,遵守相对稳定的规范,在相对固定时间同观众见面。在对栏目的策划中,栏目的定位和节目的个性特点尤为重要,栏目的准确定位是办好节目的基础。栏目是由一个个的电视节目构成的,每个节目限定在栏目特定的表现空间里,遵循栏目的宗旨、样式、风格、对象等规则。每个节目既要遵循栏目的共性,又要具有自己鲜明的个性。一般来说,电视栏目的策划对节目策划具有导向作用,因此,对社教类电视节目进行策划的前提是做好对社教电视栏目的策划。

社教类电视专栏节目的创作除了具有社教类电视节目创作的一般共性,诸如深入采访、吃透两头、抓准选题、深度开掘、贴近现实、贴近生活、精心策划、精心摄制以外,还要根据社教类栏目的特殊要求,抓住其显著的个性特征进行创作。这样才能使社教类栏目不可替代的重要作用充分地发挥出来,也才能使每一个栏目在连续不断地播出单个节目的同时,展示出其存在的价值和无比的魅力。

① 在节目选题的安排上要根据不同栏目的具体要求体现出一个栏目的总体意识。这就要求栏目的制片人和管理者必须对栏目的选题有一个总体的把握和总体的意识,做到长计划、短安排,一个阶段内围绕一个主题开展战役性报道,以期获得栏目节目所特有的积累效应和冲击力。

② 在社教类电视专栏节目的创作上,要注意创作手法、表现形式、报道内容和节目包装都要体现出一个栏目的整体风格。这就要求在创办一个栏目时,既要找准栏目的突破口,准确定位,解决好该栏目到底是以社会生活中哪一个层面上的内容为报道主题和服务对象,又要根据该栏目的报道主题和收视主体的生活习惯、欣赏水平、审美情趣等诸多因素,选择好更能贴近报道主题的创作手法和更容易被收视主体接受的表现形式;还要在栏目整体风格形成的过程中保持基本一致的节目包装方法。并且,在这些情况确定之后,要保持一段较长的运作时间,以待栏目整体风格的逐渐形成。

③ 在社教类电视专栏节目的创作上,还应特别注意发挥主持人的作用。主持人要成为节目的标志,就必须与节目的形象风格相统一。首先要准确把握节目的定位,即了解节目的宗旨、内容范围、形式风格特点以及这一节目与同类节目的区别;其次要清楚节目的服务对象,了解他们的心理和需求,分析节目主持人应该具备的特点;最后要完整地理解自我,知道自己的优势、不足,再结合前面的认识,强化自己适合于节目的优势,避免不适合节目的一些东西。

2. 从叙事角度创新策划

(1) 注意题材的开拓 社教电视节目策划者要注意在节目题材上有突破,始终给观众呈现最新的和最好的节目。反映时代、贴近社会、贴近群众、贴近生活是电视策划的新要求。电视社教类节目策划时在开拓题材方面要注意以下几点:

① 关注社会热点。在社教类电视节目题材的选择上,要注意关注一段时间内发生的社会热点,为满足观众的"兴奋点"做追踪报道和知识传播。如中央电视台的"嫦娥三号"发射直播节目就是从社会热点选题的经典案例。

② 关注新知识、新技术的传播。现代社会,科学技术日新月异,受众群体在很大程度上对新知识和新技术有强烈的兴趣,社教类电视节目的选题要针对大

众的思想和生活的需要,保证传播知识的有用性和实用性。如有关电脑、广告、股票、期货、房产等知识都是现代社会人们所关注和渴望了解的。对这些新知识、新技术进行策划,通过策划赋予新的"内涵"和"包装",这样的节目出现在观众面前,自然可以获得观众喜爱。

③ 关注本土"话题"。中国有上下五千年的历史,其深厚的文化积累、独特的多民族生活特点、农耕民族和游牧民族的文化差异、丰富的物产资源、奇幻的风景地貌等都是社教电视节目的好题材。策划时要加强对本土题材的开拓,还要反映当代中国人的生活和看世界的视角。本土题材节目既能吸引本国观众,在对外传播时也能全方位介绍中国的历史文化。

(2) 从结构方面创新 叙事结构对于一档节目来说十分重要,它支撑着节目的框架。策划社教类节目时,要考虑对同一主题运用不同的表现手法,在结构方面进行创新。如央视科教节目《跟我学》这个英语口语学习节目,在节目里不单单看到英语短语、会话,也可以看到精彩的广告和流行的电影、动人的 MTV 等。这档节目的结构丰富多彩,观众从这些多元化的题材中学英语,在快乐中掌握了英语知识。

科教类电视节目在策划时,除了利用传统的表现方式之外,还要注意融入现代科技手段。可以利用机器人作为节目主持人,增加社教节目的趣味性,同时也可以摈弃实际场景,采用虚拟演播室系统来制作节目。这样既可以带来真实科幻的三维视觉效果,又可以节约节目成本,同时也是一种社教节目的创新手段。利用新技术来表现节目,重视用形象化手段传播知识、展现科教节目的独特魅力,是策划工作的创新点所在。

3. 对节目进行多元化设计

现在的社教电视节目往往结合了同社会发展密切相关的、人们所关心的多种知识元素,用多种表现形式和表现手法来表达主题。在节目策划中不仅要注意形式与内容的结合,也要考虑形式的多元化和特殊化,出奇才能制胜。运用好电视语言、重视用形象化手段传播知识、以声画结合和有立体信息的形象来展现社教节目的独特魅力,也是策划工作的创新点。同时注重教育性、知识性与娱乐性的结合,是社教电视节目的一种趋势和突破。

(1) 运用戏剧、电影、电视剧的情节模式或手法 在社教类电视节目中运用戏剧、电影、电视剧的情节模式或手法大致有以下几个方面:

① 悬念连环。悬念的设置是保证社教类电视节目具有吸引力的一个重要条件。悬念连环要求在社教类电视节目中应根据节目时间长度和事件的需要,尽可能多地设计悬念,使观众在一个个悬念的提出与解决中了解事件的原委,使

观众受到一次比一次强的心理冲击,形成连续性的审美效应,使观众能够更好地以感性的方式把握事件的含义。悬念连环的设置可以为社教类电视节目掺入故事化、人性化的气息。

② 关爱冲突。社教类电视节目由于它的节目定位,要求事件必须是客观的真实的,包括时间、地点、人物、事件、缘由等,这些都不能进行艺术的虚构。因此,社教类电视栏目要想在规定的时间内最大限度地运用艺术手段调动观众的情感,需以关爱诱人,不断开掘人物或事件中所包含的丰富的情感世界,一步步打动、开启观众心理深层次的喜怒哀乐,这是增强节目吸引力、感染力的最好方法。

③ 危难转折。危难转折一般是指人物命运或是事件的进程必须时时要面对异常艰险的困境。社教类电视节目,由于受播出时间的限制,一般篇幅短小、故事较为单一,不能够较为全面地、系统地、多层面地反映复杂的人物和事件。因此,在构思节目整个布局时应当注意把握危难转折这个重要的情节因素。在结构社教类电视节目时应当删去一般的、平淡的、雷同的场景取其危险的横断面,让危险、压力始终相伴,并精雕细琢,环环相扣,以此抓住观众的心弦。

(2) 使用灵活的电视手法 故事化是当下各种类型电视节目追求的节目叙述方式,社教节目也不例外。社教节目是向观众传递社会文化教育的节目类型,若要强化节目构架的故事性,则要使用更加灵活的电视手法来展现节目内容。在前期选题阶段,要分析选题是否具备故事化要素;在拍摄阶段,要看所拍摄的题材中是否具有故事化的情节;在后期剪辑阶段,要配合选题内容,灵活使用多种电视创作手法,如环境铺垫、变化节奏、人物介绍、交叉叙事、设置悬念等电视手法,加强节目的故事化创作。央视著名的科教类栏目《走近科学》,就十分注重挖掘节目内容的故事性,它把一些枯燥的科学知识或人文历史内容,通过多元化的电视手段,辅以音响效果、动画设计、声音解说、资料链接等方式,变换成跌宕起伏的科教栏目,在寓教于乐中让观众收获颇多,这些都是节目故事化所带来的新变化。

(3) 设置曲折的情节矛盾 不论是节目的开端部分还是节目的发展部分,社教类电视节目都刻意设置曲折的情节矛盾。在节目的开始阶段,要做到夺人耳目,运用倒叙或者设置悬念的方式设计开头,充满视觉冲击力;在故事情节讲述的关键时刻,设置曲折的情节,使悬念贯穿整部片子,在适当的间隔里安插能调动观众收看兴趣的兴奋点,从而激发观众的收看兴趣,直到节目结束。

(4) 刻画令人动容的细节 在每个节目里面,能打动人的往往是那些很朴实的人和事,这些都是很真诚的、很立体的典型细节刻画。用细节刻画人物,用细节展示事件,使节目生动形象,真实可信,增强可视性,从而有效增强作品的感染力。

4. 立足于观众

社教类电视节目策划应立足于观众,从观众的视角来对节目的内容、形式等方面做相应的策划。在策划时具体要注意:

① 分析观众的收视趣味,策划人必须充分了解自己的节目在观众心目中的相对位置,然后才能加以强化或改变定位。

② 发展对象性节目,由于社教电视节目内容和题材的广泛性、观众层次的多元化等原因,使得经常出现"众口难调"的尴尬局面,应发展对象性节目,找出最大观众层,进行有针对性的重点设计。

③ 加强观众同节目的沟通,这种沟通一般表现为两种形式:一种是传播者引导受播者参与信息的认知和接受,一种是受众真正参与到节目的策划、制作和传播过程之中。

④ 重视观众信息的调查和反馈,注意对观众信息的调查分析,有利于减少节目的市场风险,有利于提高策划方案实施的可行性,有助于通过分析判断进而对策划方案进行修改、补充,形成节目策划的良性循环。

5. 传播知识与传播观念相结合

社教电视节目在传播知识的同时也注意传播新的观念。不同时代培植不同的观念,社会的现代化要求人们思想、观念的更新,不仅要普及知识,激发起渴求科学知识、关注科学技术的新观念,更为重要的是引导公众用科学思想、科学方法去看待自然、社会、历史、人物等。

6. 重视传播策略的设计

对社教节目进行策划,不仅要重视节目内容、形式、表现手法上的策划设计,也要重视节目传播策略甚至经营策略的设计,尤其是在"制播分离"的时代背景下,对节目传播策略的设计就更显得更重要。传播策略设计应考虑:播出时间要合理,要针对节目的性质与观众的特点安排播出时间,做好播出前的舆论宣传,要适当缩短节目和观众的距离等;策划时还要加强一些传播细节上的设计。

(二) 社教类电视节目策划的基本流程

社教电视节目的策划是一个完整的过程,从获得灵感到确定选题,从着手拟订计划到具体实施计划,都是连贯协调的。社教电视节目策划的具体流程包括:

1. 节目构思策划

节目构思策划是对整个节目的选题、内容、定位、形式和整体结构的一个设计。

（1）选题　确定选题是对最初"灵感"的具体化。选题既要有针对性又要有兼容性，要有好的切入点，还要贴近实际。常见的社教电视节目选题有：

① 自然类。一般是自然科学的相关选题，如天气、动物、各种神奇的自然现象、自然科学的发展过程、发展趋势、最新成果、自然科学的实验等，如法国著名的纪录片《鸟的迁徙》，美国纪录片《海啸》等。

② 人文类。也就是人文历史类，有关注一般小人物和著名人物的生活追述，也有关心政治、经济、文化同人的关系的，还有谈论历史文化的。

③ 社会科学类。这类节目内容涉及政治、经济、军事、文化、地理、音乐、美术、科技、医疗、卫生、历史等。

④ 人类学。就是探讨人类自身生存状态、发展以及对于不同国家、不同种族的起源、文化的探求，同时也关注大多数人的生存发展问题。对于人类的生活状况进行历史性、反思性、存在性的人类学视角的思考。

（2）节目定位　节目是做给谁看的？这个节目要做成什么样子？要达到什么目的？这些问题是在进行节目定位时需要认真考虑的。但需要注意的是，节目定位并不是简单意义上的少儿节目、老年节目、女性节目的类型定位，而是根据市场需求，依据受众的收视习惯、社会阶层、文化水平、年龄、性别、宗教信仰、职业分类等多方面因素，更加精细地确定节目的收视群体。对于社教电视节目的定位不但要正确而且要适度，做到既有针对性又有兼容性，既有知识性也有可视性。

（3）确定节目的表现形式　确定社教电视节目的表现形式，就是考虑所选题材适合做成什么形式的片子，如专题纪录类节目、访谈类节目、新闻信息类节目、讲演类节目、戏剧扮演类节目、综合类节目及文教式、小品式、采访式、议论式等具体的节目形式。内容决定形式，形式又服务于内容。每一个节目都要根据选题的不同、材料的多少来选择一种最合适的表现形式。

（4）选材和节目结构框架　在选材时还要考虑所选素材能否表达和深化节目的主题，能否为事件的发展提供承上启下的铺垫，能否让观众产生强烈的冲击和感受。选材工作进行完后还要注意给节目定一个大体的结构框架，安排好各个内容出现的先后顺序以及内容间的逻辑关系。

（5）设计表现主题的手法　社教电视节目常用的表现手法有：

① 排演再现。就是运用模拟、再现，甚至是虚构和采用影视资料等方法来表现那些由于某种原因而没有记录下真实场面的节目内容。

② 专家采访。在一些节目里，仅有大量事实和资料呈现是不够的，常常要通过采访各个领域的专家来获得更多关于主题的专业知识。

③ 节目竞赛和有奖问答。

④ 运用电脑特技，社教节目似乎比任何其他类型的节目都要频繁地用到电脑特技，因为许多科学现象是无法排演、难以捕捉和不好展现的。

⑤ 综合运用多种表现手法。如央视科教频道的《读书时间》节目，就兼有演播室访谈、外景拍摄、名家朗诵、模拟再现等表现方式。

2. 制作策划

制作策划的主要工作是对节目制作过程进行策划，一般从时间、设备、技术等方面来考虑。

（1）节目工作安排 包括前期准备工作的安排、拍摄过程安排以及节目后期制作的安排。要求策划组估算工作时长，制订预期的工作进程表。

（2）制作实施策划 也就是对节目制作实施过程进行技术性分析。技术性分析指为了表现节目的主题，所做的关于声音、画面、镜头、剪接手法、拍摄技术等技术层面的考虑，即综合电视的表现手法，结合要表达的主题和所选的材料来考虑镜头语言、同期声、后期配音等相关技术的应用。

3. 资源配置策划

社教类电视节目的成功策划，要求策划者从设备、资金、人员等各个方面对节目所拥有的资源有全面清醒的认识，要根据资源状况和实际情况等选择优化的资源配置方案，并在条件许可的范围内修改工作安排。资源配置策划就是考虑各种电视资源如何合理配置，即人、财、物如何分配的问题。

4. 传播策划

传播策划是对电视节目的传播手段、传播方式的设计。一个好的节目除了有好的内容和贴切的表现手法外，还需要进行传播策划，就是给节目设计恰当的传播方式，包括从播出时机、播出时段、舆论宣传、观众参与等方面对节目进行"包装"，以增强节目效果。

5. 撰写策划方案

策划方案的内容一般包括：项目名称、项目背景、市场调研、节目定位、内容构成、节目特色、工作安排、资源配置规划、成品节目说明、衍生产品说明等。关于策划方案的撰写在第二章电视节目策划中做了详尽说明，这里不再阐述。

6. 策划方案评估

策划方案撰写完成后，要组织相关人员对策划方案进行评估，通过评估进行修改完善。对策划方案的评估就要通过多种渠道对节目策划方案进行全面审核，审核的指标包括制作质量、社会影响、市场价值、经济效益、艺术指数等。

二、社教类电视节目的编制技巧

社教类电视节目首先应该树立教育大众、服务大众的社会理念,这是社教类电视节目的最高目标。对于社教类电视节目而言,收视率只是衡量节目市场收视效果的一个指标,立足于现有的社会环境、结合社会大众现有的条件有计划地开展教育才是社教电视节目制作者需要关注的首要问题。社会教育类电视节目的编制不同于一般的电视艺术作品,具有特殊的编制要求和特点。

1. 社教类电视节目的编制要求

(1) 注重教育性与思想性的有机统一　社教类电视节目作为承载科技知识与教学信息的载体,在传播科学文化知识的同时,要服务于专门的传播对象,担负起改造世界观、人生观、价值观的任务。社教类节目要求策划周密、主题鲜明、典型突出,或有较高的思想水平和创作格调。因此社教类电视节目必须坚持正确的舆论导向,从思想内容、主题表现、画面设计到语言表述都应有助于引导人、激励人、塑造人。同时,社教类电视节目的信息呈现必须突出教育特性,突出最优化传播效果的原则,体现教育的原则和目的,适用于特定的受传对象,体现规律和方法,从而有助于观众对知识内容的感知、理解、记忆和应用。

(2) 坚持科学性与人文性的相互融合　新的世纪,科学与人文的融通已经成为社会各界的自觉意识,科学与人文的相互融合、相互作用正在成为一种日益普遍的精神文明活动。社教类电视节目的传播过程也是科学性与人文性相互融合的过程。社教类电视节目所传播的知识、概念、原理、理论,不仅要说明科学事实的表面现象,还要有严格的科学依据和逻辑,符合科学原理,符合严密的逻辑推理和论证,所选取的素材要有典型性、代表性,必须真实、准确,符合实际,经得起实践的检验。要有效地传播科学知识,促进科学文化的全面发展,社教类电视节目必须高度重视科学的文化价值和精神价值,在传播中注重人文精神,加深观众对科学探索过程的了解和对科学的社会意义的理解,在节目中渗透强烈的人文气息,在选题上要贴近现实,在制作上要以人为本,从观众的视角去了解自然、解释自然,关注科技给人类生活带来的影响,在形式上要准确把握观众心态,符合观众的感知、认识和理解规律,吸引观众,使科学观念深入人心。

(3) 讲求艺术性与技术性的完美结合　电影理论家林洪桐指出,一部社会教育片应该是多种艺术,如诗歌、散文、小说、戏剧、音乐、绘画、雕塑等融为一体的系统工程,要达到形象美、意蕴美、抒情美、语言美、哲理美的高度。在摄制过程中,社教类电视节目必须遵循艺术创造的规律和方法,运用比喻、对比、重复、省略、排比等手法表现主题内容,既追求内容的形象性,在动态的画面造型中传递富于美的知识信息,又能运用艺术的假定性增强表现力,创造出适合特定观众认识水平的时空概念和声画构成。社教类电视节目的技术质量关系到传播效果,因此,在摄制过程中,应注意技术技巧的准确运用,尽可能提高画面与声音的技术指标,为增强传播效果打好基础,另外,还应注意综合运用电子技术、数字技术、计算机字幕和动画等制作手段和方法,增强科技含量,体现信息化特征。

(4) **加强知识性与趣味性的统一** 社教类电视节目要增强节目的实用性和针对性,用多样化的电视手段揭示主题、题材、表现内容。以科学知识指导选题,节目要有丰富的知识含量,使观众观看后受益匪浅。与文艺节目、娱乐节目相比,社教类电视节目稍显严肃、枯燥。正因为如此,对节目的趣味包装就显得越发重要。社教类电视节目要把高深的、充满科学哲理、抽象、枯燥和深奥的科技知识形象化,转换成生动活泼、通俗易懂、为观众所喜闻乐见的形式,给人以艺术的美感,避免平铺直叙,讲究故事性和节奏感,选择恰当的娱乐形式来承载节目沉重的内容,寓教于乐,实现内容与形式的完美结合。这样做不仅可以增强观众的收视兴趣,也可以加深观众对信息的理解。随着电视节目制作技术的不断发展与成熟,目前这种趣味包装的意识正在越来越多地被运用到节目制作中,如运用高科技的拍摄手法,选择特殊的拍摄角度,采用计算机动画完善后期节目制作,撰写带有故事情节的文字剧本,采用富有人情味的拟人化的配音,将整个节目制作得精美而富有动感,使节目生动有趣且富有感情色彩。

2. 社教类电视节目的编制特点

(1) **选择观众最关心的内容,解决他们最迫切要求解决的问题** 制订社教类电视节目的选题时,要考虑观众的需要,要避免"一厢情愿"的安排,因为观众的需要是对节目产生兴趣的直接诱因。编导要把"要观众知道的"和"观众想知道的"结合起来,通过寻找与观众之间的最佳交汇点,使节目传达的信息更多地成为有效的信息,从而使节目成为观众的良师益友。这种"交汇点"的寻找应从两个方面进行:一方面,节目的编导要把握时代的脉搏,及时发现社会生活中的热点问题进行报道;另一方面,要通过电视观众的信息反馈,了解观众的需求。社教类电视节目的编导要争取到观众,就要经常不断地与观众取得联系,熟悉他们的心理,了解他们的需求,做他们的知心朋友,千方百计地为他们解决实际生活中遇到的难题。

(2) **深入浅出、通俗易懂的播音语言** 社教类电视节目传播的科学文化知识要让电视观众能够接受,必须先让观众能够听得懂,这是对节目最起码的要求,只有听得懂的内容,才能激发起观众兴趣。首先,传播的内容深浅要适宜,编导在安排节目的时候,总希望能给观众多一点的东西,这是一种良好的愿望,但是必须考虑观众的接受能力,要尽量选择那些能够发挥电视传播优势的知识,便于观众在理解的基础上记住内容。其次,要避免使用技术性强的专业术语,要恰当地运用形象生动的语言来说明深奥的科学知识。

(3) 文字讲解作用要与画面的证实作用相结合　在编制社教类节目时,不仅要通过文字把知识讲明白,还要发挥画面的优势,把文字讲解作用和画面的证实作用结合起来,把节目编制得更加吸引人。要注重非线性编辑技术,虚拟现实技术,二维、三维动画技术在社教电视节目制作中的应用。在社教类电视节目中,要求编辑不仅要传播先进的科学文化知识,也要带头应用先进的科学文化知识。

(4) 注重电视观众的参与,牢固把握观众群　有人说,电视观众参与是时代的呼唤,是当代电视节目发展的总趋势。在社教类电视节目中,让观众参与节目的思维、参与节目的创作、参与节目的演出,可以得到共享的效果,不仅能使已经稳定的观众群更加稳固,而且能够增强观众的使命感和责任心。观众的参与这一命题,越来越引起理论工作者和电视实践工作者的注意。其含义可以理解为:广大群众有权参与传播的过程,可以通过媒介自由地发表意见,而大众传播媒介应该成为受传者发表意见的讲坛。社教类电视节目因为传播的指向性很强,更应该注意观众参与的问题。观众参与有广义和狭义的区分:广义的参与,是指在宏观上电视台编辑方针的确立、节目的整体布局以及节目制作的各个环节,比如观众在现场和演播室接受采访以及节目播出后观众接受调查或主动向电视台进行信息的反馈;狭义的参与,是指观众主动接受电视台的邀请参与到节目中去。

(5) 强化主持人节目人格化的特点　所谓主持人节目的人格化,就是主持人形象和节目形象合二为一,即主持人的形象就是节目的形象。电视节目主持人不仅可以运用语言和声音,还可以运用相貌、身材和动作、表情、服饰等非语言符号为载体传递信息,给观众一个特定的形象。社教类节目主持人要时时刻刻把自己置身于节目当中,摸准对象的特点和需要,塑造出节目需要的主持人风格。如青年人节目的主持人就应该是朝气蓬勃的青年人的形象;老年人节目的主持人就应该是善解人意的老年人的知心朋友;儿童节目的主持人就应该是一位童心未泯的主持人。观众可以根据主持人的表现来了解社教节目的特征,把节目主持人作为对象性节目的代言人和节目的"名片"。

3. 社教类电视节目的编制技巧

(1) 要选好主题　好的选题就是节目成功的一半,如果选题一开始就偏颇,引不起观众的兴趣,即使后面的叙述如何精彩,观众看来也是索然无味。当然,选择了好的主题还远远不够,还要选择一个好的角度来阐述,在节目立意上做到

"新"。能将一些老生常谈的话题,做到新颖新奇,才能使人眼前一亮。

(2) 要作好策划　做好策划,不但有助于节目的顺利开展,而且通力合作,更利于节目质量的提高,把节目做得更加完美。

(3) 栏目的形式要多样要灵活　社教类节目的时长一般从 10~30 分钟,针对一个主题播发,这样就容易使观众产生疲劳,所以要想留住观众,节目就要有特色,形式要灵活、多样,把节目当作艺术品来创作,不断打造完美的作品,可以利用多种电视元素展现、深挖主题,使观众在精彩的观赏中产生共鸣。

(4) 要强化节目的特色　不只是地域特色,还要彰显栏目自身的特色,没有特色就不会有固定的收视群体,节目就会被淘汰,有特色的好看的节目可以吸引人、感动人、教育人、启迪人。

(5) 巧用探秘手法展现节目　人都有探索的渴望,在节目中利用这种渴望,慢慢地跟着主持人或记者揭露事情的真相,再配以音乐、画面特技等手段,在过程中增加悬疑,让观众根据蛛丝马迹寻找答案,最后揭露事实真相。这种探秘的手法可以更加深入地挖掘事件背后令人深思而不被人轻易发现的东西,这也是这类节目受欢迎的原因。如中央电视台的《探索与发现》《国宝档案》《真相》《走遍中国》等节目。

(6) 讲好故事打动人的心灵　"讲故事"节目比较早的应该是江西卫视的《传奇故事》,每一个故事都是发生在人们身边的真实故事,因为故事贴近百姓,又是通过说事拉理的方式而赢得观众的青睐,也更容易打动观众心灵。主持人也是节目中很重要的组成元素,主持人独具个人魅力的讲述使故事更精彩,增加节目的亮点,更易于使观众产生共鸣。讲故事,其实都是用故事的情节和悬念来吸引观众的。比如央视的《讲述》《人与社会》等,河北电视台的《家庭故事会》、山东卫视的《说事拉理》等。

(7) 彰显正义,维护法纪,产生受众思想上共鸣　一个好的社教类节目不但要有很好的观赏性,更要有广泛的传播性和深刻的启迪性,在纷繁复杂的社会中,人们希望有一个稳定而和谐的生存环境,生活在法制健全、人心向善的社会中,良好的社教类电视节目把道德宣传与法制宣传融入节目,让受众在潜移默化中得到感染,明白道理,约束自身行为,达到普法宣传和震慑教育不法分子的目的。这样的节目很多,如央视的《今日说法》《社会与法》《天网》,温州电视台的《法在身边》等。

(8) 挖掘"人性"的理念,展现人格魅力感染广大受众　社会中人是主体,好节目要体现人的灵魂,展现出人性,这样才能更感动人,例如央视的《面对面》《艺术人生》《人物》等,湖南卫视的《新青年》、湖北电视台的《风华正茂》等。

实践是成功的基础,探索是发展的原动力。社教类电视节目作为一种电视节目品种,要想有快速而长远的发展,就要符合"三贴近"原则。随着科学技术的进步,社会教育资源将会越来越丰富,我们相信,通过电视工作者和科技教育工作者的不懈努力,社教类电视节目的传播会再上一个新的台阶,为提高全民族科学文化素养做出应有的贡献。

复习思考题

1. 简述社教类电视节目的分类。
2. 简述社教类电视节目的特点和传播特性。
3. 社教类电视节目的编制有哪些基本要求?
4. 简述社教类电视节目的叙事方式。
5. 简述社教类电视节目的策划策略和策划流程。
6. 以小组为单位,组织策划一个社教类电视节目,写出策划方案,并实施该方案。

参考文献

[1] 张联.电视节目策划技巧[M].北京:中国广播电视出版社,2002.
[2] 黄匡宇.电视节目编辑技巧[M].北京:中国广播电视出版社,2002.
[3] 张晓锋.电视节目制作原理与节目编辑[M].北京:中国广播电视出版社,2004.
[4] 高凯,冯锐.探究社教类电视节目的叙事方式[J].现代视听,2011(12).
[5] 高凯,蔡之国.论社教类电视节目的叙事方式[J].电影评介,2012(4).
[6] 张娜.地(市)级电视台应着力办好社教类节目[J].新闻传播,2013(4).
[7] 方福丽.社教类电视节目的传播特性[J].山西大同大学学报,2009(12).
[8] 景高地.论社教类电视专栏节目[J].新闻前哨,1996(2).
[9] 张晓燕.电视社教类对象性节目生存状态解析[D]四川大学硕士学位论文,2004(3).
[10] http://www.xzbu.com/7/view-3015449.htm.
[11] http://www.docin.com/p-1012147179.html.
[12] http://www.doc88.com/p-748861192242.html.
[13] http://www.niubb.net/article/1651899-1/1.

第十章
电视综艺类节目制作

【学习目标】

学习完本章,应该能做到:
- 掌握电视综艺节目的类型。
- 知道电视综艺节目设计的基本要求。
- 掌握电视综艺节目的策划技巧。
- 掌握电视综艺节目摄像技巧。
- 掌握电视综艺节目编辑技巧。

电视综艺节目,顾名思义是指以电视为主要传播媒介的综合文艺节目。就科技方面而言,综艺类节目综合了声学、光学、电子学、物理学等学科的知识和技术,运用电视的时空变化、声光效果、独特造型制作出能够满足观众审美需求的节目;从艺术表现形式上来说,综艺类节目是根据一定的主题思想,运用电视的影像语言(如舞美设计、动态镜头的切换、构图的精美等)和艺术手段(如舞台的旋转、大屏幕的空间分割等)将不同体裁的文艺节目(如戏曲、杂技、音乐、歌舞、故事、游戏、戏剧等)进行有机组合,通过与观众的互动而形成的一种以娱乐性、消遣性、知识性和趣味性为特点的电视节目形态。

第一节 电视综艺节目概述

电视综艺节目是根据一定的主题思想,运用电视的声光色效果、特技处理、时空变化等形式,将音乐、歌舞、小品、戏曲等不同体裁的文艺节目进行有机地组合,以满足观众审美需求的艺术综合体,它集娱乐、知识、欣赏、审美甚至参与于一体,成为电视节目中最常见也是最受观众欢迎的一种电视节目样式。由于综艺节目有着很强的娱乐性,又特别能体现电视的兼容性,有着最广泛的收视群体,因此也成为各电视台追求收视率的法宝之一。

一、电视综艺节目的界定与分类

1. 电视综艺节目的界定

关于电视综艺节目的概念,在业界还没有统一的界定。《广播电视辞典》一书中对电视综艺节目的界定是:"集音乐、歌舞、小品、戏曲、杂技等多种文艺形式于一体,在一定的时间长度内按照特定的主题或线索,采用主持人现场串联、字幕串联、现场采访等方式,运用视听语言,将现场演出用电视化手段与传播的时效性、新闻的纪实性、文学艺术的表现融为一体,具有娱乐、趣味、知识、宣传、审美相结合的特点。"《电视艺术学》一书中对电视综艺节目的界定是:"充分调动电子的技术手段,对各种文艺样式进行二度创作,既保留原有文艺形态的艺术价值,又充分发挥电子创作的特殊艺术功能,给观众提供文艺娱乐和审美享受的电视节目形态。"以上这两种界定侧重于对传统电视综艺节目的概括,而很难涵盖近年来兴起的娱乐性较强的"真人秀"等节目。近年来,在充分吸收欧美、日本等国娱乐节目中建设性元素的基础上,我国电视综艺节目的观念日益走向多元化、娱乐化和综合化。归纳国内学者和专家对电视综艺节目的界定,可以概括为三种说法:

① 电视综艺节目是指综合娱乐节目,涉及内容非常广泛,几乎包括娱乐艺术的所有内容。

② 电视综艺节目是电视文艺节目中一种重要的节目类型,它由音乐、戏曲、曲艺、文学等多种艺术门类的节目组合而成,它是多种艺术与电视艺术的有机结合。

③ 电视综艺节目是一种声像兼备、独具魅力的时空综合艺术,是在当代高科技的基础上产生的具有潜力的艺术门类,它既可以集音乐、舞蹈、戏剧、猜谜、问答、笑话、故事、杂技、魔术、游戏于一身,又可以选择其中数项,根据内容需要,加以自由灵活的编排、组合。从更广泛的含义来说,电视综艺节目是电视新闻、电视专题片、电视剧、电视社教片之外所有电视文艺与娱乐节目的统称,凡晚会歌舞、游艺竞赛、曲艺小品、婚恋交友以及闯关游戏等都归于电视综艺节目的范畴。

综上所述,电视综艺节目是以娱乐大众为目的,运用各种电视化手段,对各种文艺样式以及可提供娱乐的内容进行二度加工与创作,并以晚会、栏目或活动的方式予以屏幕化表现的节目形态。

2. 电视综艺节目的分类

（1）按播出样式分 分述如下：

① 电视综艺栏目。栏目是电视综艺节目存在的主要样式。栏目有着固定的播出时间、固定的时段时长以及相对固定的主持人、节目模式、节目流程等，如《开心辞典》《幸运52》等。在栏目基础上派生的形式主要有：一是特别节目，指的是电视综艺栏目为特定的节日、假日和主题专门制作并在特定时间播出的节目，如《欢乐中国行》"五一特别节目"等；二是系列节目，指电视综艺栏目围绕同一主题或者同一节目模式制作并在特定时间连续播出的节目，如《艺术人生》推出的年度系列节目《温暖200×》等；三是大型电视活动，如选秀、集体竞赛、大型歌赛、大型歌会等，如《梦想中国》《青春中国》《超级女声》、CCTV全国青年歌手大奖赛等。

② 电视综艺晚会。晚会是电视综艺节目的一个重要形式，它能够自由地汇集众多的大牌明星和各种娱乐表演样式——音乐、舞蹈、相声、小品、魔术、杂技等。它还可以将某个公众关注的、具有特殊意义的人物请出场，演绎成一段搞笑的或煽情的脱口秀、真人剧；有些重大晚会本身还兼有新闻发布的功能（如各种颁奖晚会），这些多种元素的集合，使之常常成为高收视和高收益的节目，最具代表性的电视综艺晚会是中央电视台自1983年起每年一度的春节联欢晚会（"春晚"），还有"五一""十一""中秋晚会"等节庆晚会以及各种各样的主题晚会。

（2）按节目要素分 分述如下：

① 娱乐资讯类。娱乐资讯类节目是各级电视台普遍存在的节目样式，内容以报道近期或当日发生在明星演艺圈、大众娱乐圈的新闻资讯。这类节目通常情况下采用一个或多个主持人完成串场，以外景主持和外拍画面作为节目的主要内容，具体的呈现方式为"演播室的主持人播报＋现场报道"，这类节目具有新闻节目的性质，同时播报方式、节目风格具有轻松、自如、活泼的特点。如《综艺快报》《影视同期声》《天天娱乐圈》《娱乐无极限》《娱乐任我行》《娱乐乐翻天》等。

② 娱乐谈话类。属谈话节目，又叫"脱口秀"，节目一般由一个或两个固定的主持人，每期邀请一位或多位明星嘉宾进行演播室访谈，或者邀请一般的普通观众参与到节目中来，谈话内容涉及人生、情感、婚恋、友情、感受、体会等。此类节目是电视谈话类节目的一个分支，如《对话》《艺术人生》《康熙来了》《超级访问》《天下女人》《女狼俱乐部》《玫瑰之约》《非常接触》等。

③ 综艺表演类。综艺表演类节目是由主持人串联在一起的各种文艺样式

的大会演、大综合，"综艺"一词也由此而得。90年代后期出现了以单一文艺形式为节目内容的栏目，"综艺"走向"分艺"。这类节目基本模式是"主持人串场+明星表演"，如《综艺大观》《同一首歌》《音画时尚》《曲苑杂坛》等。

④ 游戏娱乐类。这类节目的表现手段包括才艺表演、杂耍、滑稽表演等，节目的基本模式是"明星+游戏"。如《快乐大本营》《欢乐总动员》《开心100》《非常周末》等。这些节目很好地把"动作游戏"和"观众参与"这两点结合起来，增添了节目的趣味性，受到了观众的欢迎。

⑤ 益智竞技类。纯粹的益智类节目是以"知识+财富"为基本模式，在发展过程中，许多益智类节目融入了游戏、真人秀和谈话等节目元素，使节目在益智的基础上增添了竞技的色彩，这也是将此类节目并称为益智竞技类的主要原因。这类节目的特点：一是竞争性，二是刺激性，三是真实性。益智竞技类节目代表性的有《幸运52》《开心辞典》《三星智力快车》等。

⑥ "真人秀"娱乐类。"真人秀"节目集中了纪录片的纪实手法和电视剧的故事性，通过对最原始的人性和个人隐私予以公开展示，从而极大地满足了观众的窥视欲望。此类节目是由制作者制订规则、由普通人参与并全程录制播出的电视竞赛或游戏节目。2000年6月18日广州电视台播出第一个真人秀节目——《生存大挑战》后，中央电视台以及上海、湖南、四川、贵州等省级电视台纷纷开办真人秀节目，而且真人秀节目的种类繁多：野外生存（贵州台的《峡谷生存营》）、室内（湖南经视的《完美假期》）、表演选秀（湖南卫视的《超级女声》、中央电视台的《梦想中国》、东方卫视的《我型我秀》）、职场、整容、装修、教育、娱乐、公益、婚恋、法制、旅游不一而足。"真人秀"娱乐的关键在于节目可以摆脱明星，使普通人成为节目的真正主角，所以一经出现，一方面获得了观众的追捧，另一方面还迅速融入了其他节目类型。如央视的《星光大道》《挑战主持人》《非常6+1》《想挑战吗？》《梦想中国》，贵州台的《峡谷生存营》，湖南卫视的《超级女声》等。

⑦ 婚恋速配节目。婚恋速配节目是我国一档特殊的节目形式。从1998年7月16日湖南卫视播出第一期的《玫瑰之约》起，标志着国内出现了一个崭新的谈婚论嫁的电视谈话栏目，它的节目创意来自香港凤凰卫视的《非常男女》，可以说是最成功的内地翻版。之后婚恋速配节目迅速在各电视台开办，如湖南卫视的《我们约会吧》、江苏电视台的《非诚勿扰》等。

⑧ 泛娱乐类节目。目前，娱乐正从节目的一种功能逐渐演变为节目的一种本体，娱乐化成为很多节目的共同选择。不但为非文艺性的内容提供了娱乐化表现的机会，还为那些不宜、不便、不利于电视表现的内容提供了一个电视化表

现的途径,另外,多种娱乐元素之间的沟通与融合也正成为当前综艺娱乐节目的一种发展趋势。目前很多节目不再依靠单一的娱乐元素,而是从益智、竞猜、竞技、真人秀、表演、谈话等节目形态中选择多种娱乐元素融为一体。由于对象、内容涉及广泛,所以称之为"泛娱乐类节目"。具体包括:生活娱乐类节目(如《冰冰好料理》《全国电视烹饪擂台赛》《八方食圣》《周日八点党》等)、旅游游戏类节目(如《正大综艺》《天地英雄》《快乐大篷车》等)、体育娱乐类节目(如《全明星猜想》《城市之间》《金牌之路》等)、剧情类娱乐节目(如《心灵俱乐部》《大话欢乐游》《忽悠姐妹花》等)、少儿娱乐节目(如《人小鬼大》《第二起跑线》《七巧板》等)等。

电视综艺娱乐节目不但节目播出样式多种多样,而且节目内容的构成要素丰富多彩,由此形成了复杂多元的电视综艺节目格局。

二、电视综艺节目设计的基本要求

1. 视觉设计的基本要素

视觉设计是电视节目传递信息的关键表达方式之一,它并非单纯指舞台、字幕、灯光、色彩等一种或者多种要素的组合,而是结合节目内容对整个节目要素进行整体上的把握。电视综艺节目视觉设计的基本要素主要包括舞台、灯光、布景、图形、标志、色彩等造型要素以及字幕、主持人服装等内容要素,下面对影响节目视觉设计的几个主要要素进行探讨。

(1) 场景空间设计 "场景"属于造型艺术的范畴,场景设计的美感来自视觉审美,正因为如此,场景设计必须依循视觉艺术的基本规律。场景是一种叙事手段,好的场景空间设计能够起到吸引大众、感染大众、触动大众并产生共鸣的作用。在对综艺节目的场景空间进行设计时需要考虑以下几个方面的因素:

① 要考虑演播室的实际空间结构,处理好布景与演播室实际空间之间的关系,以及摄像机机位的需要。

② 要根据节目的性质选择场景空间的材质,比如能表现出豪华感的花岗岩、现代感的金属布景、古朴的木质混合材料、现代的LED视频技术搭配,不同的材质能表现出不同场景需要的美感,创造出一种观众喜欢的、赏心悦目的感觉。

③ 在场景的设计上也不能忽略摄像的取景,摄像机的取景是节目场景空间视觉设计的再次体现,在对现场视觉空间进行设计的时候,整体的空间视觉效果很重要,但在考虑整体的时候,往往容易忽略细节,应该意识到局部的取景对电

视画面的美感往往起着极其重要的作用。

（2）舞台设计 舞台是节目最重要的基础部分,是电视综艺节目视觉设计必不可少的元素,舞台能够传达整个节目的信息,对节目起整体的支撑作用,舞台设计的好坏直接决定着节目的质量。舞台设计是以舞台设备、灯光、布幕、音响、演出道具、悬吊与更换支架系统、戏服、戏妆为标的物的设计。目前电视综艺节目的舞台设计越来越多样化、多元化,从面徒四壁的舞台空间到应用了影像多媒体科技,在舞台表现上有了层出不穷的发展,并能够给人们留下美好的印象,获得良好的心理反应。

（3）灯光设计 在电视综艺节目的编排录制过程中,节目气氛的渲染是极其重要的一项,没有好的气氛,综艺节目将达不到预期效果。电视综艺节目气氛的呈现通常需要灯光来进行渲染,利用灯光不同的色调和影调伴随剧情的发展和节奏的变化,来加强节目的艺术感染力,突出主题,刻画形象,渲染气氛,因此灯光设计是决定整个综艺节目整体美感的重要方面。不同的灯光将呈现出不同的视觉表现。如何利用现有的光源以及不同控制方式的灯具来设计整体布局,变换灯光的投射角度和照明范围,如何运用光线的强弱、明暗变化,颜色的转换以及它们之间不同的变化组合,对演播区的景物、人物进行有目的的染色、造型,创造出各种特定的光照环境和视觉艺术效果,是综艺节目灯光设计师需要认真解决的课题。综艺节目舞台灯光的设计要注意以下几个方面：

① 明确布光的目的。要依据编导对节目的要求和摄像镜头照明的需要合理布置灯位,拍摄出符合主题的、漂亮满意的画面。

② 注重灯光的效果。既要烘托画面气氛,更要在色光及情调上与节目内容的要求相一致。

③ 布设灯具的合理性。灯具的位置、角度、方向、亮度都要有利于反映景物的真实感。

④ 把握布光的程序性。原则上大场面先布场景光,后布主体光,再布背景光;小场面先布主体光,后布背景光。

⑤ 试录时检查用光的完整性。避免或消除阴影、景物遮光、光线交叉重叠、阴影区人为扩大等效果的产生和出现。

（4）色彩设计 在视觉设计中色彩也是特别重要的一个元素,色彩的设计应该注意两个方面：

① 主题的体现必须运用一个主色调。根据节目定位的不同,主色调可能是复合色也可能是单色,一般综艺类节目的主色调都会选择暖色调,暖色调的色彩相对艳丽,考虑好哪种颜色为主色,哪种颜色为辅助色,而且色彩的面积也是影

响色调调和的另一大因素,要避免面积相等的色块进行搭配;而复合色的颜色搭配思路就开放很多。

② 背景画面的搭配应避免形成强烈的对比。节目的主要风格和情调需要背景来体现,起到对视觉主题的协调和衬托的作用,这样一方面可以吸引受众的注意力,另一方面也可以有助于体现节目的主题,在背景的处理上色彩通常采用大面积颜色的低对比度,因为过于丰富的色彩会影响主体的效果,有喧宾夺主的嫌疑。

(5) 字幕包装设计 字幕即是根据节目内容的需要,在后期制作中通过技术手段加在节目画面上的文字,作为独立表意功能的视觉要素,字幕包装设计是节目中必不可少的一部分。字幕在节目中的作用是弥补声音和图像的不足,直观地传达信息,丰富视觉感观,好的字幕包装及与综艺节目和谐的互动是节目更加成功的一个重要推手。综艺节目的字幕包装主要有两个方面,即"横竖标"和"包装字"。横竖标在综艺节目中的使用比较广泛,其主要作用是突出主题、诠释要点、活跃画面;包装字在综艺节目中的作用是加强提示、表露人物潜台词以及凸显笑点等,包装字通常较为粗大,颜色也比较丰富。颜色模板有"单色"和"渐变色"两种。"单色"比较适合户外竞技类综艺节目,例如福建电视台的《勇闯巨龙岛》采用的就是单色包装字,单色字与清新的户外景色相适宜;"渐变色"通常用于棚内的综艺节目,因为棚内的布景通常比较花哨,色彩丰富,选择用渐变色字可以达到互相融合的效果。包装字的大小、位置、显示时间等要根据节目中所修饰的人或物来进行对应,以赋予画面更强烈的视觉冲击力。

(6) 图形、标志设计 电视综艺节目的标志符号设计是视觉设计的重要组成部分。节目的场景风格设计、服装道具设计和平面包装设计等都是围绕着节目的标志设计来展开的。它既有标志设计的一般属性又有电视综艺节目这一范畴内的特殊属性,我们了解一个综艺节目往往是从它醒目的标志开始的。

2. 听觉设计的基本要求

在电视综艺节目中,由于节目的多样性和流程的复杂性,声音的调整和控制显得尤其重要。

(1) 从制作工艺方面看 根据节目规模和技术的不同需要,综艺节目中声音的录制有三种形式:现场声、现场声+现场录音、现场声+现场录音+现场返送。每种制作形式中,主持人、选手、嘉宾、乐队和声、乐器、音效、现场效果声等各类声源都会对录音、扩声以及返送提出不同的需求,所以现场音频制作是一个满足多类人群、多种需求的多系统定制平台,它需要精心的准备和充分的计划才能做好,对制作工艺和录音方案的探讨,显得非常重要。

(2) 从设备使用方面看 综艺节目中包含了大量不同类型的节目,如歌唱、小品、武术、舞蹈演出等等,需要的传声器数量和种类较多。对现场直播而言,为了保证现场扩声和电视播出声音的效果、提高安全播出级别,常采用现场扩声+现场录音的双系统结构,至少需要投入两套音频系统进行节目录制。

(3) 从对从业人员的要求来看 综艺节目的排演时间长、有一定艺术要求,它对录音人员综合素质的要求较高,需其具备技术、艺术、心理、沟通等多重技能。当舞台安装完毕,扩声系统就要全程投入节目的排练、练歌、走台之中,进入制作的时间较早;当录音系统投入工作时,几套系统将分别承担不同的制作任务,同步运行。扩声员需要为现场提供全面、清晰、足够响度的声学覆盖;返送员需要确保舞台声压级适度、语言清晰、伴奏音乐适中,为选手的艺术发挥提供理想的声音舞台;而录音员则全程、全身心地为电视播出服务,为电视观众提供清晰度理想、平衡度最佳、动态范围适中、符合画面要求的声音空间。

第二节 电视综艺节目创作

20世纪90年代以来,电视综艺节目从单一的晚会走向多元并存的格局。电视综艺节目从理念到实践都处于不断的翻新更迭之中,老栏目撤出,新栏目涌现,栏目改版更是呈现常态化,这种翻新更迭与国际电视综艺节目的新潮流紧密联系在一起,是国际化程度较高的一种节目类型。

一、电视综艺节目的策划

电视综艺节目策划既要有宽广的国际化视野,同时又要有切实可行的本土化视角,把国外电视娱乐理念与国内观众可以接受的节目样式进行本土化的"嫁接",打造出既引领潮流,又受观众喜爱的新栏目,或者用新理念、新模式改造原有栏目,在改版中实现栏目品质的提升。

1. 电视综艺栏目设计

从无到有地设计一个电视综艺栏目,至少需要考虑以下三个方面的内容:

(1) 模式(版式) 一个成功的电视综艺节目必有一个成熟的节目模式,而一个节目类型最终走向失败往往也是因为模式。所以一个成功的节目模式,既遵循着既定模式的内在规定性,又随时调整模式的内在因素,以适应外在的新变化。中国电视综艺节目目前几乎没有原创型的节目模式,凡在屏幕上有影响的节目几乎都能在欧美和日韩的屏幕上找到其影子。因此在策划创办一个全新的电视综艺娱乐栏目时,海外模式是值得参考与借鉴的。海外模式主要有:

① 欧美模式。欧美比较有名的真人秀节目,如《老大哥》《生存者》《学徒》《阁楼故事》等,早期的真人秀节目卖点多是残酷的人际关系,如今陆续出现了工作真人秀、生活服务真人秀等诸多种类,中国电视借鉴欧美模式主要是"真人秀"类。如《幸运52》来源于英国的知名节目《GobringGo》,《开心辞典》来源于英国的《谁想成为百万富翁》,《走进香格里拉》《重走长征路》来源于美国的《生存者》,《超级女声》的创意与规则与《美国偶像》的模式相差无几,《城市之间》是法国《城市之间》的中国版。

② 日本模式。日本很多综艺节目成为我国香港、台湾地区模仿的对象,如《超级变变变》《幸福家庭计划》《快乐动物园》等节目或者由内地电视台直接引进播出,或者通过凤凰卫视、星空卫视、华娱卫视进入内地观众视野,北京电视台的《梦想成真》是《幸福家庭计划》的中国版本。

学习外来"模式"应注意的问题:在"创造性模仿"的基础上完善原有节目模式,使之更符合中国本土国情与观众的需要,同时要重视电视节目模式引进中的知识产权保护等问题。

(2) 单元　一个由理念主导的节目模式,在具体操作上由多个单元组成,根据节目结构的不同可以称之为板块或环节。除了娱乐资讯类节目外,一般的大型综艺娱乐节目的时长都在1~2个小时左右。在一两个小时的时间里,节目必须要设置足够的板块与环节,才能吸引观众观看。根据板块构成及板块之间的关系,栏目的整体结构也基本上可以分为三种:

① 拼盘型。在拼盘型结构的节目中,每个单元称之为板块,每个板块之间少有关联,彼此独立,其优点是方便观众收看,观众既可全看,也可选择其中的一个板块观看,即使前一板块落下没看,也不耽误后一板块的收视,同时也有利于栏目打造经典板块。一个栏目可能包括多个板块,每期节目可选择三到五个板块自由组合为一期节目,而且对于观众反映好的板块可以下大力气将其打造为经典板块,适当时候也可以将经典板块升格为一个栏目。

② 递进型。在递进型结构的节目中,将每个单元称为环节,环节与环节之间前后承接,关系紧密,前一个环节是为后一个环节做铺垫,其优点是整个节目前后连贯紧凑,一气呵成,自成一体,可以吸引观众从头到尾整体观看,此结构成功与否关键在于"悬念"的设计,如《星光大道》,在第一个环节中让所有五名选手都上台表演,每一轮表演都淘汰一位选手,谁最后胜出,要等到最后的第四轮才能得出答案,悬念到最后才揭晓。

③ 混合型。这种结构一般在大型节目、大型活动中使用,板块中有小环节,

小环节之后还有大板块，这种结构要注意单元内部设计要有独特性，独特性即意味着不可替代性，包括不能为自己栏目内部的其他单元替代也不能为其他综艺娱乐栏目的类似单元替代，独特性是否到位，是该单元能否成功的一个因素，如《幸运52》《开心辞典》等。

（3）元素　在一个栏目中一般都会选择一个主导元素，但近年来综艺节目竞争越来越激烈，不同的娱乐元素共同出现在同一档节目中，而纯粹依靠一种娱乐元素的节目越来越少见。电视综艺节目的娱乐元素主要包括：

① 表演元素。指专业演员的职业表演，明星、演员在"真人秀"节目兴起之前是综艺节目的绝对中心，现在纯粹的表演也是综艺节目不可或缺的，明星效应仍然可以帮助节目吸引不少观众。

② 游戏元素。电视综艺节目的游戏元素仅指通过才艺表演、杂耍、滑稽表演（包括戏拟模仿）等表现手段。

③ 益智元素。益智节目的主题是"知识问答式"，因此"出什么知识""这些知识如何来问""选手如何回答"成为其中的关键，一般来讲知识大多为"常识"，由主持人提供两到四种答案供选手选择，选手可以是一对一问答，也可以是抢答，也可以与其他选手搭档共同完成这个环节。

④ 博彩元素。选手参加益智类节目更多是冲着节目所设置的丰厚奖品或奖励来的，所以益智节目具有很强的博彩性，通常节目都会给选手以擂主、周冠军、月冠军、季冠军、年冠军等称号并给予相应的奖励。

⑤ 竞技元素。凡是一期节目出现多个选手或嘉宾，要尽可能使他们进入一个竞技闯关的状态，在分出高低上下的过程中，就会出现节目的悬念与看点，户外"真人秀"多数要经过多轮的竞技比拼，淘汰掉其他选手之后，最终决出优胜者。

⑥ 速配元素。这种元素主要存在于婚恋类节目以及室内真人秀节目中，婚恋类节目的关键在于提供一个男女平等的公共交流平台，循序渐进，层层向前，给参与者一种宽松而又和谐的言论空间。

⑦ 纪实元素。晚会中使用新闻片段作为煽情点，发展到户外真人秀，以偷拍、跟拍为主要手段的纪实更是成为节目的主题。

⑧ 脱口秀。这是一种比较常用的娱乐元素，脱口秀不在于"秀什么"，关键在于"谁来秀""怎样秀"，如对于同一个明星，朱军可以"秀"出催人泪下的《艺术人生》。

⑨ 真人秀。这种时间最短但来势很猛的娱乐元素，已经渗透到了各种各样

的节目之中了,普通的"真人秀"指普通人而非职业演员参加的节目,但多年来在媒体的培养熏陶下,现如今普通人越来越像"演员",如《星光大道》中的某些选手的演出就很专业。

栏目设计策划的一个关键是要把以上这些娱乐元素恰如其分地组合在一起,并通过不同的板块、环节来承载和表现这些娱乐元素,最终形成一个浑然一体的节目模式。

2. 电视综艺晚会的策划

电视综艺晚会是在舞台空间演出并由电视传播的、为取得某种社会影响而举办的综合性文艺节目。电视综艺晚会的特点有:一是观演空间较大,可容纳较多的演员与观众,现场效果追求观众和演员互动;二是艺术门类众多,以歌曲、舞蹈、相声、小品等文艺表演为主,同时包括魔术、杂技等其他形式的表演,综合多种艺术门类于一体。

(1) 电视综艺晚会的类型 按照不同的标准,电视综艺晚会有不同的分类:
① 按播出形态,可划分为直播型晚会与录播型晚会。
② 按是否为一个明确的"主题"服务,可划分为主题晚会与娱乐晚会。
③ 按播出时间安排是否服务于特定的节日,可划分为节庆晚会与常规晚会。
④ 按是否为一定的行业服务,可划分为行业晚会和非行业晚会。
⑤ 按播出形式,可划分为栏目型晚会和节目型晚会。

(2) 电视综艺晚会的创意策划 电视综艺晚会的突出特点是"唯一性",即电视晚会一次性投入、一次性播出,成功或失败只有一次机会,不会从头再来,所以电视晚会的前期策划显得非常重要,电视晚会前期策划的核心内容是创意策划。创意策划是晚会的核心,晚会的成功多取决于一个好的创意,但失败往往是对创意的执行不力。晚会创意策划包括:

① 主题策划。主题策划是一台晚会的灵魂,是晚会所要表达的主观意愿和主题思想。著名电视文艺导演邓在军认为:"一台晚会的主题,直接关系着节目创作、演员选择、风格色彩各个方面。"一台大型综合性文艺晚会,如果没有明确的主题,并贯穿于晚会的始终,就会显得东拼西凑、杂乱无章,即使有好节目也给糟蹋了,或者只有个别节目给人留下印象,而整台晚会人们也会很快忘记。因此,在设计晚会的开始,必须把确定晚会主题作为首要课程,进行精心的考虑研究。主题提炼与归纳的基本要求:一是要鲜明。一个鲜明的主题是一台晚会的方向,只有鲜明的主题才会对晚会起到统摄作用,"鲜明"不仅指主题的内在意义指向鲜明、明确,不含糊,而且在形式上也要求主题凝练而且响亮,甚至能达到

让观众过目不忘的效果。二是有内涵。只有拥有丰富内涵的主题才拥有潜在的无限张力,如春节联欢晚会每年的主题内涵都有所不同。

② 定位策划。定位策划是根据晚会的主题对晚会的节目内容、呈现形式、现场气氛、格调风格的总体要求。归纳起来,晚会的定位策划应有内容定位和形式定位两个方面。

内容定位 包括:第一,树立精品意识、打造精品节目,是内容定位策划的核心内容,一位导演曾提出春晚"五个一工程",即"一首好歌、一个好相声、一个好小品、一个新人、一个好形式";第二,处理好雅与俗的关系,纯粹的高雅往往是曲高和寡,得不到观众的认可,但又不能走全盘通俗化乃至娱乐化的路子;第三,处理好经典与流行的关系,晚会要兼顾经典与流行的内容比例,用经典提升晚会的审美品格与文化品格,用流行拓展晚会的受众群体和创作空间,但目前晚会在经典与流行之间关系的处理上,存在流行的成分有所加重的趋势;第四,处理好艺术与时代的关系,晚会从主题到内容既不能无视这个时代社会所能提供的背景与事件,也不能简单地充当这个时代社会的"传声筒",而是要对时代社会中具体的人和事进行艺术的改造和提升,使其成为晚会有机的组成部分。

形式定位 包括:第一,运用高科技带动形式创新,在成功的晚会中,技术肯定是有内容的技术,与艺术表现相得益彰的技术,是节目内容表现所需要的技术,而不是喧宾夺主的技术;第二,提高现场效果,保证屏幕效果,现代晚会一般都会设计多个表演区,场地的转换从演播厅到体育场,再到实景广场等,这为晚会的形式创新提供了可能,这种设计可以满足节目的无缝衔接,保证晚会的流畅。

(3) 电视综艺晚会的策划 分述如下:

① 确立主题、立意和风格。主题是一台晚会的灵魂,立意就是晚会的目的是什么、思想性是什么,比如春节联欢晚会的立意多数是展现中华民族大家庭的凝聚力,元旦晚会的立意多是全球华人喜迎新年。确立了主题、立意后要确定风格,比如春节晚会的风格是大气的、民族的、祥和的、团圆的;元旦晚会的风格是时尚的、活泼的、国际化的,主题、立意和风格关乎最后呈现出来的节目的艺术效果。

② 确定节目整体基调和风格。当晚会的主题确定之后,必须根据晚会特有的文化属性和观众特定情境的观赏心态来确定基调。

③ 确定结构方式、节目节奏。晚会的结构一般有线性结构、板块结构和散点式、篇章式等结构方式,只有在确定了晚会结构的基础上,才能进一步将节目合理地进行编排,形成起伏跌宕的情绪节奏。

④ 节目挑选的原则。结构方式只是搭建了一个大的骨架，晚会里面的节目是骨架里的肉，选择节目的时候要有一个选择标准，这个标准就是要根据晚会的主题、风格和立意来选择哪些节目。一般来说，晚会的节目来源有两个：一个是在现有节目中挑选节目，比如在当今众多歌星的歌曲中进行选择，或者在全国各地演出团体现有的一些优秀节目中挑选，各地也可以选送节目或推荐节目，晚会的导演也可以去各地挖掘发现质量高的节目；另一个来源就是创作节目，根据创作者最新的构想创作一批，再从好的节目中挑选最适合晚会的节目。

⑤ 舞美设计。对于晚会来说，舞美是一件华丽的外衣，策划的时候，导演本身要有一个明确的主旨，可以把自己想要的情调和舞美设计沟通，到底要反映什么，把意图清楚地表达给专业的设计人员，让他们根据你的意图设计出你所需要的东西，使得舞美设计的风格和导演风格一致。

⑥ 灯光设计。灯光设计是综艺晚会的重要组成部分，随着科技的发展，现在的灯光艺术已不再仅仅满足于把人照亮，还要讲究艺术性。策划时要将灯光设计和舞美设计统筹考虑。尤其是气柱、彩色火、冷烟火、焰火等手段须和舞美设计密切结合，还有雪花机、气泡机、彩虹炮等多种特效手段，可以用于烘托不同的演出气氛。

⑦ 音乐设计。音乐的统一设计主要体现在晚会歌曲的创作上，也就是为一台晚会专门创作歌曲，尤其是晚会的主题歌，当然也包括其他独唱、合唱歌曲等。

⑧ 舞群设计。舞群就是平常所说的伴舞。所谓舞群，一般由四人以上来完成的舞蹈表现，多数是作为核心节目的一种陪衬，或以某种群体形象的塑造来概括一种特定的主题意境，为演出创造出某种特定的诗意氛围。由于参加舞群的演员多数为非专业演员，尤其是由成百上千人参加的大型舞群演出，只能从学校、部队或工厂去抽调人员来演出。演出的成功与否，靠的是编导通过舞蹈的动作设计和画面的更迭、变化，不同速度、不同力度、不同幅度的舞蹈动作、姿态、造型的交替变化，来创造出特定晚会的主题意境。伴舞是舞台上流动的舞美符号，根据不同的节目需要，伴舞可以生活化，也可以情节化，参与到演出当中，独立地深化节目意境，传达主题内容。

⑨ 大屏幕、造型、服装、道具等细节设计。大屏幕、服装、道具等在电视综艺晚会中已经成为充当舞台背景、展示作品意境、烘托节目气氛、创造多元化时空等电视语汇的载体，也是晚会风格的直接体现。大屏幕播放的内容，可以成为实现主题的一个很有利的手段。要根据晚会的风格，结合演员、主持人的特点和所参与的节目，对大屏幕、服装、道具等进行整体设计。

二、电视综艺节目的摄像技巧

1. 考察拍摄现场

电视综艺节目往往会被安排在剧场、体育场、露天景地或者场景条件非常特殊的环境，各工种人员必须亲临现场，充分考查拍摄现场，考虑机位架设与转播传送的可能性，并参与节目的彩排。

2. 制订工作台本

在综艺晚会当中，往往会出现"戏剧类""歌舞类""曲艺类"等不同的节目内容，要实现多机位高效运作，就要求每个摄像师都要详细地了解每个节目的开场、结尾、高潮、重要场面与细节画面。

3. 各机位分工

在拍摄之前，导播要明确地告诉摄像师，哪个机位拍摄特写、哪个机位拍摄中景、哪个机位拍摄全景、哪个机位拍摄观众、哪个机位拍摄主持人等，否则可能会出现同一时间抢拍同一个画面，或者都用同一景别等。在镜头切换时导播也要告诉摄像师目前所切换的机位。分工明确后，要无条件听从现场导播的调度，及时稳定、清晰、均匀、准确地拍摄好画面，供导播切换。

现场直播节目的多机位拍摄，要求参与直播的摄像师都要具备必要的编导意识，确保各自所值的机位拍摄出的画面都是成品，可以直接播出。就摄像而言，除了掌握过硬的摄像技能和听从导演、导播的调度外，还要善于捕捉有价值的镜头，准确区分主次镜头。多机位现场直播的各机位虽然分工明确，但也不是完全被动地机械执行，而要在自己所值机位范围内发挥联机作用，及时补位，优势互补，还有在联机时，可以通过每个摄像机上的返送，关注现场导播正在切入哪个机位、景别是什么、内容是什么等，做到心中有数，这样就不会出现多机位同时拍一个内容的现象。多机位现场直播环节众多，是一个系统复杂的工程，只有指令清晰、各机位分工明确、协同配合、环环相扣，才能保证播出安全和直播顺畅进行。多机位现场直播摄像除了要有整体意识、大局意识、听从调度外，还应该同现场导演、现场导播、记者、录音、灯光等各工种密切配合，摆正自己的位置，突出自己的优势。

4. 调试摄像机参数

在大型综艺节目活动现场，由于场面大，往往需要多达十几个摄像机，不同的机位有不同的角度和不同的距离，舞台灯光的不均、色温的不同，会直接影响拍摄后图像的底色，如何保持摄像机拍摄图像画面颜色的一致性，对节目质量至关重要。分工完成后，集中所有参与拍摄的摄像机统一调整日期、时间，尽量保持时间同步,并设置视频为统一的标清或高清模式,宽高比为 4∶3 或 16∶9,在现场光线条件下,用 18% 灰卡调整摄像机白平衡,使整场活动画面色彩保持一致。

5. 摄像师的工作意识

综艺节目开始以后,由于各种因素会影响导播与摄像师之间的通话,现场的突发情况有时会超出工作台本所预测的范围,这就需要摄像师具备一定的应变能力,也要有丰富的实践经验。当摄像师在进行"捕捉"之前就可以凭借经验判断出接下来所要应对和处理的情况,提前做好充足的准备,更好地把握最佳拍摄时机。摄像师除了利用信号灯和机位分工思想来操作机子以外,更多的还是要注重摄像操作的基本要领,即"稳""平""准""匀"。

三、电视综艺节目的后期剪辑技巧

1. 图像剪辑技巧

进行图像剪辑时要把握以下几个方面:

① 要保持整台节目图像的完整性和连贯性。在通看几遍素材的基础上,首先要确定删除哪些内容,保留哪些内容;其次对主持人的串联词如何剪辑、图像如何处理、话语如何连接等要做好详细的场记,对整台节目进行粗剪,理顺节目的初步框架;再次对主持人、节目内容和观众反应等镜头进行连接,在此基础上进行精细剪辑和合成。

② 删节主持人串联词时一定要注意男女主持人对话的连贯性,对话内容的完整性。串联词是承上启下连接上下节目内容的纽带,因此在删节时既要删除不应有的讲话内容,又要保持节目本来应有的内容和话语,使男女主持人之间对话衔接自然而又无痕迹。剪辑不好会出现男女主持人讲话内容不衔接,主持人一人话语过多,一人无话可说的尴尬场面。串联词和图像不衔接,会造成观众视觉不舒服的感觉。

③ 删节节目内容时要注意主持人串联词也应相应地跟着内容变化。否则主持人的串联词会和实际演出节目不符,造成不应有的笑话。在剪辑主持人和节目内容连接部分时,一定要注意留有过渡的画面时间,不能主持人话语一结束就突然出现音乐等节目内容,这样给观众一个突跳的感觉,影响视觉效果。

④ 在粗剪图像的基础上进行精剪。这时需要增加标题唱词、提花等多方面的包装。

⑤ 在合成时应注意:一是提花、标题、字幕尽量避免使用黄色,以免造成幅度超标;二是剪辑时尤其是镶嵌的镜头或过渡画面一定要注意色彩、亮度的衔接一致,防止图像彩色出现跳跃;三是精剪时在接点上要注意漏帧或夹帧现象;四

是注意不要随意提高和压缩图像幅度,造成图像亮度过高或图像灰暗。

2. 声音剪辑技巧

综艺节目的声音和图像质量的重要性是一致的,仅有优质的图像没有优质的声音就不能给观众一个赏心悦目的视听感觉。综艺节目十分注重音频的制作质量,主要应把握以下几点:

① 整体剪辑要求视音频应融为一体。音频的剪辑与视频是一致的、连贯的,确定图像删除或保留的同时,音频信号也要随之改变,确保整体框架与视频一致。

② 主持人串联词的连贯。主持人串联词是上下节目内容连接的纽带,是整台节目内容串联的主线,对掌控节目节奏气氛起着至关重要的作用。删节主持人串联词时要注意主持人之间话语的连续性和完整性,并且要与图像内容的口型严格一致,不能影响到整台节目的节奏和气氛。删节时要注意保持两位主持人话语的平衡,注意两人之间话语的间隔和声音点评的轻响,防止讲话出现突跳。

③ 某段节目内容删节后,整台节目串联词的连接内容不能脱节。当其中一段内容被删除时,主持人和节目内容之间的衔接一定要平滑、自然,不能主持人话语一结束就突然接节目音乐声,中间没有过渡时间和转变过程,使观众在听觉上十分不舒服。

④ 节目中间和节目结束时的观众反应镜头或有些镜头需要其他镜头代替时,一定要注意音乐节奏变化和效果声的剪辑。

⑤ 整体的节目声音应连贯一致,音质动听悦耳。整体图像声音精剪完后,确保声音质量必须符合相关技术指标,保证整台节目的声音电平一致,不要出现声音的忽高忽低、忽轻忽响的听觉不畅效果,以及声音衔接不准出现突变跳跃的感觉。

总之,电视综艺节目的剪辑要遵循影视剪辑的创作规律,不能只为吸引眼球而背离剪辑规律。开拓创新固然好,但是,那些哗众取宠的雕虫小技切不可取代艺术本体的编辑思想。剪辑没有固定的方法,也没有绝对的正确,只能说某种手法更适合表达某种意境,使画面语言更加丰富。综艺节目的剪辑技巧有很多,只要认真学习,不断实践,勇于创新,就一定能把综艺节目剪辑得更加真实、更具艺术性。

复习思考题

1. 简述电视综艺节目的主要类型。
2. 简述电视综艺节目设计的基本要求。

3. 简述电视综艺栏目策划的重点。
4. 如何策划电视综艺晚会？
5. 电视综艺节目后期剪辑的技巧有哪些？

参考文献

[1] 张思瑶. 论中国电视综艺节目的发展现状[J]. 才智,2012(17).
[2] 胡智锋. 电视节目策划学[M]. 上海:复旦大学出版社,2006.
[3] 王伟. 国内电视综艺节目的种类与现状[J]. 广播电视,2012(9).
[4] 周生军,富饶. 电视综艺节目该何去何从[J]. 新闻传播,2010(7).
[5] 段海龙,郭娟. 综艺类电视节目设计[J]. 艺术教育,2013(4).
[6] 王金宝,王文彬. "金帆奖"综艺节目制作技巧[J]. 现代电视技术,2010(2).
[7] 朱育宝. 综艺类节目四机位电视摄像技术[J]. 科技创新与应用,2013(24).
[8] 郭娟. 电视综艺节目的视觉设计研究[D]. 齐齐哈尔大学硕士论文,2013(6).
[9] 葛晋军. 多机位现场直播拍摄的几点体会[J]. 声屏世界,2012(8).
[10] 董静海. 策划在主题晚会中的运用. http://media.people.com.cn/GB/22114/52789/130740/7607473.html.
[11] http://3y.uu456.com/bp-cd600559312b3169a451a4b9-1.html.
[12] http://www.zzqklm.com/w/yl/7172.html.

第十一章
电视广告类节目制作

【学习目标】
　　学习完本章,应该能做到:
- 掌握电视广告节目的类型。
- 了解电视广告节目的特性。
- 掌握电视广告节目的结构形式。
- 知道电视广告节目的发布形式。
- 掌握电视广告节目的要素。
- 掌握电视广告节目的策划技巧。
- 掌握电视广告节目的制作流程和技巧。

　　电视广告节目是市场信息最快速、最准确、最形象、最广泛、最有效的传播方式,是社会经济活动的重要组成部分。电视广告还是电视台最主要的经济来源,是制作电视节目最重要的经费渠道,已成为发展电视事业不可缺少的支撑力量。广告从媒介构成上可分为两大类。一类是以静止的图像、文字为存在形式的平面印刷广告;另一类是以声音为存在形式的广播广告和以连续动态的图像和声音为存在形式的电视广告。作为融视听觉于一体、融技术艺术于一炉的电视广告,以精彩纷呈的声画组合和超乎想象的独特构思向大众传达着各种各样的信息。

第一节　电视广告节目概述

　　电视广告是一种由电视传播的广告,它兼有视、听效果,是运用了语言、声音、文字、形象、动作、表演等综合手段向目标受众传递广告信息的一种电子广告形式。通常用来宣传商品、服务、组织、概念等,是一种非常快捷有效而且传播面积很广的广告传播方式。电视广告艺术从本质上讲属于造型艺术,是相对于设计艺术、视觉传达、环境艺术等而言的专业化名称,是为电视广告提供设计思路、创意以及后期制作服务的艺术门类。

一、电视广告的分类

电视广告是以电视媒介为载体的广告节目形态,因此电视广告传播与电视传播的技术、观念和特点是分不开的。要想有效顺利地完成电视广告节目的制作,首先要知道电视广告是如何分类的。

1. 按制作类型分

(1) 现场直播广告 在演播室现场直接拍摄、制作、转播的广告。一般是在节目播出过程中插播电视广告片,或者由演员、主持人现场做广告,也可以由广告主直接介绍广告内容,具有真实感和现场感。这种广告插播在电视节目中,随着节目进行广告,传播效果好。

(2) 电影胶片广告 是用电影摄影机将广告内容拍摄在 35mm 或 16mm 的电影胶片上,然后再转录到电视存储媒介上播放的广告。这种广告利用电影的拍摄技术和各种表现手法,具有理想的视觉效果,颇具魅力和美感,感染力强。但电影胶片广告制作费用比较昂贵。

(3) 录像磁带广告 用专业摄像机拍摄的电视广告,在电视台直接播出。这种广告与胶片广告相比,它的前期摄制稍微简单些,也免去了胶片的冲印时间,后期处理比较方便,成本也比较低,但画面播出效果比胶片广告差,随着电视摄录技术的进步,电视摄录广告的拍摄质量也在不断提高,因此录像磁带广告被电视台广泛使用。

(4) 幻灯片广告 用专业照相机拍摄广告内容,制成幻灯片,在电视台播出。其画面是静止的,叠加字幕,或配音乐,有画外音解说,也可以利用电脑和电视编辑机的色键处理制作幻灯片广告。这类广告简便灵活,投资少,播放及时。

(5) 字幕广告 用简洁的字幕打出广告的内容,伴随节目的进程在电视屏幕不显眼的地方随时播映。因为没有声音,不影响观众收看电视节目,观众在观赏节目的同时能了解广告信息,广告的效果较好。字幕广告一般可以播出时效性比较强的信息,字幕也可以以游动的方式出现,也可以是赞助商的品牌字幕静止叠加在屏幕的一个角落。

(6) 电脑合成广告 采用电脑制作技术制成单纯的二维或三维动画广告转录到电视存储介质上进行播出;或把电脑制作的动画与电视摄录画面合成到一起制作合成电视广告。电脑动画的神奇与电视画面的真实性相结合,使电脑合成广告具有极大的魅力。

2. 按播出类型分

（1）**节目广告** 广告主（企业）向电视台购买或赞助一个电视专栏节目，提供节目的制作经费。然后，在节目播映期间，穿插播映自己企业的广告。广告播映时间和期限的长短，依据赞助费用的多少和节目的长短及播放期限而定。节目停止播放，广告也随之停止。这类广告的优点有：一是可作暗含广告或明星广告；二是广告时间长度灵活；三是广告播放时间也比较灵活，可以在节目前、节目后播映，也可以插在节目中间。

（2）**插播广告** 穿插于电视台编排的节目与节目之间，或某个节目中间播出的广告，是目前电视广告的一种常规形式。插播广告的多少和时间长短没有统一的规定，一般根据电视观众的欣赏习惯和对电视广告的收视承受能力，按照节目与广告的一定比例自行安排。广告主可以自由地选择不同广告时段插播自己的广告。插播广告播出费要比专栏节目广告费用少得多，因此为了加大广告播出效果，广告主的同一个广告可以选择在不同时段或不同频道播出。

（3）**冠名广告** 由于广告主付费，有的电视节目出卖节目的名称给广告主，把电视节目的名称冠以广告主的名称或广告商品的名称；也有的在节目片尾冠以广告主的名称或商品名称，以"独家赞助""特约播映""协助播出"或者与广告主品牌标志结合等方式出现。

3. 按功能类型分

（1）**电视商品广告** 是通过电视媒体传播的、用音画结合的表达方式向观众传播商品（服务）信息的广告形式。这类广告承载着广告主所期望的市场营销作用，广告主想通过电视商品广告的投放，提高商品的知名度、美誉度，并影响消费者的心理产生购物行为，在电视广告中处于主体的地位。

（2）**电视节目广告** 传播电视机构自身某些具体栏目或电视机构某些具体服务的一种电视广告，如节目预告、栏目宣传、频道宣传等。

（3）**电视公益广告** 不以营利为目的的公共服务性广告。如运用电视广告形式宣传计划生育、植树造林、安全用电、交通安全、爱国卫生、防火、防盗、节约用水、城市建设、公共道德等。电视公益广告发布的主体或者说电视公益广告的倡导者，一般是政府或政府部门、社会团体、国际组织、特殊行业的厂商和一般厂商。

（4）**电视形象广告** 电视机构向公众播放的形象类广告，有电视机构自身的形象广告和企业形象广告两类。

4. 按发布方式分

（1）**联播电视广告** 是指全国各地电视台同时转播中央电视台招标的广告或几家电视台联合起来共同传播同一广告,这种广告覆盖面宽。

（2）**定点广告** 是指某一电视台向某一地区定时播发广告,这种广告具有区域性,覆盖面窄。

（3）**点播电视广告** 指的是独家广告。即用有线电视向选择的广告对象进行独家宣传,这种广告针对性强,但覆盖面窄,成本高。

以上是几种常见的电视广告分类方式。此外,还可以按照产品类型,分为企业形象类电视广告、电脑与通信产品类电视广告、汽车类电视广告、家用电器类电视广告、医药及保健品类电视广告、家庭用品类电视广告、金融保险房地产类电视广告、酒精饮料类电视广告、食品类电视广告、化妆品及个人装饰用品类电视广告、旅游类电视广告和零售出租类电视广告等。按播出方式,可分为专题电视广告、随片电视广告、插播电视广告和植入电视广告等。按传播范围,可分为全球化电视广告、全国性电视广告、区域性电视广告和地方性电视广告。按照表现方式,可分为播送式电视广告、推荐式电视广告、情境式电视广告、演示式电视广告、歌曲式电视广告、动画式电视广告、幽默式电视广告和虚幻式电视广告等。按照画面形式,可分为静态电视广告和动态电视广告。科学地划分电视广告的种类,有利于充分发挥电视媒体的优势,提高电视广告的效果。

二、电视广告的特性

电视广告是采用电视的艺术表现方式向目标受众传递广告信息的一种广告形式。由于电视媒体的独特个性,也赋予了电视广告有别于其他广告形式的独有的特性。

（1）**电视广告传播范围的广泛性** 电视广告可以不受空间的限制,直接进入亿万家庭,覆盖面广泛,传播迅速,并且电视广告带有一定的"强制性",因而穿透力强,收视率高。电视广告是视听合一的传播,不受年龄、职业、文化程度的限制,只要他们打开电视机,电视广告或迟或早都会在电视屏幕上出现,因此传播范围广泛。

（2）**电视广告有很强的艺术感染力** 电视广告兼有报纸、广播和电影的视听特色,具有声像兼备、视听并举的特点,它以独特的技巧、形象魅力,集语言、文字、人物、动作、画面、音乐声音、产品等艺术于一体,声画俱现、动态形象,在短短几秒或几十秒时间内给人们以全方位、多感官的刺激,使观众获得美的享受,因此有人评价电视广告是一部微缩的小电影。这种信息与艺术的融合,是印刷广告、静态广告等无法比拟的。

（3）电视广告表现形式的多样性　与其他媒介相比,电视广告的表现形式更能使观众亲临其境。目前,电视广告的表现形式有名人式、引证式、音乐舞蹈式、现场表现式、新闻式、故事式等,这些形式的电视广告都是利用音乐、文字、画面、色彩、人物、舞蹈、特技制作而成,通过艺术的表现手法展现在观众眼前,是艺术综合的表现。

（4）电视广告受时间限制,但有重复性　电视广告长度大多都是以 5 秒、10 秒、15 秒、20 秒、30 秒、45 秒、60 秒、90 秒、120 秒为基本单位,超过 3~4 分钟的比较少,而最常见的电视广告则是 15 秒和 30 秒。电视广告的内容永远是言简意赅、回味无穷的,否则就会失去广告效果。广告主从经济效益角度考虑都要求在 30 秒内制作完成一条广告片。由于电视广告的长度有限,只有播出次数多,才能给观众留下深刻的印象,所以具有重复性,重复性可弥补时间短的弊端。

（5）电视广告具有促进产销和传播知识的特点　电视广告通过宣传产品信息给消费者,使消费者了解商品的质量、规格、价格,帮助消费者选择购买适合自己需要的商品,起到了促进产销、繁荣市场的作用。广告主通过电视广告把产品的商标、名称和信息传递给消费者,既传授了商品知识,又指导消费者正确使用商品,其影响是深远的。另外一些公益广告,如交通安全、社会道德、法律法规、公共卫生、环境保护等方面的宣传,既提高了人们的社会公德水平,又获得了一定的知识,对精神文明建设也起到了积极的作用。

（6）电视广告传播符号的综合性　电视是视听合一的传播,人们能够亲眼见到并亲耳听到如同在自己身边一样的各种活生生的事物,这就是电视视听合一传播的结果。单凭视觉或单靠听觉,或视觉与听觉简单地相加而不是有机地合一,都不会使受众产生如此真实、信服的感受。电视广告的这一种特性,仍是其他任何媒介所不能比拟的。它超越了读写障碍,成为一种最大众化的宣传媒介,它无须对观众的文化知识水准有严格的要求,即便不识字,不懂语言,也基本上可以看懂或理解广告中所传达的内容。

（7）电视广告传播费用昂贵　费用昂贵:一是指电视广告片本身的制作周期长,成本高;二是指播放费用高。就制作费而言,电影、电视片这种艺术形式本身就以制作周期长、工艺过程复杂、不可控制因素多（如地域、季节天气、演员等）而著称,而电视广告片又比一般的电影、电视节目要求高得多。广告片拍片的片比通常是 100∶1,可见仅是胶片一项,电视广告片就要比普通电影、电视剧节目超出多少倍了,而且为广告片专门作曲、演奏、配音、剪辑、合成,都需要花大量的金钱。就广告播出费而言,电视台的收费标准也很高。如在黄金时段,美国的电视广告播出费用每 30 秒要 10~15 万美元,如果在特别节目中插播广告更贵,达几十万美元。

三、电视广告节目的结构形式

电视也是瞬时媒体,观众对电视广告所持的是"爱理不理,可有可无"的态度,要使电视广告成为面对面的销售方式,就要在创意方面加倍努力,以独特的技巧和富有吸引力的手法传达广告信息。

1. 故事式

故事式是指用讲故事的形式来表达商品与受众的关系,使受众产生共鸣。这种形式在电视广告中应用最多,广告中的故事情节设计应注意:作为广告信息载体的剧情要简单明了,故事要真实可信,便于受众理解;情节要有效果,容易激发观众的好奇心和兴趣;要突出广告主信息,在故事中巧妙转接和引导。

2. 解决问题式

解决问题式是指把消费者经常遇到的难题或尴尬用夸张的手法呈现出来,然后将商品介绍出来,提供解决难题的答案,这是广告创意中应用最广泛的表现形式之一,其优点是干净利索,简洁明快,如《步步高无绳电话》。在使用这种结构时要注意商品的特性和急需解决的问题之间关系的揭示过程。其实,问题展示和解决的过程,也就是产品优点展示的过程。因此,既要追求问题的悬念性和需解决的迫切性,同时在夸张而不失真实性的情况下,使问题解决的过程清晰易懂。

3. 名人推荐式

名人推荐式是指用知名人士来介绍推荐商品,利用他们的聚焦力和号召力,来影响目标受众的态度,刺激购买欲。名人推荐式可以采取两种不同的形式:一是实际证实,即广告代言人以个人使用该产品的经验表现产品的性能和主张,建议人们购买;二是名人广告,即将名人自己的形象(个性)借给产品信息,无须提出个人主张。这种结构方式从传播效果看,具有一定权威性的传播者容易赢得受众的信服,因此,广告主常常利用名人的权威和轰动效应来迅速提高商品的知名度,促进销售。

4. 示范式

示范式也称实证式、演示式,用比较或示范的手法,表现出商品过人之处或独特的优点,使消费者对商品的质量和功能等了解并信服的方式。示范式广告的先决条件是要让观众对商品的验证方式产生兴趣,这样才能引起观众对商品验证的关注。同时,示范式广告的关键是向受众展示产品的优点,要注意趣味性,吸引受众的注意力,对示范动作和效果要用特写予以突出展现,并要强调品牌和商标。

5. 时间式

时间式是指用纪录片或叙事手法,向受众交代时代进展与商品的关系。

6. 比喻式

比喻式是指用浅显易懂、人所共知的比喻,引出广告商品的主题。这种类型的广告写意性强,其优点是形象感强,可以借助观众已经熟知的事物的优点来描绘未知事物。在使用中要求能够提炼出产品的特长,并寻找到合适的相似性事物,否则会弄巧成拙。

7. 悬念式

即用悬念手法提高观众的注意力及好奇心,然后带出商品。

8. 幽默式

幽默式指用幽默风趣的语言或手法,含蓄地宣传商品的特征,使观众在轻松愉快的气氛中领会和接受广告信息。

9. 特殊效果式

在音响、画面、镜头等方面加上特殊效果,营造气氛,使观众在视觉方面产生新刺激,留下难忘的印象。

10. 动画式

动画式是指用卡通、木偶和电脑等动画技术来表现较为复杂、夸张的题材的电视广告结构方式。这类广告制作费用高,但对于儿童具有特殊的魅力,运用时要注意创意新颖、情节精炼和富有情趣。

11. 广告歌曲式 也称歌唱式、歌谣式,是通过歌唱或歌舞的方式传达广告信息的结构方式,通常把品牌、商品功能、广告语等编成歌词。电视广告中的广告歌曲很容易获得观众的喜爱而迅速普及。这种类型特别适合于目标消费群相当大的商品或青少年使用的商品。

电视广告的结构方式不仅仅是上述介绍的几种,在实际制作中,这几种形式常常是结合在一起的,有时候以一种形式表现为主,结合其他形式,也可衍生出其他的结构方式。电视广告后期编辑中,要善于发挥各种结构形式的特长,为广告内容服务,促进广告信息的有效传达。

四、电视广告节目的发布形式

发布形式是电视台为客户提供播放广告的一种宣传方式,亦是电视台广告的经营项目和内容。为了使客户更好地选择自己广告播出的时间,达到良好的

广告效果,电视广告发布的主要形式有:

1. 特约播映广告

特约播映广告指电视台为广告客户提供特定的广告播出时间,客户通过订购这类广告时间,把自己的产品广告在指定的电视节目前、后或节目中播出的一种广告宣传方式。

2. 普通广告

普通广告是指电视台在每天的播出时间里划定几个时间段,供客户播放广告的一种广告宣传方式。

3. 经济信息

经济信息是电视广告的一种宣传方式,是电视台专门为工商企业设置的广告时间段,是专门为客户提供产品的推广、产品鉴定、产品质量咨询、产品联展联销活动,以及企业和其他单位的开业等方面的宣传服务的。这种广告片能多方面展示企业及产品优势等,对企业的宣传推广作用很大。

4. 直销广告

直销广告是指电视台为客户专门设置的广告时间段。利用这个时间段专门为某一个厂家或企业,向广大观众介绍自己生产或销售的产品和商品。

5. 文字广告

文字广告只是在电视屏幕上打出文字并配上声音的一种最简单的广告播放方式。

6. 公益广告

公益广告是一种免费广告,主要是由电视台根据各个时期的中心任务,制作播出一些具有宣扬社会公德、树立良好社会风尚的广告片。公益广告利用对公益事业的宣传与推广,反映企业对公益事业的热爱与倡导,有利于提升企业的社会形象和品牌的社会内涵。

五、电视广告的要素

电视广告的要素包括视觉要素、听觉要素和时间要素三大类,三大要素共处于一个系统中,同时它们也以各自的表达方式和表现特点,占据相应的位置,扮演相应的角色。

1. 视觉要素 电视广告的视觉要素包括:

(1) **演员** 很多电视广告中都有演员,他们充当了电视广告的表演者,在信息传达中承担着一定的或隐或显的角色。比如:忙碌的家庭主妇、精神抖擞的职业男士、古灵精怪的儿童、银发飘飘的老者、巧舌如簧的推销员、心有疑惑的咨询者和好管闲事的邻居等等，形形色色，不一而足。当然，演员也可以是广告中出现的一般性人物形象，他们并无特定的角色特征。

（2）道具　道具是电视广告中非常重要的表现工具。在特定的表演场景中，演员表演时实际使用的广告产品和所有其他物品，比如器皿、桌椅、鲜花、灯笼等，都可以归为道具的范畴。道具，特别是产品道具，往往是演员表演要突出的中心对象。比如：为了表现无绳电话的好处，一个正在如厕的男子，手忙脚乱地冲出卫生间，去接听电话，却被电话线绊倒。此外，动物也常常是电视广告使用最多的道具之一。

（3）布景　布景是经过事先精心选择的实景、自然景或由创作人员特别设计、搭置的人工场景，有内景、外景、实景、模型、实物与模型结合等几种，它能交代广告情节发生的地点与情境，并支持广告信息，起着衬托主体信息的作用。电视广告中的布景十分繁杂，几乎无所不有。在实拍型的电视广告中，户内的家庭居室、酒店，户外的街道一隅、青山绿水是最为常见的布景。

（4）字幕　字幕是指在画面上以文字形式出现的信息，如企业名称、地址、商品价格、图表和某些图案化的字样等。它常用来注释、补充或强调台前演员和幕后解说正在表达的中心信息，起到画面构图并美化画面的辅助作用。字幕是电视广告画面构成中一个非常活泼的表现元素，使用时的创造性很强。它讲究字体、字形、间距、字色，以及文字的出现与叠加方式的精心设计，或动或静，变化多端。一般要求文字不宜多，字体不能小，色彩要突出，构图要灵活，停留时间要适当等。

（5）动画　所有的视觉元素都可以通过电脑动画的方式来表现。电脑动画可以创造出现实与非现实的各种人物与场景，并可以与实拍的电视画面相结合使用，它在营造场景、刻画产品和调动气氛方面，都具有丰富的表现力。

（6）图像　图像是电视广告中最重要的因素，图像的造型表现力和视觉冲击力是电视广告获得效果的最强有力的表现手段，是塑造电视广告形象的基本支撑。电视广告的图像就是呈现在电视屏幕上的现实生活中具体的、动态的景物影像，有运动的和静止的两种。电视广告中的图像逼真生动，给观众的感受就像面对客观现实一样。随着数字技术的发展，广告图像更加新颖、生动，更富表现力和吸引力。

2. 听觉要素　电视广告的听觉要素包括广告语、音乐和音响三部分：

（1）广告语　广告语是听觉要素重要的组成部分。电视广告中广告语包括画外音解说、人物独白、人物之间的对话、人物同期声。广告的目的就在于将广告主的产品、服务信息、企业形象传达给目标受众，激发受众对其产品的购买欲、提高企业的知名度及美誉度。广告语的主要作用有：

① 揭示广告主题。电视广告的主题就是电视广告所要传达的基本观念，也即是广告"要说什么"，在电视广告中，广告人声是最直接揭示广告主题的听觉要素，如：汰渍洗衣粉电视广告语：有汰渍，没污渍（人物同期声）；雕牌洗衣粉电视广告语：只买对的，不买贵的（画外音）。这些脍炙人口的电视广告采用不同造型的广告人声，巧妙地揭示了广告主题，使广告中各个要素有机和谐地组合起来，给受众留下深刻的印象。

② 传达商品信息。电视广告通过多种视听语言的表现形式来进行广告叙事，其叙事的目的在于传达商品的信息，广告人声通常会结合广告画面进行广告内容的叙述，准确精练地传达出商品的信息。

③ 配合画面说服受众、促进消费。电视广告常采用广告人声中的画外音解说来结合画面进行叙事，在电视广告中广告人声结合画面能起到说服受众、促进消费的作用。

(2) 音乐 音乐是指乐器演奏的音乐和人声演唱的歌声，它不像语言那样直白地表达具体的讯息，但能影响人的情绪、渲染环境气氛和表达某种意境。电视广告中的音乐以富有时代特征的歌词和曲调，诉诸人的情感世界，它与影像造型的光色效果一样具有烘托主题的象征意味。所以，它的节奏与情感应该与广告画面和主题高度协调一致。有些专门创作的广告音乐，甚至可以完全与广告演员的动作合拍，同时突出语声或画面内容，进而强化广告的表现力。有的电视广告因为有特别精彩、到位的音乐，甚至取代了语声。有的广告歌曲，不但起到协助树立并保持独特的商品个性的作用，而且使人乐于传唱。

(3) 音响 音响是除了人声和音乐以外的环境声音。它包括由人或动物动作发出的声音，自然界的风雨声、雷鸣声等，环境中形成的嘈杂声、机械声和特殊音响等。电视广告配上音响的环境声和背景声，或以夸张主体人物的动作，或以表达事物的象征意味，可以增添广告画面的真实感甚至幽默感。特别是一些强调影像创意的无人声广告片，如果能配上相应的特殊音响对主题加以衬托，有时能达到令人叫绝的传神境界。许多音响，都可以在画面中直接或间接地找出它的音源。比如：运动鞋广告采用比赛现场的喝彩声、润喉糖广告采用树林里的鸟鸣声等。在电视广告中，音响可以用来暗示象征，强化画面，烘托气氛。有时，音响可以用以替代某些以画面表现不便、不雅的内容，塑造画外空间。比如以一声尖锐的刹车声，暗示车祸的惨景。因此，电视广告的音响使用率也很高。

3. 时间要素

时间是电视广告构成的重要因素，离开了时间因素，广告信息就无从传达。

电视广告以时间来结构和传达信息有三层含义：一是广告信息出现的时间顺序不同，其显示出的含义也就不同；二是信息出现的时间长短给人的感受和印象深浅也不相同；三是一则电视广告的时间长度越长，其信息含量往往就越多。时间是决定观众能否认知广告内容的关键所在，精确驾驭画面与声音在广告中出现的时间长短，对于电视广告的传达效果具有至关重要的意义。

第二节　电视广告节目创作

伴随着市场经济的发展和完善，我们迎来了广告无处不在甚至到了狂轰滥炸的时代。当今很多电视台的频道与栏目基本上都是靠各种广告的收入供养着的。电视广告的制作分工很细，一般来说，广告公司只负责策划构思，制作公司负责拍摄，后期制作公司则负责后期剪接、配乐、配音、计算机特技、动画等工作。电视广告的制作流程是怎样的呢？一般来说包括：市场调查、广告定位、广告创意、广告设计、制作经费预算、广告拍摄、后期编辑等几个程序。不过，在实际制作中，流程通常不会那么全面。如电视台或广告公司接受了商家的广告制作任务后首先要进行市场调查，然而大多数情况下，商家自己就已经做了详细认真的调查。

一、电视广告的定位

1. 电视广告定位的内容和步骤

- 沟通客户，明确方向。
- 市场调查，收集信息。
- 受众分析，确定策略。

要为电视广告确定一个恰当的定位，应有一系列的宏观战略思考和微观调研准备，具体的步骤和考察重点为：

① 以超前意识预测市场环境。特别是要准确把握和推测与自己展开竞争的同类商品的市场占有信息。

② 透彻了解消费者队伍的最新情况。判定自己的消费群，认真调查了解消费者对产品的要求，掌握消费者的态度和使用产品的情况。

③ 考察本产品的独特销售重点。主要包括特定的商品效益和独特的、唯一的、其他同类竞争商品从未采用过的诉求点。

④ 树立明确单一的定位思想。首先判定什么是最主要、最有可能成功的目标，对厂家来说似乎产品各方面都重要，总是希望在一条短小的广告中提及产品

的方方面面,其结果,产品的重要之处便被掩盖了。以数字为例,这样一串数字912645837尽管十分精确、翔实,但难以让观众记忆,而"9亿多"这个概念则醒目、突出。

⑤ 表现商品的重要优点,而不是明显优点。电视广告不仅要表现商品一目了然的优美造型,更要强调和揭示商品"不外露"的重要特质。

⑥ 掌握最能促使人们产生购买欲望的承诺和保证。承诺是广告的灵魂,广告必须阐明产品能提供给消费者的实实在在的好处和裨益,例如,一条治疗痔疮的广告说:"把钱送上门来,我们便会治好你的痔疮,或者你留着钱,也留着你的痔疮。"这里毫不含糊地提供了一项承诺。

⑦ 收集人们谈论此项产品的言辞,以期用于电视广告的解说词中,增加亲切感和感召力。

⑧ 参阅同类产品的竞争性广告,避免雷同沿袭,力求胜其一筹。

2. 电视广告定位的策略

(1)市场定位策略 即把产品宣传的对象定位在最有利的目标市场上。通过整合市场,寻找到市场的空隙,找出符合产品特性的基本顾客类型,确定目标受众。可根据消费者的地域特点、文化背景、经济状况、心理等不同特点,进行市场的细致划分,策划和创作相应的广告,才能有效地影响目标公众。

(2)产品定位策略 即最大限度地挖掘产品的自身特点,把最能代表该产品的特性、性格、品质、内涵等个性作为宣传的形象定位。可以从产品的特色定位、文化定位、质量定位、价格定位、服务定位等方面入手,通过突出自身优势,树立品牌独特鲜明的形象,来赢得市场和企业发展。

(3)观念定位策略 指在广告策划过程中,通过分析公众的心理,赋予产品一种全新的观念。这种观念要既符合产品的特性,同时又迎合消费者的心理,只有这样才能突出自身优势,从一种更高层次上打败对手,这里融入更多的是一种思想、道德、情感和观念等。

(4)企业形象定位策略 把定位的重点放在如何凸显企业的形象和树立一个什么样的企业形象上。通过注入某种文化、某种感情、某种内涵于企业形象之中,形成独特的品牌差异。真正成功的企业形象,是恰到好处地把握住时代脉搏,击中人类共同的感动与追求。可以从企业文化的角度、企业情感的角度、企业信誉的角度、企业特色的角度来树立企业的形象。

(5)品牌定位策略 即把定位的着眼点落在扩大和宣传品牌上。目前的市场竞争已进入了同质化时代,很多同类商品使消费者无法从简单的识别中辨别出优劣,正如人们很难说出可口可乐和百事可乐哪个更好喝些。企业之间的竞争就在于品牌的竞争,谁抢先树立了自己的品牌,就抢先赢得了商机。消费者有时购买商品就是选择自己所喜爱的品牌。

成功的电视广告定位策略能帮助企业在激烈的竞争中处于不败之地,赢得特定而且稳定的消费者,树立产品在消费者心目中与众不同的位置。因此,在电视广告策划中,应准确把握广告定位。

3. 电视广告定位的方法

(1) 抢先定位 抢先定位是指企业在进行广告定位时,力争使自己的产品品牌第一个进入消费者的心目中,抢占市场第一的位置。经验证明,最先进入人们心目中的品牌,平均比第二的品牌在长期市场占有率方面要高很多,而且此种关系是不易改变的。一般来说,第一个进入消费者心中的品牌,都是难以被驱逐出去的。如摄影的"柯达"(Kodak)、可乐中的"可口可乐"(Cocacola)、电脑中的IBM、快餐中的"麦当劳"(McDonald's)等。

(2) 强化定位 强化定位是指企业一旦成为市场的领导者后,还应该不断地加强产品在消费者心目中的印象,以确保第一的地位。

(3) 比附定位 比附定位是指企业在广告定位中,不但要明确自己现有的位置,而且还要明确竞争者的位置,竞争者的位置与自己的位置一样重要,甚至更加重要,然后用比较的方法设法建立或找到自己的品牌与竞争者的品牌、自己想要占据的位置与竞争者已占据的位置之间的关系,使自己的品牌进入消费者的心目之中,或用比较的方法在消费者心目中开拓出能容纳自己品牌的位置。

(4) 逆向定位 逆向定位是指企业在进行广告定位时,面对强大的竞争对手,寻求远离竞争者的"非同类"的构想,使自己的品牌以一种独特的形象进入消费者心目之中。

(5) 补隙定位 补隙定位是指企业在进行广告设计时,根据自己产品的特点,寻找消费者心目中的空隙,力求在产品的大小、价位和功能等方面独树一帜。

(6) 重新定位 即判断事物(例如产品)在消费者心目中所保持的原有位置与结构,使事物按照新的观念在消费者心目中重新洗牌,另行排位,以创造一个更有利的新秩序。

4. 电视广告定位的表达

电视广告片的定位表达是不拘一格的。它可以借助于解说词阐述,获得鲜明确切的印象;或以画面表现,形象生动地呈现在观众面前;或用音乐、音响传达,显得含蓄而有韵味;或以字幕表现,一目了然、清晰明确;或以气氛、情调表现,意境悠远、耐人寻味。

二、电视广告创意

电视广告的魅力来自创意,没有创意就没有生命力。创意的关键之一就是要有创新意识。和文学创作一样,电视广告文稿也最忌人云亦云,落入俗套,创作者要有独特的构思,以新鲜取胜。

1. 电视广告创意的思维方法

(1) 头脑风暴法 这种方法是通过集思广益进行创意的方法,是广告创意中最常用的方法之一。该方法是20世纪70年代左右由美国BBDO广告公司副总经理奥斯本提出,后在广告界广为流行,此方法具有五大特征:第一,集体创作;第二,思考的连锁反应;第三,禁止批评;第四,创意量多多益善;第五,不介意创意的质量。

(2) 垂直和水平思考法 这种方法是英国心理学家爱德华·戴勃诺博士所倡导的广告创意思考法,因此,又被称作戴勃诺理论。这种方法把人的思考法分为两种类型,一种是逻辑的思考和分析法,另一种是水平思考法。

① 逻辑的思考和分析法。此法是以逻辑与数学为代表的传统思维模式,这种思维模式最根本的特点是:根据前提一步步地推导,既不能逾越,也不允许出现步骤上的错误,也就是按照一定的思考线路,在一个固定的范围内,自上而下进行垂直思考,故被称为垂直思考法,此方法偏重已有的经验和知识,以对旧的经验和知识的重新组合来产生创意,能够在社会公众既定心理基础上交出广告创意的诉求,但是在广告形式上难以有大的突破,结果比较雷同。

② 水平思考法。此法不是过多地考虑事物的确定性,而是考虑它多种选择的可能性,也就是指在思考问题时摆脱已有知识和旧的经验约束,冲破常规,提出富有创造性的见解、观点和方案。这种方法的运用,一般是基于人的发散性思维,故又把这种方法称为发散式思维法。例如,在人们普遍考虑"人为什么会得天花"这一问题时,琴纳考虑的则是"为什么在奶牛场劳动的女工不得天花",正是采用了这种发散式思维法,使他有了医学上的重大发现。

(3) 跳越联想法 这种思考方法是在进行广告创意时,为了找到令人惊异的构思,而在看似毫无关联的两个问题之间构想出特定关系。这种方法是以跳越而产生联想,而并不把自己思考的基准点加以固定。

(4) 转移经验法 广告创意的转移经验法是指把一种知识或经验转移到其他事物上的思维方法。在进行经验的转移时,既可是同类、同质经验上的转移,也可是异类异质经验上的转移。

(5) 比较法 比较是广告创意中常用的方法,它借助于有关信息的对比分析来突出或陈述产品的特性或优点。比较有两个视角：求同视角和求异视角。首先，任何两事物间或多或少都有相同点，我们如果能抓住这些共同点，把千差万别的事物联系起来思考就能发现新创意。如国外一烟草公司，试制了一种名为"环球牌"的新型号卷烟，正准备大张旗鼓推出时，恰逢全国性的反对吸烟运动。"宣传香烟"和"禁烟运动"是截然相反的两回事，而该公司的公关人员经过一番策划，运用求同视角打出一则广告："禁止吸烟，连环球牌也不例外"一炮打响。

（6）**类比法** 所谓类比法是指根据两类对象在某些属性上相似，推测它们在其他属性上也相似，换句话说，如果一类事物有某种属性，那么推测、联想到另一类事物很可能也有，从而达到解决问题的目的。康德说："每当理智缺乏可靠论证的思路时，类比方法往往能指引我们前进。"类比方法具有触发灵感、顿悟，启发思路、触类旁通的作用。比如，有一条很有名的邦迪创可贴的广告，就是在顿悟中产生的，广告以两个敌对国家的元首相互握手的最新新闻照片为内容，配上广告词："邦迪相信，没有一种伤口是不能愈合的。"结果，这则广告赢得了极大的好评并获得多项广告大奖。

（7）**逆向思维** 逆向思维是与正向思维相对而言的。正向思维是按照逻辑顺序、时间顺序或者事物与认识发展的自然进程进行的常规思维。而逆向思维是从与正向思维对立、相反的方向进行的非常规思维。逆向思维有助于突破思维定式，实现创新。法国大文豪莫泊桑说："应该时时刻刻躲避那走熟了的路，去另寻一条新的。"例如，女性用品一向选择女性模特做广告，这类广告司空见惯，不足为奇。如果用男模特做女性用品广告，则会令人感到新奇刺激。美国的美特牌丝袜电视广告，其画面上是一双穿着丝袜的美腿，镜头上移，却是穿绿灰色短裤、棒球运动衫的大男人——乔·纳斯。乔笑眯眯地对着大吃一惊的观众说："我当然不穿长筒女丝袜子，但如果美特丝袜能使我的腿变得如此美妙，我想它一定也能使你的腿变得更加漂亮。"这则广告用性别的反常和名人的错位，引起人的惊奇刺激，把美特牌丝袜的魅力夸大到无以复加的程度，令人印象深刻。

2. 电视广告创意的过程

电视广告创意的过程可分下列5个阶段：

（1）**准备期** 研究所搜集的资料，根据旧经验，启发新创意，资料分为一般资料和特殊资料，所谓特殊资料，系指专为某一广告活动而搜集的有关资料。

（2）**孵化期** 把所搜集的资料加以咀嚼消化，使意识自由发展，并使其结合。因为一切创意的产生，都是在偶然的机会中突然发现的。

（3）启示期 大多数心理学家认为：印象是产生启示的源泉，所以本阶段是在意识发展与结合中产生各种创意。

（4）验证期 把所产生的创意予以检讨修正，使其更臻完美。

（5）形成期 以文字、图片、视频、动画等形式将创意具体化。

3. 电视广告创意的表现形式

广告创意的表现形式是对抽象创意概念的具体化、形象化的艺术呈现，或者说，是充分运用电视媒介的语言，通过各种艺术表现表达形式，将创意概念"翻译"成视觉、听觉等多种感觉符号。

（1）移花接木的嫁接形态 这是电视广告创意经常运用的策略，它将产品或者服务与人物、事物进行组合、联系、嫁接，以实现广告信息"意义"的借势传播。它可以利用光环人物，实现商品的嫁接传播，提高商品的关注度、知名度、可信度，唤起受众的消费欲望，巩固和增加消费群。如"LUX"香皂常常用国际影星现身说法，诉求美容护肤功效；也可以采用与优美的事物实现嫁接，用潜在话语展现商品的特性，如白沙集团的香烟广告"鹤舞白沙，我心飞翔"，虽然没有出现香烟实物，但通过广袤的芦苇荡、展翅飞翔的白鹤、柔软的手势，表现出香烟让人飘飘欲仙的潜在功能话语。

（2）显性话语的创意形态 这类电视广告创意往往通过示范、证实或者是比较的形态，用显性话语的诉求方式，陈述商品的功能、质地、产地、价格以及合成元素等，以刺激消费者的购买欲。比如药品广告通过画面建构和解说词直接把产品功效传播给受众，"严迪""感康""利君沙"等药品广告可谓是其典范。

（3）性别修辞模式 性别修辞在电视广告中随处可见。电视广告中的女性角色，或选用年轻、貌美、性感的女子来吸引同性的羡慕，招来异性的凝视；或选用朴实勤劳的女性展现妇女的价值意识，引发人们的情感共鸣，如"雕牌"洗衣粉、"LUX"香皂、飘柔洗发水等电视广告；男性则或采用成功人士来表现自豪情感，或采用平民化的生活再现、勾陈生活的回忆，如"Madboor"香烟、"杉杉西服"等。另外，"儿童"广告更是以可爱形象吸引了人们的眼球，在笑声或者童年的回忆中记住商品的品牌。

（4）情感建构模式 "感人心者，莫先乎情。"人们可以拒绝赤裸裸的商品叫卖，却拒绝不了温柔的初恋、无私的母爱、纯洁的友情……因此，电视文化的传播必须在挖掘民族接受心理的基础上，依托影像传递民族传统文化或流行时尚文化，对受众进行感情诱发，增加商品的附加价值。电视广告可以建构亲情、友情、爱情、人情的文化语境，也可以挖掘乡情、怀旧的文化话语，让受众在信息符号的刺激下，产生情感的震动或者感动，进而形成对商品或者服务的偏好。如

"送礼要送脑白金"的礼仪文化;"雕牌"洗衣粉中的母女亲情;"孔府家酒"影像扬起的浓郁乡情;"南方黑芝麻糊"的黑白画面掀起的怀旧之情;"润发百年"的亘古爱情等。

(5) 生活戏剧形态 生活是创意的源泉,但由于人们过多"经验"的介入而易形成思维定式。电视广告如果表现人们思维惯性养成的生活,观众往往会熟视无睹。因此,需要打破常规,采用"陌生化"的戏剧手法,消除受众接受信息的麻木不仁。生活化的戏剧形态可以采用情节的戏剧化、生活的细节化以及幽默诙谐的手法、夸张的形态等进行电视广告的诉求。电视广告"麦当劳(婴儿篇)""ROLO糖(小象篇)"等等都属于此类。

(6) 影视动画形态 时代的飞速发展,传统的影视摄录手段和绘画手段所产生的画面制约着屏幕视听思维的拓展,而电脑技术的日新月异为电视广告的发展拓展了空间。影视动画更容易表现出抽象的概念和复杂的影像变化,其真实的模拟、再现的现实场景、超越现实的画面效果,都提升了广告的趣味性和可视性,提高了电视广告的艺术感染力。如百威啤酒"蚂蚁篇"以超越真实的刺激、夸张的画面吸引了众多观众的注意力,进一步提升了品牌在国内的知名度,促进了商品的销售。

三、电视广告节目制作的流程

电视广告的制作分工很细,一般来说,广告公司只负责构思,制作公司负责拍摄,后期制作公司则负责后期剪接、配乐、配音、计算机特技、动画等工作。电视广告制作的程序也很繁复,大致可以分为以下几个阶段。

(一) 拍摄前期阶段

1. 估价

当影视制作公司收到脚本说明之后,公司将会根据自己对创意的理解设计出合适的制作方案,并预估出相应的价格呈报给广告公司,供广告公司及广告客户确认。一般而言,一份公道的估价应包括广告制作费、制作公司利润、税金等广告影片制作的全部费用,其中广告制作费包含拍摄预备、拍摄器材、拍摄场地、拍摄置景、拍摄道具、拍摄服装、摄制组(导演、制片、摄影师、灯光师、美术、化妆师、服装师、造型师、演员等)、电力、转磁、音乐、剪辑、绝技、二维及三维动画制作、配音及合成等费用,并附制作日程表,甚至可以包含详细的选择方案。

2. 客户确认

由广告公司将影视制作公司的估价呈报给客户,当客户确认后,由客户、广告公司、制作公司签立详细的制作合同。然后,根据合同和最后确认的制作日程表,制作公司将在规定的时间内预备接下来的第一次制作准备会。

3. 拍摄前预备

拍摄一部广告片相当复杂,需要广告创意负责人、广告制片人、影视广告导演、摄影师、灯光师、美工师、作曲、音响编辑、模特、演员、化妆师、配音演员等专业人员的协作才能完成,拍摄前的准备工作尤为重要。在此期间,制作公司将针对制作脚本、导演阐述、灯光影调、音乐样本、勘景、布景方案、演员试镜、演员造型、道具、服装等有关广告片拍摄的所有细节部分进行全面的准备,以寻求将广告创意呈现为广告影片的最佳方式。

4. 第一次制作准备会

在第一次制作准备会上,将由影视制作公司就广告影片拍摄中的各个细节(创意说明、编制方案、参考资料等)向客户及广告公司呈报,并说明理由。通常制作公司会提报不止一套的制作脚本、导演阐述、灯光影调、音乐样本、堪景、布景方案、演员试镜、演员造型、道具、服装等有关广告片拍摄的所有细节部分供客户和广告公司选择,最终逐一确认,作为之后拍片的基础依据。如果某些部分在此次会议上无法确认,则(在时间允许的条件下)安排另一次制作准备会直到最终确认。

5. 第二次制作准备会

第二次制作准备会就第一次制作准备会上未能确认的部分,制作公司将提报新的准备方案,供客户及广告公司确认,假如全部确认,则不再召开最终制作准备会,否则(在时间允许的条件下)再安排另一次制作准备会直到最终确认。

6. 最终制作准备会

这是最后的制作准备会,为了不影响整个拍片计划的进行,就未能确认的所有方面,客户、广告公司和制作公司必须协商出可以执行的方案,待三方确认后,作为之后拍片的基础依据。

7. 拍片前最后检查

在进入正式拍摄之前,制作公司的制片人员将对最终制作准备会上确定的各个细节,进行最后的确认和检视,以杜绝任何可能在拍片现场发生的细节状况,确保广告片的拍摄完全按照计划顺利执行。其中尤其需要留意的是场地、置景、演员、特殊镜头等。另外,在正式拍片之前,制作公司会向包括客户、广告公司、摄制组相关人员在内的各个方面,以书面形式的"拍摄通告"告知拍摄地点、时间、摄制组人员、联络方式等。

(二) 拍摄阶段

按照最终制作准备会的决议,制作公司在安排好的时间、地点由摄制组按照拍摄脚本进行拍摄工作。为了对客户和创意负责，除了摄制组之外，通常制作公司的制片人员会联络客户和广告公司的客户代表、有关创作人员等参加拍摄。根据经验和作业习惯，为了提高工作效率，保证表演质量，镜头的拍摄顺序有时并非按照拍摄脚本镜头的顺序进行，而是会将机位、景深相同相近的镜头一起拍摄。另外，儿童、动物等拍摄难度较高的镜头通常会最先拍摄，而静物、特写及产品镜头通常会安排在最后拍摄。为确保拍摄的镜头足够用于剪辑，每个镜头都会拍摄不止一遍，而导演也可能会多拍一些脚本中没有的镜头。

（三）后期制作阶段

后期制作的程序一般为：冲片、胶转磁、剪辑、数码制作、作曲（或选曲）、配音、合成。当然，如果用录像带便没有胶片冲洗和胶转磁的过程了。

1. 冲片

就像胶卷拍摄照片之后需要洗印一样，拍摄使用的电影胶片需要在专门的冲洗厂里冲洗出来。

2. 转磁

冲洗出来的电影胶片必须经转磁技术处理，将电影胶片上的光信号转换成磁带上的磁信号，然后才能输入电脑进入剪辑程序。转磁过程中一般会对拍摄素材进行色彩和影调的处理。

3. 初剪

现在的剪辑工作一般都是在非线性编辑系统中完成的，因此拍摄的素材在胶转磁以后，先要输入到电脑中，导演和剪辑师才能开始初剪。初剪，也称作粗剪。初剪阶段，导演会将拍摄素材按照脚本的顺序拼接起来，剪辑成一个没有视觉特效、没有旁白和音乐的版本。初剪有时也由剪辑师独立完成，然后给导演审查。

4. 看 A 拷贝

所谓 A 拷贝，就是经由初剪的那个没有视觉特效、没有音乐和旁白的版本。这个版本是将要提供给客户以进行视觉部分的修正的，这也是整个制作流程中客户第一次看到的制作效果。

5. 正式剪辑

在客户认可了 A 拷贝以后，就进入了正式剪辑阶段，这一阶段也被称为精剪。精剪部门，首先是要根据客户看了 A 拷贝以后所提出的意见进行修改，然后将特技部分的工作合成到广告片中去。对一些特殊要求的转场等进行特别处理，同时对画面不理想的部分（如：演员脸上有青春痘等可以在此时消除）和画面色调作进一步调整。广告片画面部分的工作到此完成。

6. 数码制作

一些镜头(如产品机理展示),是无法通过实拍来表达的,必须用动画制作来表达。用工作站制作一些二维、三维特技效果,可达到出神入化的地步,对提高广告片的整体效果有非常关键的作用。

7. 作曲或选曲

广告片的音乐可以作曲或选曲。这两者的区别是:假如作曲,广告片将拥有独一无二的音乐,而且音乐能和画面有完美的结合,但会比较贵;假如选曲,成本会比较低,但别的广告片也可能会用到这个音乐。

8. 配音合成

旁白和对白就是在这时候完成的。在旁白、对白、音乐完成以后,音效剪辑师会为广告片配上各种不同的声音效果,至此,一条广告片声音部分的因素就全部准备完毕了,最后一道工序就是音效剪辑师将配音演员配音及背景音乐的音量调整至适合的位置,与画面合成在一起。

9. 交片

以合同约定的形式按时地交到广告主手中。

广告是艺术,也是科学。广告创意是一项复杂的心智活动,电视广告媒体的特征,为创意表现的丰富性提供了相对宽阔的舞台。但无论采用哪一种类型的表现手法,媒体的特征、产品的个性、目标消费群的心理需求都是必须首先考虑的因素,而对于创意成品的评判,关联性、原创性和震撼力是最好的基准。我们有理由相信随着中国广告业市场环境的不断变化以及行业自身发展的不断规范,经过开放互动式的借鉴、学习和持久的实践积累,必将有更多、更优秀的电视广告精品,丰富着我们的电视荧屏,并印证着我国人民不断提升的生活品质。

复习思考题

1. 简述电视广告的类型。
2. 简述电视广告的特性。
3. 简述电视广告的发布形式。
4. 电视广告包含哪些要素。
5. 如何进行电视广告的定位。
6. 电视广告的创意方法有哪些?
7. 电视广告创意的表现形式有哪些?

8. 简述电视广告的制作流程。

9. 以小组为单位,组织策划一个电视广告节目,写出策划方案,并实施该方案。

参考文献

[1] 张善庆.探究电视广告的创意性[J].怀化学院学报,2013(1).

[2] http://today2100.blogbus.com/logs/10701205.html.

[3] 戴春勤.浅谈广告创意的思维方法[J].中国市场,2010(9).

[4] 胡智锋.电视节目策划学[M].上海:复旦大学出版社,2006.

[5] 张晓锋.电视节目制作原理与节目编辑[M].北京:中国广播电视出版社,2004.

[6] 蔡之国.电视广告创意的具像化呈现[J].南通大学学报·社会科学版,2006(3).

[7] 郭肖华.电视广告创意表现初探[J].鹭江职业大学学报,2000(6).

[8] http://jingyan.baidu.com/article/546ae1857eaef61149f28cde.html.

[9] 浅析电视广告片的五大优势.http://www.rad-film.com/guandian_detail.php?newsid=222.

[10] http://www.doc88.com/p-6601802182699.html.

[11] http://www.docin.com/p-625306066.html.

[12] http://www.docin.com/p-35634379.html.

[13] http://www.docin.com/p-580929692.html.

[14] http://www.docin.com/p-740869925.html.

[15] http://www.docin.com/p-572096773.html.

[16] 电视广告基础知识:http://www.docin.com/p-572096773.html.

第十二章
电视谈话类节目制作

【学习目标】

学习完本章，应该能做到：
- 掌握电视谈话类节目的类型。
- 知道电视谈话类节目的设计要求。
- 掌握电视谈话类节目的策划技巧。
- 掌握电视谈话类节目的摄像技巧。
- 掌握电视谈话类节目的编辑技巧。

中国的电视谈话类节目以1996年中央电视台的《实话实说》节目的创办为标志。此后，各地方电视台纷纷创办了自己的谈话节目，如上海电视台的《有话大家说》、凤凰卫视的《非常男女》、湖南卫视的《玫瑰之约》。电视谈话节目是借助电视媒体而进行的一种以主持人为核心的访谈类节目，它以面对面、零距离和即兴谈话（所谓的脱口秀）为主体，以声画视听的传播形式向观众传递信息，电视谈话类节目的出现反映了人们对电视本体认识的深入，而谈话类节目也印证了电视作为大众传播媒介的主体性功能——传播交流。

第一节 电视谈话类节目概述

电视谈话类节目是一种较为特别的节目类型，起源于西方，在英语中称为"TV Talk Show"，其字面的意思是"电视交谈的展示"。在美国，电视谈话节目的繁荣以及它对大众的影响已经成为学者们强烈关注的一种独特文化现象，成为一把解读西方社会政治、经济、文化的钥匙；我国港台地区的电视从业人员则音义结合地译为"电视脱口秀"。在中国，电视谈话节目的历史虽然不长，但已经发展成为一种重要的节目形态。

一、电视谈话节目的界定与分类

1. 电视谈话节目的界定

目前,关于电视谈话节目的界定说法不一,其中比较有影响的是美国出版的《电视百科全书》中《谈话节目》词条中的定义:"电视谈话节目是一种主要围绕着谈话而组织起来的表演,谈话节目必须在严格的时间限制之内开始和结束,并且要保持话题的敏感性,以便在面对上百万观众时能够提起大众的兴趣。"中文的"电视谈话",顾名思义是以谈话为主要形式的电视节目,谈话是电视谈话节目的主体行为。在我国电视理论界,对电视谈话节目的界定有广义和狭义之分。

(1)广义的电视谈话节目 是指所有以面对面口头交流信息为主的电视节目形式,它涵盖了演播室主持人与嘉宾一对一或一对多的访谈节目,这类访谈节目参与人数相对较少,通常是邀请一两名嘉宾参与,节目形式主要是主持人与被访者之间的一问一答,以谈话的方式探讨国内外要闻,达到最快地传递新闻信息的目的,如央视的《新闻会客厅》、凤凰卫视的《时事开讲》等。

(2)狭义的电视谈话节目 是在一个相对固定的谈话现场,主持人与嘉宾、现场观众进行群言式的讨论,这类节目参与人数较多,信息交流范围广,现场观众和嘉宾可以各抒己见,双向交流的互动性强,比较完整地展现了人际传播的语境,如央视的《实话实说》《艺术人生》等。中国《电视百科全书》中对电视谈话节目的定义是:"代表所有脱稿交谈,即兴对观众谈话的电视节目。"从这个定义可以看出,即兴和面对面的双向交流是电视谈话节目的基础。结合上述理解,可以将狭义的电视谈话节目定义为:是一种以电视为媒介,以无脚本的谈话为主要表达方式,由主持人主持、嘉宾或观众参与,以叙述事件或分析讨论问题为主要内容,通过营造现场内外面对面人际传播的"场"氛围,实现人际传播与大众传播有效整合的电视节目类型。

2. 电视谈话节目的分类

目前,电视谈话节目的种类很多,分类标准各异,下面按照不同的标准和视角,对电视谈话节目进行大致的分类。

(1)按谈话题材分 分述如下:

①新闻评论类谈话节目。这类节目都是围绕当日或者近期国内外发生的重大新闻事件,邀请专家、学者或者当事人进行权威分析,解读事件真相,分析原因。此类节目是以信息为主的电视谈话节目,既包括多人访谈,又包括二人对谈。现场嘉宾的选取多是新闻事件的发布者、执行者、专家以及当事人,强调准确性、权威性、贴近性。节目题材重大,是一个时期舆论关注的热点,每当发生重

大事件时,人们总会愿意倾听他们的看法,具有很高的公信力和影响力,它的背后是国家政策的掌握和高层信息源的支持。这类节目多在演播室或某个特定场所进行,其基本构成为主持人、演播室内或者电视屏幕上的嘉宾、相关的静态及动态新闻背景资料片,有的也有现场观众参与。在主持人用几个关键性的问题把事件引出来之后,现场嘉宾就开始谈论,而与此同时直拨电话也就对全球的观众开放了,随着网络、手机等新媒体与电视的互相渗透、交融,在线互动、电子邮件、手机短信等形式也介入了谈话现场,如中央电视台的《新闻会客厅》等。

② 社会话题类谈话节目。此类节目基本上都是以演播室访谈为主,选择一个时期社会舆论关注的热点、焦点、难点事件,邀请事件当事人,积极调动观众参与,通过不同观点的交锋和碰撞,探寻真相,寻求共鸣。这类节目一般是开放式,辩论形式比较自由,没有严格的发言限制,节目的推进主要靠主持人的串联调度,一般有相对固定的形式和程序,如央视的《实话实说》《小崔说事》等。在这类节目中,主持人的主要角色是作为一个倾听者和组织者,来调动现场气氛,控制话题的行进方向,营造一种日常人际交往的友好氛围,而现场嘉宾的谈话是节目的重要组成部分,现场观众则是电视谈话节目气氛的营造者,也是节目中一些趣味横生的枝杈的生成处。

③ 人物访谈类谈话节目。此类节目一般选取某一领域的高端人才,对其事业成就、人生故事、情感历程进行全方位解读,发掘其不为人知的另一面。这类节目成败的关键是被采访对象的选择,比如中央电视台的《艺术人生》《高端访问》,凤凰卫视的《鲁豫有约》等。

④ 传奇故事类谈话节目。此类节目加入了很多娱乐化和追星的元素,节目主题不以重大社会事件为主题,而是从娱乐、游戏等形式入手,善于制造悬念,注重故事性和情节的曲折性,采用演播室讲述和情景模拟等更为多元化的表现形式,节目主持人即是事件的讲述者。这类谈话节目题材更为广泛,氛围更加感性、煽情,节目中"秀"的因素更加突出,人生传奇尽入节目,如中央电视台的《讲述》、江西电视台的《传奇故事》、山东电视台的《天下故事》等。

⑤ 情感类谈话节目。此类节目往往选择更加感性的话题,以人生、婚姻、家庭、友情、生活中遇到的问题等话题为主,不是以娱乐调侃的方式去处理,而是以一种相对严肃的口吻去谈论。这类节目融入了更多真人秀的成分,更强调过程,更强调戏剧化元素。节目主持人不仅仅是事件的讲述者,还更多担当起了情感调解者的角色,邀请专家,给参与者提供真实的情感援助,促进社会和谐。这类节目大致分为两种:一种是通过特殊的人物选择或是特殊的情景设置,来触动人

们心中最敏感的神经,带给人们一种心灵的慰藉和震撼,如中央电视台的《艺术人生》和吉林电视台的《回家》;另一种是以谈话为基本载体,借助设计的表演活动或随意即兴的问话,运用多种方式充分展现话语中的戏剧性、娱乐性,如台湾中视的《非常男女》、湖南电视台的《玫瑰之约》和《真情》、中央电视台的《朋友》和《心理访谈》等。

(2) 按谈话形式分

① 辩论式谈话节目。这类节目是选择不同观点、不同利益集团的代表在谈话现场辩论,形成不同的谈话立场和观点交锋。观点或对立或大相径庭,节目的卖点不在于最后的结论以及辩论双方孰对孰错,而在于辩论过程中交谈双方的个性观点和语言展示,以及在辩论过程中对讨论事件背景的不断充实和延展。如美国的"垃圾脱口秀"之一的"普林斯格的谈话节目"经常挑起谈话双方的冲突,引发当事人争论,甚至拳脚相加,使节目具有很强的挑逗性和争斗性;我国的辩论式电视谈话节目,如央视的《时事辩论会》等。

② 群言讨论式谈话节目。与辩论式不同的是,这类节目形式不追求对立观点的交锋,而是以一种相对随意、漫谈式的方式进行,这是一个大众传播节目虚拟的"聊天"过程,如凤凰卫视的《锵锵三人行》节目,主持人与两位嘉宾坦诚相见,大胆言论。在谈笑风生的气氛中以个性化的表达,关注时事资讯,传递民间话语,交流自由观点,呈现生活体验,分享聊天趣味,不掩真实性情。屏幕前的观众则以一种虚拟参与的方式从节目中获得资讯和愉悦感。

③ 个案叙述式谈话节目。这类节目不是从一个宏观的社会话题或社会现象出发去探讨其社会意义、形成舆论,而是以小见大。节目常常从个案人物(政治名人、影视明星或是人生轨迹有特点的普通人物)的经历入手,探讨人物的生命成长过程、自我认识过程、自我发展过程及其与社会互动过程中的经历、经验和人生启迪,如央视的《艺术人生》《对话》等。

(3) 按参与谈话的对象分

① 有现场观众参与的电视谈话节目。这类节目,现场观众不是纯粹的看客,也不仅仅是烘托谈话气氛的角色,更重要的是提供观点和舆论,因此节目现场观众的选择要格外谨慎。

② 无现场观众参与的电视谈话节目。这类节目更注重嘉宾的权威性和谈话风格,以提供资讯和观点为主,展示现场嘉宾的个人风格。

电视谈话节目的分类方法还有很多,如按功能可分为娱乐性电视谈话节目、严肃性电视谈话节目;按拍摄地可分为演播室谈话节目与外景谈话节目;按播出方式可分为现场直播型谈话节目和录制播出型谈话节目;按受众定位可分为女性谈话节目、男性谈话节目、老年谈话节目、青少年谈话节目……这里不再一一阐述。

二、电视谈话节目的基本元素

根据传播学的一般理论,传播包括三个基本要素:传播者和接收者、传播环境、传播内容。对于电视谈话节目而言,其基本要素相应地包括主持人、现场嘉宾、现场观众、环境、话题、背景资料等。

1. 主持人

节目主持人是电视媒体中,以个体行为出现,代表着媒体群体观念,用有声语言、形态能动地操作和把握着节目进程,直接、平等地进行大众传播活动的人。对于电视谈话节目来说,主持人是节目的核心元素,也是谈话节目的主线,主持人的个性决定了节目的个性,主持人的知名度决定了节目的知名度,因此,要注重对主持人个性的包装,突出主持人的作用,张扬主持人的个性。节目的形式、话题以及对话题的切入角度都要尽量根据主持人的特点来确定。许多电视谈话节目是以主持人的名字命名的,如《一丹话题》《小崔说事》。在整个节目过程中,主持人的名字反复多次出现,以强化其在观众心目中的地位。因为主持人实际上是节目的商标,主持人的风格往往就是一个栏目的风格,是形成一个电视谈话节目自身独特品格的最重要元素。

电视谈话节目主持人承担着三种角色:首先,主持人处于现场嘉宾和现场观众之间穿针引线的位置,既能引导嘉宾,也能协调嘉宾与观众之间的关系,本身就是一个谈话者;第二,不论是否有现场观众,即使一对一的访谈,电视谈话节目主持人都是现场的组织者,一方面要主导节目,引导话题,另一方面要作为现场嘉宾和现场观众之间的桥梁和纽带,拉近彼此之间的距离,产生亲近感,创造良好的沟通氛围;第三,作为节目的形象代表,主持人是媒体对外的传播者。

在实际操作中,谈话者、组织者和传播者是三位一体的。这种角色如何才能充分地协调好、使用好,而且没有痕迹,平稳流畅地转换,对电视谈话节目主持人来说是十分重要的。一般来说,有影响的谈话节目主持人大都是国内外电视节目制作机构有内涵、有人缘、有特点、有口才的名牌主持人。

2. 现场嘉宾

电视谈话节目成功与否的另一个关键因素是现场嘉宾的选择。嘉宾是谈话节目中主要的讲述者,他们在摄像机前用生动、形象、具体、真实、可信的话语,讲述着自己的思想、经历和生活,宛如一幅丰富多彩的图画,赏心悦目。这要求嘉宾采用坦荡、流利、生活化的表达,同时,应该具有个性化的语词,不能空洞,甚至,一些方言、民谚、口头禅,都可以起到风趣的作用。作为节目的主要谈话者,现场嘉宾发挥得如何直接影响着节目的质量,因此,在选择现场嘉宾时需要考虑以下一些问题:一是现场嘉宾是否有"谈资",即对某一具体话题是否掌握有足够的资料,并对该话题具有或权威,或周全,或有亲身经历的见解;二是现场嘉宾是否有"谈品",即在节目中能否顾及其他交谈者,而不是一味地表现个人,搞"话语霸权";三是现场嘉宾是否有"谈技",即是否具有一定的口才和辩才,包括说得是否有逻辑、有道理,语言表达是否简练、清晰,甚至具有幽默感。此外,如果不止一位现场嘉宾,那么,根据节目收视的需要,选择的现场嘉宾不能都是持有相同或相近观点的人,必须能够代表几种主要观点,这样在谈话过程中才有可能对话题从多侧面多角度进行深入分析。

3. 现场观众

现场观众是活跃谈话节目气氛,丰富现场谈话层次的重要元素。目前,大多数的电视谈话节目都会邀请观众到节目现场参与节目的录制。现场观众对于节目而言,他们是受传者,主持人在现场可以通过他们的体语,如表情、动作、手势等各种各样的姿态符号及时地得到信息反馈。电视谈话节目现场观众的出现,一是可以增强谈话的现实感,营造和烘托现实的谈话氛围;二是现场观众参与谈话,与嘉宾和主持人进行交流,丰富了谈话的层次;三是能给予及时反馈,为节目起到拾遗补缺的作用。现场观众是电视谈话节目目标受众的代表,也是整体节目的重要组成部分,他们的参与改变了以往节目单一的传播模式,提高了节目的客观性、真实性,同时也提高了电视机前广大观众的参与感和认同感,有助于提高传播效果。对电视谈话节目而言,是否需要现场观众取决于节目制作者的设计,也取决于一些外部条件,如演播室的面积、节目制作的经费等。

4. 环境

电视谈话节目的谈话环境大多设置在专业的电视演播室,也有设置在普通的客厅、书房甚至户外等其他场所,如中央电视台的《当代工人》就是户外电视谈话节目。电视谈话节目的谈话环境设置要做到形式与内容的协调一致。如重大的时政话题,谈话环境宜简洁明朗;深刻的经济话题,谈话环境宜朴实大方;轻松的社会话题,谈话环境宜动感活泼。一个普遍的原则就是:内容越是深刻复杂,谈话环境就越应简单明了。要尽可能地缩短谈话环境、电视屏幕与观众的距离。在谈话环境的设计上要给人以透明、开放的视觉感受。

5. 话题

要根据节目的设定指向,选择既可以激发谈话者的积极性,也能调动电视观众兴趣的话题。话题的选择不仅要有意义,还要有意思,有意味;话题选择应该是多元思维后的结果,应该具有时代感,贴近生活、贴近实际、贴近公众,应该是公众普遍关注的社会热点和焦点问题。比如著名谈话节目《鲁豫有约》创办之初,节目的宗旨是,寻访拥有特殊经历的人物,一起见证历史、思索人生,直指生命的体验和心灵的秘密。它是一档面向高端受众、充满历史感的深度谈话节目。电视谈话节目话题的选择应注意以下几点:一是选择焦点性的话题,即在一段时间内人们普遍关心的话题,它能够引起大家的共同兴趣;二是选择有共同兴趣的话题;三是选择有人情味的话题;四是选择有一定思想性的话题;五是选择有故事性的话题。

6. 背景资料

谈话节目一般都会配背景资料,以便于观众理解,这些背景资料包括照片、图片、录像、书刊、文件等。照片是十分常见的背景资料,它不仅能讲述一个过去的故事,而且由于它将过去的某一瞬间固定下来而带着一种凝固的美,照片是对当事人讲述的故事的一种印证,可以作为一个由头来引起话题。录像也是一种十分常见的背景资料,尤其是在演播室进行的谈话,通常会插播一些采访记录录像来补充现场。当然,有些人物谈话节目也会在后期编辑中将采访的片段和录像的资料进行剪辑组合,用历史和现实交错来讲述故事。这种制作有点像纪录片,但又有不同。纪录片是用谈话作为记录的方法,而谈话节目用这种编辑的手法是为了将谈话节目做得内容更丰富、信息量更大。此外,还有很多资料可以用,比如书刊、文件等,选什么样的资料要看谈话节目的实际需要。谈话节目的信息量也是衡量谈话节目好坏的一个标准,适当地运用背景资料可以增加信息量,增强谈话节目的可看性。

三、电视谈话节目的传播特性

1. 直接的人际互动

谈话是人们相互交流最有力的方式,它能调动人的整体感知,使人们能在谈话中获得超越于语言之上的亲密感受,是最为人性化的交往方式之一。而且这种话语的公共空间能提供多样化的展示手段,可以采用语言、表情、动作等多种方式来进行辅助表达。电视谈话节目具有最符合电视本质的传播状态,它能以人自身作为传播符号,将谈话的完整状态加以保留、物化、传递,以人际交往的即时互动构成节目内容,满足并延伸了人们面对面谈话的愿望,而且将人际传播和大众传播有机地结合在一起,经由电视传媒的放大,创造了一种广域的人际传播空间,成为现代社会里的人与人、人与环境建立联系、加强沟通的渠道之一。

2. 完整的"场"式传播

电视谈话节目能保留谈话的完整性和动态性,进行"场"的传播。电视谈话节目以直播或直播形态的录播,完整地保留现场的人际互动情景,全方位展示谈话过程中的语言、性格、心态、氛围,导演现场即时地整体编排调动在时间链条中绵绵不息的动态谈话,形成一种人际传播的势态。在场的传播中,会因为谈话信息的完整和势态的延伸,而让人获得超越于语言之外的感知,这也是电视谈话节目的独有魅力所在。因此,观众的兴趣虽由话题开始,却常常能在节目中获得全方位的满足。

3. 个性的自然流露

电视谈话节目为传播者和接收者个性的自然流露提供了良好的环境。当电视与人联系或者是传达信息时,它是被一个个的家庭所收看的,电视已成为人们家庭中的一员。激荡个性,让人自身得到充分的展现,是电视体现其成员关系的一个重要方面。实际上,电视谈话节目中传播者和接收者这种个性的自然流露是有其社会基点的。人的个性都是社会性的体现,人的语言因个人的身份及所处的社会经济条件的差异,而有不同的方式,在观点的碰撞中流露的实际是不同的社会文化、心理的碰撞,这使得个性的流露具有普适性,能够引起广泛层面的认同。

4. 动态的情感碰撞

人的谈话具有动态性和偶发性,电视谈话节目以现场的特定空间最大限度地刺激了人的交往欲望,人的智慧、情感,都会在语言中展现,谈话节目中大家感兴趣的话题和主持人的适当引导,引发了现场嘉宾及现场观众的机敏对答,加速了谈话中的动态的情感碰撞,激发出了人最为本质的一些内涵,强化了人际交流互动的张力。如在《相约夕阳红》的一期节目《老夫老妻》中,观众中有一位老太太夸赞作为现场嘉宾的老先生幽默时,谁也没有想到,老先生竟以与年龄不相称的动作,敏捷地跳起来,几个箭步跨过场地,扑到现场观众席与她热烈握手,全场为之鼓掌。电视谈话节目中意想不到的情感变化,会常常引发戏剧性的场面。

5. 优化的信息组合

现代传播技术的发展使得电视谈话节目能够在谈话的现场,利用大屏幕插入图像和文字、利用电脑引入场外信息和观点等多种方式,适时插入多重信息,并进行优化组合,使人们在进行人际传播的同时,能得到信息和情感方面的满足。特别是虚拟演播室技术的发展为电视谈话节目开拓了新的信息结构方式。如凤凰卫视在《锵锵三人行》中运用虚拟演播室技术,不但提供了一个多维的谈话空间,还随时无缝插入谈话所涉及的影像及文字资料,而虚拟出席可以将分散在世界各地的主持人、嘉宾、观众以及各种动态资料集结在一个电视空间里,使得谈话方式的变化更为活跃,人物的交流有超越时空的互动性。谈话节目的这一优势使其最具有信息的优化组合效应。

6. 经济的成本结构

电视谈话节目有着相对经济的成本结构,对场地、制作人员、制作技术的要求都不高。它只需要一个外景地或演播室、一位或两位主持人、几位现场嘉宾和一些现场观众,而且现场嘉宾和现场观众往往不需要酬金。同时,电视谈话节目的后期编辑也不需要复杂的特技处理,只要主持人发挥得好,现场录制完毕就能够迅速合成。有的电视谈话节目甚至采用直播形式,省去了后期编辑制作的时间和费用,这些特点使电视谈话节目成为电视节目中制作费用相对较低的一种形态。当然,有些电视谈话节目并非都是低成本运作的。成本高的原因在于谈话节目对主持人的依赖,而明星主持人的薪酬往往非常之高。在美国,薪酬最高的主持人是电视谈话节目主持人,如奥帕拉·温弗丽和拉瑞·金。

四、电视谈话类节目的特点

1. 注重纪实性

谈话类节目的纪实性主要表现在身临其境的现场感和参与性,现场嘉宾和观众可以直接参与到节目中来,他们身临其境,感受真切,整个节目是由嘉宾、观众和主持人共同完成的。谈话类节目所设计的话题都是热门话题,所要求的嘉宾都是名流、典型,他们在屏幕前用生动、具体、真实、可信的话语,讲述着自己的思想、经历和生活,宛如一幅丰富多彩的图画,赏心悦目;从心理学角度讲,情感是由大脑中潜意识形成,并在不知不觉中表现的一种态度。纪实性的谈话类节目能使观众看到真实的人,真实的事,真实的情。在当今时代,"不盲从"已是大多数人的共同特点,观众对假、大、空的节目非常反感。纪实性的谈话类节目正是迎合了广大电视观众的需求,使他们真切地看到了毫无矫饰的人和事。各个阶层的观众都能从谈话节目中那些不同身份的人身上找到与自己的诉求相呼应的位置,从心理上融入话题的拓展和谈话的过程中,对节目讨论的话题以及嘉宾和观众的发言进行思考。

2. 主持人的亲和力

一个成功的谈话类节目,除了选题的突出与品牌的个性化之外,最重要的还是主持人的选择,因为谈话节目是真正意义上的"主持人的节目",其风格主要取决于主持人的风格与魅力。谈话类节目的主持人以个性化的、本色的、真诚的主持特色,构筑起崭新的平台和桥梁,用于嘉宾和观众平等地交流和沟通,这就是主持人的亲和力。现代社会是一个崇尚风格传播与个性传播的社会,只有那些个性鲜明、独具特色的主持人,才能牵动观众的目光。主持人语言要深刻到位,谈话类节目是人与人的思想碰撞,要产生闪光的思想亮点,需要主持人用深刻睿智的语言作铺垫,激发嘉宾参与节目的热情和兴趣,拨动被采访者的心弦,让他们讲述自己的成功、坎坷和人生故事,给观众以启迪。

3. 形式多样化

随着社会个性化和民主化程度的提高,电视观众需要的不仅仅是单项的传统的传播形式,更需要多元化、多层次的传播形式。谈话类节目正是顺应了这一趋势,运用多元化的传播理念和表现手法,在精彩纷呈的电视节目中逐步占据重要位置。

(1) 传播理念上的多元化 过去,电视节目往往用一元化的结论来代替多元化的交流,这种传播方式的专制性和排他性影响了观众的主动性和积极性,收视率自然不会高。目前,谈话类节目的内容在时间、空间上都极具跳跃性,让人们在有限的时空中观赏到许多不同层面、不同知识领域的内容。

(2) 表现手法上的多元化 目前,谈话类节目除了以演播室为主要谈话基地外,还采用了热线电话、外景镜头、资料片等方式,使整个节目有立体感,内容丰富、翔实耐看。

4. 注重双向交流

在电视谈话节目中,传统电视观念中传者与受者之间的截然界限模糊了,传播是在传者、受者共同作用下完成的。节目主持人与嘉宾、观众等受众的互动,使两者之间建立了一种平等交流、平等对话的关系,这个过程也就成为真正的沟通产生过程。当然这样的互动并不意味着主持人在整个传播过程中的主导地位的丧失,而是以一种更艺术化、更易为人所接受的方式出现。

5. 体现观众的参与性

在节目现场,主持人与嘉宾、观众互动是显性的,对于电视观众而言,则产生了新鲜直接的刺激,满足了受众有第一时间里实时、同步参与和接受访谈的心理需求,使其心理上产生了一种满足感,这正是电视谈话节目互动关系的进一步表现和延伸,也是它深受观众喜欢的原因所在。在电视谈话节目中,种种意见在此交汇、相互碰撞和融合,电视被赋予了沟通意见的功能。在谈话节目中,传受双方都担任了双重角色。出现在电视节目中的这些普通人,既是节目中那一部分特殊受众的受传者,又是以特殊受众为代表的意见表达者;另一方面,电视从业人员的作用和地位也是双重的,他们代表传播媒体的意图去设置话题,引导采访对象的谈话意向,并潜在地或明确地解释谈话的意义。这种传受双方的角色双重性,让人们抛却了被动接受的方式,直接或间接地介入了话题中,造就了电视谈话节目的互动感。当信息与情感在谈话节目的进程中不断地流动、补充、逐步积累,并不断地释放出来,就会引起观众更大的参与热情和积极反馈的欲望,这就形成了真正意义上的人际互动。在这个动态的谈话状态下,没有居高临下的发号施令,也没有恶语中伤,所有的人,包括主持人、嘉宾、在场的观众都是在互相尊重对方的基础上陈述自己的观点,并为其寻找合理的依据。节目从设置上来说也不是为了灌输某种终极价值或道德观念,而是很善解人意地提供了一个空间让人自由地谈论,从这种意义上说,谈话类节目不仅是简单的个体信息交流,而且在更深广的层次上体现了生存环境的健康和开放、个体的自由程度的提高与成熟。

6. 话题的纵深发展

国内外文艺界名人的访谈类节目,主要话题是名人的人生成长、艺术路、情感故事。谈话的话题有了扩展,谈话节目也逐步向纵深发展。

第二节 电视谈话类节目制作

一、电视谈话节目的策划

电视谈话节目策划的目的是确保谈话现场的交流能够顺利进行,并使相对热烈的话题氛围能够贯穿于节目当中,避免一些不利因素的发生。策划还能够对谈话的脉络走向、节目风格、成片后的种种因素等进行预设,以保证节目能够达到预期的效果。策划的内容包括谈话主题的确定、嘉宾和观众的选择、节目的流程,还包括谈话过程中的影像资料片,什么时间说、谁上下场、用什么道具、放什么背景音乐、人物位置如何确定等具体细节的安排。

(一)选题思路的标新立异

选题是谈话节目的关键,没有选题,就没有明确的目标,就谈不上节目的进一步运作。选题决定了电视谈话节目所要讨论的内容,是电视谈话节目的基础。

1. 选题的初选

一个好的选题,将会激发嘉宾和现场观众的谈话兴趣,创造出激烈的谈话氛围,也能吸引住电视观众。而一个成功的电视谈话节目,大都建立了自己严格的选题机制。

确定选题一般要经过两个阶段:一是选题的收集阶段;二是选题的筛选阶段。

(1) 选题的收集　有很多的渠道:一是查阅相关资料信息,如报纸、杂志、期刊等其他媒介所触及的线索,比如中央电视台《对话》栏目的很多选题,就是从纸质媒体的精英报道中来的;二是观众来信、来电提供的选题,这样的选题贴近人们的生活,有很大的使用价值,另外,也可以从有关信息部门提供的线索中确定选题;三是从策划者建立的信息网络众广泛收集选题。

(2) 选题的筛选　在选题收集完成之后,节目策划人员会对选题进行筛选和评估,找到一些可以重点挖掘的话题,在没有对选题做出深入挖掘之前,多个选题的初选是相对灵活和宽泛的,但是这并不意味着有很强的随意性,在实际操作上,节目编导、策划、主持人都会根据已有的经验和原则进行话题的初步选择。在对选题的初选上,一般应遵循以下几个原则:

① 根据节目本身定位来确定选题。对选题的把握遴选是电视谈话节目必不可少的环节。节目自身的定位和风格对选题起着决定性作用,不同的电视谈话节目对选题有着自身的侧重点。如新闻时事类谈话节目《时事辩论会》,主要根据社会上的热点、焦点问题迅速展开讨论,形成观点。另外节目的风格和定位又与节目的目标受众相关,是面对普通知识阶层还是面对知识群体,是面对青少年还是面对老年人,这些都决定了谈话节目的选题应适合什么群体的口味,如《艺术人生》是个案明星谈话类节目,因此不同的人物——演艺明星就是节目的选题。

② 根据选题的可操作性确定话题。选题的可操作性是指从选题的确立到节目成片过程中实施的难易程度。电视节目制作是一个复杂的过程,会涉及很多因素,包括复杂的技术设备和人员调动。选题的可操作性受很多因素的限制:

新闻政策的约束　电视谈话节目中观点是否得当,这是一个原则问题,有时候一个节目的选题尽管有很大的创收效益,但是如果它违背了相关的新闻政策和舆论导向,或者涉及个人隐私方面,都不应该成为电视媒体上公共舆论的焦点。从这一点看,节目的策划者应该坚持自己的新闻操守和道德准则,建立严格的选题筛选控制机制。

操作成本的核算　包括机会成本和经济成本,即一个选题从设想到成片过程中,需要付出很大的代价,不可控制的因素也很多,在实际操作的过程中,要做出多种预算。

③ 根据选题的性质,寻找独特点。一个成熟的电视谈话节目,应该有自己独到的选题范围和规则,而不是随大流。新闻性的选题具有天然的吸引力,抓住突发的事件或现象及时做出反应,利用选题的"新闻性"提高观众的关注度,这是很多电视节目比较惯用的做法。对于一个谈话节目来说,并不是对所有的热

门话题都能进行讨论,应当结合节目自身的特点去考虑,当其他节目都在追捧一个话题的时候,不妨避开它,选择一些大家都不太谈论的话题,其实这也是一种求新求变的体现。当然,这种新的体现,是在分析实际选题的基础上切合节目自身特点进行的。

④ 根据制作团队的特点来确定话题。不同的电视谈话节目,其策划人员、编导、主持人的专业背景不同,对选题的侧重点也会不同。在长期的节目制作过程中,策划、编导和主持人会形成一定的倾向,即寻求保险系数高的选题,是保证节目长时期稳定发展的一个策略。中央电视台的《实话实说》节目最初的选题大都是一些社会性的话题,如《拾金不昧该不该回报》《该不该吸烟》《谁来保护消费者》等,这样的话题能充分发挥出主持人幽默机敏的个性特点。随着节目的发展,"实话实说"逐渐引入了一些个案性的题材,探讨个人成长过程中的内心矛盾和困惑,如《家》《成长的烦恼》等选题。从《实话实说》节目选题的总体原则来看,其选取的并不是一些新闻性很强的话题,而是一些长期存在的社会性话题和个案题材,而这些题材正好可以发挥该节目的特点,既能提供宏观视野,又能深入浅出地剖析问题。

2. 策划者调研

在选题初选之后,策划人员必须要进行调研,以确定选题的可操作性和技术性,进一步研究和分析选题的价值性。一般来讲,调研的任务应由节目组的专职策划人员来完成,具体可以从以下几个方面进行:

① 确认选题所引发的基本事实是否准确,是否能挖掘出更有趣味或意义的事件或人物。

② 选题所涉及的当事人有哪些,具体情况怎样。

③ 能够请进演播室做访谈的嘉宾人选及其基本情况。

④ 如果是个案人物,其语言谈吐、性格、特点怎样,个案经历是否可以作为公共探讨的话题。如果是讨论型的社会事件或现象,该事件或现象的社会意义何在、是否存在多种声音等。

3. 话题价值趋向和谈话脉络的确定

在专职策划人员对选题进行调研并形成一个初步策划文稿之后,一般要召开一次或几次策划讨论会,参与策划会的主要包括制片人、策划、编导、主持人等,也可以邀请"外脑"来参与讨论。策划会的大致流程是策划人员介绍具体事实,阐述节目初步构想,提供若干选题供与会人员进行讨论。

一般来讲,这样的策划会是漫谈式的,鼓励参会人员提出不同的意见或想法,只有在个人充分表达观点的基础上,策划文案才能够更加全面和完善。因此策划会也是一个说服和被说服的过程,现场人员谁的理由更充分,更有价值性,更能站住脚,就能为策划案定方向。另外,谈话节目现场是由主持人来把握的,因此他提出的意见也很重要,往往会左右策划案的走向。在这样的讨论过程中,主持人不仅了解了事实的全部脉络,也熟悉了该话题的一些细节,这为他在现场掌握谈话基调和脉络奠定了基础。

在正式的策划会上,虽然鼓励一些不同的观点或想法出现,但策划会要开得有目的性,具体可以从以下几个方面进行讨论:第一,确定话题的价值所在,话题能谈到什么程度;第二,确定话题的切入角度,面对同样的题材,不同的谈话节目会选择不同的谈话角度;第三,发挥策划的能动性,通过整合不同的题材,提升话题的价值和内涵,使其具有独特性并能引起观众讨论的兴趣;第四,确定谈话的基本思路和走向,即怎么谈,遵循"大方向,小变化"的原则。

召开策划会的目的,就是对初选的话题进一步细化和深化,以便策划人员和编导会进一步完善策划方案。

(二)谈话角色的精挑细选

从电视谈话节目的构成元素可以看出,谈话节目的谈话角色主要有主持人、嘉宾和现场观众。这三者就节目的话题在现场展开讨论,他们之间谈话的好坏直接影响着电视机前观众的满意度,从而影响到节目的收视率,因此对谈话角色的选择应该准确细致,做到精挑细选。

1. 主持人的角色定位

主持人是谈话现场的掌控者,他的一举一动,都会影响现场谈话的气氛,进而影响现场观众和电视机前观众的情绪。主持人的准确定位对谈话节目的成功和风格塑造起到非常重要的作用。节目主持人除了具备基本的素质外,还应有更高的角色要求:

(1)幽默风趣 幽默风趣是人际沟通的润滑剂。一个电视谈话节目的主持人应该具备一定的幽默感,幽默感是一种感觉,是一种有文化修养的表现,电视谈话节目主持人在与参与者的对话中尤其需要幽默,只有运用幽默的力量才能消除观众的顾虑,放松紧张的心情,才能清晰准确、生动有趣地传递讯息,才可能使谈话在轻松活泼的气氛中不断向前深入。

(2)机智灵活 机智应变是主持人必备的特殊能力,也是谈话节目主持人最重要的素质之一;能否机智应变,直接关系到节目主持人能不能把握主动,掌控现场;虽然策划者在前期做了精心的策划,但在谈话现场往往会出现一些意想不到的事件,有些意外情况即便是有经验的节目主持人也往往无法预料,这个时候,就需要节目主持人根据实际情况做出迅速的判断,用自己的智慧去驾驭全局,将节目引回到原先设想的节奏上,继续推动节目的进行。

(3) **简洁凝练**　语言表达是谈话节目主持人思想和情感最直接的流露,它凝聚着一个节目主持人的情感、信念和爱憎;出色的主持人往往善于以准确明了、简洁凝练、生动活泼的话语打动观众,缩短与观众的距离,增强彼此间的交流与沟通。谈话节目主持人作为媒介的组织者,作为嘉宾和受众的桥梁与纽带,起到组织和协调的作用。谈话的主体是受众而不是主持人,主持人应该尽量让受众的思想观念通过他们自己的语言表达出来,而不应该将自己的观点强加给受众。如果主持人语言过多过滥,那么节目的效果只会适得其反。因此,节目主持人在主持节目的时候,尤其要注意言语的凝练和传神,在主持节目过程中即使出现感情迸发,千言万语涌上心头的时候,也要尽量控制住自己的情绪,不能任其恣意泛滥,否则很容易出现言多语失的错误。画龙点睛的主持风格应当成为电视谈话节目主持人追求的语言境界。

2. 嘉宾与观众的选择

(1) **嘉宾的选择**　电视谈话节目的优越性就在于它是意见表达的公共平台,嘉宾和观众都是主角。观点和见解是从现场嘉宾和观众中来,各种意见的表达才使得谈话节目的信息量大,气氛活跃。因此对嘉宾的选择是谈话节目策划最重要的一环。嘉宾是谈话的主要角色,也是对话题比较了解和有权威性的,应该具备一些基本的素质:一是嘉宾首先应该有一定的语言表达能力;二是个案式的人物能够具有表达自己真实想法的愿望和热情,能够具有接受受众对其进行评判的心理;三是专家的观点应该独到真实,而非人云亦云。

就目前谈话节目邀请到现场的嘉宾来看,我们可以将其归为两种类型:一是与话题关系密切的当事人;二是在话题上有独到见解的专家或学者。在嘉宾的选择上,应该注意以下几个方面:

① 与嘉宾有效沟通。针对与话题有关的当事人,策划人员应该详细地了解其成长经历、背景和个人观点,并能够说服嘉宾参与现场的谈话,节目的满意度一般是由这个环节决定的。

② 尊重嘉宾的知情权。节目与嘉宾的沟通和交流应该是坦诚而善意的,应该保证对嘉宾的信息透明;有很多谈话节目经常邀请当事人的亲友、朋友,甚至是敌对者来到现场,但是却不向当事人告知,而在节目录制过程中才向当事人说明,以营造戏剧性的现场效果。应当说这其中的操作是善意的,有时也能取得良好的效果;但是当现场请来的人是令嘉宾遇到难堪,或者与他的观点相左,甚至是敌对的人时,应该向嘉宾告知这一信息。否则,嘉宾很可能会临时退出谈话现场,造成节目"停摆"甚至会引起更严重的后果。

③ 平衡嘉宾的观点。在谈话节目现场，我们提倡观点的碰撞，提倡多种声音的介入。在选择嘉宾时，应该把握不同的观点，这样才能形成群言式的讨论，注意观点的平衡，才能使谈话节目维持在一种势均力敌的对抗中。因此在策划阶段就应对到场嘉宾的学识、背景、观点、语言表达能力有一个充分的估计，事先估计不同观点的平衡，才能使节目按照预期的方案进行。

（2）观众的选择　　在谈话节目中，现场观众是受传者，也是真正的参与者，是舆论的来源。电视谈话节目极为注重"谈话场"的营造。好的谈话氛围的形成，一定是有一批对话题熟悉并乐于参与其中发表观点的现场观众。作为屏幕前观众的代言人，现场观众的选择一般有两种途径：

① 通过观众来信、来电、发邮件自荐参加。这种方式组织的观众谈话质量高，但是观众相对分散。电视谈话节目一般是在每一期节目结束时，提前预告下一时期将要讨论的话题或者人物。对话题有兴趣的观众可以自愿报名参加，通过这个途径来到现场的观众，大部分是谈话现场的重要发言者，他们能自愿报名参加，表明他们对话题熟悉，提前做了准备，并积极乐于在屏幕前展示自己的观点。对待这样的观众，应该做一些前期的了解，了解他们的观点是什么，有几类观点，观点之间能否平衡，会不会有一些偏颇的看法，持有观点的人会不会以此途径来发泄私愤等。对所要选择的观众有一个整体的把握，便于与嘉宾进行互动交流。

② 通过公关公司或外联人员来选择观众。谈话栏目组会设立一个外联组，专门负责组织现场观众，他们通过寻访，根据不同话题与相关单位、组织联系。采用这种方式，可以在短时间内组织到现场观众，但是到达现场的观众极有可能是充数的，起不到观众代言人的效果，所以策划人员应该对这样组织来的观众作进一步的筛选。正如中央电视台《实话实说》节目策划者所说"我们台上不请英雄，台下不请看客，最明白的人是专家，大家都是普通人……对于那些真正想参与到节目中、立志要表达自己看法的观众，一个不让漏网，对于只想来节目现场看热闹的，对话题一无所知的，坚决不让充数。"

（三）谈话场景的完美设计

在电视谈话节目的构成元素中，谈话场景的设置对现场谈话的进行也会产生一定的影响。谈话场景的设计包括谈话路径的设计和谈话现场的设计，一个良好的谈话场景，会给嘉宾和现场观众带来轻松感和愉悦感。

1. 谈话路径的设计

在对选题的深入分析和调研以后，策划人员对选题的基本情况、嘉宾个人的情况和到场观众的大致情况都有了比较清楚的了解与把握,接下来策划人员就可以对现场谈话的基本路径进行设计,这个基本路径根据主持人和具体选题的不同会有详有略,一般来说,它大致包括以下几个方面:

(1) 主持人开场语的设计　开场语要简洁明了,一般来说都是两三句话,提纲挈领地抓住谈话的要点又富有创意,能激发观众参与谈话的热情,还能吸引住电视机前的观众。比如上海电视台新闻频道《有话大家说》栏目的《四十五年爱情正步走》的开场语设计为:关于爱情的话题,我们每个时代都有聊不尽的素材。我记得有一个顺口溜是这么说的,说是60年代嫁工人,70年代嫁军人,80年代嫁大学生,90年代就不说了,因为我们都生活在90年代。今天我们要请在座的各位朋友,一起来听一段发生在50年代的爱情故事。

(2) 谈话的基本结构和进程　开场谈什么,大致向谁提什么问题,话题的发展会是什么脉络,问题的基本走向和具体的提问问题,观众讨论大致在哪个环节开始等等,这些影响着话题进程的因素都会在策划案里体现。一般来说,对于个案的谈话人物是根据人物成长的年代顺序来结构的,而社会性话题是以悬念的设计和问题的层层细化来结构的。

(3) 谈话的兴趣点和故事　电视谈话节目在进行的过程中,如果能够在谈话中出现一些意想不到的兴趣点或具体的故事,就能推动话题不断向前发展,引导观众继续观看,从而提高节目的满意度和收视率。

(4) 谈话的完美结语　谈话结语的处理会相对灵活。由于谈话路径事先有个大致的方向,策划者会写出一段与本期节目有关的结语来供主持人参考。但是,根据现场的谈话情况,往往话题最后的落脚点会有所变化,因此主持人应在预设内容的基础上,根据现场实际情况做出即兴调整。另外,节目在结语里会有个对话题的基本价值判断,而谈话节目是多种声音交锋的场所,鼓励不同观点的存在,因此,在结语里,主持人的价值倾向应该是相对隐蔽的。

2. 谈话现场的设计

除谈话路径的设计外,在谈话现场还有形式上的预先设计,其设计目的是充分发挥电视的媒介特性,来烘托现场的谈话氛围,铺垫节奏,激发现场嘉宾和观众的情感。

(1) 节目形式的安排　电视谈话节目可以充分发挥电视媒介的特点,并借鉴其他的艺术形式,来创造一个比较活跃的氛围,在严肃谈话节目里,有时候也会采用这样的形式,但在以娱乐为主的谈话节目里表现得比较突出,比如《艺术人生》的一期节目《美猴王》的策划案开篇,是这样设计的:

（开场）热闹、幽默、悬念、猴娃开场——

京剧的鼓点，猴娃上场……在齐天大圣的旗子下

（朱军上场：制造悬念）

今天我也当一回齐天大圣，感觉果然不错。

看到小猴子，看到齐天大圣的美号，你们想到的是谁？六小龄童！

不对，我们今天请来的嘉宾不是六小龄童，请出今天的嘉宾章金莱……

新一轮京剧的鼓点，猴娃举起齐天大圣的旗子……

（六小龄童上场）……

节目开篇气氛热烈，形式感很强，这是《艺术人生》栏目一贯的风格。

（2）节目道具的使用 电视谈话节目出现的道具包括与当事人有关的物件，也包括一些有助于主持人或栏目与现场嘉宾沟通的物件。这些道具极具个性化和鲜为人知的特点，往往能折射出很多事件背后的细节，能够使事件和人物更加丰满，它们有助于观众了解当事人的经历，同时能成为结构节目的重要因素。比如《艺术人生》的一期节目《陈凯歌》中，编导选择了蓝天牌牙膏、父亲的录像带、《格林童话》《唐诗300首》、来自陕西的一把黄土等道具。对于陈凯歌导演来讲，这都是些具有某种意义的物品，必然会在现场引发出他的丰富的联想，从而进入编导所预想的话题。热心观众邮寄来的黄土，也隐喻了陈凯歌导演的成功所根植的文化，这些道具引出了陈凯歌滔滔不绝的话语。道具也能起到加强现场互动的作用。每一期谈话节目都会有一些观众珍藏着与当事人或事件有关的资料和物件，这些道具通过观众的现场展示，能唤起人们对事件人物背后的记忆，并使现场观众真正参与到节目中，与嘉宾和主持人沟通。

（3）节目悬念的设置 节目的悬念是吸引观众关注话题并积极参与话题的一个重要因素，同时能推动现场的戏剧性气氛。目前，大多数的谈话节目都会请来嘉宾多年不见的朋友、亲人，或者老师，给嘉宾带来一个惊喜，并现场捕捉他们那种"执手相看眼泪"的浓烈氛围，以此来推动话题进入高潮，形成戏剧性的效果。不过这种方式应当慎用，避免在现场出现尴尬、难堪的局面，节目不能为了突出戏剧化效果而采取投机猎奇的方式来处理，因此在制造节目悬念、营造戏剧效果的设计上，应该对嘉宾和当事人等以人文关怀，尊重嘉宾的内心感受。

3. 影像资料的巧妙运用

影像资料片对电视谈话节目过程的推进会起到不可磨灭的作用。资料片的合理运用是话题发展的一个补充。有人认为，电视谈话节目缺乏丰富的画面表现力，应该加入大量的资料片来调节现场，其实不然。从电视的发展来看，电视

的主要优势就是信息的传播。电视谈话节目的兴起,关键在于引入了人际传播的方式,在屏幕前展现自然的人际传播活动,有效地传递信息,这种一对一或群言式的交谈本身就成为节目的审美主体。观众能够通过视听结合的媒介工具,去真切地感受交谈双方的语言、思想、行为举止。在影像资料的运用上有以下几种方式:

(1) 为现场话题补充信息 比如中央电视台经济频道的一档节目——《咏乐汇》,其中有一期节目邀请的嘉宾是刘晓庆,当节目主持人李咏谈到刘晓庆接拍很多"名女人"角色的时候,大屏幕上出现了刘晓庆扮演武则天的一段影像资料,不仅为现场的话题补充了信息,而且能够带动嘉宾继续向下谈论话题的兴趣,推动节目的有效进行。

(2) 未到现场的嘉宾的访谈 对于因某种原因而不能到达现场的嘉宾,节目以资料短片的形式向观众展示他们的言谈,可以弥补嘉宾未到现场的缺憾,另外也是节目创造戏剧效果和促进嘉宾之间情感交流的手段,比如《艺术人生》的一期节目《庐山恋》,节目组事先对张瑜的母亲进行了采访,录制了嘉宾张瑜的妈妈对她过去经历的回忆和寄语,在演播室现场向张瑜和观众播放,使其百感交集,引发了她在现场对父母亲的肺腑之言。由于嘉宾之间并非面对面地述说,而是通过节目这一媒介相互表达内心的想法,在媒介的无形组织、激励下,这种方式,使嘉宾更能坦陈自己内心的真实感受。

(3) 现场事件的预先拍摄 针对前期策划会在节目出现与话题有关的事件时,可以预先拍摄,等到话题进展到那一步,就可以将预先拍摄的视频插播,将谈话推向高潮。

(四) 策划文案的最终形成

电视谈话节目的文案是整个节目的框架和雏形,文案的写作建立在大量幕后工作的基础上,它是节目策划人员智慧的结晶。谈话节目在完成了嘉宾选择、嘉宾与观众的访问及资料收集之后,节目的未来雏形已经形成。这时文案写作的任务,就是要把这前期所做的工作用文字的形式来表述出来。策划文案应包括以下内容:

1. 选题的依据

选题的依据,就是要写为什么选择这个话题,话题的讨论会出现什么结果,话题的精彩之处在于什么地方,还要对话题的现实意义和针对性作一些简单的说明。

2. 主持人的串词

主持人的串词在文案中也是相当重要的,尤其是在归纳和转折之处,给主持人比较醒目而又精彩的串词,这样可以使谈话的脉络更加分明,这些串词很可能成为节目的点睛之处。对开头和结尾最好有一些设想,开头开得幽默风趣,会使整个谈话充满趣味,结尾处归纳得好,也会给观众带来久久的回味。

3. 嘉宾的介绍

在节目录制之前,邀请哪几位嘉宾,他们的年龄、身份、背景等,为什么要请这几位嘉宾,他们对话题的主要观点是什么,在文案中应该有所体现。必要的时候,还应该将各个嘉宾的特点和嘉宾访问中发现的精彩之处着重介绍一下。

4. 谈话的层次

对于一个话题而言,谈话准备从哪几个方面展开,哪些问题可能由什么人提出,什么人会有不同的意见,各自的理由是什么,这些理由又有什么漏洞,主持人可以用什么方法来引导等,要一层层写清楚。这个主体层次是在对话题充分理解的基础上按照逻辑的顺序整理出来的,也是根据嘉宾的具体情况整理出来的。

二、电视谈话类节目的视觉造型

电视谈话类节目可以说是一个既老又新的节目类型。说它老,是因为在电视开播伊始,屏幕上就有了记者采访的镜头;说它新,则是随着近十年来电视行业的迅猛发展,它才日渐成熟起来。一个优秀的节目固然离不开精彩的节目内容,但找到一个富有创新、充满活力的表现形式也是使其成功的一个重要因素。拍摄的优劣直接影响到节目播出质量的好坏,下面简要分析一下电视谈话类节目的拍摄规律和画面造型的特点。

1. 多机位拍摄

多机位拍摄已成了保证谈话类节目质量最基本的条件之一。从技术角度来说,多机位拍摄一方面可以如实、全面地记录下谈话者与被谈话者之间的交流,包括语言、动作、表情等,另一方面还能有效地抓取现场观众的情感反应,减少因遗漏重要的视觉信息而带来的遗憾,同时提升节目的互动性。从视觉角度来说,多机位拍摄意味着多角度捕捉谈话者的情感变化,在极大地丰富画面语言的同时,可以对现场一些不可预知的情况进行记录,激发观众的收视兴趣,像《实话实说》《艺术人生》这一类谈话节目,一般情况下,拍摄机位都在6个以上。其中,主持人和嘉宾各有一个中近景机位,另有一个机位提供两人全景。同时,需要两个位于同一轴线上的机位用于拍摄现场观众的反应镜头和提供中性镜头(越轴时使用)。还有一个小型摇臂参与拍摄,用来烘托现场气氛及转场使用,这种多机位拍摄在保证节目质量的同时,丰富了观众的视角,使节目更具观赏性。

2. 景别的变化

在近些年的电视节目中,小景别的使用已渐成趋势(这里所说的小景别是指近景和特写),越来越多的近景和特写镜头出现在新闻类、谈话类等节目样式中。产生这种变化的原因是多方面的:

① 快节奏的社会生活中,信息也在以令人窒息的速度更新着,这不仅要求人们分析、提炼信息的能力要不断加强,更要求信息提供方能生产出更加直白、易于捕获的产品,而小景别画面就符合了这一条件。它将事物的细部特征放大呈现、强化表象,给人以强有力的视觉冲击,提醒人们去关注它。

② 读图时代的来临要求媒介重新审视信息的呈现方式,一个特写在某种情况下远胜于长篇的报道。只有让特写抓住观众后,观众才会去关注镜头背后的故事。《面对面》谈话现场一般为两个过肩镜头,景别多为近景和特写。它强调谈话双方在对话交锋中的神态和情绪变化,已经形成了栏目的一种影像风格,人们一看到这样的景别,就知道是《面对面》。在采访粉碎"蓝田神话"的中央财经大学刘姝威那期节目中,景别多为特写,一面是主持人穷追不舍地发问,一面是刘姝威镇定自若地回答和反问,对话精彩,画面语言也非常到位,让观众不仅从对话中,更从画面上看到了一个女教师柔弱外表下的刚强,令人印象深刻。然而,小景别的过量使用,也会带来一定的负面影响。当大量近景、特写镜头充斥电视屏幕时,势必会造成观众的视觉疲劳。同时,面对直白的、精确放大的图像,观众的理解能力、辨别能力也会受损,参与性由此降低,成为机械的接收端。为此,需要在节目制作中掌握好"度",这里不再赘述。

3. 运动元素的增加

在以往的谈话类节目中,除了给现场观众摇镜头外,很少出现其他的运动镜头。但近年来,随着节目样式、技术手段以及审美标准的变化与提高,运动镜头在谈话类节目中的比例日渐增多。主要体现在两个方面:

(1) 摇臂的使用 无论节目现场有无观众,摇臂的拍摄都为我们提供了一个全新的视角,提升了节目的可视性。

(2) 移动拍摄 移动拍摄无论是横移、转动还是利用轨道,都打破了以往靠固定机位拍摄、导播切换的制作模式。在主持人、嘉宾位置不变的情况下,镜头运动为观众变化了视点,富有动感的表现方式在一定程度上消除了观众的视觉疲劳,《新闻会客厅》就是一个很好的例子。面对主持人和嘉宾的固定位置,镜头的横移、推拉、升降,既活跃了现场气氛,又收到了良好的视觉效果。另外,在移动拍摄过程中,有效地利用前景,如演播室内的悬挂物、摆设等,在移动幅度较小的情况下,可获得较强烈的运动效果。

4. 抒情镜头的大量使用

谈话类节目中,除了现场部分外,外景的拍摄也很重要,它担负着提供信息量大、有说服力的视觉素材的任务。外景拍摄不是单纯地记录表象,在节目进行过程中,不同时段使用的素材还要能起到烘托现场气氛、强调主体情感的作用,因而,抒情镜头就成了外景拍摄不可或缺的一部分。随着人文气息的逐渐浓厚,谈话类节目在内容上更加注重挖掘嘉宾的内心情感,抒情镜头的使用也就随之增加。捕捉信息量大、能触动人们心灵的画面,往往会收到"此时无声胜有声"的艺术效果。《面对面》有一期反映"非典"事件的节目——《方博》。主人公方博一家九口全部染病,两人死亡。他是第一个出院的,回家时,记者对他进行了跟拍。当方博走进曾经与老伴同住的房间时,摸着床说:"现在老伴不在了,以前我们两个人……"还未说完便掩面靠在阳台上哭泣起来,这时镜头并没有停止,而是慢慢转向床头,对准两人的结婚照。此时的情绪是任何解说词和谈话都表达不出来的。抒情镜头的运用充满感染力,让观众真切地了解到"非典"给方博一家带来的不幸,感受到了他的痛苦,也了解和理解了人物。

5. DV 素材的使用

DV 的发展对影视领域有着巨大的推动作用。DV 的高度普及,使得它的持有者有机会获得许多专业人士未能及时获得的优秀素材。因此,在节目制作过程中,为了提高节目质量,采用一些 DV 素材就成了一个不错的选择。由于有的拍摄者并没有接受过正规的专业训练,在他们所拍摄的影像中往往会出现一些非常规的拍摄手法和拍摄角度,这有时也会给人一种耳目一新的感觉,这些素材有力地补充了节目内容的同时,还在某种程度上增强了节目的真实感。DV 素材目前在新闻纪实类节目中运用较多,还出现了一些以其为主的栏目,如《DV 讲述》等。在访谈类节目中尽管还不太多见,但也成为一种趋势。而且随着技术的发展,DV 素材的信号质量已足够播出,相信在以后的节目中会有更加富有新意的画面出现。

三、电视谈话类节目的编辑要点

电视谈话节目的形式虽然多种多样,但编辑要呈现给观众的是谈话的过程。因此在编辑的过程中要让整个谈话过程能紧紧抓住观众的注意力,让观众在心理上不会感到疲倦,这就需要编辑人员对谈话的过程作精心的设计。

1. 注意谈话的逻辑性

谈话的方式有两种:一种是说理,一种是叙述。对于说理性的谈话节目,其逻辑就是观点加论证,在编辑中就要能让观众明白讲话人的论点是什么、论据是什么,如何论证,要能展现说理论证的过程,要有条理性。对于叙述性的谈话,其逻辑就是将事情的前因后果、情节发展的脉络清楚地表达出来,让观众能明白整个故事。故事是由一连串的因果关系组成的,叙事应该体现事情的前因后果、发展过程。

2. 注意故事的情节性

在清楚表达故事脉络、让观众听明白的基础上,编辑人员要想办法将故事讲述得更有意思、跌宕起伏,更能吸引观众,让观众想听、爱听你讲故事。谈话节目的叙事编辑与一般的电视节目编辑应有区别。

电视作为一个声形并茂的、多种符号系统共同运用的大众媒体,对故事的叙述一般采用叙述蒙太奇的方法,即按照情节发展的时间流程、逻辑顺序、因果关系,来切分组合镜头、场景和段落,表现动作的连贯,推动情节的发展,引导观众理解所反映事情的内容。它包括由远景到近景的前进式组接、从近景逐渐到远景的后退式组接以及选择运动过程中的几个主要片段的片段集合式的组接等。谈话节目是表现语言魅力的节目形式,它对镜头、场景和段落的分切和组合要求不高,它更多的要求是在语言上体现这种起承转合。这里可以借鉴文学上叙述的方法,即用顺叙、倒叙、插叙等方法将故事讲得很好听。此外,挖掘故事过程和人物命运本身的情节性也很重要。

3. 注意谈话的节奏

由于电视是一种时间和空间的艺术,其节奏表现在时间的流动和空间的运动形态中。电视谈话节目对空间的运动关注不多,因此,节奏更多地表现为时间流逝的节奏。速率和强弱都可以体现节奏。观众对于平淡无奇的谈话是容易疲倦的,要在谈话节目中通过速率和强弱来形成起伏变幻的节奏,可以从谈话话题本身来寻找。以人物为主的谈话节目,人物命运中的悲欢离合就是一种节奏,编辑人员应该凸显它们,让观众的情绪节奏紧跟人物命运的节奏;以叙事为主的谈话节目,事情发展进程本身也是有节奏的,有时候风平浪静,有时候却狂风骤雨,这种形势缓急形成的强弱和事件发展的快慢形成的速率就是一种节奏,编辑人员应该将它们展现在观众的面前,让观众感知到这种节奏的魅力。

4. 注意谈话背景音乐的选择

音乐在谈话节目中有着重要的作用,开场的时候一定要注意音乐的欢快,表示对嘉宾的欢迎;在谈话中,应适时地加入一些其他音乐,如为了营造气氛,播放一些嘉宾出演过的电视、电影的主题音乐,勾起他对往事的回忆,有利于双方的情感沟通;在总结陈词中或放一段欢快的音乐给人以鼓励,或放一段思考性的音乐，给人以启迪。谈话节目的音乐选择是一个文艺类编辑的基本功，要想使节目具有可看性、情趣性，谈话类节目制作中音乐的选择是非常重要的。

5．注意谈话节目的拍摄技巧

摄像是整个谈话节目的画龙点睛之笔，要随时抓住嘉宾的心理变化、身体表情、肢体表情、面部表情来抓拍，适当调整焦距，充分反映人物的各种表情和心理变化，能使节目的艺术欣赏价更高。

电视谈话节目的产生和日趋完善是对电视传播特性的回归，是电视传播成熟的标志之一。它借助大众传播媒介来展现人际交流，以亲和与平易的姿态、生动流畅的口语与观众做面对面的沟通和交流，还原生活，传递信息，引导思考，突破了文字思维模式，还电视传播以本来面目。

复习思考题

1. 电视谈话节目如何界定？
2. 电视谈话节目如何分类？
3. 电视谈话节目包含的主要元素有哪些？
4. 电视谈话节目有什么特点？
5. 简述电视谈话节目策划的技巧。
6. 简述电视谈话类节目编辑的要点。
7. 以小组为单位，组织策划一个电视谈话节目，写出策划方案，并实施该方案。

参考文献

[1] 胡智锋. 电视节目策划学[M]. 上海：复旦大学出版社，2006.

[2] 黄匡宇. 电视节目编辑技巧[M]. 北京：中国广播电视出版社，2002.

[3] 徐雷. 电视谈话节目的传播特质及元素分析[J]. 南京邮电学院学报（社会科学版），2004(3).

[4] 王秒秒. 论电视谈话节目的传播优势与兴盛原因[D]. 陕西师范大学硕士论文，2007(4).

[5] 党建宁. 电视访谈类节目的视觉造型[J]. 电视研究，2012(2).

[6] Horace Newcomb, Encyclopedia of TV (the first edition), Published by Routledge, 1997.

[7] http://www.0101905.com/yingshifenxiyupingxie/2012-09-13/7480.html.

[8] http://3y.uu456.com/bp-f8e83538580216fc700afd69-6.html.

[9] http://www.docin.com/p-1015042860.html.

教师反馈及教辅申请表

北京大学出版社本着"教材优先、学术为本"的出版宗旨,竭诚为广大高等院校师生服务。为更有针对性地提供服务,请您认真填写完整以下表格后,拍照发到 ss@pup.pku.edu.cn,我们将免费为您提供相应的课件,以及在本书内容更新后及时与您联系邮寄样书等事宜。

书名		书号	978-7-301-	作者	
您的姓名				职称、职务	
校/院/系					
您所讲授的课程名称					
每学期学生人数	_____人_____年级			学时	
您准备何时用此书授课					
您的联系地址					
联系电话(必填)				邮编	
E-mail(必填)				QQ	
您对本书的建议:					

我们的联系方式:

北京大学出版社社会科学编辑室

北京市海淀区成府路 205 号,100871

联系人:武　岳

电话:010-62753121 / 62765016

微信公众号:ss_book

新浪微博:@未名社科-北大图书

网址:http://www.pup.cn

更多资源请关注"北大博雅教研"